安徽省省级规划教材

安徽文化概要

第2版

王德寿　主编

Anhui Wenhua Gaiyao

全国百佳图书出版单位

时代出版传媒股份有限公司

安徽人民出版社

图书在版编目(CIP)数据

安徽文化概要/王德寿主编. —合肥:安徽人民出版社,2011.6
ISBN 978-7-212-04153-3

Ⅰ.①安… Ⅱ.①王… Ⅲ.①文化—概况—安徽省 Ⅳ.①K295.4

中国版本图书馆 CIP 数据核字(2011)第 104926 号

安徽文化概要

王德寿 主编

责任编辑:张 旻 袁小燕　　　　　　责任印制:董 亮
装帧设计:钱志刚

出版发行:安徽人民出版社 http://www.ahpeople.com
地　　址:合肥市政务文化新区翡翠路 1118 号出版传媒广场八楼
邮　　编:230071
电　　话:0551-63533259
印　　制:安徽省瑞隆印务有限公司

开本:710mm×1010mm　1/16　　　印张:17.75　　　字数:307 千
版次:2011 年 9 月第 1 版　　　2025 年 5 月第 30 次印刷

ISBN 978-7-212-04153-3　　　　　定价:35.00 元

修订版前言

党的二十大报告指出："坚持和发展马克思主义，必须同中华优秀传统文化相结合。只有植根本国、本民族历史文化沃土，马克思主义真理之树才能根深叶茂。"党的十八大以来，以习近平同志为核心的党中央高度重视中华优秀传统文化的历史传承和创新发展，不断推动马克思主义基本原理同中华优秀传统文化相结合，开辟了马克思主义基本原理同中华优秀传统文化相结合的新境界。"一带一路"伟大构想，人类命运共同体等一系列新思想新理念新战略，无不闪耀着中华优秀传统文化的思想光辉。

中华优秀传统文化源远流长、博大精深，是中华文明的智慧结晶，是中华民族的精神命脉，是发展中华文明、实现民族复兴的强大根基和不竭动力。习近平总书记指出："优秀传统文化是一个国家、一个民族传承和发展的根本，如果丢掉了，就割断了精神命脉。""我们必须坚定历史自信、文化自信，坚持古为今用、推陈出新，把马克思主义思想精髓同中华优秀传统文化精华贯通起来、同人民群众日用而不觉的共同价值观念融通起来""中国特色社会主义文化，源自于中华民族五千多年文明历史所孕育的中华优秀传统文化，熔铸于党领导人民在革命、建设、改革中创造的革命文化和社会主义先进文化，植根于中国特色社会主义伟大实践。发展中国特色社会主义文化，就是以马克思主义为指导，坚守中华文化立场，立足当代中国现实，结合当今时代条件，发展面向现代化、面向世界、面向未来的，民族的科学的大众的社会主义文化，推动社会主义精神文明和物质文明协调发展。"

为宣传和弘扬安徽优秀传统文化，服务安徽文化强省建设，提高开放教育学生文化素养和综合素质，提高学生对安徽优秀传统文化的热爱和兴趣，激发学生热爱安徽、建设安徽的热情和积极性，2009年，安徽开放大学在本、专科学生中开设了安徽地域文化课程，编写了课程教材《安徽文化概要》。安徽开放大学是我省高校中较早开设安徽地域文化课程的学校，自课程开设至今，已有近十五万学生学习了该课程，课程和教材受到了学生的喜爱和欢迎，也得到了有关专家和有关部门的肯定。2013年，该课程教材《安徽文化概要》被批准为安徽省省级规划教材，该课程也被评为精品资源共享课程。

这次修订，我们以习近平新时代中国特色社会主义思想为指导，深入贯彻落实党的二十大精神，以习近平总书记关于中华优秀传统文化的论述为指引，对教材进行了修订。这次修订，均由原作者负责自己撰写部分内容的修订工作，原则上对教材框架和主要内容不作大的改动，对教材个别章节和部分内容进行修订，修订时尽量把学界有关最新研究成果吸收进教材，同时对教材中一些细节方面和错讹进行修订。

安徽的红色文化资源非常丰富。在中国共产党的领导下，安徽人民为中国革命、建设和改革做出过历史贡献，创造出充满革命和创新精神的红色文化。2016年4月，习近平总书记在考察安徽金寨时指出，金寨是"中国革命的重要策源地、人民军队的重要发源地""一寸山河一寸血，一抔热土一抔魂"。遵照习近平总书记"弘扬以伟大建党精神为源头的中国共产党人精神谱系，用好红色资源，深入开展社会主义核心价值观宣传教育，深化爱国主义、集体主义、社会主义教育，着力培养担当民族复兴大任的时代新人"这一指示要求，这次修订，我们增加了"安徽的红色文化"一章，旨在使学生对安徽的红色文化有个概括的了解，感受革命先辈的榜样力量，进一步筑牢安徽红色文化记忆，让红色文化基因代代相传。这一章的内容由安徽开放大学李若婧副教授负责撰写。

本次修订得到了学校和有关部门领导的大力支持，安徽人民出版社的张旻主任和编审袁小燕女士为修订付出了辛勤劳动，在此一并表示感谢。

习近平总书记在出席文化传承与发展座谈会时强调，中国文化源远流长，中华文明博大精深。只有全面深入了解中华文明的历史，才能更有效地推动中华优秀传统文化创造性转化、创新性发展，更有力地推进中国特色社会主义文化建设，建设中华民族现代文明。中华优秀传统文化的灯塔，正在照亮实现中华民族伟大复兴中国梦的奋进征程。我们希望这本教材能够为宣传普及安徽优秀传统文化、建设现代化美好安徽贡献一份微薄的力量。

编　者
2023 年 6 月 16 日

编 写 说 明

　　源远流长、博大精深、绚丽多彩的中华文化,古今一脉绵延至今,屹立于世界文化之林,而异彩纷呈、充满特色与魅力的各地域文化,则为中华文化的丰富、繁荣和发展起到了非常重要的作用。

　　安徽地处中国中部,跨长江、淮河中下游,土地肥沃,气候温和,物产丰富,很早以前就有人类在此劳作并繁衍生息。千百年来,生活在这块土地上的人们,用自己的勤劳和智慧,创造了悠久灿烂、丰富多彩、独具魅力的文化。古往今来,江淮大地,人文荟萃,英才辈出,涌现出一大批政治家、思想家、文学家、艺术家和科学家。他们活跃在各个历史时期的社会舞台上,或以文治武功流芳百世,或以学术思想立身扬名,或以诗词文赋蜚声文坛,或以妙笔丹青驰誉艺苑,或在科学技术园地大放异彩,在很多方面和领域,开风气之先,为中国文化做出了重要而独特的贡献,在中国文化史上产生了深远的影响。我们把出生在安徽并根植于安徽这片热土上的人们所创造的、有着共同历史界域和渊源的文化称之为"安徽文化"。

　　安徽文化具有悠久的历史,丰富多彩的内涵,深刻而久远的影响,是值得每一个安徽人骄傲和自豪的。为宣传和弘扬安徽文化,服务安徽文化强省建设,提高电大学生人文素养和综合素质,进一步激发学生热爱安徽、建设安徽的热情和积极性,经学校领导和有关部门同意,我们拟在电大学生中开设《安徽地域文化》课程,作为通识课程供学生选修学习。但在选择教材时我们却遇到了麻烦,目前系统介绍安徽文化历史的著作是《安徽文化史》,而这共分上、中、下三大册、煌煌200多万言的巨著是难以作为电大学生学习的教材的。鉴于此,在学校领导和有关部门的支持下,我们决定编写一本具有现代远程教育特点、较适合电大学生实际、重在介绍安徽文化的教材——《安徽文化概要》。

　　在编写《安徽文化概要》时,我们以文化和地域文化的基本理论为指导,以文化的有关内涵为模块结构,以纵向的发展为线索,选取对安徽和中国文化影响较大的文化现象加以叙述和介绍,以使学生对安徽文化的发展及其辉煌之处有个基本的了解和掌握,不求面面俱到。在编写过程中,力求做到科学性、知识性、通俗性和可读性相结合。

本教材名为《安徽文化概要》,故教材所涉及的地域范围,原则上以现今安徽辖境为限,历史上曾属安徽,今属邻省的地方,原则上以当时治所所在地为准,也纳入本书所叙述范围;时限上,上起先秦时期的安徽史前文化,下迄新中国成立以前的近现代文化;内容上,主要为皖籍人士在安徽历史上创造的历史文化遗产,对皖籍人士在外省创造的文化遗产,以及外省人士在安徽活动时创造的文化遗产,也择其重要者适当介绍。

本教材编写人员分工如下:王德寿负责全书的编写组织工作,策划教材编写内容、编写体例,制定教材编写大纲,撰写教材第一章并负责全书的统稿工作;姚何煜撰写教材第二章的第一至第三节,第六章的第一节;杨霞撰写第二章的第四节,第六章的第二节;陈希红撰写第三章;吕菲撰写第四章的第一至第四节,第九章;张秋婵撰写第五章、第七章;夏强撰写第四章的第五节,第八章。

在编写本教材过程中,我们参考了一些著作和文章,借鉴了一些观点,但限于篇幅,书中未能一一注明,我们在本教材后附录了主要的参考文献,在此我们向作者表示衷心感谢。我们也要感谢对本教材编写、出版给予关心和指导的校领导和有关部门,没有他们的关心和大力支持,本教材是出不来的。我们也要感谢安徽人民出版社的张旻主任和责编袁小燕女士,他们为本教材的出版付出了辛勤的劳动。

本教材在较短时间内完成,仓促成书,加之编写者缺乏经验,学力、水平有限,又是多人分头撰写,因此在体例、内容选择和行文上都还有一些考虑不周的地方,疏漏、不足之处在所难免,恳请同学们和使用教材的各位老师、专家提出批评和修改意见。

编 者

2011 年 6 月 30 日

目 录

第一章 安徽文化概说

学习目的：

通过本章内容的学习，在理解有关概念的基础上，了解和掌握安徽文化形成和发展的基本概况及特点，初步认识安徽文化的悠久历史和绚丽多彩，增强同学们对安徽的自豪感和对家乡的热爱，激发同学们研究、传承和发扬光大安徽文化的积极性。

学习要求：

1. 了解安徽建置沿革的大致情况，了解自己所在地的古称及其由来。

2. 理解文化和地域文化的有关概念。

3. 重点理解和掌握安徽文化的主要特点。

4. 积极思考如何更好地传承和发扬光大安徽文化。

学习建议：

1. 认真阅读本章教材内容，掌握有关基本概念和基本知识。

2. 查阅有关资料，了解我国古代行政区划的一些基本知识，以便更好理解安徽行政区划的变化情况。

3. 查阅并认真阅读有关资料，深刻认识并理解安徽文化的一些主要特点。

4. 实地参观并考察一些历史名胜、古迹或纪念馆、博物馆，增加对悠久灿烂、丰富多彩的安徽文化的感性认识。

5. 认真学习习近平总书记关于中华优秀传统文化的重要论述，深刻理解中华优秀传统文化和安徽优秀传统文化的丰富内涵，进一步增强文化自信。

第一节　安徽建置沿革

安徽省位于我国中部,跨长江、淮河中下游,居长江三角洲腹地,东与江苏、浙江相连,西与湖北、河南相接,南与江西为邻,北与山东接壤。全省东西宽约450千米,南北长约570千米,总面积14万平方千米,2022年,全省常住人口6127万余人。

安徽清初属于江南省。康熙六年(1667),清王朝分江南省为江苏、安徽两省而正式建省,因当时安庆已成省内政治中心,徽州已成省内商业、经济中心,故取当时安庆、徽州两府首字而为省名。安徽简称皖,是因境内皖山而得名。皖山,古称灊山,今称天柱山(因其主峰高耸挺立,如巨柱擎天,故称为天柱山),在潜山、岳西境内。相传周武王大封诸侯时在今潜山地区封了一个伯国,称皖国,山因名皖山。因安徽建省时的省会所在地安庆属古皖国,所以"皖"便成了安徽的简称。

安徽建省时间虽然比较晚,但由于安徽襟江带淮,土地肥沃,气候温和,很早以前就有人类在这里劳动生息,因此安徽地区的开发很早,加之安徽从地理上来说,位于南北交通要冲,其战略地位非常重要。《安徽方志考略》称其为"上控全楚,下蔽金陵,扼中州之咽喉,依两浙为唇齿,洪流千里,甲于东南……作藩南服,据吴上游,诚江介之要冲,淮南之雄镇也。"因此安徽自古便是兵家必争之所,历朝统治者都非常重视对安徽地区的统治和管理。

一、安徽建省前的建置情况

1998年5月,在繁昌县人字洞发现了距今240万年左右的旧石器时代最早人类活动的遗迹,是中国乃至欧亚大陆目前所知最早的旧石器时代人类活动居住点;和县猿人遗址距今有35万年以上。这些都表明在远古时期安徽境内就有古人类在此生活。新石器时代(一万年到四千年以前),生活在安徽大地上的先民们已经有了相当发达的文明,开始使用石镰、蚌镰、石刀等工具,农业已有相当水平,并且已有饲养业。原始社会末期,今安徽境内的淮北、江淮地区为淮夷部落所建方国及南下的东夷集团部落所建方国的领地,江南地区为越族等部落的领地。

安徽据说是夏朝的发祥地。今泗县城是夏禹的早期封地,故古名夏丘。今怀远县是大禹的岳父涂山氏故国。禹治平洪水后曾在涂山大会诸侯,"执玉帛者万国"。启建立夏朝后,今安徽境内主要为淮夷和南方蛮夷部落组成的部落方国统辖,主要有活跃于今怀远县境内的涂山国,淮夷部落的徐、群舒、钟离等嬴姓部落所建的方国,以及东夷集团南下与淮夷集团偃姓部落所建的英、六等国,淮北地区商部落所建相国及巢湖南岸的游牧民族所建的南巢等国。

公元前16世纪,居住在黄河下游的商部落推翻了夏朝,建立了商朝,下辖大小奴隶主方国及封国多达3000多个,在今安徽境内主要有六(位于今六安市北)、萧(位于今萧县境)、焦(位于今亳州市境)、巢(位于今巢湖市境)、危(位于今亳州市北)、嵇(位于今蒙城县境)、虎方(位于今长丰县境)、英(位于今湖北省英山县与今金寨县境)等氏族方国。这些淮夷方国曾长期臣服商朝。

公元前11世纪,周武王推翻商纣王,统一了全国1000多个方国、部落,建立了西周,周王朝通过统一战争和东征,大大开拓了疆域。为巩固地方政权,周王大封诸侯,把王族、功臣和夏、商原有贵族按公、侯、伯、子、男五等爵位分封各地。今安徽地区这类国邑主要有州来(在今凤台县境内)、胡子(位于阜阳市区)、沈子(位于今临泉县境)、桐子(位于今桐城市境)、钟离(位于今凤阳县境)等封国以及夏商遗留方国,如徐(位于今皖东北)、英、六、宗(位于今枞阳县境)、皖(位于今潜山县境)、蓼(位于今霍邱县境)、萧、越章(位于今铜陵市)、鸠兹(位于今当涂、芜湖县境)、南巢(位于今巢湖市),以及位于巢湖西部及南岸被称为群舒的舒鸠、舒蓼、舒龚、舒鲍等国邑。

周幽王十一年(前771),少数民族西戎攻破周都城镐京,第二年,周平王迁都洛邑,史称东周。东周又分为春秋(前770—前476)和战国(前475—前221)两个时期。春秋时期是中国社会大变化时期,也是奴隶社会与封建社会交替时期,周王室名存实亡,各诸侯国弱肉强食,从西周到春秋末期的600年间,安徽境内的诸侯国和方国先后被吴、越、楚、宋、魏灭国后所据,至战国末期安徽已基本归楚国所有,所以安徽至今还有"吴头楚尾"之称。楚国先后在消灭他国的基础上在今安徽境内设郡、县,城父县(今亳州市城父镇)就是楚国在今安徽境内有史可查的最早的县之一。在秦统一全国前,楚、魏、秦三国先后在今安徽境内设有(或为部分地域)江东郡(治吴,今苏州市,楚在吴越地区置,涉及今安徽东南地区)、大宋郡(魏在故宋国地置,涉及皖北地区)、砀郡(秦灭魏置,治砀,涉及皖东北地区)、陈郡(秦向东灭楚过程中置,治陈,今属河南,涉及皖西北地区)、泗水郡(秦在故魏泗水地区置,治沛,涉及皖东北地区)、九江郡(秦灭楚置,治寿春邑,今寿县城关镇,主辖今安徽部分地区)、会稽郡(秦灭楚江南置,治吴,今苏州市,涉及皖南地区)7郡。县级城邑有城父(今亳州市城父镇)、寿春邑(今寿县)、陵阳(今青阳县陵阳镇)、爰陵(今宣州市区)、松阳(今枞阳县下枞镇)、下蔡(今凤台县城关镇)、蕲(今宿州市蕲县镇)、鸠兹(今芜湖县黄池镇南)、居巢(今巢湖市区北)、苦(今涡阳县境)、蒙(今淮北地区)、襄安(今无为市襄安镇)等,其中有不少先后为春秋末期及战国时期的县以上城邑。

秦统一中国后,推行郡、县制,今安徽境内设县有25个,先后属九江郡(治寿春邑)、砀郡(治砀)、陈郡(治陈)、会稽郡(治吴)。秦末至楚汉相争期间,又增置鄣郡(治故鄣,今浙江长兴县)、衡山郡(治邾,今湖北黄州境内)、庐江郡(治番阳),并为九江(都六)、西楚(都彭城)、衡山(都邾)等项羽所封诸侯国分领。

汉初,今安徽境内仍为楚、淮南等异姓王封地。不久,为刘邦改封的同姓王所领的淮南(改都寿春,今寿县城关镇,后又分为淮南、庐江、衡山国;又从九江分出六安王国)、荆、淮阳、梁等国。武帝元封五年(前106)四月,设十三部州刺史作为中央的派出机构,今安徽地区分属豫、徐、扬三个州,涉及七郡二国,其中扬州刺史部分巡丹阳、九江、庐江郡及六安王国,相当于今淮河以南的江淮、皖南地区;豫州刺史部分巡沛郡、汝南郡和梁王国,相当于今淮北地区的西部和北部;徐州刺史部分巡临淮郡和楚国,相当于今皖东地区。

东汉实行州、郡、县三级管理体制,今安徽境内先后设69个县(侯国),涉及9个郡(王国),分属扬、豫、徐3个州,3个州分辖地区类西汉。

三国时期,今安徽境内分别为魏国、吴国所设扬州及魏国徐、豫4个州分领,并以江淮地区为拉锯战战场。魏国据有今安徽淮北及江淮北部地区,设39个县,涉及9个二级政区。吴国据有江淮南部及皖南地区,设19县,仅涉及扬州的新都、丹阳、庐江三个郡。

西晋仍实行州、郡、县三级管理体制,安徽境内仍分属扬、豫、徐3个州。东晋时期,安徽境内仍主要分属扬、徐、豫3个州,但其时扬州已不辖江淮地区,而南辖江南地区,徐、豫州已南下江淮,甚至江南地区。由于战乱频仍,安徽之地又是东晋和北方少数民族国家拉锯战之地,因此这一时期的区划和统属关系较为混乱。

南北朝时期,安徽江淮一带常成为南北拉锯战战场,江淮地区多为南朝所有,淮北地区常为北朝所据。

隋统一后实行州、县两级管理体制。大业(605—618)初,改州为郡,实行郡、县二级管理体制,并恢复西汉的州刺史分巡制度。安徽境内设 50 个县,涉及豫、徐、扬 3 个州刺史分巡的 15 个郡。

唐前期,废郡改州,实行州、县二级管理体制。贞观(627—649)初,根据山水自然形势分设道级地理区域,将全国分为十道,今安徽淮北之地属河南道,江淮之间属淮南道,长江以南属江南道。中唐时期,道正式成为一级地方行政区划,实行道、州、县三级管理体制,开元二十一年(733),分江南道为东、西两道,江南东道涉及歙、昇 2 个州;江南西道涉及宣、池 2 个州。

北宋时期实行路、府(州、军、监)、县(不带县的军、监)三级管理体制,将全国分为十五路,今安徽境内先后分属京东西路、淮南东路、淮南西路、江南东路。

宋、金对峙期间,南宋初领安徽全境,后以长淮(淮河)为限与金国对峙,江淮地区常为战场,北方先后为金、蒙古汗国(后为元朝)所据。南宋时期,今安徽境内先后由淮南东、淮南西、江南西 3 个路分领。金国在今安徽境内设南京路(初为汴京行省)和山东西路。

元置行中书省,简称行省,实行省、路(府、州)、散州(州、军)、州(县)四级管理体制。省本是中央机构的名称,如尚书省、门下省、中书省等。南北朝以后开始出现行台省。台省原是设在京都城内的中央政府,目的是在发生重大事件时,由掌握中央政权的位居宰相的大臣率领一部分中央政府人员离开都城去征伐或镇压,这就形成了一个或几个出行在外的台省,因而便以行台或行台省为名。元之前的行台省一般都是应军事需要临时设置,未成定制。元开始将行省的制度推行于全国,成为全国最高一级地方政区。行省的正式名称是行中书省,与中书省(都省)为表里。元统治者在首都地区设中书省(又称腹里),将西藏之外的其他地区分为 10 个行中书省。今安徽境内分属 3 个行省,即中书省(腹里)、河南行省(前身为江淮行省)、江浙行省。

明朝也实行三级管理体制,改行中书省为承宣布政使司(习惯上仍称为省),全国设置 13 个承宣布政使司,两京(北京和南京)地区直属中央六部,称北直隶和南直隶,这样,南、北两直隶及十三布政使司就构成了一级行政区,习称行省。府、直隶州(厅)为二级区划,散州(厅)和县为三级区划。今安徽地域属南直隶西部地区。

清初承袭明制,改南直隶为江南省,今安徽地域属江南省西部地区,设 56 个散州和县,涉及安庆、徽州、宁国、池州、太平、庐州、凤阳 7 个府及徐州、广德、和州、滁州 4 个直隶州,计 11 个二级行政区划。

二、安徽建省经过

安徽建省实际是一个历史过程。从前面的简单介绍中,我们可以看出,今安徽境内在以往都是由不同的一级行政区划分领的。安徽建省的先决条件是行政区域归于一统，这是安徽建省的基础。今安徽境内各级行政区划统一在一个大行政区范围内，始于明太祖朱元璋于元至正十六年（1356）三月攻下集庆路改称应天府（今南京市）之时。同年七月，朱元璋称吴国公，创江南行省，后渐将今皖北地区纳入江南行省。明太祖洪武元年（1368）8 月，建都金陵，撤江南行省，建南京，所属府、州、县直隶中书省，作为京畿直辖区，后改称南直隶，又称直隶南京，包括今江苏、安徽两省及上海市地域，还涉及今河南、江西、山东、湖北、浙江5 个省部分县，今安徽为其西部地区。此后 300 多年里，今安徽地区所属府、州、县一直统一在一个一级政区范围内。

清初建置承袭明制，顺治二年（1645），改南京为江南省。由于江南省地域广阔、物产丰富，同时由于地处长江天堑，因此，清统治者为了加强对该地区控制，把带军事色彩的总督、巡抚类（清代在省一级一般以总督或巡抚为最高长官。总督辖一省或二、三省，综理军民要政；巡抚一般总揽一省的军事、吏治、刑狱等）省级以上军政长官的设置多于他省，并且频繁更置。顺治十八年（1661），清朝廷商议决定江南分省，对江南省的行政区域划片，罢江南布政使司，分置左、右布政使司。左布政使仍驻江宁（今南京）江南布政使旧邸，辖上江地区的安庆、徽州、宁国、池州、太平、庐州、凤阳、淮阳、扬州 9 个府及徐州、滁州、和州、广德 4 个直隶州。但仍在淮南府设凤庐巡抚，领淮安、扬州、凤阳、庐州 4 府及直隶徐州。在安庆府设操江使兼理安、庐（宁）、池、太巡抚，后径称安徽巡抚，辖安庆、徽州、宁国、池州、太平 5 个府及和、滁、广德 3 个直隶州。当时议决分省时，因安徽省会难以确定，左布政使司无法移驻安徽地区，故仍驻江宁原司署。康熙元年（1662），再次在安庆府设安徽巡抚，康熙三年，裁凤阳巡抚，将其所辖的扬州、淮安 2 个府及徐州直隶州改属安徽巡抚，罢江南按察使，在安庆设安徽按察使司，使三司领地渐趋一致。康熙四年（1665）十一月，又将扬州、淮安 2 个府及直隶徐州划给右布政使司，左布政使司仍领上江地区 7 个府 3 个直隶州，分省后为安徽地区，至此，左布政使、安徽巡抚、安徽按察使辖区已趋于一致，苏、皖分省分治条件已具备，疆域也奠定。康熙六年七月十二日（1667 年 8 月 30 日），康熙批准了由吏部汇奏并经御前会议讨论通过的全国性地方行政区划和官制改革意见，其中，江南省正式分为江苏、安徽两省，改左布政使为安徽布政使，使安徽省三司健全，因此，康熙六年（1667）一般认为是安徽建省标志。

安徽建省初，考虑作为省会的城市主要有安庆、合肥、当涂等地。庐州府治合肥城虽地处皖中腹地，但当时交通全赖水路为主，交通不便，不仅城市规模不够，又无险关可据，因此难以控驭全省；安庆虽有险关，但城建、规模不甚理想；太平府治姑孰(当涂)城距江宁太近,且城市规模不够。当时的经济中心徽州府治徽城(今歙县徽城镇)偏于皖南山区,更不能作为全省政治中心。其余各府州更不具备作为省会的条件。

安徽布政使司长期寄治江宁,对自己的辖区事务进行遥控,不仅不是长久之计,而且往返文牍非常不便。乾隆皇帝终于在乾隆二十五年农历八月二十八日(1760年10月6日),正式朱批并委派许松佶赴安庆出任安徽布政使。从此,安庆正式作为安徽省会,并健全各署衙门。

由上可知,安徽建省大致经历了元末明初的行政区域统一;清世祖顺治十八年(1661)左、右布政使划片分治;清圣祖康熙四年(1665)调整左、右布政使辖区,使苏、皖两省分省分治奠定基础,确定疆界;康熙六年七月,正式批准建省;乾隆二十五年八月,正式将省会定于安庆。因此,一般把公元1667年8月30日作为安徽省诞生纪念日。

三、安徽建省后的建置

安徽建省迄今300余年,经历了清朝、中华民国、中华人民共和国三个历史时期,但随着政治和经济形势的发展,各级行政区划及管理体制也发生较大变化。

清朝中后期实行道、府(直隶州、厅)、县(散州、厅)三级管理体制。安徽共设54个州县(4个散州、50个县),除砀山、萧县原属江苏省直隶徐州(后升为府)外,其余分属凤颍六泗道的有凤阳、颍州两府及六安、泗州两直隶州;属安庐滁和道的有安庆、庐州2个府及滁州、和州2个直隶州;属徽宁池太广道的有徽州、宁国、池州、太平4个府及广德直隶州,计涉及2个省9个府5个直隶州。

中华民国初期,废府、州、道,民国北京政府初期实行省、县二级管理,今安徽境内砀山、萧县属江苏省,其余60个县还含民国南京政府期间分别划入江西、湖北省的婺源、英山县及中华人民共和国时期划入江苏省的盱眙县及由泗县分设的泗洪县。

民国南京政府初期实行省、县二级管理体制。1932年4月,实行首县制,全省分10个行政区。抗日战争期间,国民政府因日军占领长江流域重要城镇,南北受阻,临时设置皖北、皖南行署区,行使省的权力,但规格比省小,后期又复置皖南行署,均为临时省级设置,省仍领导行署区,下领专区管县。

解放战争后期,安徽境内的淮河南北、江淮地区先后解放,初建皖西、江淮、豫皖苏边区3个行政公署,下设专区,再下为县、市。1949年4月,撤销上述3个行政公署,成立皖北人民行政公署(驻合肥市)。5月,随着江南地区全部解放并普遍建政,成立皖南人民行政公署(驻芜湖市)。两个行署行使省的权力,但比省的规格要小。行署下辖直辖市、专区,再下为县及专辖市。

1952 年 4 月,撤销皖南、皖北 2 个人民行政公署,恢复成立安徽省。8 月 7 日,中央人民政府正式批准成立安徽省。8 月 25 日,安徽省人民政府正式成立,省会驻合肥市。

截至 2022 年底,安徽省辖 16 个地级市,45 个市辖区,9 个县级市,50 个县。

第二节 安徽文化的形成和发展

一、文化的基本概念

"文化"是一个内涵丰富、外延广阔的概念,在中西方人文科学的历史上,可能也是最难定义的一个概念。据国外有关学者统计,自 1871 年以来,西方学者为"文化"所下的定义有 200 多种,可见要给"文化"下一个确切的定义,是个非常困难而又复杂的问题。

"文化"是我国古已有之的一个概念。在中国古代典籍中"文化"是"文"与"化"的复合。"文"的本义是指各色交错的纹理。"化"的本义为化生、变化、造化。最早将"文"与"化"联系起来使用的是《周易》"贲"卦。《象传》曰:"观乎天文,以察时变,观乎人文,以化成天下",这是关于"文化"的最早提法,其意是以"文"来教化天下,即以诗书礼乐、道德伦序来教化世人。"文化"一词连用出现则最早见于汉代刘向的《说苑·指武》中,"凡武之兴,为不服也,文化不改,然后加诛",在这里,文化的含义是讲文治教化或以文教化,与武力制服相对应,与现代意义上的文化含义有明显的区别。今天我们所通用的文化概念,据说是 19 世纪末日本人用古汉语中的"文化"二字翻译拉丁文 Cultura 和英文 Culture 而来,原意是指人类制造的事物,即经过耕作、生产、培养、教育而成的事物。有耕种、居住、练习、修养、拜神等含义,既有物质生产,又有精神创造的含义。

一般认为第一个把文化作为一种概念提出来并给它下定义的是当代英国文化人类学家泰勒(1832—1917),他认为文化是由知识、信仰、艺术、道德、法律、习俗以及作为社会成员的人所需要的其他能力和习惯所构成的综合体。泰勒之后,研究文化的学者大增,不少人类文化学家、社会学家等,从各自角度出发,从不同侧面试图揭示文化的实质,于是有关文化的定义层出不穷,以致竟达200多种。20世纪20年代以来,我国的文化学者对文化的定义也展开了热烈的讨论,影响比较大的有梁漱溟、梁启超、陈独秀等。梁漱溟在1920年出版的《东西文化及其哲学》一书中认为文化就是"人类生活的样法",并把人类生活分为精神生活、物质生活和社会生活三大内容。梁启超在《中国文化史目录》中,所列文化包括朝代、种族、政治、法律、教育、交通、国际关系、饮食、服饰、宅居、考工、农事等,足见他心目中的文化是一个极为广泛的概念。

中外学者有关文化的解释虽然多种多样,但对文化是什么,说法却相对明确,即凡是属于人类生活方式的各个侧面都属于文化的范畴。因此,最普遍的文化定义就是人类创造的一切物质财富和精神财富的总和,这就是人们常说的广义文化的概念,如《辞海》中对"文化"的解释就是指人类社会历史实践过程中所创造的物质财富和精神财富的总和。而狭义的文化一般则指精神文化,包括社会的意识形态以及与之相适应的制度和组织机构。

由于文化的含义异常丰富,很难给它下一个确切的定义,因而人们又将文化按结构或层面加以区分,认为文化由三个不同的要素和层面构成。一是文化的物质要素和物质层面,即我们通常所说的表层的物质文化,主要包括各种生产工具、生活工具以及其他各种物质产品;二是文化行为要素和行为方式,即我们通常所说的中层的制度文化,主要包括行为规范、风俗习惯、生活制度等;三是文化的心理要素和精神层面,即我们通常所说的深层精神文化,主要包括思维方式、思想观点、价值观念、宗教信仰、审美情趣、道德情操等。文化的这种划分方法是目前在我国学术界影响最大,也最为流行的分类方法。

二、地域文化的概念

文化具有一定的地域性,生活在不同地域的群体,就拥有不同的地域文化。地域也就是常说的区域,即按一定标准而确定的地理空间区域,它是人类生存和文化创造的物质基础与活动舞台,是一个被赋予了人文因素和历史文化传统的区域空间。一般来说,地域文化是一定地域内历史形成并被人们所感知和认同的各种文化现象,今天的地域文化格局是在漫长的人类社会发展过程中逐步形成的。地域文化作为一种文化的区域分布,与历史上的自然区域、行政区划有着密切的关系。一般而言,自然条件从宏观上制约了文化区的差异,大的山川界线往往形成文化区的边界;行政区划则对文化区进行整合,使区内文化现象趋于一致,以形成物质的文化区;而经济方式、交通条件、移民等因素,都对文化区的形成有着程度不同的影响。

目前,人们关于地域文化的划分一般有三个标准:一是以地理相对方位为划分标准,如东方文化、西方文化、江南文化、岭南文化、西域文化、关东文化、陇右文化等;二是以地理环境特点为划分标准,如长江三角洲文化、黄河文化、长江文化、运河文化、海洋文化、大陆文化、高原文化、草原文化、绿洲文化等;三是以行政区划或古国疆域为划分标准,如齐文化、鲁文化、秦文化、晋文化、楚文化、巴蜀文化、巴渝文化、云贵文化、闽文化等。

地域文化具有历史性、地域性和独特性的特点。一定地域的文化的形成,是历史发展和持续演变的结果,是该地域一代一代民众不断传递、承袭、发展、积累和既创新又积淀而形成的。而人类的一切活动,包括文化,又总是在一定的空间范围所进行的,由于各地自然条件、地理环境乃至人文因素的差异,人们在从事生产、生活等活动中,不同地域的人们自然而然地在居民心理、性格习惯、思维模式、行为方式和语言风俗诸方面逐渐产生差异,从而形成一个个具有区域特色的地域文化,这种差异正是文化的地域性的突出显现。由于一定的地域及其文化的形成,既是一个历史过程并且约定俗成,又带有深深的地域性烙印,那么该地域内的各种文化现象既是同质的或相近的,也是互相关联、相互影响的,而与其他地域文化之间则是异质而不同,这就使得地域文化各具特色和风貌。

地域文化的研究对象和内容主要包括:地域内文化的生成、演化和发展的进程及其规律,文化的内在结构、形态特征及其相互关系,地域内文化的分布状态与空间组合特征,地域之间文化的交融、渗透与整合,文化与地域之间的互动关系以及生态剖面,地域文化对中国传统文化发展的意义和作用等。

三、安徽文化的延续和发展

安徽建省虽只有300多年时间,但在安徽这块大地上,自古以来就有人类在此劳作、生息,他们用自己的勤劳和智慧创造了辉煌灿烂的物质文化和宝贵的精神财富。江淮这块大地上人杰地灵,英才辈出,涌现出一大批政治家、思想家、文学家、艺术家和科学家。他们活跃在各个历史时期的社会舞台上,或以文治武功流芳千古,或以学术思想立身扬名,或以诗词文赋蜚声文坛,或以妙笔丹青驰誉艺苑,或在科学技术园地大放异彩,对中国文化做出了不可磨灭的贡献。我们把出生在安徽并根植于安徽这片热土上的人们所创造的、有着共同历史界域和渊源的文化称为"安徽文化"。

安徽文化的渊源,最早可以追溯到上古时期。在漫长的历史岁月中,先民们就在安徽这块14万平方公里的地域上劳动、生活、繁衍,不断地创造着灿烂的文

安徽文化
概要

ANHUI WENHUA GAIYAO

化。考古发掘表明,安徽是一块早期人类文明的诞生地,在中华文明起源中占有十分重要的地位。1998年,在繁昌县人字洞发现了距今240万年前旧石器时代的人类活动遗址,这是我国目前发现的最早期的人类活动遗址之一,它的发现和研究为我国早期人类的起源和进化提供了重要资料。这说明在数百万年以前,安徽就有了人类活动的足迹。1980年,和县龙潭洞猿人头骨化石(被命名为和县猿人)和巢县银屏山猿人枕骨化石(被命名为巢县人)的发现,表明早在四五十万年以前,江淮地区的人类已经进化到相当发达的程度。

新石器时代的安徽,人类活动范围明显扩大。从考古发掘来看,这一时期,氏族群体已经遍布安徽全境。安徽目前已发现400余处新石器时代遗址,数量众多,其中以刻画符号、玉石礼器、大型聚落等为代表的文明因素在江淮大地上纷纷出现,文明的曙光逐渐开始显露。大批出土的新石器时代的文物遗迹,不仅表明当时的渔猎业、饲养业和农业都比较发达,而且在出土文物中,石器的磨光、穿孔,角器的琢磨,陶器上的纹饰,也表现出较高的工艺美术水平,特别是在蚌埠双墩遗址发现的刻画符号,是迄今为止史前时期最为复杂和完整的刻画符号,可能是汉字起源的重要源头之一。含山凌家滩遗址出土的大量精美的玉器制品,无论是数量、品种还是雕琢技艺的精湛(有的孔径仅有0.15毫米),都是中国新石器时代其他古文化遗址不能比拟的。其发达的玉石器工业全国少见,所出土的玉龙号称中华第一龙,是中国目前发现的最早的玉龙。玉人则首次完整展示了原始人的外貌。蒙城尉迟寺发现的距今4800—4300年前的新石器晚期的大型围壕聚落遗址,被称为中华原始第一村,为研究大汶口文化晚期的社会结构、聚落形态及建筑技艺提供了宝贵材料,也是研究中国史前建筑史不可多得的实物资料。这些都表明,5000年前生活在安徽这块土地上的先民们,以自己的聪明才干创造出了辉煌的物质和精神文明,为中华文明起源做出了自己的贡献,也奠定了安徽在中华文明起源中的地位。

原始社会末期,当中原氏族进入阶级社会时,遍布安徽的氏族群体也相继建立了自己的国家或近似于国家的氏族组织。夏、商时期,安徽境内就建有许多方国。西周时期武王分封皖伯于皖国(今潜山之地),并与被称为淮夷的诸部落进行了长期的战争。大量的民间传说,也能反映出安徽原始文化的概貌。如据说舜曾耕种于历山(今淮南市)。为舜作"五刑"的皋陶就是淮夷的祖先,其后裔被封于英、六,故今六安还别称"皋城"。另还传说大禹治水时娶涂山氏(在今怀远境内)之女女娇为妻,并在此大会诸侯。《左传·哀公七年》记载,"禹合诸侯于涂山,执玉帛者万国"。商汤兴起于亳并流放夏桀于南巢。古冶子铸剑庐江冶父山,干将莫邪铸剑芜湖赤褐山的传说,以及铜陵凤凰山金牛洞古采矿遗址,这些都反映了早期安徽人民的冶炼技术已经达到了相当高的水平。关于夏禹与女娇的爱情故事则将两淮民歌的口头创作时期推到了原始社会末期。据《吕氏春秋·音初》篇记载,禹与女娇结婚后,禹因忙于治水,婚后即匆匆离别,女娇作《候人兮猗》表达对禹的思念之情,虽只有"候人兮猗"一句歌词,但对后世却有很大影响,从《诗经》《楚辞》中用"兮"这个字可明显看出受到了这首歌的影响。淮河民歌至西周时已十分流行,并传入中原,登上大雅之堂。我国第一部诗歌总集《诗经》中的《周南》、《召南》相传为周公、召公征"淮夷"时,采撷淮河民歌修饰而成。

春秋战国时期,是个社会剧烈动荡的时期,此时安徽地区方国林立,曾有徐、楚、吴、越、蓼、六、皖、巢等诸侯国,并成为诸侯争霸的主要战场之一,不论晋楚争霸,还是吴楚争雄,江淮地区都是争夺的目标或必经之地。公元前632年,楚国向中原扩张受挫后,迅速转而向东,将两淮地区纳入自己的势力范围。公元前584年开始的吴楚争夺战,持续170多年,主要战场都在安徽境内。长期的战争给江淮人民带来了深重的灾难,但也使得邻近地区的文化在江淮地域交流碰撞,对安徽地区文化产生了深刻的影响,产生了具有划时代意义的管子思想和老庄的道家学派,标志着安徽文化开始登上历史舞台,并奠定了这一区域文化发展的基础。

秦汉以后,随着统一的多民族国家的建立和发展,安徽传统文化也进一步融合到更大范围的文化之中,成为华夏文化体系中重要的组成部分,同时也保留着自己的风格、传统,有着自己的发展轨迹。

西汉初年,统治者在恢复经济的同时,注意发展文化。安徽文化也在继承道家思想和楚辞传统的基础上,获得较大发展,出现了发挥道家思想、同时兼采儒、墨、名、法等各家之长的《淮南子》一书,将道家思想推向了一个新的高度,在中国哲学史上产生了重大影响,同时该书涉及科技的诸多方面,代表了当时的科技水平,成为当时科技的"百科全书"。东汉时期,儒学的独尊地位进一步牢固确立并开始走向谶纬之学,但在谶纬之学盛行之时,反谶纬的斗争也从未停止过,正是在这场斗争中,产生了中国早期唯物主义的光辉著作,那就是安徽人桓谭所写的《新论》,该书对后世产生了重要的影响。除了学术思想之外,这一时期,安徽在文学艺术上的成就也是巨大的,典型的是东汉末年以庐江地区为背景的《孔雀东南飞》长诗,代表着安徽这一时期文学艺术的水平。

东汉末年,社会发生巨大变动,先秦诸子百家思想均不同程度地得到继承和发展,并呈自由解放的趋势,正是在这样的历史背景下,产生了曹氏父子(曹操、曹丕、曹植)及其领导的建安文学集团,并造就了"慷慨以任气"的建安文学风骨。魏正始以后,政治日趋腐败,社会日趋黑暗,建安时期文人的那种积极进取的精神,被否定现实、韬晦遗世的消极反抗思想所代替,老庄思想也因此深入到学术文化的各个领域,安徽作为老庄思想的发源地,受老庄思想影响尤其突出,从嵇康身上,我们不难看到老庄思想对魏晋时期安徽籍学人的影响。他一方面尚奇任侠,疾恶如仇,反对虚伪的名教,另一方面又追求恬静寡欲,好服食,求长生,他的诗文也着重表现清逸脱俗的境界。魏晋南北朝时期,由于安徽的特殊地理位置,江淮地区军事交争频繁,不同文化思想也在此争锋较量,随着北方世族大家的南迁,安徽南方的经济和文化得到了发展。这一时期,安徽地区进入了艺术上的春天,各种艺术都生机勃勃,出现了一些杰出的艺术家,特别是安徽的绘画艺术在魏晋时期迎来了第一个黄金时期,如曹髦、戴逵父子等的画作享有盛誉。

隋唐时期,统治者在积极发展经济的同时,在文化方面也采取了较为宽松的政策,如采取科举取士的人才政策,宗教文化上儒、释、道三教并立,思想上儒、释、道兼容,这些措施为隋唐学术文化的繁荣开辟了道路。但由于安徽地区在先前经历的长期战争,加之远离隋唐王朝的政治中心,因此与其他地区文化相比,这一时期的安徽文化发展是有限的,除张籍、李绅、杜荀鹤等为数不多的诗人在文学上取得了较大的成就之外,在学术思想、科学技术以及绘画艺术诸方面则没有引人注目的建树。

宋代在政治、军事上虽然十分腐败和暗弱,然而由于科举制度的改革以及学校教育的发达与刻书业的繁荣,封建学术文化在这一时期却获得了全面发展。由于南宋政治、经济重心的南移,中原文化也随之南下,特别是皖南地区,远离战乱,这对安徽文化产生了重要影响。南宋期间,安徽一地不仅人才辈出,而且在哲学、文学、艺术以及科学技术等方面都取得了辉煌的成就。如以朱熹为代表的新安理学,由图经发展而来的方志之学空前发展,文学领域成就卓著,出现了张孝祥、胡仔等较有影响的人物。这一时期的安徽文化除了得到了空前发展之外,还有个重要变化就是,皖南地区尤其是皖南徽州成为安徽文化最发达地区,成为此后几百年我国学术文化的重镇。

在元帝国统治期间,我国学术文化基本处于停滞甚至倒退状态,安徽文化自然也不可能有所进步。明代早、中期,由于统治者在思想文化方面采取严厉控制的措施,程朱理学成为钦定的唯一合法的学说,在用人制度上实行严格的形式主义的八股取士制度,并对封建文人采取笼络与镇压并重的手段,因而明代前期的学术文化比较暗淡,安徽文化也未能从元代低谷中走出来。安徽文化的再次兴盛是在明末清初,这一时期形成了安徽两大文化的重镇,即以桐城为中心的桐城文派、学派为主体的皖中之学或称之为江北之学。另一就是以戴震为代表的皖南之学,由于其主要成就在经学方面,故又称之为皖派经学。桐城文派和皖派经学是在清代特定的历史条件下登上历史舞台并获得迅速发展的,在我国文化史上占有重要地位。同时,明中期以后,安徽经济发展很快,尤其是皖南的手工业、商业突飞猛进,经济的发展促进了文化、教育的发展,安徽人的文化创造性空前活跃,在科学技术以及绘画、戏剧等方面都有辉煌的成就。安徽文化在这一时期取得了一系列总结性和开创性的成果,将安徽文化推向了历史最高峰。

清朝后期,中国即将步入近代社会,文化的发展也处于新旧交替时期,这一时期的安徽文化,具有鲜明的新、旧交替的时代特征。桐城文派、皖派经学虽然渐渐退出历史舞台,然而遗风犹存。在鸦片战争至五四新文化运动期间,安徽文化出现了从相对封闭的古典形态到接受现代文明的艰难转变。安徽境域内古今、中西文化交融碰撞,涌现出一大批优秀的学人志士,呈现出群星璀璨的局面,既有洋务运动的先锋李鸿章,又有新文化运动的首倡者胡适与陈独秀,他们在继承安徽文化传统的同时,也为安徽文化注入近代文明的精华,安徽文化进入了一个新的时期。

第三节　安徽文化的特点

一、安徽的三大文化圈

安徽文化在其长期的发展中,由于地理环境和人文环境的不同,在安徽大地上形成了三个各具特点的区域文化,即淮河文化圈、皖江文化圈、徽州文化圈,它们共同构成了安徽文化。

这三个文化圈的形成,既有自然地理方面的因素,也有社会历史方面的原因。从自然条件方面看,流贯安徽全境的长江、淮河,将全省自然地分割为面积大致相等的三块,即淮北地区、江淮地区、江南及皖南山区。淮北地区为平原,江淮地区主要为丘陵台地,江南及皖南地区则为丘陵山地和山区。迥异的地理条件,造成物产差异,因而造成了物质文化上的明显差异,从而影响人们的生产、生活方式和行为习惯。而从历史方面来看,长期以来,人们习惯以淮河作为全国南北地区的分界线,淮河以北为北方地区,淮河以南为南方地区,历史上淮河曾是南北方天然的国界和州郡府道的边界,多次大规模战争中的各方也往往以淮河、长江为界相对峙。在历史的不同时期,上述三个区域又曾经长期分属于不同的行政区划,直至清康熙六年(1667)建立安徽省,淮北、江淮、皖南才合为一个统一的行政区划。由于地理条件制约和历史的原因,淮河以北地区主要受中原文化的影响和辐射,皖南地区主要受吴越文化的影响和辐射,而沿江、江淮地区在同时受到中原文化和吴越文化的影响辐射条件下,又长期处于相对独立的发展状态中。在同一文化区域内,居民在生活习性、语言、艺术形式、道德观念以及心理性格和行为方式等方面表现出明显的一致性,有着相似或相同的文化特质。而在不同文化区域之间,则表现了鲜明的差异。在组成安徽文化的三个区域文化之间,不仅在生活习俗、艺术形式和语言方面各不相同,而且在社会心理、民众性格和行为方式方面都表现出很大的不同。

(一)淮河文化圈

1. 淮河文化圈基本概况

淮河文化圈一般指由淮河沿岸及淮北地区构成的区域文化带。淮河文化圈的形成得益于得天独厚的地理和人文环境条件,有其深厚的底蕴和丰富的内涵。

淮河发源于河南省桐柏山,古称"四渎"之一,与黄河、长江、济水齐名,流经安徽境内为中游河段,长约430公里。历史上,大河大江往往都是人类文明的发祥地,江河在人类文明的起源中起着重要的作用。近些年来的考古发掘表明,早在5000多年前的新石器时代,淮河流域就有土生土长的被称为"淮夷"的族人在此生存活动,并创造了先进的史前文化,双墩遗址、尉迟寺聚落遗址的发掘就是很好的证明。春秋战国时期,诸侯争霸,百家争鸣,安徽淮河一带既是诸侯争霸交战之地,又是不同文化交汇融合之地,淮河以北受中原文化影响较大,而淮河以南地区则主要受楚文化和吴越文化影响。这一时期是淮河文化的一个繁荣时期,如产生了杰出的思想家、政治家管仲,道家学说的创始人老子和集大成者庄子,特别是老子和庄子他们长时期在安徽涡阳、蒙城以及豫皖边境活动,这些地方留下了他们活动的足迹,他们创立的道家学说成为中华传统文化的一个重要组成部分,给中国人以重要和深远的影响。战国七雄之一的楚国,后期建都于淮河南岸的寿春(今寿县),楚文化随之东移,至今仍保存完好的古城墙以及由楚相孙叔敖主持兴建的、先于四川都江堰的大型水利工程芍陂(现称安丰塘),都显现了楚文化的影响和繁荣。有汉一代,淮河区域文化更是繁荣。淮南王刘安编纂的《淮南子》是对道家学说的重要总结;哲学家、经学家、唯物主义无神论者桓谭,毕生反对谶纬和迷信,其借烛与火的关系来比喻形与神的关系(即人的形体与精神关系），在中国哲学史上产生过深远的影响；东汉末年，以亳州曹操父子为代表的建安文学，更是为淮河文化增添了一笔浓墨重彩。

淮河两岸地区作为诸侯和封建王朝争战之地，这里曾上演过无数的历史剧，在历史的长廊中也留下了许多震古烁今、惊心动魄的历史画卷和历史遗存。宿州大泽乡涉故台展示了陈胜、吴广的揭竿而起；淮南八公山下令前秦溃兵"草木皆兵"的淝水大战，展现了东晋贤相谢安的胸怀韬略；宋金的"符离大战"仍使人回想起当年的金戈铁马。

文化是由人创造的，人是文化创造活动的主体。古今淮河两岸人才辈出，群星闪耀，他们在不同的方面为淮河文化的发展和繁荣做出了不可磨灭的贡献。杰出的如著名的思想家、哲学家管子、老子、庄子、嵇康、桓谭；著名的文学家曹操、曹丕、曹植以及悯农诗人李绅；杰出的画家曹霸、戴逵，以及音乐家桓伊、医学家华佗、明王朝的创建者朱元璋等，这些杰出人物为淮河区域文化繁荣做出了积极的贡献。

2. 淮河文化圈基本特点

由于淮河地域拥有特殊的地理位置和人文环境，各种不同文化在此碰撞、交流，淮河文化作为融合中原文化、吴楚文化基础上形成的一种区域文化，具有兼容性和过渡性的特点。如淮河两岸发现的众多新石器遗址，其文化内涵具有强烈的南北交融特征，其中，尉迟寺遗址为大汶口文化南下的产物，萧县的金寨遗址玉器具有地处东南地区良渚文化的特征。"禹合诸侯于涂山，执玉帛者万国"的记载，说明淮河流域早在夏代以前就是重要的政治活动中心。再如淮河流域人们具有的尚义、淳朴、直爽的粗犷民风，以及重农轻商的思想观念等，就是一定程度上受北方中原文化和齐鲁文化的影响而形成的，而皖北作为老、庄故里，作为道家文化的发源地，道家的思想在这里又具有深厚的根基，给人们思想以深刻影响，形成了诸如不尚竞争，知足常乐，安贫乐道，听天由命等思想观念和行为方式。同时在饮食、戏曲、语言等方面也都表现出过渡性和兼容性的特点，如饮食文化方面，沿淮一带属于稻谷杂粮文化区，饮食习惯接近于鲁、豫菜系。戏曲方面，中原地区戏曲艺术的代表——豫剧，在淮北叫淮北梆子，流行区域的南界在沿淮一带，而沿淮一带流行的花鼓灯艺术，则是独特的淮河文化氛围孕育出的一株艺术奇葩，它融歌、舞、戏于一炉，吸收了南北方艺术的精粹，既热烈高亢（北方文化的特点），又温柔细腻（南方文化的特点），粗犷时如电闪雷鸣、倒海翻江，细腻时如小桥流水，春风拂面。语言方面，淮河区域处于中原官话和江淮官话过渡地带，除语音方面的韵母、声调的过渡语音特征（如部分平舌翘舌不分），沿淮中部地区缺少声母唇齿音［f］成为一种奇特的语言现象。如寿县、淮南、凤台、霍邱等地话中把"飞(声母为 f)机"说得跟"灰(声母为 h)鸡"一样。

(二)皖江文化圈

安徽中部为南北承接、交汇之地,奔腾不息的长江也从此流过,在安徽境内有 400 多公里,因而号称八百里皖江。皖江文化圈一般是指从远古到现在皖江地区创造的物质文化和精神文化的总和,其范围大体接近于现在的皖江经济区域,即安庆、芜湖、马鞍山、铜陵、池州、宣城市(除绩溪县)和滁州市东部。

长江流经安徽境内地段,水系发达,河流湖泊密布,山清水秀,景色宜人,加之气候适宜,宜于农耕,尤其是水稻种植,历来被称为"鱼米之乡"。源远流长的古文化和秀丽的自然山水,吸引古今许多文人墨客频繁出入于这一地域,从而形成其特有的浓厚的文化氛围。独特的地理环境和人文环境,形成了独具特色的皖江文化。

皖江文化经历了一个漫长的发展历程,它是在与周边地区交流、融合过程中逐步吸收其他地区文化因素以后逐步发展而成的。皖江文化具有以下一些主要特点:

1. 源远流长的古文化

皖江地区在远古以前就有人类在此活动,繁昌县人字洞古人类遗址以及和县猿人、巢县智人的考古发现证实,皖江地区是人类的起源地之一,古文化遗址、古城址、古窑址、古矿冶遗址遍布皖江各地,很多历史传说也都与皖江地区有关。安庆张四墩遗址、含山凌家滩遗址考古发掘表明,早在 5000 多年前就有先民在皖江地区劳作、生息、繁衍,并创造了早期的人类文明,是中华文明的发源地之一。成汤放桀于南巢,武王封皖伯于皖地的历史传说等更增添了皖江历史文化悠久的意味。

2. 皖江文化内容丰富,底蕴深厚,异彩纷呈

(1)文学

东汉末年产生的、取材于庐江郡小吏焦仲卿爱情故事的乐府民歌《孔雀东南飞》,是我国古代文学史上最早的也是最长的一篇叙事诗,对后世文学产生过重大影响。唐代时期,中国文学进入了一个繁荣时期,皖江地区的文学也开始兴盛,先后出现了张籍、杜荀鹤等著名诗人,以及池州、宣州等地涌现的以擅长描写九华山风景而被称为"九华诗人"的费冠卿、张乔、刘太真、汪遵等诗人群。两宋时期,皖江地区在文学上继续发展,涌现了不少硕才俊彦,如宣城人梅尧臣为宋初诗文革新运动的中坚人物之一;历阳乌江人(今和县)张孝祥是南宋著名的爱国词人,其词具有鲜明的爱国主义色彩,在苏轼、辛弃疾之间起着承上启下的作用。明末清初,桐城文派的兴起,标志着皖江地区在文学上进入了鼎盛的辉煌时

期。桐城文派秉承程、朱道统，崇奉秦汉及唐宋八大家散文，别立门户，自成体系，从方苞、刘大櫆到姚鼐、姚莹等"桐城八大家"，著名学者数以千计，影响流播全国，前后跨越二百余年，不能不让人惊叹皖江文学底蕴的深厚。在清代历史上，除桐城派外，宣城诗人施闰章也负有诗名。全椒人吴敬梓的《儒林外史》作为讽刺小说如今已家喻户晓。民国时期，皖江地区在文学上也出现了一大批杰出的文学人才，如陈独秀首倡文学革命；芜湖人钱杏邨，笔名阿英，为现代文学理论批评家、文学史家、作家；无为人田间被称为鼓手诗人；潜山人张恨水是我国现代著名的通俗文学大家、章回小说大家；宗白华、朱光潜等是我国著名的美学家。

皖江地区在文学上除了这些本土产生的文学群星之外，风光旖旎的皖江山水还吸引了大批的文人墨客流连忘返，他们在皖江地区留下许多不朽的篇章。如李白就曾多次到访安徽的池州、宣州等地，留下许多脍炙人口的诗句，并终老于长江岸边的当涂县，葬于该县青山，至今马鞍山市、当涂县等地还存有太白墓、太白楼、太白衣冠冢等遗迹。白居易、韩愈、苏轼、王安石、刘禹锡、陆游、欧阳修等文学巨匠也曾多次旅皖，或吟咏皖地的奇山秀水、名胜古迹，或与皖地文人相唱和，留下了许多著名诗文，也为皖江地区的文学抹上了浓墨重彩的一笔。

（2）戏剧、绘画、书法

皖江地区在戏剧方面也有着较好的传统，名气较大的戏剧作家有梅鼎祚、佘翘、阮大铖、尤燮、李文翰等，但皖江人在戏剧方面成就最突出的是在戏剧表演方面，它开创和丰富了几个有影响的剧种，如傩戏、青阳腔、徽剧、黄梅戏等。池州傩戏地方特色浓郁，是一种戴面具、以宗族为演出单位，以请神祭祖、驱邪纳福为主要内容的戏曲，被称为"戏曲活化石"。徽剧明末清初最早形成于以石牌为中心的安庆地区，是在吸收当时流行的青阳腔、昆曲、梆子腔和俗曲的基础上形成的，乾隆年间，三庆、四喜、春台、和春四大徽班相继进京，名噪华夏，极一时之盛，出现了空前繁荣局面，为京剧产生奠定了基础。黄梅戏原称黄梅调，俗称采茶戏、花鼓戏、皖剧、徽戏、怀腔等，1953 年安徽省黄梅戏剧团成立时才普遍称为黄梅戏。黄梅戏经皖江人的改造和传播，从一个地方小戏变为在全国有影响的大戏，20 世纪五六十年代以来，黄梅戏风靡一时，现在一说到安徽的戏剧，人们首先就会想到黄梅戏，安徽人在省外的联欢活动中也往往被要求表演黄梅戏。

书法方面有影响的是南宋时的"和州三张"，即和县人张孝祥、张孝伯、张即之。清代著名的大书法家怀宁人邓石如，他创立的碑派书法、皖派篆刻成为书法永久的流派。

绘画方面，皖江地区有被称为宋画第一人的李公麟。1961 年，中国画院将其列为中国十大名画家之一。清代皖江地区画坛流派纷纭，名家辈出，涌现了以芜湖萧云从为代表的姑孰画派,以梅清为代表的宣城画派,以方以智为代表的桐城画家群等。铁工汤鹏在清代顺治年间创立的芜湖铁画,汲取国画构图法,兼采金银首饰制作、剪纸、雕塑等工艺特点,以锻锤焊接而制成,为前代未有之珍品。

（3）宗教

以禅宗和地藏信仰为核心的佛教文化是皖江地区的重要宗教文化。皖江地区是佛教禅宗重要的传承地区,遗留有三祖寺（潜山境内的天柱山上）、司空山（号称中华禅宗第一山,岳西境内）等禅宗胜地。佛教圣地九华山,自唐代新罗人金乔觉在此建庙传播佛教以来,九华山作为佛教的重要传播基地,作为地藏菩萨的道场,香火旺盛,现有寺庙近百座,僧尼数百人,成为中国佛教四大名山之一。

3. 皖江文化具有水文化的特点

从地貌上看,淮河文化呈平原文化特征,徽州文化呈山文化特征,皖江文化则呈现出水文化的特点。与淮河、徽州区域地貌相比,皖江地区湖泊密布,长江支流众多,水的特色更为明显。水文化与山文化,既有物态文化层面,也有心态文化的层面。孔子曾说过:"智者乐水,仁者乐山",由此可见水文化是一种智者文化。老子又说:"上善若水",水文化又具有聪颖灵慧特性,心胸善于保持沉静,处事善于发挥所长,行动善于把握时机。正因为水文化的这些特性,因此皖江地域人们具有较浓厚的儒家文化传统,崇尚人文精神,文风兴盛。皖江地区传统上重教兴学,所谓"穷不丢书,富不丢猪",生动反映了当地人尚文好学的传统,因此出现了很多文化世家和杰出人才,如庐江何氏家族,以方苞、戴名世为代表的桐城文派,都是经久不衰,影响深远。再如桐城张英家族,在张英于康熙六年（1667）考中进士后,又有 4 个儿子、4 个孙子和 1 个曾孙相继考中进士,并且都曾进翰林院,一门十进士可谓空前绝后,一时传为佳话。兴学重智,以读书求仕为正途,成为皖江文化的思想内核。皖江水文化的特点,表现在社会风俗上,其民一般举止斯文,善于吸纳新事物,不好争斗;饮食习惯上,恬淡适中,好吃甜点、大米、水产等。

4. 开放创新意识浓

皖江地区地处安徽中南部,水陆交通便利,这里又是不同文化交流、碰撞之地,水文化的那种不捐细流、有容乃大的精神,使得皖江人的思想观念比较解放,比较容易接纳新生事物,常常能得风气之先。如佛教在皖江地区的传播就是一个例子。禅宗二祖慧可是在受到朝廷压制与宗教势力内部排挤下来到皖江地区的,皖江人接纳了他,使得他找到了立足点,得以从容地传播禅宗。新罗人金乔觉远涉千山万水来到九华山时,这里尚是一片荒芜之地,正是在当地人的支持和帮助下,他才能够潜心苦修,广泛地传播佛教。皖江文化的开放性从桐城文派也可以看出。桐城文派不仅仅是桐城人的文派,也不仅仅是皖江人的文派,它是一个开放性的学术流派,有不少是皖江以外的人,其成员遍及江苏、山东、江西、河北、湖南等地,多达近千人,而桐城文派的中兴则有赖于湖南人曾国藩。皖江地区也是最早接受革命思想的地区。辛亥革命时期,安庆、芜湖都是革命的重要据点,同盟会、光复会等革命组织均在此活动。马克思主义在安徽传播最早也是从安庆、芜湖开始的,即使现在,皖江地区也是率先对外开放的。

　　皖江人由于容易接受新事物,因而其思想观念比较新,创新意识比较浓,皖江文化中有许多方面曾在全国领先并影响全国,进而使部分文化内容从区域文化范围上升到主流文化圈。如文学艺术方面,产生于皖江地区的汉乐府民歌《孔雀东南飞》是我国古代最长的叙事爱情诗,对后世影响很大;梅尧臣是宋初诗文革新运动的中坚之一;北宋李公麟最先使用白描画;清代铁工汤鹏创作芜湖铁画,成为天下一绝;在戏剧方面,皖江文化更是大放异彩,先后形成了在全国有重要影响的剧种,如徽剧、黄梅戏等,徽调更是对京剧的产生影响巨大;在经济方面,安庆军械所是我国最早设立的一所综合性的军工企业,其试制的蒸汽机、小火轮在全国均为创新;在思想观念方面,陈独秀发起了新文化运动,提倡文学革命;桐城文派不仅在文学方面有重要创新,而且实际影响中国文坛200多年,成为封建社会后期的主流文化,影响巨大。

(三)徽州文化圈

1. 徽州文化的概念及其形成原因

　　徽州文化是指原徽州府属下歙县、黟县、休宁、祁门、绩溪和婺源(今属江西省)等六县所出现的既有独特性又有典型性的各种文化现象。徽州文化是安徽区域文化中最成熟、最具有代表性、最典型的地域文化。

　　徽州作为一个地域名称,有着悠久的历史。春秋战国时期,徽州尚未见史籍记载,今徽州地区属山越土著居住,秦始皇统一中国后推行郡县制,设立会稽郡,在今徽州地区设置了黟、歙二县归其管辖,后属鄣郡,汉时又改鄣郡为丹阳郡,三国时孙吴征战山越,分割黟、歙,立新都郡,西晋太康元年(280)改为新安郡。隋开皇九年(589),隋统治者在新安江中下游设立睦州,领有黟、歙、海宁(开皇十八年改为休宁县)、婺源、祁门、绩溪,始奠定徽州一府六县格局。北宋宣和三年(1121),宋统治者在镇压方腊起义之后,因方腊家乡在歙州,为防农民再起义,于是改歙州为徽州(有人说是取“徽”的“约束”之意)。在此后一直到清末的800多年里,徽州这一名称一直没有变更,或称路或称府,其所属的六县也没有变更,直到1912年中华民国废府留县,徽州这一名称才随之不复存在。在长达 800 多年的时间里,尽管朝代不断变更,名称不断变化,但徽州一府六县的格局和地域相对稳定,这在一定程度上为徽州文化的形成和发展创造了良好的条件,而徽州文化的最终形成与发展又是与其独特的自然环境和历史原因分不开的。

古徽州地域大致在黄山南麓,天目山以北。四周崇山峻岭环峙,陆路交通相对不便,形成相对封闭的自然屏障,而这种高台城垒式的封闭环境,在生产力水平不高的农耕社会,能给人一种安其生、乐其土的稳定感,而宜人的气候,山清水秀的自然环境又成为诱人的宜居环境,由于这样的地理环境,历代的战乱对此影响不大,因而成为人们躲避战乱的好地方。在徽州历史上,曾有几次大的人口迁入徽州的过程。一次是南北朝时期,一次是五代以及南宋时期,中原世家大族为躲避战乱而迁入徽州,他们在这里休养生息,同时也带来了中原地区的生产技术和中原文化,既促进了当地经济的发展,也使中原文化在此得到保存和发展。另一方面,由于山区的自然环境,决定了徽州山多田少,"八山一水一分田",贫瘠而稀少的耕地,日益增长的人口,使得生活需求和实际满足之间的矛盾日益突出,为了解决生存危机,宋以后,就不断有人走出大山外出经商谋生,明代中叶以后,徽州人外出经商的越来越多。他们凭借着文化水平高的优势,利用当时朝廷政策迅速致富,并逐渐形成发展为一个很有影响的商帮——徽商。他们将经商利润的一部分用作继续营商的资本,一部分则带回徽州,用来购置田地,建造房屋,同时由于许多徽商多为中原世家士族的家庭历史渊源,由儒而贾的从商经历,使得他们贾而好儒,因此他们在经商致富后注重发展文化教育,培养子弟读书做官,正因为有着雄厚的经济基础,本来就有优势的徽州文化得到了更好的培育,形成了不同于其他地方的区域文化。徽商可以说是徽州文化的酵母和温床,是它赖以产生的主要物质基础。正是由于以上几方面的原因,才形成了独具特色的徽州文化。

2. 徽州文化主要特点

徽州文化的形成也是一个历史积淀和发展的过程。从一些出土的遗址、墓葬的器物来看,远古即生息于徽州土地上的山越先民,其农耕和手工业生产就达到了一定的水平。到了秦汉,特别是东晋和唐末时期,中原衣冠士族为躲避战乱大规模迁入徽州,使这一地区得到开发,经济、文化得到迅速发展,中原文化在和山越文化长期的融合同化中产生出了具有浓厚徽州特色的新质文化。北宋末年,由于靖康之乱,南宋政权南迁临安,封建政治、经济、文化中心南移,第三次中原世族大家大规模入徙徽州,以新安理学为理性内核的徽州文化开始勃兴,至明清而全面繁荣。因此可以说,徽州文化勃兴于南宋,全面繁荣于明清,既有突出

的徽州地域特色,又典型地体现了中国封建社会后期的文化特性。徽州文化的主要特点大体体现在以下几方面:

(1)徽州文化内涵丰富,具有丰富性、辉煌性、典型性

根据文化的一般理论,文化可分为物质文化、制度文化和精神文化三个层面,可以毫不夸张地说,徽州人几乎在文化的所有领域都有突出的贡献,在文化的许多方面都有深刻的创造与发展。《徽州文化全书》将徽州文化现象分为徽州土地关系、徽州宗族社会、徽商、新安理学、徽州科技、徽派朴学、徽州工艺、徽派建筑、徽州民俗、徽州戏曲、徽州版画、徽派篆刻、徽州刻书、徽州文书档案、徽州教育、徽州村落、徽州方言、新安画派、新安医学和徽菜等20个方面,而这些都还没有包括徽州文化的全部。另一方面,在这些文化内容中,有许多是有徽州人深刻的创造与发展的,被冠以"徽"字或"新安",显示出其独创性和典型性,并且以自己特色在全国产生极大影响,出现了学成派、商成帮、人成群的局面,反映了徽州文化空前灿烂辉煌的成就,真可谓是博大精深。如新安理学自创立以后就成为中国封建社会后期的正统思想,成为中国人的意识形态。徽商以"贾而好儒"的儒商形象雄踞商界300多年,足迹遍及大江南北,有"无徽不成镇"之说。徽派朴学成为小学的一支劲旅,取得了多方面的成就。徽派建筑则为中国建筑史上一绝。徽州文化除了学成派、商成帮外,还出现了群星闪耀的文化景象,如在理学上就有朱熹、朱升、郑玉等,徽州朴学上有江永、戴震,新安画派上有渐江、查士标、孙逸、黄宾虹,文学上则有方回、汪道昆,教育方面则有朱熹、郑玉、汪克宽、陶行知等。

(2)徽州文化是一种典型的儒学文化

自汉武帝"罢黜百家,独尊儒术",儒家文化就成了中华民族的主流文化,儒学影响着中华民族的每一地域,而儒学对徽州文化的影响更为明显。徽州自南宋以来就被称为"程朱阙里""东南邹鲁",足见受儒学影响之大,可以说徽州文化的各个层面都受到了儒学广泛而深刻的影响。新安理学奉朱熹为开山祖,从南宋到清中叶的600多年间,以朱子理学为代表的儒学在徽州一直发挥着重要的影响,它培育了一代又一代的儒学大师,并且通过儒学大师们的言传身教,将儒家思想渗透到政治、经济、文化的各个层面。徽商的一个重要特色是"贾而好儒",他们或是先儒后贾,或是先贾后儒,或是亦贾亦儒。徽商这种贾与儒的结合便是徽商为儒商的内在根据。不管是先儒后贾还是先贾后儒,徽商对儒学情有独钟,以儒作为内在素质来经商,以儒家的哲学与伦理来经商,因此在经商中做到诚信经商,见利思义,以义为利。儒家对教育是十分重视的,而徽州之地对教育的重视可谓盛况空前,"十户之村,无废诵读",徽州地区的官学、私学、书院

等随处可见,儒学和程朱理学的教育,使得徽州地区的士子在科举考试中成绩辉煌,出现了兄弟丞相、父子尚书、连科三殿撰、十里四翰林等科举佳话。徽州宗法制度是保存最完好的,这一点也与儒学的影响有极大关系。宗法制度是儒学的一个重要内核,朱熹一生非常注重维护封建宗法制度,他制订的旨在"明君臣父子夫妇之伦"、"序亲疏贵贱之仪"的《家礼》,成为徽州各宗族制定族规、家典的主要依据。徽州的家谱、家乘数量之多,时间之长,为全国之冠,这与徽州重封建宗族关系直接相关。

二、安徽文化的基本特点

安徽文化在其长期历史发展过程中,形成了如下一些主要特点:

(一)安徽文化具有延续性

综观安徽文化发展历史,我们可以发现,安徽文化在其发展过程中,从未中断过,安徽文化历史相续,具有延续性特点。所谓延续性,是指安徽文化历史悠久,自进入文明社会以后就处于不断发展、不断完善过程中,其间从未中断过。

安徽特殊的地理条件和气候条件,使得安徽境内很早就有人类在此生存,最新考古发掘的古人类遗址和新、旧石器时代的文化遗存充分表明,安徽具有丰富的史前文化,是中华文明的发祥地之一。进入文明社会以后,安徽境内文化成就高潮迭起,其间虽也有曲折,但数千年间陈陈相因,传承不绝。安徽文化在夏商时期开始萌芽,形成于春秋战国时期,在秦汉大一统的文化局面下,安徽文化继续发展,在学术思想、文学方面成就尤为突出,涌现了一大批杰出人物。魏晋南北朝时期,中原汉文化和山越文化在安徽地区发生碰撞、融合,安徽文化在继承先秦文化传统的基础上进一步发展,在哲学、教育、文学、艺术、科技等领域都有重大贡献。隋唐五代时期,由于安徽远离当时的政治、经济、文化中心,因此这一时期的安徽文化没有什么杰出成就,但也没有中断。宋元时期,安徽文化在第三次南北文化碰撞交流中,发展到了精致和成熟阶段,新安理学是这一阶段的标志。明清时期,安徽文化在前期相续发展基础上进入了繁荣和鼎盛时期,在文化的诸多方面取得了杰出成就,涌现了一大批大家,特别是桐城派和徽州文化的全面繁荣,标志着安徽文化的鼎盛,取得了一系列总结性和开创性的成果,对全国文化产生了极大的影响。清末民初时期,中国社会和文化都处于新旧交替时期,安徽文化也具有鲜明的新旧交替的时代特征,在古今、中西文化的交融碰撞中,产生了许多文化名人和杰出大家,如胡适、陈独秀、陶行知等。纵观安徽文化发展的历史脉络,安徽文化发展是环环相扣,阶段相接,从而形成了一条从未中断的文化链。

（二）安徽文化具有兼容性

安徽地处中国中部，地理上具有承接南北、连接东西的作用，这种特殊的地理位置，使得安徽文化在形成和发展中一直受到周边文化尤其是北方和南方两大文化系统的影响，而在这种南北文化交流、冲突的过程中，安徽文化既起到了桥梁的作用，又注意兼收并蓄，形成自己的特色。

在中国文化发展过程中，由于地理、人文等环境因素的不同，中国文化出现了南北分野的地域特征，并在发展过程中出现过三次大规模的碰撞和融合。第一次是夏商周时期中原文化与淮夷文化的碰撞，第二次是魏晋南北朝时期中原文化与山越文化的碰撞，第三次是宋辽夏金元时期中原文化、蒙元文化与南方汉文化的碰撞。这三次南北文化交会碰撞的"锋面"都在安徽境内，由此导致的结果是安徽文化在其数千年的发展史上，深深地烙上了南北文化交互影响的印记。安徽文化的兼容性一方面表现在安徽文化对南北文化的兼容吸收上，如老庄的道家学派就既体现了北方文化的影响，又有南方楚辞文化的影响。兼容性的另一方面表现在，安徽的学人注意吸收其他学派学者的成果，如作为道家学派集大成的著作《淮南子》，就是在发挥先秦道家思想基础上，同时兼采儒、墨、名、法各家之长而成。朱熹是新安理学的祖师，作为理学的集大成者，其严密完整的理学体系则是在融通北宋程颢、程颐、张载、周敦颐诸儒以及道、释学说基础上形成的。安徽文化的兼容性还表现在安徽历史上的很多学者，在学术上的成就，既有专精，同时又精通诸多方面学问。如方以智既是哲学家，而其对天文、礼乐、律数、书画、文字、琴剑等又无不通晓，其所著《物理小识》是一部百科全书式的著作。再如皖派经学的代表人物戴震也精通多种学问，既是哲学家又是考据学家，他对训诂、算数、天文、地理、制度、名物、音律等无不精通，足见其学问之广博。

（三）安徽文化发展具有多样性

淮河、长江从安徽北部和东南部流过，自然地将安徽分为北部平原、江淮丘陵和皖南山区三块，淮河沿岸及以北地区是平原旱作农业地区，其文化上长期受黄河流域的中原文化的直接影响，其经济结构、生活习俗、民情风尚等都包含了较多的北方文化因素。江淮之间是我国旱地农业区和水田农业区的过渡地带，在经济结构上与淮北地区有较大差异，而该地区在历史上一直是北方文化与南方文化碰撞与交融的主要地带，因此文化风貌兼有南北特征。而沿江平原与皖南山区是典型的水田农业区，有悠久的水稻种植历史，其文化风貌也更多地包含了南方文化的因素。特殊的地理环境和人文环境，为安徽文化的多样性提供了条件，安徽文化也在这种区域差异性基础上经过长期的发展，形成了三个较为成熟的、具有丰富内涵和个性特征的区域文化，即淮河文化、皖江文化和徽州文化

安徽文化概要

ANHUI WENHUA GAIYAO

三个区域文化圈。

（四）安徽文化发展具有不平衡性

安徽文化的发展虽然具有延续性，未曾中断过，但安徽文化的发展在不同的历史时期和区域却表现出不平衡性。在中国文化史上，安徽是文化发展最早的地区之一，但安徽文化的成熟，相对于其自身发生的时间来看，则比较迟缓。春秋战国时期，安徽文化开始在淮河流域地区形成，但在以后的数千年历史中，安徽文化几度兴衰，差不多呈波浪式发展。秦汉至魏晋南北朝时，安徽文化在继承先秦安徽文化传统的基础上获得进一步发展，然而在隋唐五代的近400年间，虽然安徽地区也不乏杰出人才与成就，但较之前代与周边地区却显得较为冷清，直至北宋王朝建立以后，安徽文化才开始扫除隋唐时期寂寞冷清的局面。两宋时期，安徽虽然烽火不断，但由于北方中原文化的南下交流，安徽在学术文化方面却取得了突出成就。公元1275年，安徽全境落入元军之手，在此后的100多年里，安徽文化基本是处于停滞甚至倒退状态，直至明中叶以后，安徽文化才迎来又一个黄金时期，产生了桐城派以及徽州文化的全面繁荣。安徽文化进入鼎盛时期。

安徽文化发展的不平衡性还表现在安徽文化的区域发展不平衡，并在时间和区域上由淮河流域逐步向皖南倾斜、发展。从春秋战国到西晋灭亡，安徽文化的发展主要局限于淮河流域，这一时期颇有建树的安徽学者差不多都出生或生活在这些地区。东晋南渡以后，随着中原世家大族的南迁，我国文化中心也开始向南转移到长江流域，安徽的文化格局也开始发生变化。两淮地区由于北方少数民族的侵入及战争的破坏，其在安徽文化中的重心地位也开始丧失，此时长江沿线地区开始登上文化学术舞台，产生了如张籍、杜荀鹤、张孝祥、李公麟等一大批杰出的学者。金元时期，两淮地区沦入金、元铁蹄统治之下140多年，两淮文化再次受到毁灭性的破坏，而此时的皖南地区，由于政治中心和文化中心的南移，加之这一地区远离战乱，因而文化获得了突飞猛进的发展，尤其是徽州地区异军突起，从事实上确立了其在安徽文化的中心地位。明中叶以后，皖江地区和徽州地区更是人才辈出，以桐城派为代表的皖江文化和徽州文化双峰耸峙，安徽文化迎来了辉煌灿烂的巅峰。因此我们可以说，淮河文化是中古文化，皖江文化和徽州文化是封建社会后期的文化。

（五）安徽文化具有开拓创新性

创新是一个国家、一个民族、一个区域、一个团体发展的不竭的动力。创新是中华文化源远流长而又能屹立于世界文化之林的重要根源。在中华文化体系中，安徽文化在许多领域都达到了顶峰或独具风采，其中一个重要原因就是安徽文化在积累、传承中善于创新,从某种意义上说,一部安徽文化史,就是一部不断创新的历史。春秋时期的管仲,辅佐齐桓公施行改革,他的民为邦本、通商惠贾、发展经济等思想和做法,奠定了山东齐文化注重经济之特色的底蕴。老、庄创立道家学说,而集道家学说之大成的《淮南子》,则以道家的自然天道观为核心,集法家的进步历史观,儒家的仁政学说,阴阳家的阴阳学说为一体,构建了一套黄老道家学说与实践相结合的治国理论。它的内容包罗万象,思想则取诸家之长,弃各家之短,是创新的一个典范。"三曹"也是变革和创新的典型。在曹操父子努力下,开创了"梗概而多气"的建安文学新时代。朱熹是宋代理学集大成者,也是安徽学说善于创新的典范。他在继承儒学传统基础上,吸收佛、道合理成分,克服儒学世界观、方法论的短处,构造出内容精深、结构精致的新儒学体系。朱熹和理学的兼容并包、自我批判、不断创新的传统,深刻地影响了宋元明清的文化发展,也深刻影响了中国近代、现代的文化变革。除了在思想、文化方面的创新之外,安徽人在其他许多方面也都有创新,如徽派建筑、芜湖铁画、文房四宝、安徽戏剧等诸方面都体现了安徽人的智慧和创新精神,为中国文化做出了积极贡献。也正是由于创新,才使得安徽文化具有强大的内在生命力,才使得安徽文化得以延续发展并不断创造辉煌。

第四节　安徽文化的传承与发扬光大

一、安徽传统文化在中华传统文化中的地位

源远流长、博大精深、一体多元而又丰富多彩的中华文化,古今一脉绵延至今,为并世罕有,这其中的原因自然是多方面的,但异彩纷呈、充满特色与魅力的各地域文化可谓功不可没。在安徽这块土地上发展起来的文化,离不开整个中华民族文化发展的背景、条件、潮流和趋向,同时安徽文化又以其自身的特点和成就,丰富着中华民族文化的内涵,推动着中华民族文化的进步与发展。

中国传统文化实际上是一个以儒家文化为主体、多元共存的文化形态。一般以淮河为界,淮河以北是中原文化带,是儒家文化的发源地,属北方文化;淮河以南是荆湘吴越带,是楚越等"蛮夷"文化的滋生地,属南方文化。安徽由于其

特殊的地理位置，多种文化在此碰撞、交汇，安徽文化在这种碰撞、交汇中不仅发挥了承接南北、沟通东西的重要作用，而且善于融会贯通，兼采众长，因此安徽历史上人文荟萃，人才辈出，产生了老子、庄子、桓谭、朱熹、戴震等思想家，曹操、张籍、梅尧臣、吴敬梓等文学家，曹操、包拯、朱元璋、李鸿章、陈独秀等政治家，这些中国文化史上一流的思想家、文学家、政治家，在安徽大地上创造了哲学、文学、教育、艺术的辉煌成就，无论是物质文化层面还是精神文化层面，都极大地丰富和发展了中华文化，有的成为当时先进文化的代表。如以朱熹为代表的理学，成为后来近千年中国封建思想的正统；崇尚自然、自由、无为的老庄思想成为部分中国文人的精神寄托；"贾而好儒"、具有"徽骆驼"精神的徽商，雄踞中国商界300多年，其经商理念和经商之道极大地丰富了中国的商业文化。从慷慨悲凉的"三曹"诗文，到文风鼎盛的桐城文派，安徽的文学影响了中国古代一个时代的文学，留下了许多中国文学史上永存的篇章。内涵丰富、绚丽多姿的徽州文化，是中国封建社会后期的一个缩影，为研究中国封建社会后期的政治、经济、文化、社会结构、宗法制度等提供了一个极具价值的标本；被誉为甲天下的文房四宝，在传播中华民族文明，发扬祖国文化传统方面起到了突出的作用。从这些简单的罗列中就可以看出，安徽文化是中国传统文化的一个重要组成部分，并且为中国传统文化的发展和辉煌做出了重要的贡献。

二、安徽传统文化的传承与发展

党的二十大报告指出，坚持和发展马克思主义，必须同中国具体实际相结合，必须同中华优秀传统文化相结合。党的十八大以来，以习近平同志为核心的党中央，高度重视传承和弘扬中华优秀传统文化，始终从中华民族精神追求的深度看待优秀传统文化，从国家战略资源的高度继承优秀传统文化，从推动中华民族现代化进程的角度创新发展优秀传统文化，使之成为实现"两个一百年"奋斗目标和中华民族伟大复兴中国梦的根本性力量。习近平总书记深谙中华优秀传统文化深厚的内涵和底蕴，怀着高度的文化自觉和文化自信，高度重视中华优秀传统文化的创新和发展。习近平总书记指出："优秀传统文化是一个国家、一个民族传承和发展的根本，如果丢掉了，就割断了精神命脉。我们要善于把弘扬优秀传统文化和发展现实文化有机统一起来，紧密结合起来，在继承中发展，在发展中继承。""中华优秀传统文化是中华文明的智慧结晶和精华所在，是中华民族的根和魂，是我们在世界文化激荡中站稳脚跟的根基。""弘扬中华优秀传统文化，要处理好继承和创造性发展的关系，重点做好创造性转化和创新性发展。创造性转化，就是按照时代特点和要求，对那些至今仍有借鉴价值的内涵和陈旧的表现形式加以改造,赋予其新的时代内涵和现代表达形式,激活其生命力。创新性发展,就是要按照时代的新进步新进展,对中华优秀传统文化的内涵加以补充、拓展、完善,增强其影响力和感召力。""文化是一个国家、一个民族的灵魂。文化兴国运兴,文化强民族强。没有高度的文化自信,没有文化的繁荣兴盛,就没有中华民族伟大复兴。要坚持中国特色社会主义文化发展道路,激发全民族文化创新活力,建设社会主义文化强国。""统筹推进'五位一体'总体布局,协调推进'四个全面'战略布局,文化是重要内容;推动高质量发展,文化是重要支点;满足人民日益增长的美好生活需要,文化是重要因素;战胜前进道路上的各种风险挑战,文化是重要源泉。'十四五'时期,我们要把文化建设放在全局工作的突出位置,切实抓紧抓好。要坚持马克思主义在意识形态领域的指导地位,坚守中华文化立场,坚持以社会主义核心价值观引领文化建设,紧紧围绕举旗帜、聚民心、育新人、兴文化、展形象的使命任务,加强社会主义精神文明建设,繁荣发展文化事业和文化产业,不断提高国家文化软实力,增强中华文化影响力,发挥文化引领风尚、教育人民、服务社会、推动发展的作用。"总书记的这些论述,为我们做好中华优秀传统文化的传承与发展创新、建设社会主义文化强国指明了方向。2017年,中共中央办公厅、国务院办公厅印发了《关于实施中华优秀传统文化传承发展工程的意见》(中办发[2017]5号),进一步推动中华优秀传统文化的传承和发展,建设社会主义文化强国,增强国家文化软实力。

当今世界,文化与经济、政治相互交融,在综合国力竞争中的地位和作用越来越突出。文化的力量,深深熔铸在民族的生命力、创造力和凝聚力之中。文化已不再是单纯的只满足个人精神需求的要素,文化已日益成为重要的社会生产力要素和社会资本,已成为综合国力的一部分,成为一种软实力。做好优秀传统文化的创造性转化和创新性发展,是建设社会主义现代化国家的需要,也是实现中华民族伟大复兴的中国梦的需要。中国广袤的大地上,各民族、各地域文化精彩纷呈。源远流长、博大精深、一体多元而又丰富多彩的中华文化,正是在吸收和发展不同地域文化基础上不断创新发展而来,中华传统文化的优秀成分和中华民族精神的个性魅力,往往深植于各地域文化之中,各地域文化是中华传统文化和民族精神个性风格与内在价值直接承担者。经济的全球化和经济的一体化,使得经济和文化的关系也越来越密切,文化越来越成为推动区域经济发展、提升区域品味最重要的动力。

面对新的时代,站在新的历史起点,如何使曾有过辉煌和荣耀的安徽传统文化适应新的形势发展需要,做好新时代安徽文化的继承、创新和传播?如何使安徽传统文化在得到很好传承基础上成功实现现代化转型,建设彰显徽风皖韵和时代特征的创新型文化强省,为全面建设现代化美好安徽提供精神动力和文化支撑？这是我们每个安徽人都需认真思考并努力付诸行动的问题。

独特的地理环境和文明积淀,使安徽成为中华文明重要发祥地和传承复兴地。加强安徽文化建设,建设文化强省,使安徽文化很好地发挥为全面建设现代化美好安徽提供精神动力和文化支撑的作用,这是一项非常急迫与艰巨的战略性任务。传承和发展安徽传统文化,要以习近平新时代中国特色社会主义思想为指导,深入学习习近平总书记关于中华优秀传统文化的重要论述,深入学习习近平总书记视察安徽重要讲话精神,坚持以社会主义核心价值观为引领,结合安徽实际,坚持创造性转化、创新性发展,坚守中华文化立场,传承中华文化基因,大力推动文化建设,不断增强安徽优秀传统文化的生命力和影响力,使安徽实现从文化大省向创新型文化强省的跨越。可考虑着重从以下几方面去努力进行。

(一)进一步做好安徽优秀传统文化挖掘阐发工作

安徽优秀传统文化的传承和延续是加强安徽文化建设的基础和依托。作为中华传统文化组成部分的安徽传统文化,经历了数千年的发展演变,经过了历代文化的选择与组合,有着非常深厚的沉淀与累积。文化底蕴深厚、文化资源丰富的安徽文化史上,不但涌现了像老子、庄子、桓谭、朱熹、戴震这样的大思想家,像管仲、曹操、包拯、朱元璋、李鸿章这样的大政治家,像"三曹"、嵇康、梅尧臣、张孝祥、方苞、吴敬梓这样的大文学家,而且也涌现了像华佗、王蕃、方以智、梅文鼎等为科学技术发展作出巨大贡献的著名人物,以及许多在经济开发中作出卓越成绩的历史人物,也不乏在政治经济领域进行改革和探索的杰出人物。他们的思想、理论、科技文化成果,构成了安徽传统文化的丰富内涵,他们就像一座座丰饶的矿藏一样,只有对之进行深入的挖掘和筛选,才能继承和发扬它。要进一步加强安徽文化与中华文化、社会主义先进文化等关系的研究,进一步深入阐释安徽文化的历史渊源、发展脉络、基本走向,准确把握安徽文化的历史演变与当代发展的内在逻辑,着力建设系统完整的安徽文化思想体系、学术体系、话语体系,进一步坚定文化自信,提升文化软实力。

(二)进一步做好安徽文化遗产的保护和优秀传统文化的宣传普及工作

安徽文化资源丰富,文化底蕴十分深厚,在长期的发展过程中,留下了极其丰厚的文物遗存和非物质文化遗产,做好文化资源的保护是研究和传承的基础。2017年7月,安徽省印发《安徽省实施中华优秀传统文化传承发展工程工作方案》,对文物保护工作提出了一系列措施。强调要加强对历史遗迹遗存资源的动态调查研究,全面保护与优秀传统文化、历史名人相关的遗迹遗存,重视新型城镇化和新农村建设中的文物保护工作,加强大运河文化遗产(安徽段)等遗址保护利用,加强非物质文化遗产保护。

要做好安徽优秀传统文化的宣传和普及教育工作。安徽丰富的文化资源,如黄山、九华山、黄梅戏、徽州古民居等已广为人知,但还有不少风格独具且颇有历史典故的如天柱山、齐云山、琅琊山、皇藏峪等却少有人知。我们要统筹安排,加大宣传教育推广力度,综合各种手段包括媒体传播、公关活动、演艺会展、节事庆典、文化旅游产品研发与营销等,宣传推介安徽文化。要围绕立德树人根本任务,在各级各类学校加强中华优秀传统文化和安徽优秀传统文化的教育,把跨越时空、超越国度、富有永恒魅力、具有当代价值的文化精神弘扬起来,让收藏在博物馆里的文物、陈列在广阔大地上的遗产、书写在古籍里的文字都活起来,进一步弘扬和传承中华优秀传统文化,坚定中国特色社会主义文化自信,推动新时代文化事业繁荣发展。

(三)努力构建安徽文化的时代精神

安徽传统文化在历史的发展中形成了淮河文化、皖江文化和徽州文化三个丰富多彩各具特色的区域文化,它们为安徽文化建设提供了极为充裕的条件和基础。但由于三个区域文化各具特色和不同内涵,因而使得安徽文化内在的凝聚力和合力显得不足,难以形成统一的安徽文化精神和安徽文化形象。文化是一种表面的现象,隐藏在文化背后的文化精神、民族精神才是文化实质性的内涵。对于地处内陆而又包含三个区域文化的安徽来说,构建统一的当代安徽文化精神,不断增强安徽文化的认同感、归属感,是非常迫切与必需的。正是意识到这一点,安徽的决策者和领导者曾提出了以拼搏精神、进取精神、自强精神、团结精神、开放精神和奉献精神为内涵的"黄山松"精神作为安徽的文化精神。黄山松精神源自实践,是对安徽人在改革开放、经济发展过程中展现出来的精神面貌的高度概括,以黄山松作为安徽文化精神的形象标志,可以使人们感受到这个文化精神的地域和历史的鲜明与特色,也显示了它的壮丽与豪迈,这对于树立安徽的整体文化形象,增强安徽经济建设与社会进步的动力,都有一定的积极作用。

(四)大力发展文化产业,实现由文化大省向创新型文化强省转变

文化产业是第三产业中的一个重要产业。政治经济的文化性与文化的经济性,已成为当代社会经济发展的显著特征。一种文化可以在多种层面上为当地经济发展提供动力和活力,文化激活经济的功能日益为人们所重视。一个区域的竞争力如何,也在很大程度上取决于这个区域的文化资源、文化氛围、文化发展水平。现代区域经济和现代区域文化的互相渗透,呈现经济、文化一体化趋势。随着社会经济的全面发展,文明程度的提高,文化产业的地位和作用也日益

重要。党的二十大强调要繁荣发展文化事业和文化产业,健全现代文化产业体系和市场体系。习近平总书记强调:"要推进文化领域供给侧结构性改革,健全现代文化产业体系和市场体系,推动各类文化市场主体发展壮大,培育新型文化业态和文化消费模式,以高质量文化供给增强人们的文化获得感、幸福感。"安徽是文化资源大省,较大的文化影响力、深厚的文化底蕴、丰富的各具特色和魅力的文化资源,是我省发展文化产业、发展区域经济、建设文化强省的优势。但由于历史、经济等各方面的原因,安徽在文化资源的保护和开发利用上还有明显欠缺。很多珍贵的历史文化资源或因保护不力,或因宣传不够,或因开发利用不到位,远没有发挥出应有的功能和效应,在全国的知名度还没有真正打响,具有自主知识产权和核心竞争力的文化产品和知名品牌还不多。安徽文化的产业化发展离文化强省目标还有一定差距。安徽作为文化大省,完全可以利用自己丰富的、有特色的文化资源来激活带动经济发展。安徽省委省政府2012年曾印发《文化强省建设实施纲要》,强调遵循文化发展规律,适应社会主义市场经济发展要求,统筹发展公益性文化事业和经营性文化产业,推进城乡、区域文化协调发展,推动文化建设与经济建设、政治建设、社会建设和生态文明建设协调发展。具体来说,一是加快构建结构合理、门类齐全、科技含量高、富有创意、竞争力强的现代文化产业体系,重点发展出版发行、影视制作、印刷复制、演艺娱乐、文化旅游、文化创意、广告会展、动漫游戏、工艺美术、文化用品等产业。二是坚持文旅融合,坚持以文塑旅,以旅彰文,推进文化和旅游深度融合发展。加快安徽地域特色文化资源的开发与利用,除黄山、九华山等知名景点外,还要推进古民居、古村落等文化遗产活化利用,着力打造特色文化名城、特色文化名镇、特色文化名村,大力发展旅游事业。三是打造优秀的地域特色文化品牌。整合资源推动数字创意产业发展,加快建设现代化文化产业体系,用优秀传统文化精髓涵养企业精神,支持那些文化特色浓、品牌信誉高、有市场竞争力的中华老字号、安徽老字号做精做强,打造优秀的地域特色文化品牌,把安徽的文化资源优势转化为文化产业优势,使安徽文化产品走向全国、走向世界,让安徽文化为安徽经济、社会的发展发挥积极的作用,也使安徽文化在服务经济、社会的同时取得新的成就,在建设具有中国特色社会主义文化中贡献自己的力量。

思考与练习:

1. 查阅有关资料,了解你所在地区历史沿革的大致情况。
2. 如何理解文化和地域文化的内涵?
3. 安徽的三大文化圈是什么?各有哪些特点?

4. 安徽文化具有哪些基本特点？如何理解？

5. 结合实例，谈谈如何更好地传承和发扬光大安徽传统文化？

6. 实地参观并考察一些历史名胜、古迹或纪念馆、博物馆，深刻体会安徽文化的历史悠久和丰富多彩。

安徽文化
概要

ANHUI WENHUA GAIYAO

第二章　安徽的学术文化

学习目的：

初步了解中国古代道家思想、宋明理学、皖派经学和新文化运动的发展脉络，掌握老庄哲学的主要思想，理解新安理学在宋明理学中的地位和作用，认识皖派经学的历史地位，掌握新文化运动的口号及历史意义。

学习要求：

1. 了解老庄哲学的基本理论，掌握有关"道"的内涵，正确认识老庄哲学对于后世的影响。

2. 认识新安理学在儒学发展中的历史地位、具有影响力的代表人物及其思想。

3. 掌握戴震及其皖派经学的主要观点。

4. 把握陈独秀、胡适在新文化运动中的主张和作用。

学习建议：

1. 初步了解安徽学术文化的概况及其历史地位，理解主要的学术观点和思想。

2. 通过对历史资料的阅读，认识安徽悠久的历史以及中原文化的概况。

3. 掌握历史上安徽的学术名家及其主要思想。

第一节　道家思想

中国传统学术文化历史悠久，博大恢宏，其中尤其以儒家、道家、墨家、法家、阴阳家等诸子百家为早期学术思想的代表。如果将中华文化之树的主干看成儒家文化及其繁衍的话，那么其根则是道家文化。沃野千里的淮河流域孕育了悠久而灿烂的道家文化，其中，老庄哲学成为这一文化的初创，老子和庄子也成为道家思想的代表。

一、道家思想的理论渊源

道家是中国古代最有影响力的哲学学派之一，春秋末年的老子初步创立了道家思想体系，战国中期的庄子成为先秦道家学术的集大成者。老子根据天道自然的至理创立了有名的"无为"学说，并用以说明天道的境界和功能；庄子则以著名的《逍遥游》为提纲，形成了一整套关于人要适性解脱的思想，进一步引申和丰富了老子的道家学说。后世更多地将二人合称为老庄，史称"老庄学派"，这一派侧重探讨宇宙观和人生观问题，倡"无为"、冀"逍遥"是其显著特征。

道家思想并非无源之水无本之木，它与尧舜及夏商周时代乃至春秋时期的文化有着不可分割的联系。其中，许由、夏禹、皋陶、彭祖、商汤、姜尚、管仲、孙叔敖等人由于思想影响深远，可以将他们看做是道家思想的先驱。

纵观他们的思想轨迹，可以发现其渊源都与淮河流域有着千丝万缕的联系。如夏禹治水路经涂山（今安徽怀远境内），他的顺应水的自然本性的方法启发了老子的自然主义思想；姜尚（先祖被封于吕，即今安徽临泉之姜寨）顺天道合民情的治国思想给了老子很大的启发；管仲（安徽颍上县管谷人）的"以百姓为天"思想与老子的道论有着一定的渊源，等等。这些思想成了道家思想的理论渊源。

二、老子及其思想

老子是我国春秋时期伟大的哲学家，是安徽历史上早期的思想家之一。他建立了以"道"为核心的哲学体系,成为道家学派的创始人。

(一)老子简介

老子(约公元前571—前471),名耳,字伯阳,又称老聃,出生于春秋末期,早年曾做过周王室的守藏史,后辞官隐居。

关于老子的籍贯,《史记·老子传》记载:"老子者,楚苦县厉乡曲仁里人也。"(即今河南鹿邑县),但据《四库全书》《水经注》以及地理志、地方志和文物考古发现,较为普遍的看法是,老子诞生于安徽省亳州市涡阳天静宫流星园,辞官归家后沿涡河访游,讲学授徒,曾在今河南鹿邑一带生活过,孔子也曾在今安徽亳州西向他问学。由于老子在苦县厉乡居住讲学时间较长,因此,在老子的故里安徽涡阳和讲学地河南鹿邑,人们为了纪念他,都立了老子庙。

老子出身史官世家,少年时期受到了良好的教育。他不仅天资聪颖,而且勤奋好学,善于思考。在周朝末年的王室之争中,老子受牵连而被免职。他在故乡隐居一段时间后西出函谷关,遇到旧友关尹,在关尹的建议下,老子写下了著名的《道德经》,亦称《老子》。老子的思想集中体现在所著的《老子》一书中。

(二)《老子》的哲学思想

《老子》共五千多字,故也称五千言,被后来的道教奉为经典,老子本人亦被尊为教祖。《老子》是一部正式的私人著作,作者以简练的文字直接表达自己的思想,书中没有提到具体的人和事,而是用高度抽象、概括的方式和极精炼的语言表达出来,简短而内容丰富,体现出其高深的哲学思想。

《老子》一书的基本范畴是"道"与"德",相比较起来,"道"最为基本。老子吸取了《易》和春秋时期关于"道"的思想,把作为规律、"法则"意义上的"道"发展成为万物本原之道。在《老子》中,"道"是多义的,有的地方,"道"是指形而上的本体;有的地方,"道"是指万物生成的本原;有的地方,"道"指的是规律;有的地方,"道"又指人们所认识到的道理以及人生的标准,等等。

作为老子哲学体系核心的"道",其内涵主要体现在以下几个方面:

第一,道是真实存在的,道是物,却是浑然一体之物。"其中有物""其中有精",尽管它的存在是恍惚的,但却是真实可信的。同时,道又不同于某一具体存在物,它是一种恍恍惚惚的存在,人们不可能凭借感官去感知它,"视之不见""听之不闻""搏之不得",它很精细微小,却又广袤无垠,没有具体物象和形体界限但又无处不在,"迎之不见其首,随之不见其后",因此是最广大、最精微、最普遍的存在,但却不可用感觉经验认识它。

第二,道是万物的根本。在老子看来,整个世界万事万物都是从"道"派生出来的,"道生一,一生二,二生三,三生万物"。老子的哲学体系中,他把这种具体万物形成前的统一状态推崇为一种抽象的最高的"自然"原则，或"无为"原则。他说"天得一以清，地得一以宁，神得一以灵，谷得一以盈，万物得一以生，侯王得一以为天下贞（正）"，"一"便成了形成和产生万物的根本原则了。

老子所言"道生一"，既有指万物形成之前的状态，也表示道成为万物得以统一的原则，有了这样的状态和原则，分化为天、地，并通过阴阳变化产生和气，阴、阳、和三气化合再产生出万物来。道生天地、天地生万物不是一次性的，而是周行不殆、永不竭灭的过程。老子认为万物的生长过程完全是自然的，道没有任何主观任意的作为加于其上。他说"道常无为"，又说"道法自然"，道作为万物之长而并不主宰它们，道对于万物的生长衰亡，只能是"辅万物之自然"。

第三，道是万物运动的规律。万物的生长衰亡，皆由道支配，尽管道作为规律并非有意识、有目的的主宰，但万物的存在和发展又莫不遵循一定的规律和法则，这就是"道恒无为而无不为"。道之动遵循周行的路线，按照一定的规律运行，道生万物，万物又复归于道，"夫物芸芸，各复归其根"。道之动也是永恒的，道与万物之间循环往复的转换过程是一种规律，老子认为，"反者，道之动"，就是说，一切事物都要向它的反面转化，这体现了老子思想中朴素的辩证法因素。老子看到一些相对立的事物和概念往往是相互依赖的，对立的一面，如果它的特点达到一定程度，就会表现出对立的另一面的特征。如他说，"曲则全，枉则直，洼则盈，敝则新，少则得，多则惑"，又如："大成若缺""大直若屈""大巧若拙""大辩则讷"，等等。在这些认识的基础上，他认为，事物对立的双方是会互相转化的，"祸兮福所倚，福兮祸所伏"。

（三）老子关于知识和智慧的思想

老子的思想还体现在他对于知识、智慧的认识上。

老子认为知识是人们得道的前提和手段，没有知识、智慧，就不可能行于大道。在知识的来源上，老子反对先验的知识，主张只有依靠体验、学习才可以获取日益丰富的知识，但知识是无穷的，人的认识总是有限的，相对于本质之知来说，一个人的知识是表面的、肤浅的。一个人虽然知识渊博，但从大道的高度来说，依然是知之甚少、知之甚浅，因为认识的终极目标在于知"道"。老子说："道可道，非常道"，就是说，道是可以认识的，是可知的，但是认识对象和认识手段并非完全一致，通过各种经验和学习而获得的关于道的认识与客观的、永恒的道之间存在着一定的差距，原因就在于经验是有局限性的。要达到真正的善行、善言、善数、善闭、善结，就需要减损通常的杂乱的经验知识。

因此，"为学日益，为道日损"，人必须首先为学求知，但不能仅仅满足经验知识，只有把握杂多广博的知识之中一以贯之之道，才能通达，所以，由为学而博知,必须将知识加以整合、升华,实现对知识的超越。

在中国文化史上,道家以及后来的道教人物取得的科学成就非常丰硕,他们在天文、化学、医学等方面都进行了广泛而卓有成效的研究,究其原因,在于他们从不鄙视具体的经验科学知识,认为只有为学日益,才能在拥有广博知识的基础上体悟自然之道,从而把握人的命运,达到天人合一的绝圣境界。

（四）老子的政治思想

当然我们也应该看到,老子的哲学思想中也带有某些消极成分和神秘主义色彩,这在老子的政治思想方面表现得尤为突出。

老子主张"小国寡民"的政治和社会理想。老子对当时的社会变化和社会现实有着自己的一套看法,认为社会之所以混乱,互相争夺,原因就在于人们欲望的过分,法令的繁多,知识的追求和虚伪的仁义道德等。老子认为统治者应该"无为而治",对民众顺其自然,即"将欲夺之,必固与之",统治者在表面上应该少一点欲望,少一点作为,对人们听其自然,这样统治才能长久。同时,要使天下太平,没有争夺,就要取消知识,取消道德,取消新颖的器具和财货。他说:"五色令人目盲,五音令人耳聋,五味令人口爽"。在老子看来,人和万物都是"道"的体现,对事物的认识不应到客观世界中去获取,也不必通过实践,而是采取神秘主义的闭目塞听的内心直观,保持内心的宁静,让万物呈现在自己的面前,主观世界和客观世界都合而为一成抽象的"道"并为我所认识,这就是老子的"玄同"思想。

从学术发展的角度看,老子开辟了一条从天地万物、社会人生的根源探寻人类社会的依据、准则、行为方式和理想状态之路,这与同时代的儒家从文化传统和现世伦理中寻求人生、社会法则、规范、价值和理想状态的探索有着不同的发展方向,道家与儒家理论互补,共同构成了中国传统思想文化的主干。老子之后,道家学术也分化而向多样化发展延伸,并且向宗教方面发展,进而形成了道教,和佛教并立,成为具有鲜明中国本土特色的宗教。

三、庄子及其思想

庄子是继老子之后的思想家,他在老子思想的基础上作了进一步的继承和发挥,成为先秦道家学术的集大成者,并使道教文化真正得以流行并产生巨大影响,后人往往以老庄并称。

（一）庄子简介

庄子（约公元前 369—前 286）,姓庄,名周,据《史记》记载,庄子乃宋国蒙（今安徽蒙城）人。今安徽省蒙城县吕望集建有庄公庙,现蒙城境内还有庄周乡。庄子是战国时期著名的隐士，曾做过管漆园的小官，有时以打草鞋为副业。庄子的知名度很高，交游很广，据说楚王曾派人拿着"千金"找他，许他做宰相，但被庄子拒绝。

庄子的思想不同于老子之处，在于庄子更详尽地处理了人与自然的关系、人的可开创能力，包括智慧上、认识能力上、身体能量上等。庄子同样站在天道自然的命题基础上，提出了从人的自我修养到面对整个社会国家的处世之道，庄子书内七篇之作，就是他从世界观到知识论到社会哲学的内圣外王之道的理论。

(二)《庄子》的哲学思想

现存的《庄子》一书，内容复杂，一般认为是后人经过整理而成的，分为内篇、外篇和杂篇，包括了庄周本人以及后学的作品，是庄子学派的著作。

《庄子》一书显示的庄子思想，从自然到人生，从万物的物质基础到宇宙的形而上的根源，涵盖着广阔的理论领域，跨越了漫长的思维历程；在形式上，由寓言、神话的文学体裁达到抽象议论的理论语言，也经历了十分漫长的发展演变。

庄子的思想发源于对人的精神自由（"逍遥"）的追求，并向两个方向延伸，一是对于永恒的宇宙根源的热烈探索，另一个就是对社会现实的冷峻审视。自然、人生、社会构成了庄子思想中主要的、基本的方面。究其原因，一方面是因为庄学本身富于自由精神，追求人与自然同体的理性境界，这是楚文化的产物和代表；另一方面，庄子生活在战国中期，这是一个沉沦的时代，庄子深刻理解并怜悯时代的痛苦，因此，如何从怜悯世人的苦难与罪恶的精神重压下求得解脱，就成为他的思想的核心内容。庄子取法老子的"道"和"无为"，强调个体生命对痛苦的解脱，但由于在现实中无法实现，所以只能作精神上的无为和逍遥，在虚静的心灵世界幻想与自然冥合为一，获得精神自由。

(三)庄子的"齐物"和"逍遥"思想

庄子的主要思想，突出地体现在《庄子》一书的《齐物论》和《逍遥游》中。

《齐物论》开始一段讲到大风吹到不同的空穴，发出各种不同的声音，并对大风的声音作了很生动的描写，称之为"天籁"，并由此提出一个重要的问题：什么是这些不同现象的主使者？《齐物论》回答说："风的吹有万不同，但是使它自己停止的，都是由于它的自取。"由此推论，万物的生灭变化，都是自然如此，不需要有使之如此的主宰。人的主观世界也如客观世界一样，心理现象的变化，也是"咸其自取"，自然地如此。事物的性质和人的认识都是相对的，大小、是非也没有什么差别。庄子在《齐物论》里举出儒家、墨家的互相是非，"如环无端"，并站在超乎一切的立场与观点，认为这样就可以看出，既然事物都是互相是非，它们可以说是都是，也可以说是都非，完全否认了客观的是非标准。这就是所谓

安徽文化

概要

ANHUI WENHUA GAIYAO

"齐是非"。

《齐物论》认为站在活着的人的立场与观点说死是死,死了的人也可以站在死的立场与观点说生是死。譬如醒着的人站在醒的立场说梦是梦,做梦的人站在梦的立场说醒是梦,"庄周梦为蝴蝶",这是站在庄周的立场说的;站在蝴蝶的立场,也可以说"蝴蝶梦为庄周"。站在超乎一切的立场与观点,死生没有什么分别。这就是所谓"齐死生"。

冀"逍遥"是庄子提出的从现实苦恼中解脱出来,得到精神上、也就是主观的"自由"、"幸福"的方法和理论。《逍遥游》从大鹏的高飞说到列御寇的"御风"。庄周认为这些"游"都不是完全地自由自在("逍遥"),因为都有所待。大鹏需要有像"垂天之云"的大翼,还要"水击三千里,搏扶摇而上者九万里",然后才可以向南平飞。列御寇"御风而行"已经很逍遥,可是,"此虽免乎行,犹有所待也",就是说,他还有待于风。庄周认为,凡有所待的"游",都是有条件的,就是说,这种"游"必然地为其"所待"所限制,具备了所需要的条件才可以"游",所以不是完全地自由自在。庄子认为人生种种苦恼和不自由的根本原因在于"有待"、"有己"。"有待"就是指人的某种愿望和要求的实现,需要具备一定的条件,这些条件往往成为对人的自由的束缚,而真正的逍遥是不依赖于任何条件的。

(四)庄子的人生哲学

庄子的人生哲学是对人生的理想境界和实践方法的思考,它立足个人生存的困境并试图超脱出来,这是庄子思想的核心部分。

庄子认为,人之所以不自由,一方面是受到外界物质条件的束缚,另一方面则是由于自身肉体的限制,用庄子的话来说,就是"有待"和"有己"。真正的自由是一切条件都不需要依靠,一切限制都没有,在无穷的天地之间自由地行动,即"无待",同样,也要摆脱自己的肉体和精神的限制和束缚,以达到"无己"。庄子理想中最高尚的人,都是可以做到"无己"的。

但是,人是自然界的万物之一,生与死是人生最终无法跨越的界限,"一受其成形,不忘以待尽,与物相刃相靡,其行尽如驰,而莫之能止,不亦悲乎!终身役役而不见其成功,然疲役而不知其所归,可不哀邪!人谓之不死,奚益!其形化,其心与之然,可不谓之大哀乎!人生天地之间,若白驹之过却,忽然而已。"。对于任何个人来说,人的存在形式终将泯灭,这是人生的大限。庄子在对生命短暂的慨叹中蕴涵着对现世生活、生命的积极肯定,并强烈希望从这种人生的根本困境中超脱出来。如《庄子》中讲的一个故事,老聃死了,他的朋友秦失来吊,哭了三声就出来了。有人怪他对朋友没有感情,秦失说:一个人的生,是由于偶然的机会,他的死,是随顺自然的规律。不懂得这个道理的人,对于死有过分的悲痛,这种悲痛来自逃避自然规律,因此他就要受一种刑罚,即遁天之刑,懂得这个道理的人就可以从这种刑罚中解放出来。

庄子思想中"命"的作用范围非常广泛,不仅决定了人的生死自然大限,而且制约、预定了人的一生在社会生活中的伦理关系和贫富遭际。如庄子所言:"死生,命也;其有夜旦之常,天也。人之有所不得与,皆物之情也"。同时,在庄子的人生哲学里,事物未被认识的外在必然性也构成了人生途中妨碍人的精神自由的一层困境,除此之外,人的生活的充分展开,精神逍遥的获得,除了受到生死的自然大限和命运的社会制约外,还受到人的本性所固有的"哀乐之情"和"利害之欲"即情感、意志的困扰,所有这些因素的存在,都使得人生变得虚无。

庄子的人生理想,是追求无待、无累、无患的绝对的精神自由,其最基本的人生实践就是个人的修养。庄子认为恬淡无欲的精神修养,是形成安宁、恬静的精神境界的基础,一个恬淡去欲的人,在社会生活中必能与世无争,超脱形体和功利的束缚。"平易恬淡,则忧患不能入,邪气不能袭,故其德全而神不亏"。恬淡无欲是庄子以理性的方式自觉超越了感性,从而升华出一种宁静心境的修养方法。与此同时,摒弃任何智慧和创造,顺其自然,使自己与自然保持和谐一致,则是另一种升华理想人格的方法,目的在于养成淡泊宁静的心境。

在庄子哲学里,要真正实现对于人生困境的超脱,从而达到人生哲学里的理想人格的精神境界,除了无欲、去智之外,最艰深的精神修养方法就是体"道"。通过冥思、体味个人渺小的生命之躯,将人的精神从具体存在的感性中摆脱出来,扩大为意志,化为无穷的精神之体,从而产生旷渺的与自然的相融感和高远的对人世的超脱感。在庄子思想里,这种得"道"的精神自由境界,本质上是对自然的返归。庄子所推崇的人生境界,也是与道一体的境界,根本方法是"坐忘",就是彻底忘记一切,不仅要忘掉外界的物质世界,而且要忘掉自己的肉体、感官,使自己与整个自然融为一体,无思无虑,无生无死,精神上得到彻底的自由,做到物我两忘,达到"逍遥"境界。与庄子的人生理想相对应,其人生实践一方面表现为自我的精神修养,另一方面则表现为他对于世俗生活的态度——超世、遁世和顺世。

(五)庄子的社会思想

庄子所生活的战国时期,是一个充满变革的时期,频繁的战争和暴虐的统治,使得延续了数百年的以"礼"为根本制度的政治格局处在剧烈的变动之中。与儒家重视君臣之分的政治伦理不同,庄子对君主制本身进行了根本的否定,认为君臣之分是"固陋"的表现,人类的自然本性是完全有能力保护自己、治理自己、自由自在生活的。在大自然中,人是一鷾鸘,人是一偃鼠,是不需要君主和一切制度的,所以,无君无臣的生活是最自由和快乐的。但统治者的作为使得人类社会每况愈下,逐步走向堕落,要阻止社会走向进一步的混乱直至走进死胡同,必须抛弃仁义刑罚等统治手段,顺从人的自然本性,实行"无为而治",或曰"以不治治之"。

从这一立场出发,庄子对当时的阶级社会进行了猛烈的抨击,主张返回原始的、朴素的自然状态。庄子的理想社会有三个基本目标:没有政治和道德规范的约束(自由),没有人与人的相互倾轧(平等),没有沉重的生活负累(快乐)。应该看到,和儒家相比,庄子主张的理想社会既不是伦理或道德完备的社会,也不是财产均等、政治清明的社会,而是摆脱政治压迫、道德束缚、财富积累等一切精神和物质奴役道德理想境界,是某种超俗的、超人类的精神性的存在,这是庄子哲学思想中非常独特的方面。

庄子其书其学,文辞优美、想象丰富、意象瑰丽。其辞章之美,来源于思想的自由和自由无碍、自然无待的人生境界,庄子所追求的这种个体生命的自由,见诸生活,是一种享受;诉诸人生,则是一种审美。他虽然是道家哲学的代表人物,但却并不是老子衣钵的继承者,而是另辟天地,自立宗旨,于道家哲学有独特的建树。从哲学上说,庄子前承老子之学,后启玄学之风,在道教思想史上居于承前启后的地位;从思维方式上说,庄子的相对主义包含了深刻的辩证法思想;从宗教上说,庄子本人被道教所推崇,其著作被尊为《南华真经》,其思想也成为道教炼养说的核心而一直传承下来。

第二节　新安理学

一、新安理学概述

作为中国儒家学说开创者,孔子、孟子、荀子使儒家学说成为先秦的"显学"之一,汉武帝采取董仲舒的建议,"罢黜百家,独尊儒术",儒家思想就成为国家意识形态、典章制度、百姓日常规范的指导思想,儒学也成为主流意识形态。随着儒学独尊地位的确立,元典儒学的著作被奉为经典,汉代产生了专门解释元典的学术——经学。在经历了魏晋玄学的思辨和隋唐佛教的盛行之后,宋明理学成为儒学复兴的代表。

"理学"并非特指某个哲学流派,而是通称横贯宋元明清四个朝代的哲学思潮,一般以理学、宋学、道学和新儒学指代,比较通行的是道学和理学。宋代理学家程颢、程颐和朱熹把"理"或"天理"视作哲学的最高范畴,认为理无所不在,不生不灭,不仅是世界的本原,也是社会生活的最高准则。认为"三纲五常"都是理的"流行",人们应当"去人欲,存天理",自觉遵守三纲五常的封建道德规范。"二程"和朱熹的祖籍都在歙县的篁墩(今属屯溪区),徽州人以"二程"和朱熹为荣,以维护继承、发扬光大程朱理学思想为基本宗旨,从而形成了新安理学(徽州古称新安郡)。

新安理学形成于南宋,在元代得到进一步的发展,并于明初达到鼎盛。到清朝中叶,因皖派经学的兴起,新安理学才结束了长达 600 余年的繁盛,但其一以贯之的学说宗旨、一脉相承的理学家群和鲜明的学派特征,对 12 世纪以后的中国哲学史和学术思想史的发展演变,以及徽州及周边地区的社会生活产生了巨大的影响。

由于理学的代表人物朱熹祖籍安徽,他的理学思想在安徽产生了巨大的影响,并且形成了一个颇具安徽特色的哲学流派——新安理学,所以通常将朱熹看作理学的集大成者。南宋既是理学的集大成时期,也是新安理学崛起的时代。除了朱熹以外,新安还涌现了一大批杰出的理学家,如:程洵(字允夫,婺源人)、程大昌(字泰之,休宁人)、吴儆(字益恭,休宁人)、程永奇(字次卿,休宁人)等。他们大多是朱熹的学生和学术酬唱之友,在学派上以朱熹为中心,学术上以朱子之学为宗旨,因而形成了以朱熹为核心的学派。

二、"二程"的天理论

程颢(1032—1085),字伯淳,后人称明道先生;程颐(1033—1107),字正叔,程颢之弟,后人称伊川先生。二程祖籍安徽,出身于一个中等官僚世家,后迁中山博野。二程长期在洛阳讲学,他们的学派当时称为"洛学"。

二程认为世界的根源是"理",也称为"道"或"天理"。程颢提出"天者理也"的命题。所谓"天",指最高的实体,程颢认为,这个"理"是永恒的,是客观存在的。他说:"天理云者,这一个道理,更有甚穷已?不为尧存,不为桀亡。人得之者,故大行不加,穷居不损。"就是说,"天理"不因为世界上有尧这样的好人而存在,也不由于桀那样的坏人而灭亡,个人的行为好坏,并不影响"天理"的变化。

"天理"在自然界中表现为事物运动变化的规律,在人类社会中则反映为社会所规定的道德准则和规范即伦理纲常,这是万事万物所根据的法则。程颢说:"为君尽君道,为臣尽臣道,过此则无理。""父子君臣,天下之定理"、"人伦者,天理也。"人伦即人际关系,人们生活在一定的社会关系中,要处理和解决好复杂的社会关系,必然需要有调节行为的准则和规范。二程认为最基本的社会关系是君臣父子等五伦,而最基本的道德原则和规范则是仁义礼智信,它们构成和维护人类社会最基本的秩序,故称之为"理"。程颐肯定万物都有理,但在根本上,万物之理只是一个"理",而每一物又彼此不同,互有差别,世界是以"理"为依据和本原的。二程强调形而下与形而上的区别,前者是指物质世界,后者是"道"和"理",是最根本的东西,也是永恒不变的存在。

程颐认为理和心是一贯的,存在于人身上的理就是心,心与理是同一的,"只心便是天",人的内心反省内求,便可以认识一切真理。但是,认识的过程是曲折的,必须用格物的工夫,才能致知穷理。

所谓格物穷理来源于原典儒学,《大学》有所谓三纲八目,三纲即明明德、亲民、止于至善,八目即格物、致知、诚意、正心、修身、齐家、治国、平天下。二程借用了格物致知来表述他们对于穷理的认识,"格"是"至"的意思,"格物"即是"至物",即是就物而穷其理,穷理的途径主要是通过读书和接近自然事物,但更多的是采取内省的方式认识最根本的理。二程宣称,为了更好地认识"天理",应该克服"人欲",保持以"天理"为内容的本性,即"存天理,去人欲",这是一种禁欲主义的道德观,在此基础上,他们提出"饿死事小,失节事大"的道德命题。由于二程的极力推崇,《论语》《孟子》《大学》《中庸》在儒家经典中取得了相当重要的地位,并基本确立了宋明理学的方向、规模和架构。

三、新安理学的代表:朱熹

(一)朱熹简介

朱熹(1130—1200),字元晦,后改为仲晦,号晦庵,别号考亭、紫阳。朱熹原籍徽州婺源(今属江西省),19岁中进士第,早年曾作福建同安县的主簿,后在江西南康、福建漳州、湖南潭州做过最高行政长官,晚年任焕章阁待制兼侍讲。朱熹平生不愿做官,在中进士之后的50余年间,只做过9年官,常屡召不起,在朝不过40天,大部分时间在福建讲学。

作为二程的嫡传弟子,朱熹继承了他们的主要思想,同时吸收了周敦颐关于太极的学说和张载关于气的理论,朱熹将这三者糅合在一起,并综合北宋理学诸家学说,建立起庞大的哲学体系,将传统儒学提高到前所未有的哲理化高度,成为理学思想的集大成者,其理学体系被后世称为"朱子学"。

朱熹门生弟子众多,遍及闽中等南方地区,他们同尊朱熹并形成众多的流派,其中徽州(旧称新安,今安徽省黄山市,包括歙县、黟县、休宁、祁门、绩溪、婺源等六县)婺源乃朱熹祖籍,徽州的朱门弟子以朱熹嫡传自誉,在发明、诠释朱子学方面独树一帜,被称为新安理学。

(二)朱熹的理气论

朱熹作为理学的集大成者,他在前人的基础上构建了一个以"理"为最高哲学范畴的哲学体系,这个体系包括理气论、心性论、格物致知说和知行并进说等各方面内容。

朱熹在理气论上的最大贡献,是他第一次正式提出并系统论述了理气关系问题,这就涉及哲学的根本问题即思维和存在的关系问题。朱熹认为,"理"是万物的原因、法则、规律,也是万事万物的本体、本性,他说:"至于天下之物,则必各有其所以然之故与所当然之则,所谓理也。""天地间只是一个道理,性便是理。"

朱熹吸取了周敦颐的太极说,提出了"理一分殊"的命题,用以说明抽象的"理"如何转化为有形的"物"。朱熹认为"理一"就是宇宙万物之源,"分殊"就是由"理一"所化生的万物之理;万物之理各不相同,但都是由"理一"所化生的,他指出,"万物皆有此理,理皆同出一源""虽各自有一个理,又却同出于一个理。"

朱熹常用"月印万川"的比喻来说明"理一分殊"的道理:天上的月亮只有一个,但倒映在江湖河川里的千万个月亮各不相同,但都不是这个月亮的部分,而是同具这个月亮的全体。万物都受"太极"这个理的全体所支配,这是"理一",而从"体"(本体、太极)推到"用"(作用、宇宙万物),则"人人有一太极","万物之中各有一太极",这就是"分殊"。在"理"和"气"的关系上,朱熹认为"理"是第一性的,气是第二性的,理在事物之先,是决定事物之所以成为事物的根据,这种先于具体事物的一般原则的"理"被朱熹称为"天理"。

朱熹的"理一分殊"的命题同时也包括有机关联的思维方式,一方面,朱熹用生物的构成和生长来说明"理一",认为"理一"虽是精神本体,却是能动的,生生不已的,另一方面,朱熹又用"理一"将天与人两个层面结合贯通起来,提出"天人合一"的思想,认为"太极"包含了仁、义、礼、智四种道德原则,并以四季的变化来解释太极的道德属性,指出这些道德规范像自然规律一样是永恒不变的,这就赋予了自然界以道德属性。

(三)朱熹的人性论

在理气论的基础上,朱熹进一步提出他的心性之学即人性论思想。

朱熹继承了程颢、程颐的人性论思想，认为"理"表现在人这方面就叫做性。他将人性作了"天命之性"和"气质之性"的区分，前者来自作为世界本源的"理"，后者得之于人生来固有的感情、欲望等构成身体的"气"。人是理与气结合而生成的，由于理是至善的，因此天命之性也是无有不善的，至于气质之性则有善有恶，其中的原因，朱熹指出："天之生此人，无不与之以仁义礼智之理，亦何尝有不善？但欲生此物，必须有气，然后此物有以聚而成质。而气之为物，有清浊昏明之不同。禀其清明之气而无物欲之累，则为圣；禀其清而未纯全，则未免微有物欲之累，而能克以去之，则为贤；禀其昏浊之气，又为物欲之所蔽而不能去，则为愚为不肖。"(《玉山讲义》)，这样，他一方面把道德看成为人人固有的天赋本性，另一方面又以所谓气禀的清浊不同来解释天生的贤愚差别和富贵贫贱的根源，并肯定了后天的教化对于人复归善性的意义。

基于"天命之性"和"气质之性"的对应，朱熹还探讨了"心"与"性"的关系以及道心、人心问题。他把性比喻为心的天地，认为"理"种在心田里，心可以看做是载体，性则可以被看做是基本素质。心可以包容动静两种状态，未动时是性，已动时是情，心可以统性情。关于道心与人心，朱熹说："人只有一个心，但知觉得道理底是道心，知觉得声色臭味底是人心。"人心和道心是同一个精神主体，从追求和满足于耳目的欲望来说，就是"人心"，从追求和实行天理上来讲，就是"道心"。朱熹肯定了正当的饮食之类的欲望乃人之本能需要，也认为人人都有道心，所谓圣人就是精察道心，不杂耳目私心杂念，专一于天理的人，一般人通过"去人欲，存天理"的修养方式可以达到，前提是要求人们的一切思虑，一切动机，都必须符合道德标准，一切有违"天理"的要求都必须消除干净。

（四）朱熹的格物致知论

格物致知论是朱熹哲学思想的另一重要理论。

朱熹继承了程颐的观点，他认为，人的心中生来就包含有一切事物之理，但心却不能直接认识自己，必须通过"格物"工夫，对事物加以研究，才能达到心的自己认识，并从而达到对于天地万物之理的认识。

他所写的《补大学格物传》认为："所谓致知在格物者，言欲致吾之知，在即物而穷其理也。盖人心之灵，莫不有知，而天下之物，莫不有理。惟于理有未穷，故其知有不尽也。是以大学始教，必使学者即凡天下之物，莫不因其已知之理而益穷之，以求至乎其极。至于用力之久，而一旦豁然贯通焉，则众物之表里精粗无不到，而吾心之全体大用无不明矣。"所谓致知在格物，就是指要想得到知识，在于就物而研究它的理。人心都是有知的，天下的万物，都是有理的，由于对于物的理还没有研究到，因而心的知识也就不能够完全。所谓"人心之灵，莫不有知",就是肯定了人的心或精神里有天赋的知识,有"天理"或"明德",人的认识活动无非是唤醒心中的"天理",去除"人欲",将心灵这面镜子擦拭干净,让知识"复其初"。

至于致知的方法,朱熹的回答是"致知在格物"。在朱熹的理论体系中,物和我,外和内是统一的,一旦穷尽了事物的"理",也就唤醒了心中的"理",人们认识外物之理,也无非是用心中的理去照见外物。因此,天下学者应该充分接近事物,根据已知的道理进行研究,有一天会豁然贯通,从而认识到万物的表里精粗,心的内容也就了然于胸。

在认识的过程中,朱熹提出必须以"即物穷理"的渐进阶段作为基础,经过"今日格一物,明日格一物"的积累,自然达到贯通的境地,这实际上提出了认识过程中经过量的积累从而实现达到的"飞跃"的思想,不能不说是非常可贵的思想。

（五）朱熹的知行观

朱熹的知行观是对程颐"知在行先"观点的进一步发挥。他说:"知行常相须,如目无足不行,足无目不见。论先后,知为先;论轻重,行为重。"（《语类》卷九）知行"相须",就是二者不能截然分离,知靠行来实现,行靠知来指导。如目与足的关系,目无足则不能行走,同样,足无目也如此,这在一定程度上看到了知与行的辩证关系。朱熹强调知行二者在并进中互相促进,如同人的两足,鸟的两翼,车的两轮,不可偏废。不过,朱熹也指出,知行并进,也不是互相代替,也不是不分先后或合而为一。如果两足同时起步,同时顿步,也是不会走远的。

朱熹的这种知行并进互发思想,反映了认识与实践相互推移的辩证关系,包含着有价值的因素。另一方面,朱熹虽然强调知行并进,但相比较而言,他更重视"行",提出了"论轻重,行为重"的观点。就知行的地位和作用而言,"行"可以提高和加深人的认识,并且,行也是知的目的。从"行为重"的根本目的来看,朱熹强调的是身心修养,道德践履,即为了达到"修己治人""治国平天下"。由此可见,朱熹的知行说,主要内容是如何自觉地认识和实行伦理道德的问题,因此,它是一种道德实践哲学。

（六）朱熹对新安理学的贡献

理学自北宋五子开始勃兴,经过几代人的努力,到朱熹终于完成集大成的理学体系,实现了儒学创新,成为新儒学。新儒学在两方面完成了综合创新:一是在克服、战胜佛道的基础上实现了儒释道的统一;二是朱熹把先秦儒家仁学与易道生生之理结合起来,把仁提升为宇宙人生的最高本体,这是朱熹对儒学的最大贡献。

朱熹虽长期居闽,但他作为徽州人,始终没有忘记父母之邦。终其一生,朱熹曾三次回故乡省亲扫墓、讲学访友授徒和传播学问。朱熹理学通过徽州地区的门生弟子的代代传播发展，逐渐形成宋明理学的一个重要流派——新安理学学派。朱熹一生对故乡眷恋至深，写信著文常署名"新安朱熹"。因新安有紫阳山，亦常号"朱紫阳"，以寓不忘桑梓之意。与朱熹同时代的学者如陈亮、吕祖谦等往往称朱熹之学为"新安之学"。"新安之学"一转便为"新安理学"。朱熹成为新安理学的真正创始人。

朱熹理学突出现实性、实践性，提倡人文教化，贬斥佛道，反对空寂，这对新安理学产生了积极影响。新安理学的重要特征就是注重实际实用，大力普及教育。徽州地区书院众多，博得"东南邹鲁"之美誉。书院在南宋时已有14所，明清时期增至54所。书院、社学教学，皆以朱子为宗，取朱子之教，秉朱子之礼。

朱熹理学以生为性、重视生存的特性赋予了新安理学积极求生存的精神。新安理学的一个著名口号就是：洪范五福先言富，大学十章半理财。徽州地区山多地少，人口略有自然增长，就必须外出经商谋生，故徽人有外出经商的传统，并得到理学的支持。由于受到朱熹理学的影响，徽商贾而好儒。他们不仅自己好读儒书，培育儒商精神，而且支持家乡教育事业，建书院，办社学，鼓励家乡子弟努力读书。这与其他地区的商人形成鲜明对照。

朱熹一生，生于忧患，死于禁遏。在国难当头、民族涣散之际，朱熹发愤著书，实现儒学创新，建立起中华文化的万里长城。同时，朱熹时时关心国家大事，多次向朝廷上书，力主抗金和收复中原失地，认为"金虏于我有不共戴天之仇"，表现出崇高的民族气节与爱国主义精神。新安理学人士深受朱熹爱国精神的影响和熏陶，在兴亡鼎革之际，多能做到临大节而不可夺，一身正气，坚贞不屈。黄宗羲高度评价说："新安之学，自山屋一变而为风节，盖朱子平日刚毅之气凛不可犯，则知斯之为嫡传也。彼以为风节者，意气之未融，而以屈曲随俗为得，真邪说之诬民者也！先师尝言，东汉之风节，一变至道，其有见于此乎！"明清之际，新安士人大多高标民族大义，与清王朝展开各种形式的斗争，有的慷慨就义，这都与朱熹理学的影响有密切关系。

从以上可见，朱熹理学对新安理学产生诸多积极影响。但是，朱熹哲学既有合理的积极价值，又与其保守的整体理学体系构成深刻矛盾。从朱熹保守的理学体系而言，对新安理学也产生不少消极影响，主要表现为强化宗法等级制度、压迫妇女等。要继承发挥朱熹理学的积极价值，就必须解构朱子理学体系的制约。这一工作由新安理学后期的重要代表人物戴震初步完成。戴震基本完成了对朱熹理学体系的解构，但同时也继承发展了朱熹哲学的合理价值，开辟了中国哲学发展的新方向。

四、新安理学对徽州社会的影响

新安理学深刻影响了徽州社会。

首先,在教育方面。在理学思想的影响下,徽州各宗族对于族内子弟的教育非常重视,许多宗族都设置了供家塾经费之用的学田,大大提高了族内子弟受教育的机会。徽州教育发达最突出的表现是使徽州在宋、明、清三代出了数额众多的进士。这种科举的成功不仅造成了社会地位很高的地方性家族集团,还有力地促进了徽州社会的儒教化。

其次,新安理学使儒家伦理道德思想深蕴于社会生活。伴随理学思想影响的逐步扩大,社会教化逐步加深,徽州人越来越自觉地以儒家伦理指导自己的日常行为。徽州各宗族均以《朱子家礼》一书作为补充和改造家族礼仪的规范。通过对各种礼节的参与,徽州人的伦理意识不断深化,日常生活也逐步礼教化。在传统社会里建筑牌坊以表彰儒教价值观所判定的优秀人物是惯常举动,徽州拥有数量众多的牌坊,正说明礼教思想对徽州社会的影响特别深。

再次,新安理学造就了贾而好儒的徽商风范。新安理学家以儒家的"民本"思想为依据,提出商、农并重,使徽州人能够理直气壮地去从商。同时徽商贾而好儒,在各地建立的会馆中,必将朱子之牌位供奉其上。他们大力支持教育事业,关心徽州的文化建设,从而为徽州文化的发展做出了重大贡献。

新安理学产生于一个特殊的年代,发展于封建专制统治加强的封建社会中后期,在这种历史环境中,对封建社会的稳定与发展,起到了积极的、进步的作用。尤其对宋元明清的徽州社会产生了深刻的影响,徽州社会宗族势力的强盛、经济的相对发达以及人文与自然环境的相对和谐都与新安理学相关。新安理学建立了一个从宇宙本原的生成理论到修身、齐家、治国、平天下的庞大的思想理论体系,其中不乏闪光之处。它对中国人的思维水平的提高、中国古代哲学和整个思想的发展都做出了重要贡献。

嘉定五年(1212),朱熹的《论语集注》《孟子集注》被列为官定教科书,朱熹理学开始成为官方哲学,朱熹后来也被列入孔庙,朱熹理学也便成为后来沿袭了近700年的官方哲学,朱熹学派也在这一背景下世代传承。

与此同时,朱子学还传播到了国外,尤其在朝鲜、日本,朱子学曾风行一时,居于统治地位,并形成有势力的学派,至今仍有一定的影响。

第三节　皖派经学

宋元两代，徽州涌现了无数杰出的具有影响力的理学家，将新安理学推向了顶峰。明朝中叶以后，新安理学阵容出现了萎缩和分化，导致了朱子学逐步走向衰落，对朱子之学有新阐释、新见解的学者日渐减少。

到了明清时期，尤其是明清之际和清代，哲学进入了批判总结阶段，这个时期的安徽哲学家，主要是新安理学的三大家——朱升、郑玉和赵汸，以及吴廷翰、方以智和戴震。由朱熹到戴震，经历了宋元明三朝的新安理学已被彻底否定，新安理学为皖派经学所取代，新安学术完成了向皖派经学的转变，其中戴震成为一个划时代的人物。

一、新安理学向皖派经学的转变

朱熹之后的朱子之学，被朝廷立为"显学"，成为士人思想和科举考试的指南，朝廷规定，"设科取士，非朱子之说不用"，宋理宗发布诏书，确立了理学作为官方哲学，这就出现了天下士人群起读朱熹之书的"盛况"，并且带来了新安理学的繁荣。

到了元代，新安理学家们坚持维护朱子学的纯洁性，将排斥"异论"、正确阐发朱子之学作为学术研究的重心。与此同时，新安理学家们始终坚持讲学授徒，著书立说，广泛传播朱子之学，在这一过程中，他们对朱熹的著作进行注疏，帮助从学之士进入朱子之学的门槛，探索朱熹学术的本旨。其中，以许月卿（字太空，婺源人）、胡斗元（字声远，婺源人）、程逢午（字信叔，休宁人）、汪华（字荣夫，祁门人）、程若庸（字达原，休宁人）、程显道（字元吉，婺源人）、程文海（字钜夫，休宁人）、程复心（字子见，婺源人）、吴霞举（字孟阳，歙县人）等为代表，他们志在阐发朱子之学，并从一般论题深入到具体范畴的阐释和考辨，这标志着新安理学的深化和发展。

明代是新安理学由盛转衰时期。明代新安理学的"三大家"——朱升、郑玉和赵汸提出了求"本领"、求"真知"、求"实理"的新的治经主张，形成了元明之交及在明初新安理学中反对元代先儒盲目迷信、循途守辙的思潮，这为休宁后学程瞳所发扬光大。吴廷翰（字崧柏，无为人）以"气本论"思想对程朱的"理先气后"

进行了批判，否定天有主宰意志，断言"天为积气"，在人性论上，将性视为后天习行获得的本质，主张"人欲之本，即是天理"，反对传统理学家"存天理，灭人欲"的观点。

明清之际，方以智（字密之，桐城人）力图建立包括自然科学、社会政治学说以及哲学为一体的思想体系，并对中国传统哲学关于"有无"、"理气"之辨进行批判总结，反对将气的运动变化与气本身分开，离开气而去寻找运动变化的规律，坚持从客观事物及其运动变化中去发现和把握气的规律。

明末清初，随着新安理学内容和人才的凋零，以及学术界风气由"宋学"向"汉学"的转移，理学的发展已到了穷途末路，尽管新安理学家仍有不少人以弘扬朱子之学为己任，但无法改变新安理学走向终结的命运。清朝乾隆年间，戴震及其皖派经学的开创，彻底否定了在徽州历经宋元明三朝的朱子学，以戴震为领袖的皖派经学，既兴起于新安理学之乡，又宣告了绵延600余年的新安理学的终结。

二、皖派经学的集大成者：戴震

（一）皖派经学概述

皖派经学又称皖派朴学，是由清初在徽州地区出现的由新安理学转变过渡而形成的以求证、求实、求真为特色的创新学派。

皖派经学的先驱者为黄生，奠基者为江永，集其大成者为戴震，继后有段玉裁、王念孙等大师将皖派朴学的学术研究推向鼎盛，阮元成为后期的殿军人物，最后能保持残垒者是俞樾，大张其军者是章炳麟。

皖派经学是清代乾嘉之际以古文经形式的纯汉学研究的地域性学派，因其主要代表人物戴震为安徽休宁人而得名，其主要成员都隶属清代安徽徽州府籍的学者，如程瑶田、洪榜、汪绂等，然其空间涵盖面也涉及江苏金坛、扬州等地，如段玉裁、王念孙等。因此，皖派经学实际上是以安徽徽州地区作为核心，由戴震弟子为骨干的汉学研究群体。

徽州是朱熹的故乡，素称"东南邹鲁""程朱阙里"，有着浑厚的文化底蕴，人文荟萃，名家辈出。徽州经济发达，并且有培养子弟业儒的传统，父兄期望子弟博取功名，走上仕途，为宗族、家门增添荣耀，这在客观上促进了文化教育的繁荣，为皖派经学的发展创造了机遇。早期的重要学者有黄生、程大位、宣城梅氏家族等，逐渐形成了浓郁的地方文化氛围，为皖派经学的兴起打下了基础。自乾隆十七年（1752）江永及其弟子戴震、程瑶田教学于歙县不疏园，到道光二十九年（1849）阮元逝世，皖派经学鼎盛活跃达百余年时间，号称百年辉煌。

（二）戴震简介

戴震（1724—1777），字东原，休宁隆阜（今屯溪）人，是18世纪我国最大的学问家，"乾嘉学派"的代表人物。戴震对于文字学、音韵学、经学均有造诣，同时，对于天文学、算学、地理学等自然科学学科也有深入研究。

戴震出身于贫寒之家，幼读私塾，以过目不忘和善思好问著称。传说有一次，老师教授《大学章句》，愈听愈觉得可疑，于是向老师发问："此何以知孔子之言而曾子述之？"老师难以回答这个出乎意外的疑问，于是抬出朱熹这一权威，"这是朱文公说的"，意在告诉戴震不必再生疑问。不料，戴震仍发疑："朱文公怎么知道如此呢？"老师听后，无言以答，叹曰："此非常儿也！"18岁时，戴震因家境困难辍学，随父前往江西南丰，以贩布为生，其间曾一度在邵武设馆讲学。20岁返乡，拜婺源名儒江永为师研究学术，并往南京族人戴瀚处学习八股时文。28岁补县学诸生。33岁避仇人而入京城，寄居徽州会馆，在艰苦环境下钻研。1762年考中举人。其后六次参加进士考试，由于思想观念与程朱理学不尽吻合，均未及第。51岁时，经《四库全书》总编纂纪昀推荐，入《四库全书》馆为专职纂修官。53岁被赐同进士出身，授翰林院庶吉士职务。不久，因为劳累过度而患病，不幸病逝于北京崇文门西的范氏颖园。灵柩由夫人率子运回故乡，葬于休宁县商山乡几山头前。

戴震是中国思想史上具有重大影响的一代宗师，他学识渊博，天文、历算、历史、地理、音韵、训诂……无不精通，当他初入京城时，在京著名学者纪昀、钱大昕、王鸣盛等人都为戴震学问的渊博而折服，"叩其学，听其言，观其书，莫不击节叹赏"，戴震的思想深度和学术水平无疑是中国18世纪的高峰标志。然而，一代宗师的一生却是悲剧性的，直到晚年已经誉满海内时，戴震仍然一贫如洗，他的学生段玉裁感叹道："先生之才，而不公卿，礼乐黼黼，以光太平。"戴震逝世后，学者王昶撰《戴东源先生墓志铭》、钱大昕撰《戴震先生传》、洪榜撰《戴东原先生行状》、门生金坛段玉裁编《戴东原先生年谱》，详细地记述了戴震一生的坎坷和学业情况。

作为乾嘉朴学的领袖，戴震治学以训诂名物入手，在精严考据的基础上阐发义理，在很多方面都做出了创造性的贡献。他还将《永乐大典》中《九章》等七种算经加以整理，撰《迎日推策记》一卷，总结了历代的数学成果。

戴震一生遵循"由声音文字求训，由训诂以寻义理"的方法，对经书和其他古代经典作了创造性的疏证，主要著作有：《原善》《孟子字义疏证》《中庸补注》《方言疏证》《古历考》《考工图记》《水地记》《勾股割圜记》《绪言》等50余种。戴震还主持纂修了《汾州府志》，成为后代修志人员参考的范本。后人揖有《戴氏遗书》16 种 59 卷。

1924 年,戴震诞辰二百周年时,在戴震故居——摇碧楼设立戴氏东原图书馆,后改成戴震纪念馆。

(三)戴震论"理"

经历了明末清初新安理学的分崩离析之后,理学已逐渐失去了昔日的尊严,学者们鄙视空谈,不再迷信所谓的义理之学。到了戴震生活的年代,以讲求性命义理著称的理学"圣贤"及其"金玉良言"受到普遍的怀疑。在戴震的心目中,朱熹及其理学已失去了神圣的光环,他好究根问底,崇尚"求是"的治学态度,认为学问的最终目的乃是"闻道"。他批判当时"博雅能文章、善考核者,皆未志乎闻道,徒株守先儒而笃信之",主张不再株守朱子之学,而要本着"求是"的态度,直接从六经、孔孟学说中寻求"道"。

程朱理学提出"理"为世界本原的思想,主张"理"是先于天地且独立于万物之外的一个精神实体,朱熹还主张"合天地万物而言,只是一个理","理"规定并支配着包括人类社会伦理道德在内的天地万物。戴震认为,宇宙本体和动因都是"气",万物由"气"之分化而成。

针对程朱理学以道为理的提法,他提出"道犹行也","大致在天地,则气化流行,生生不息,是谓道;在人物,则人伦日用,凡生生所有事,亦如气化之不可已,是谓道。"前者是"天道"即自然运动的道,后者是"人道",乃是人类社会所有的活动及其准则。

同时,戴震对"理"进行了具体深入的分析,批判了朱熹的唯理论。他认为,天地万物是川流不息、流行不止的运动过程,这个过程是有规律的。他举例说,植物有植物的"条理":从根长出干,分为枝,生成叶,根在土壤中吸取营养以通地气,叶受阳光以通天气,植物的生长发育,都是有条不紊地遵循其"分理"的,因此,天地间各类事物都有其"不易之则",都可以用抽象思维来把握,但"理"依存于"物",一定要"求诸物"才能获得。

可见,戴震将朱子之学的核心"理",放入平凡的物质世界中加以认识,否定了以"理"为世界本原的学说,认为并不存在一个高于物质自然界和人类社会之上、之外的"理",并且"理"是可以把握的,这无疑是对前人的一种超越。

(四)戴震论人性

在人性论方面,戴震否定了朱子之学中"天地之性"与"气质之性"的差别,认为人性无善恶之分,只有智愚差别。

他对于人性有着自己的解释:"性者,分于阴阳五行,以为血气心知,品物区以别焉。"在戴震看来,性并不是指性格、品德等精神性的东西,而是指阴阳五行的物质禀性,因此,所谓人性也只是人体物质结构的属性而已。在此基础上,戴震提出了人性的社会道德属性,并认为欲、情、知三者皆性的思想,即人性包含了欲、情、知三个内容,三者都是血气心知之自然。他说:"人生而后有欲,有情,有知,三者血气心知之自然也。给于欲者,声色臭味也,而因有爱畏;发乎情者,喜怒哀乐也,而因有惨舒;辨于知者,美丑是非也,而因有好恶……是皆成性然也。"将欲、情、知看作人性的基本内容,这是戴震在人性论方面的一大贡献。以这一理论为基础,戴震提出了具有新的内涵的"人性善"说。他认为,"夫人之异于物者,人能明于必然,百物之生,各遂其自然也"。就是说,百物的生息,只是凭着自然的本能,而人则具有认识必然的理性,人与物的这种差异在于两者的自然禀赋即性的不同,这种人类所独具的优异的物质禀赋,被戴震称为"性善",这与朱子之学中"天地之性"的善,已是大不同了。在戴震看来,智愚是"远近等差殊科",是程度上的差别;善恶则是"相反之名",是性质上的相反,这与朱子之学的人性论是对立的。

(五)戴震论道德和理欲

在道德论和理欲观方面,戴震否定了朱子之学中"存天理,灭人欲"的理欲相斥观。他认为,"欲,其物;理,其则也",应该根据人之情欲而求理。人人得到各如其分的欲望的满足,就是"天理"。

在揭露和批判理学家"不出于理则出于欲,不出欲则出于理"的观点时,戴震指出其成为"残杀工具"的实质,认为这种理欲之分"虽视人之饥寒号呼,男女哀怨,以致垂死冀生,无非人欲,空指一绝情之感者为天理之本然",如果按照这种学说治理国家,必然贻害无穷。因此,理性家的理欲之辨乃是为尊者、长者、贵者设想的,是根本无视卑者、幼者、贱者的。

按照戴震所说,"理"不是孤立于情之外的,它是情的一种状态,如果情都没有了,也就谈不上什么理了。当然,这也不意味着情的泛滥,而是情的适中,叫做"不爽失"。戴震指出,人是必定有情欲的,这表现在人民的日常起居中,圣人并不是提倡人民禁欲,而是进行适中疏导,满足人民的正常愿望。

可以看出,戴震的理欲观深刻而尖锐地揭露了理学禁欲主义的虚伪本质,对当时的广大人民尤其是市民阶层表示了极大的同情和关注,喊出了他们的呼声,具有浓厚的启蒙主义的倾向。他把欲望看作推动人们行为的原初动力,认为"理"就在人们的"为"之中,理欲不可分,理存于欲,这实际上是肯定了人性自然和人情自然的存在。

(六)戴震论治学方法

除了对朱子之学进行抨击之外,戴震还强调治学方法的差异,提倡从音韵训诂、字义名物、典章制度等方面阐明经典大义，这与新安理学家空谈义理的学风大相径庭。戴震对理学的批判，并非仅是一种否定方式或对对立面观点的批判和抨击，而是一种釜底抽薪式的对其理论前提的批判，并把对于程朱理学的批判和当时的政治批判结合起来，因而具有强烈的时代感。这种批判精神也给后世以深刻的影响，推动了中国古代哲学的批判传统的发展。

（七）戴震论政治

戴震认为，最好的政治应当是让人都能满足自己的欲望，并以此批判了封建社会的所谓"名教"。这种"教"专注重"名"，而不管实，就是说，只管一般，不管特殊。在"纲常名教"中，君为臣纲，父为子纲，夫为妻纲。无论君、父、夫是什么样的人，臣、子、妻都必须绝对服从，至于作为君、父、夫的个人实际上是什么样的人，那就不是臣、子、妻所能过问的了。如果违反这个原则，就叫得罪"名教"，这是最大的罪名。由于不敢得罪"名教"，不知道多少人含冤而死。这就是戴震所谓"以理杀人"。戴震以此抨击当时的社会现实，无论从政治上还是学术上看，他对于理学的批判都已达到了相当的高度。

第四节　陈独秀、胡适与新文化运动

新文化运动是20世纪初一批中国先进知识分子针对内忧外患的时局发起的以反对封建文化为主要内容，旨在打破封建主义束缚，提倡进步思想和文化的思想启蒙运动。"德先生和赛先生"（即民主与科学）是新文化运动的口号，提倡新文化，颠覆旧文化是这一运动的重要内容。陈独秀、蔡元培、李大钊、胡适、鲁迅、吴虞、钱玄同等一批先进的知识分子成为该运动的领袖人物和代表人物。其中，安徽籍名人陈独秀和胡适的表现尤其引人注目，两人可谓是中国近现代政治思想史上的两颗璀璨之星。

一、陈独秀与新文化运动

（一）陈独秀简介

陈独秀（1879—1942），原名庆同，字仲甫，安徽怀宁人。早年求学于求是书院（浙江大学前身），后因反清言论被学院开除，继而又因进行反清宣传活动受到清政府通缉,一度流亡日本。1915年,陈独秀创办旨在改造青年思想的《新青年》杂志,大力倡导新道德与新文学,成为新文化运动的倡导者与中国文化启蒙运动的先驱。1917年,陈独秀应邀任北京大学文科学长。1918年,他与李大钊共同创办五四时期最有影响的报纸《每周评论》,"主张公理、反对强权",并将思想文化斗争与政治斗争相结合,推动学生运动。1919年五四运动爆发后,陈独秀与李大钊一起草拟了《北京市民宣言》传单,并且亲自到中央公园等处向游人散发,公开支持学生运动。1920年,在共产国际的帮助下,陈独秀在上海进行建立中国共产党的准备活动,并在1921年7月的中国共产党第一次全国代表大会上被推选为中央局书记,成为中国共产党的创始人和最初的主要领导人之一。1927年陈独秀被撤销总书记职务,1929年被开除出党。1937年,陈独秀因谴责蒋介石卖国独裁而遭到国民党逮捕,同年8月出狱。1938年,陈独秀被指为日本间谍,自此与中国共产党彻底决裂。1942年5月,陈独秀病逝于四川江津。今有《独秀文存》《陈独秀文章选编》等。

(二)陈独秀论"新青年"

1904年,陈独秀先后在安庆、芜湖创办了《安徽俗话报》。该报刊以极其通俗的文字宣传反帝反封建主张,意图唤醒民众挣脱天命观的枷锁,振作自强,因此成为安徽最早负有开启民智使命的大众传媒。1911年辛亥革命的失败使陈独秀认识到"吾国年内政象,唯有党派活动,而无国民运动也",而补救的首要办法就是"革中国人思想的命"。为此,1915年9月,陈独秀在上海独立创办了《新青年》杂志(原名《青年杂志》,自第2卷起改名为《新青年》),意在"改造青年之思想,辅导青年之修养"。

在创刊词《敬告青年》一文中,陈独秀指出"青年如初春,如朝日,如百卉之萌动,如利刃之新发于硎,人生最可宝贵之时期也。青年之于社会,犹新鲜活泼细胞之在人身。"因此,"予所欲涕泣陈词者,惟属望于新鲜活泼之青年,有以自觉而奋斗耳!"在明确了青年对于国家新陈代谢具有的重要作用后,陈独秀也相应地向青年一代提出了六点希冀与要求,分别是:

①自主的而非奴隶的。"等一人也,各有自主之权,绝无奴隶他人之权利,亦绝无以奴自处之义务。"每个人都可以通过自己的劳动谋求温饱,可以自由表达好恶,故而,"一切操行,一切权利,一切信仰,唯有听命各自固有之智能,断无盲从隶属他人之理。"

②进步的而非保守的。当时之中国"大梦未觉,故步自封,精之政教文章,粗之布帛水火,无一不相形丑拙,而可与当世争衡?"在此基础上,陈独秀表现出与中国传统文化决绝的态度:"吾宁忍过去国粹之消亡,而不忍现在及将来之民

族,不适世界之生存而归削灭也。"

③进取的而非退隐的。面对乱世与危局,青年一代更应"百尺竿头,再进一步","人之生也,应战胜恶社会,而不可为恶社会所征服;应超出恶社会,进冒险苦斗之兵,而不可逃遁恶社会,作退避安闲之想。"

④世界的而非锁国的。"投一国于世界潮流之中,笃旧者固速其危亡,善变者反因以竞进。"世界各国联系日渐加强,中国若依然奉行闭关锁国政策,不仅"力所不能",也是"势所不利"。青年一代需有世界知识,有此方能图存于世界之中。

⑤实利的而非虚文的。推崇实用学说、实利主义。中国封建旧道德所宣扬的"无一不与社会现实生活背道而驰",而事实上,"物之不切于实用者,虽金玉圭璋,不如布粟粪土。"更进一步,"若事之无利于个人或社会现实生活者,皆虚文也,诳人之事也。诳人之事,虽祖宗之所遗留,圣贤之所垂教,政府之所提倡,社会之所崇尚,皆一文不值也!"

⑥科学的而非想象的。国人若要改变落后挨打的局面,应"以科学与人权并重",摒弃既往的阴阳五行之说、地气风水之谈,代之以实证与真理。探求宇宙间真相、发现科学真理将是青年一代努力与前进的方向。

在陈独秀的进步思想熏陶下,大批"意志顽狠,善于不屈,体魄强健,力抗自然,信赖本能,不依他人为活,顺性率真,不饰伪自文"的新青年迅速摆脱了封建思想的束缚,走上了民主主义的道路。随着"五四"爱国运动的爆发,《新青年》将思想启蒙的方向又转向了马克思主义,一大批新的青年很快成为中国共产党成立之初的骨干力量。

(三)陈独秀论"民主与科学"

针对20世纪初中国的腐败政治与落后思想,陈独秀旗帜鲜明地提出了"民主"与"科学"的口号。他指出,"国人而欲脱蒙昧时代,羞为浅化之民也,则急起直追,当以科学与人权并重。"在《吾人最后之觉悟》一文中,陈独秀指出当时中国只有抛弃数千年的"官僚的专制的个人政治",才能换来"自由的自治的国民政治"。具体而言,需做到"破坏君权,求政治之解放也;否认教权,求宗教之解放也;均产说兴,求经济之解放也;女子参政运动,求男权之解放也。"

陈独秀进一步指出,中国只有打破以孔教三纲五伦学说为代表的封建思想,扫除民众的愚昧与落后,才有可能建立真正的民主社会。他明确提出,"君为臣纲,则民于君为附属品,而无独立自由之人格矣;父为子纲,则子于父为附属品,而无独立自由之人格矣;夫为妻纲,则妻于夫为附属品,而无独立人格矣。"如此,则普天之下,皆为奴隶人格。在此基础上,陈独秀发出"伦理的觉悟,为吾人最后觉悟之最后觉悟"的言论,在当时思想界产生了巨大影响。

与提倡民主并行而论的是对科学的尊重。陈独秀认为正是科学的发展使近代欧洲实力远超中国,"科学之功用,自伦理上观之,亦自伟大"。因此,中国应大力宣传科学的重要性,对任何经不起科学法则检验的东西,都应加以摒弃。以科学之名,陈独秀对当时民众的旧思想、旧观念予以大力批判。在《偶像破坏论》一文中,陈独秀提出要打破一切宗教上、政治上、道德上自古相传的虚荣及欺人、不合理的信仰,就连国家也是一种虚无的偶像,"都应该被破坏"。

(四)陈独秀论"文学革命"

1917年2月,陈独秀在《新青年》杂志发表《文学革命论》,指出"政治界虽经三次革命,而黑幕未尝稍减",其根源在于"盘踞吾人精神界根深蒂固之伦理道德文学艺术诸端,莫不黑幕层张,垢污深积",因此"甘冒全国学究之敌,高举文学革命大旗",以更为坚定的文学革命的立场提出将"三大主义"作为新文学的奋斗目标,即"推倒雕琢的阿谀的贵族文学,建设平易的抒情的国民文学;推倒陈腐的铺张的古典文学,建设新鲜的立诚的写实文学;推倒迂晦的艰涩的山林文学,建设明了的通俗的社会文学。"陈独秀的这一文学主张,得到了当时先进知识分子的积极回应。

二、胡适与新文化运动

(一)胡适简介

胡适(1891—1962),字适之,安徽绩溪人。因提倡文学革命而成为新文化运动中的领袖之一,历任北京大学教授、北京大学校长、中国台湾"中央研究院"院长等职。

胡适是现代著名学者、诗人、历史学家、文学家、哲学家。他五岁启蒙,打下一定的古文基础,后至上海求学,初步接触了西方的思想文化。1906年胡适考入中国公学,1910年考取庚子赔款第二期官费生赴美留学,1915年入哥伦比亚大学研究院,师从著名唯心主义哲学家杜威,接受了杜威的实用主义哲学。回国后,胡适任北京大学教授,并加入《新青年》编辑部,成为新文化运动的重要人物。

1920年,胡适出版了中国新文学史上第一部白话诗集《尝试集》,引起重大反响。此后胡适多致力于中国古典小说研究,对《红楼梦》《水浒传》《西游记》《三国演义》《三侠五义》《海上花列传》《儿女英雄传》《官场现形记》《老残游记》等古典名著皆有研究,著述六十万言,结集为《中国章回小说考证》出版。

胡适对中国现代学术亦有很大贡献。他首先采用了西方近代哲学体系和方法研究中国哲学,其《中国哲学史大纲》被称为"第一部新的哲学史"。此外,胡适还著有《白话文学史》,大力提倡白话文学。

(二)胡适"文学改良"论

1917年,胡适发表了《文学改良刍议》(原载1917年1月1日《新青年》第2卷5号)。这是新文化运动文学革命公开发难的第一个信号。胡适在文中提出改良文学需做的八件事:

①须言之有物。文学需有"情感"和"思想","文学无此二物,便如无灵魂无脑筋之美人。"

②不摹仿古人。"一时代有一时代之文学",不应一味摹仿古人,其时"惟实写今日社会之情状,故能成真正文学。"

③须讲文法。这是对文学作品形式方面的要求。

④不作无病之呻吟。国家处在多难之际,牢骚之文、感喟之文无益解救危亡。这是对文学作品内容方面的要求。

⑤务去烂调套语。"人人以其耳目所亲见亲闻所亲身阅历之事物",意在求真,务去陈言。

⑥不用典。"用典之拙者,大抵皆懒惰之人,不知造词,故以此为躲懒藏拙之计。惟其不能造词,故亦不能用典也。"

⑦不讲对仗。前世文学作品多用对仗,语言自然无斧凿痕迹,然而今日"文学末流,言之无物,乃以文胜",故对仗这一表现手法发展至今,已是"文学末技"。

⑧不避俗字俗语。"以今世历史进化的眼光观之,则白话文学之为中国文学之正宗",作文写诗应宜采用俗语俗字。

1918年4月胡适在《新青年》上发表《建设的文学革命论》,不仅主张以白话文取代文言文,还主张推到陈腐、雕琢、迂晦的旧文学,建设新鲜、平易、明了的新文学,把新文学建设的目标概括为"国语的文学,文学的国语",从而使文学革命的旗帜更加鲜明。

(三)胡适"研究问题"与"整理国故"论

1919年7月20日,胡适在《每周评论》第31号上发表《多研究些问题,少谈些"主义"》一文,明确表示对陈独秀等人"高谈社会主义"的不满态度,主张采用温和的改良方法解决中国社会问题。同年8月,李大钊在《每周评论》第35期上发表《再论问题与主义》,指出问题与主义是不可分割的关系。这就是中国近现代史上有名的"问题与主义之争"。以此为标志,以胡适、周作人、傅斯年等为代表的大批学者继续坚持原先的思想文化改良道路,走向自由主义,被称为"问题派";而以陈独秀、李大钊等为代表的激进人士则转化为信奉共产主义的革命派,在当时被称为"主义派"。

1919 年末,胡适发表了极具争议的《新思潮的意义》一文,提出了将"研究问题""输入学理""整理国故""再造文明"作为新思潮和新文化运动的纲领,指出"整理国故"是以"再造文明"为根本目的的新文化运动的重要内容和步骤。胡适认为新文化、新思潮的根本意义是一种新态度,即评判的态度。他认为这种评判主要是以理性为标准对制度风俗、圣贤遗训和社会公认的行为与信仰这三方面做重新评估。通过"整理国故",进而分清传统文化中的精粹与糟粕,去芜取菁,以之再造新的文明。

胡适"整理国故"言论一出,立即引发了社会的强烈反响。有认为是对新文化运动的背叛,意在将青年引入"故纸堆",从而疏离政治。但也有观点认为此举对保存中国传统文化中的优秀因素起到了一定的作用。

思考与练习:

1. 老子哲学中"道"的内涵包括哪些方面?

2. 如何正确看待庄子的人生哲学?

3. 老庄哲学对于后世的影响有哪些?

4. 为什么朱熹被看做理学的集大成者? 如何看待朱熹的格物致知论?

5. 如何正确认识朱子之学中"存天理,灭人欲"的观点?

6. 徽州的理学家对于新安理学的发展起了哪些作用?

7. 胡适"文学改良"论的主要内容有哪些?

第三章　安徽的科技和教育文化

学习目的：

了解安徽古代科学技术主要成就，增强作为安徽人的自豪感；了解不同历史时期安徽地域的教育活动和皖籍教育家的教育思想及其教育实践，对各时期安徽教育发展水平作出总体把握。

学习要求：

1.大致了解安徽在农田水利、纺织、制瓷、铸冶、天文、数学、物理学等科技方面发展概况。

2.了解并掌握安徽科技历史发展的总体特征。

3.重点掌握处于全国领先地位的安徽科技成就。

4.总体了解安徽教育历史发展概况。

5.学习安徽著名教育家，理解性地掌握其教育思想，了解其教育实践活动。

6.重点掌握书院教育制度在安徽的产生、发展、繁荣及影响。

学习建议：

1.注意点面结合的学习方法，在掌握重要知识点（如安徽科技各方面的突出成就）的同时前后延伸学习此方面的其他知识，以点带面。

2.对于一些重要的科技人物，如梅文鼎，建议结合了解其生平，通过网络搜索、走访其故乡、查阅文献等方式，加深人物印象，激发学习地方史兴趣。

3.对于皖籍教育家教育思想的学习,建议从了解其生平着手,以理解其教育思想和教育理念。

第一节　安徽的科技文化

据张秉伦《安徽科技史稿》统计，已知的有名可考的安徽古代科技人物约2000多人，其中医学家和名医就有1500多人；农学和生物学家100多人；天文数学家10人；能工巧匠500多人。科技著作（包括已经散佚而有著录的）千余种，其中医学著作700多种；农学生物学著作百余种；天文数学著作近百种；物理、地学等其他科技著作数十种。另外，地方志中也有不少科技内容。著名科学家有孙叔敖、华佗、桓谭、朱载堉、方以智、梅文鼎、郑复光等。

安徽科学技术发展的总体状况，与全国基本上是一致的。中国古代的科学传统一向以农、医、天、算和手工业最为著名，安徽也不例外。但安徽科技在历史时期的各阶段发展与全国情况并不完全同步，全国古代科技发展的高峰是宋元时期，而安徽在隋唐宋元时期，随着全国经济文化中心的南移，科学技术正处在不断充实提高阶段；明清时期，尤其是明中叶到清末，曾长期处于世界领先地位的中国科学技术，逐渐落后于西方，但就国内而言，安徽科学技术却独树一帜，天文学、数学、物理学等在全国均处遥遥领先地位，印刷、造纸、医学（尤其是新安医学）、兽医、植物花卉等在全国也是颇有影响。因而明清时期可以说是安徽古代科技发展最繁荣的阶段。

安徽地区科技发展大致有两个特点：其一，安徽的农田水利、矿冶、物理学中的光学和声学，从古至今一直在全国范围内处于举足轻重地位；其二，每一历史时期安徽都有在全国影响较大的学科：汉魏时期的天文学和医学，唐宋时期的文房四宝，宋元明清时期的造纸、印刷、解剖学和农学，明清时期的数学、天文学与天文仪器制造、医学、畜牧兽医、生物学和徽州民建等。

一、农业科技成就

古代中国以农业立国，自给自足的小农经济在古代社会占据着统治地位，因而历朝历代统治者无不注重水利兴修，与农业密切相关的农学、生物学也相应发展。

农业出现在新石器时代,在安徽境内各地的新石器时代遗址中,普遍出现的石斧、石奔、石刀、蚌刀、石镰、蚌镰等农业生产工具,说明安徽与全国同步地发生了农业革命。据《夏小正》的记载,夏商西周时期安徽在农业耕作技术上也取得了一些成就,如:掌握了一定的灌溉技术;人们开始重视田间管理工作;学会了黍、麦、麻、蓼蓝等多种粮食作物和经济作物的种植。以此为基础,其后历史时期的安徽农业继续向前发展,各项农业科技水平逐步提高。以下从农田水利和农学两方面列举安徽农业科学技术最为突出的成就。

(一)农田水利

1. 古老的大型灌溉工程——芍陂

到春秋战国时期,安徽的农业发展水平由一项大型水利灌溉工程得到见证,这就是芍陂的开凿与修建。

春秋中期,是我国古代社会形态变革时期,此时周王室衰微,各大诸侯国为了争霸称雄,取得兼并战争的胜利,都在不同程度上实行了奖励耕战的政策,重视农业生产和水利兴修。公元前6世纪初,楚庄王为了成就霸业,他励精图治,选贤任能,任命富有才华的孙叔敖为令尹。孙叔敖为辅佐楚王称霸,开始加强经营江淮地区,发展农业生产,兴修水利。芍陂就是在他的主持下开凿与兴建的。

芍陂,现名安丰塘,位于今安徽省寿县境内。寿县所处的淮河以南属南北气候过渡地带,是淮河流域暴雨密集地区之一,一年之中以及年与年之间的降水量分布不均,变化幅度大,每当夏秋季节,雨水过多,即成涝灾,一旦少雨,又成旱灾。为了解除这里的水旱灾害,促进农业生产的发展,以保证楚国粮食民用及战争需要,在这里兴修大型水利工程成为必要。芍陂的设计非常合理,设计者利用大别山余脉延伸到淮南地区所形成的西、南、东三面高而北面低的地形特点,选择北部天然低洼沼泽地作为陂塘地址,把淮南丘陵流来的水汇集起来,并在其周围低处筑堤。这不仅大大节省了工程量,而且蓄水量大。据《水经·沘水注》载,当时陂塘"周一百二十许里",陂塘的西、北、东三面,开闸门五处,各通渠道,供灌溉、泄洪之用。

由于芍陂的水源出自丘陵地区,水量不大,而且年、季之间分配不均,难以保证水源的充分补给,而紧靠陂塘西南的淠水,发源于大别山,水源充沛,于是在修建芍陂时,又在陂塘西南开沟引淠水入陂,称为子午渠。这既保证了芍陂的水源,又起着调节淠水流量、减少其泛滥成灾的作用。

芍陂自建成后至东汉时期,其间六百余年,史书无修治记载,这是因为芍陂建立之初,堤坝坚固厚实,无须大修,有的只是经常性的维修,所以史书不载。在两千多年前,在科学技术水平非常低下,测量、施工工具非常简陋的条件下,居然能因地制宜、科学规划、合理选址、就地取材建成了一座上下配套、蓄泄兼治、灌田万顷的大型岗地水库,表现了始建者孙叔敖的水利天才。两千多年来,芍陂为兴农富民做出了巨大贡献,寿春一带万顷农田得到灌溉之利,虽曾历经沧桑,几经兴衰,但至今仍在造福社会。同时,后代到过芍陂的文人墨客,兴叹吟咏,感念孙叔敖兴建芍陂之功绩,留下了不少诗篇、碑刻等,与陂塘本身一起成为留给后人的宝贵历史文化遗产。

2. 圩田的出现与发展

圩田也叫围田,指沿江、濒海地区筑堤围垦成的农田。

圩田的出现是三国两晋南北朝时期安徽农田水利建设的突出成就,而到了唐宋时期,安徽的圩田有了重大发展并迅速走向高峰期。唐宋两代特别是宋代,安徽兴建的圩田不仅数量多、规模大,而且形成了相当丰富的兴建圩田的理论,对扩大耕地面积、发展农业生产起到了积极作用。

唐宋时期,随着南方人口的增加,劳动力的充实,加上先进农具的推广和生产技术的提高,大江南北已大量修筑圩田并日趋完善。如宣城,早在孙吴割据江东时就在其境内修建了最大的圩田金宝圩,至宋,宣城化成圩更是"水陆地八百八十余顷,岁租米三万四千余石",至宋乾道二年,宣城境内共有 179 圩,由此可见圩田兴盛之一斑。宋代圩田不仅数量多,规模大,而且结构合理,修筑技术已相当完善。一般圩田均高筑圩埂,坚实牢固,堤上栽植桑柳,圩内大道相贯,河渠交错,车舟往来便利,同时兼顾排水和灌溉。尤其在宋代安徽境内,由于圩田多,往往圩圩相接,形成了辽阔的圩区,水系相通,连成一片。圩田的发展,带来了生产的大发展。由于圩田兼能防旱排涝,可以旱涝保收,加以引进早熟的占城稻种,使圩区稻米产量显著增加,"田地之人,倍于他郡,鱼、虾、竹、苇、柿、栗之货足以自给",以至宋京十大粮仓皆受江淮所运。因此圩田的修筑被后人评为"实近古之上法,将来之永利"。安徽江淮地区由于大兴圩田,成为全国重要的粮食基地,国所倚重,以至于时人评说:"当今天下之根本,在于江淮","天下无江淮,不能以足用,江淮无天下,自可以为国"。

宋人沈括曾作《万春圩图记》,记录其弟沈披针对时人在芜湖修建秦家圩(修成后,宋仁宗赐其名为"万春圩")的反对意见而提出的著名"圩田五说",这是有关兴建圩田的重要理论。依据沈披"圩田五说"观点设计修筑的万春圩,修成后蓄水排水都很方便,不但平年丰收无误,就是灾年亦能保证丰收,以雄辩的事实有力地驳斥了反对派的论调。

3. 沈立《河防通议》

沈立(1007—1078),字立之,北宋历阳(今和县)人。庆历八年(1048),黄河决堤,沈立时任屯田员外郎,应诏防塞。他考阅前代有关黄河治理的典志,并采询同时代水利专家的治河观点,总结历史上治理黄河的经验,著为《河防通议》。

《河防通议》在中国水利史上影响极大,自北宋至金元"治河者悉守为法"。可惜其原著早已不存,幸有元代沙克什的《重订河防通议》(亦称《河防通议》),还可窥其一斑。

仅从沙克什《重订河防通议》现存内容中明确标注取自沈立《河防通议》的条目来看,沈立不但总结了古今河患及其防治的经验教训和黄河一年12个月的水信规律,而且对开河、闭河,制造水平仪、修筑石岸、卷埽(旧时河工术语。埽,指中国古代创造的以梢料、苇、秸和土石分层捆束制成的河工建筑物的每一构件,卷埽即其制作方法。)、筑城的方法和标准,以及物料与器具的种类和规格等都有明确记载,一改前人河渠沟洫之作"仅载治河之道,不言其方"的体例。书中所载治河方法和程序具体,可操作性强,有的直到今天仍有借鉴作用。其书不仅为治河实践提供了宝贵的经验,也为今天研究黄河水利史提供了珍贵的早期史料。

(二)农学

1. 嵇含《南方草木状》

嵇含(262—306),字君道,其先祖本姓奚,为躲避仇怨迁移谯郡铚县(今安徽宿县西南),遂以所居之地嵇山之嵇为姓。嵇含曾居巩县亳丘,自号亳丘子。嵇氏"家世儒学",祖父嵇喜为晋徐州刺史、宗正,叔祖父嵇康更是魏晋名士,为"竹林七贤"之一。《晋书》载,嵇含"好学能属文","性通敏,好荐达才贤",他的思想深受嵇康影响,不但在为人处世方面恪守嵇康的《家诫》,在学术思想上也颇有嵇康遗风,著有《嵇含集》10卷、《录》1卷,可惜南北朝时已亡佚。现在能见到的仅《南方草木状》3卷及诗文20余篇。

《南方草木状》全书3卷,主要记载我国五岭以南地区的植物,是我国也是全世界现存最早的一部地方植物志。内容分草、木、果、竹4类,上卷记草类29种,中卷记木类28种,下卷记果类17种、竹类6种。这在植物分类上,比我国最早记载植物分类知识的《尔雅》将植物分为草、木两大类显然前进一步。《南方草木状》的记载大都真实可靠,使用的植物名称,多数沿用至今,对不少植物的描述准确生动,具有相当高的科学水平。例如下卷对荔枝的描述是:"树高五六丈余,如桂树,绿叶蓬蓬,冬夏荣茂,青华朱实,实大如鸡子,核黄黑似熟莲,实白如肪,甘而多汁……"把荔枝这种常绿乔木和它的叶、花、果实的色泽、形态特征,都写得十分明白,给人以清晰的印象,这说明当时人们对某些植物已有深入的观察和认识。

《南方草木状》在记载中已经注意到遗传和变异。例如，上卷记茉莉花时，指出它是从西边国家引进到我国华南地区的，南方人"怜其芳香，竞植之"，其浓郁的香味并"不随沙土而变"。中卷在记载水松时说，水松"出南海，土产众香，而此木不大香，故彼人无佩服者"，但是移植到五岭以北，"岭北人极爱之"，因为"其香殊胜在南方时"。这是分别涉及植物的遗传和变异特性的两个例子。

特别值得注意的是，该书下卷记柑时说交趾人还在集市上卖一种蚁，这种蚁比寻常蚁要大，赤黄色，南方柑树如果没有这种蚁就会遭虫害而无一幸免。据研究，这种蚁就是能捕食棱蝽等 20 多种柑橘害虫的黄猄蚁。这表明我国南方人民，早在公元 4 世纪初就开始利用黄猄蚁来防治柑橘害虫。这是世界上生物防治害虫的最早记载，西方直到 9 世纪才有类似的记载，比我国晚 500 多年。因此，英国李约瑟博士指出：这"肯定是在任何文献中关于这个问题的最早的记载"。

其实《南方草木状》的学术价值早已为中外学者所公认，很早就流传到日本等国。12 世纪 50 年代，书中内容为日本古籍所引用；18 世纪 20 年代，在日本出版了最早的翻刻本。近年来，又有英文译注本问世。

2.《农桑辑要》与《日用本草》

元世祖忽必烈比较重视农业，于至元七年（1270）创设司农司，专以劝课农桑。为了推广当时先进的农耕技术，便于农户掌握节令，司农司组织人员"遍求古今所有农家之书"，披阅参考，于至元十年（1273）编成《农桑辑要》一书。该书为元朝司农司官颁的综合性大型农书，也是我国现存最早的官撰农书。而此书主要编纂者之一为安徽宿州人孟祺。

孟祺（1230—1281），字德卿，宿州符离人。至元七年（1270），任山东东西道劝农副使时，参与并负责编撰《农桑辑要》一书。《农桑辑要》共 7 卷，包括典训、耕垦、播种、栽桑、养蚕、瓜菜、果实、竹木、药草、孳畜、岁用杂事等篇目。其中，典训篇主要通过引用历史资料来阐发农本思想，以下各篇则分别辑录相关技术资料，岁用杂事篇则记录每月应做的农事。该书是贾思勰《齐民要术》之后历代农学成果的一次系统总结，是我国古代政府组织编行、用以指导全国农业生产的最早最具全面性的一部大型农书。《农桑辑要》成书后，在全国各地得到陆续推广。至元二十三年（1286 年）六月，元世祖下诏将该书颁行诸路，用以指导各地的农业生产。由于该书"用之则力省而功倍"，刊行后效果较为明显。从元世祖至元年间至文宗至顺年间，该书屡被翻印。在安徽地区，《农桑辑要》一书的刊行和使用得到各地方官的重视。据记载，元仁宗时，徽州路总管郝思义曾在当地翻刻《农桑辑要》。元顺帝后至元三年（1337），宿州监郡大黑奴更是用自己的官俸刊刻《农桑辑要》。

《日用本草》的编纂者吴瑞(生卒年不详),元代休宁人。他通过对可供食用的动植物进行系统的探索和研究,于元文宗天历年间(1328—1330)撰成《日用本草》一书。该书主要是为了使普通民众避免误食中毒这一实用目的而编纂,共8卷,记载可供日常食用的动植物和菌类540种,分为米谷、菜、果、禽、兽、鱼、虫、五味等8门。除名称外,还记载了每种动植物的性状、性味、烹煮方法和药用价值,间附处方,是按照本草学体例而专记可供食用的动植物和菌类的系统著作。因具有广泛的实用价值,对后世影响较大,明人李时珍在其《本草纲目》中,根据本草学的标准对该书所记火麻、豆腐、香蕈、天花菜、石耳、银杏、西瓜、山羊等8种动植物和菌类予以摘引。

3. 朱橚《救荒本草》

朱橚(1360—1425),字诚斋,原籍濠州(今安徽凤阳县),明太祖朱元璋的第五子,封周王。据明史记载,朱橚好学多才,素有大志,政治上也比较开明,在藩地开封执行恢复农业经济政策,兴修水利,减租减税,发放种子。由于他在争夺帝位斗争中屡遭失利,促使他专心于学术。他擅长诗词,撰有《元宫词》百章。他热爱科学,青年时代对医学就很有兴趣,曾组织人撰写《保生余录》方书两卷,另有《袖珍方》4卷、《普济方》168卷。

在植物学上,他以《救荒本草》一书做出了杰出贡献。明政权建立后,赋税繁重,灾害频繁,劳动人民生活很苦,荒年时不得不以野菜、草根、树皮果腹。人们在长期食用野生植物的过程中,积累了不少经验,但也有误食有毒植物而中毒的。在这种情况下,朱橚广搜典籍,博采民间各种可食植物,查明它们的分布和生长环境,然后将400多种植物"植于一圃",亲自栽种试验,开创了"实验生物园"的先河。美国科学史家萨顿在谈到中世纪植物园时说:"杰出的成就产生在中国"。朱橚正是有了这种研究植物的条件,才能不断地选择"滋长成熟"的植物,命画工绘图,再用简洁、准确的语言描述说明,编成图谱式的野生植物著作《救荒本草》2卷,于永乐四年(1406)刊行。该书共收集草类、木类、米谷类、果类、菜类植物414种,较前人的本草新增276种。在此之前,我国本草以医药为主,兼及服食。专为救灾目的写成的本草专著,此书是第一部。《救荒本草》开创了明清研究野生食用植物的风气,明代安徽鲍山的《野菜博寻》、汪颖的《食物本草》等著作就是这一风气的产物。《救荒本草》后传到国外,被国际学术界公认为15世纪初期植物学界调查研究的最忠实的科学记录。

4.《亳州牡丹史》与《评亳州牡丹》

明代时期,安徽亳州成为全国牡丹栽培中心。牡丹是我国古代特种观赏花卉,原为野生植物,汉魏时已作药用。隋炀帝在洛阳营造西苑时,易州(今河北易县)应诏进贡了18个牡丹品种,可见人工栽培牡丹的历史应在此前。唐代牡丹盛极一时,身价百倍,被誉为国色天香。至宋代,牡丹栽培中心从长安东移洛阳。至明朝,牡丹栽培中心转移到了安徽亳州。当时亳州牡丹甲天下,居民嗜花成习,"一岁中鲜不以花为事",四郊私人园圃多至20余处,每至春暮,名园古刹,灿然若锦。这些都为观察研究牡丹提供了极为有利的条件,因此出现了一批牡丹专著。现存的明代牡丹专著有薛凤翔的《亳州牡丹史》、夏之臣的《评亳州牡丹》等。

薛凤翔(生卒年不详),字公仪,亳州人,生活于明后期,曾任鸿胪寺少卿。薛家在城郊有常乐园、南园。薛凤翔退隐后,广植牡丹,并于万历年间著成《亳州牡丹史》。《亳州牡丹史》共4卷,作者汇集了关于牡丹的诗赋及轶闻,总结栽培管理技术,且对276种牡丹进行了分类,细致而又形象地描述了152个品种的性状和颜色,引人入胜,确是"每一展阅,不绘而色态宛然,不圃而品伦错植,虽赤暑玄霜,群芳凋后,亦复香气袭人,不春而春也"。今天,《亳州牡丹史》无论是资料价值,还是对栽培牡丹的参考作用,都是十分重要的,1983年安徽人民出版社重新点注出版,取名《牡丹史》。

夏之臣(生卒年不详),字一无,明代直隶亳州人,万历十一年进士,官至湖广监察御史,因故获罪后,灰心仕途,返家以花木自娱。他的南里园是亳州三大牡丹名园之一,广袤十余亩。自正德至万历年间的一个世纪中,亳州牡丹品种变化多端,层出不穷,"奇奇怪怪,变变化化,故者新,新者又故",品种多达247个。在此背景下,夏之臣写成《评亳州牡丹》。《评亳州牡丹》一文虽不足400字,却对亳州牡丹的种类和变种的繁盛进行了卓越的理论探讨,总结出两条原因:"牡丹其种类异者,其种子之忽变也;其种类繁者,其栽接之捷径者也,此其所以盛也。"这就是说,种类之所以各不相同,主要是由于种子忽然变异(突变),而栽培和嫁接则是获得种类繁盛的捷径。这是很有科学道理的,这一植物进化思想在生物学史上闪烁着灿烂的光辉。夏之臣的理论虽然不如19世纪中叶到20世纪初的达尔文、卡尔托斯基和戴·弗里斯的突变理论那样系统和缜密,但他作为近代科学初创阶段进化思想的杰出代表和现代突变学说的先驱者却是当之无愧的。

5.《齐民四术》与《农书述要》

包世臣(1775—1855),字慎伯,安徽泾县人,著名的思想家、文学家、书法家。他学识广博,对农政、河工、漕运、水利、财经、货币、军事、法律等,都曾提出过一些有进步作用的方案,他的主要著作均收录于《安吴四种》中。《齐民四术》

共12卷,占《安吴四种》36卷的1/3,"四术"指农、礼、刑、兵。据作者自称,他自幼亲历过农事,后来奔走四方,留心政事,认识到"治平之枢在郡县,而郡县之治首农桑",因此将"农政"篇列入"齐民四术"之首,该篇约作于嘉庆六年(1801年)。在"农政"篇中分列辨谷、任土、养种、作力、蚕桑、树植、畜牧7节,主要是总结古代以来的农家学说,再结合当时的生产实践,著成此篇,文字通俗易懂,颇为实用。如"辨谷"中对稻、麦、黍、玉黍、豆类等10多种粮食作物的异名、生长期、种植条件、食用、药用价值等,均有记述。"农政"篇在新中国成立后曾由农业出版社以《郡县家政》为书名排印出版。

《农书述要》作者江志伊(1859—1929),安徽旌德县人,光绪戊戌年间进士,官至翰林院编修,出任贵州思南府知府,曾创办农事试验场,颇有成绩。《农书述要》的内容包括种棉法、种苧法、种菸法、种蔗法等16类农作物的种植方法,另外还列有种稻、麦、豆等25个篇目,并注明"续印嗣出"。从已出版的16种来看,《农书述要》不但辑录了中国古农书中许多资料,而且介绍了大量的国外有关的新方法,是一部集古今中外有关农学著作的百科全书式著作。

二、手工业科技成就

(一)矿冶

1. 古老悠久的青铜冶炼及冶铁历史

我国古代矿冶业中,以青铜冶炼的历史最为悠久。安徽淮河南北的许多地区以及江南的铜陵、贵池、宣城、繁昌、南陵、青阳、郎溪、屯溪等地,出土了大量商周时期的青铜器,其中包括不少工艺精湛、造型优美、纹饰富丽的珍品,在灿烂辉煌的商周青铜文化中,闪耀着夺目的光彩。

1978年,考古工作者在含山县仙踪镇大城墩古文化遗址发掘出炼铜用的坩埚一只,在此遗址附近还发现有铜矿石、铜矿碴。据专家们推测,这个古文化遗址的上限可能属夏代中期或商代早期。近些年,考古学者在合肥三官庙遗址发现二里头文化时期青铜器18件,精美程度超过洛阳二里头遗址出土的同类器,说明夏朝已经在江淮地区开发铜矿、冶铸铜器。安徽出土的商代青铜器很多,有鼎、簋、尊、罍、爵、觚、卣、壶等礼器和生活用具,戈、镞等兵器,少量的镰、锛、锯等生产工具。器物造型生动逼真,纹饰瑰丽浑厚,技术上已开始使用两次铸造、多块范组合成型铸造、支钉等方法。西周时期的青铜器,在安徽的许多地区都有发现,并具有明显的地方风格。这种情况,很可能与西周时期除战争外,地区之间互相接触较少有关。

春秋战国时期,安徽青铜器的铸造、纹饰技术进步更是突出。在铸造技术上，不仅过去使用的浑铸、分铸的方法有了进一步的发展，而且出现了新的焊接技术。寿县，作为春秋时期蔡国国都附近的通都大邑，和战国末年楚国的国都，新中国成立前后这里出土了大量文物。其中，寿县朱家集楚王墓出土名为"铸客鼎"的大鼎，造型优美，纹饰繁丽，通高113厘米，口径93厘米，重400多公斤，仅次于河南安阳出土的著名的后母戊鼎，堪称楚国重器。这一重鼎的铸造就表明了当时安徽浑铸技术的发展。寿县蔡昭侯墓出土的青铜莲瓣方壶，也表现出很高的技术水平。安徽的青铜及其制品，被中原王朝称为"南金"，享有很高的声誉，是重要的贡品，《禹贡》《诗经》及青铜器铭文都讲到江淮所产青铜输入中原之事。

安徽何时开始冶铁铸器，因资料所限，尚难作出明确的界定。根据现有考古发掘材料，只能说战国时代江淮间已相当普遍地使用铁器。在灵璧县城关七里乡，曾出土战国时期的铁犁两件，犁铧呈"V"形，前锐后阔，外侧为刃，锐端起脊，套在木制犁床上使用，构造虽比较原始，但已具备后来铁犁铧的基本形态。1933年，寿县楚王墓出土了铁镬、铁弩矢等器物；另，此墓封土下的墓口，亦系生铁浇灌掩盖。这也是当时安徽冶铁业已经有重要发展的明证，因为不可能从寿春以外的地方炼铁汁到此地来浇铸。

2. 丹阳铜

汉代是皖南铜矿开采、冶铸的一个高峰期。安徽的皖南地区铜矿蕴藏量丰富，先秦时就已开始采炼，产铜区主要集中在今南陵、繁昌、铜陵、泾县、贵池、当涂诸县，铜矿规模之大、数量之多，为国内罕见。这些铜产地在汉代多属丹阳郡，所产铜冠以"丹阳铜"闻名全国。汉政府将全国唯一的管理冶铜的官方机构"铜官"设在丹阳郡。"丹阳铜"是原材料，其加工产品一为铜币，一为铜镜。丹阳铜镜在汉代甚为有名，早在西汉前期，皖南的工匠们就已掌握了铜镜的抛光技术，成书于西汉前期的《淮南子》记录了这一工艺过程：铜镜铸就后，抹上锡汞剂，再用白毡布在镜面上反复研磨，直至达到平整光亮、纤毫毕现的程度。这种抛光技术一直沿用到近代。丹阳铜镜行销全国，在各地出土的铜镜中，多次发现其上有"汉有善铜（或嘉铜）出丹阳"之类的赞誉字句。

3. 冶铸中心梅根冶

魏晋南北朝时期，皖南的手工业仍在继续发展。多数手工业散布在乡间，或主要为农村服务，或仅作为家庭副业。除在宛陵（今宣城市区）、姑孰（今当涂县）等城市中有相对集中的手工业外，梅根冶（在今贵池）在当时皖南也是全国最大的冶铸中心之一。自东晋开始，梅根冶已是江南两大冶铸中心之一。它依靠铜官山（在今铜陵市）供应其丰富的铜原料，冶铸各种铜器，最重要的产品是铜钱，所以，时人称它"钱溪"，东晋陶渊明就写过《经钱溪》的诗。梅根冶兼冶铁，其产品多为民间的生活用具与生产工具，大的如鼎锅，小的如镰刀、锄头。它还为政府生产兵器。梅根冶在东晋南朝以来的600多年中，几乎炉火长明，兴盛不衰。

4. 煤炭开采

迄北宋，安徽铜矿资源由于大量开采，已所剩无几，见于文献者，仅铜陵的铜矿尚继续维持，但产量不高，铜陵此地反而以产矾著名。但安徽地域仍然以矿产资源丰富著称，尤其是铜、铅、锡、铁等俱全，所以宋代曾在池州、舒州、和州设铸钱官。此时，新的资源——煤炭，已被越来越广泛地开采和利用。据考证，早在唐代，黟县的煤已为人们发现，北宋初期，淮北市及萧县一带已正式采煤炼铁、烧瓷。

明清时期是我国煤炭开发利用明显发展的阶段，安徽此时煤炭开采更加普遍，除萧县白土镇继续采煤外，淮南洛河山、宿州符离集一带、含山县牛头山、池州馒头山以及宣城等地均有煤炭开采。

5. 芜湖钢铁

芜湖炼钢业在明代初年迅速恢复和发展，异军突起，从明中叶到清中叶，前后兴盛200余年，直到鸦片战争洋钢进口，芜钢才逐步退出历史舞台。芜湖钢铁生产历史悠久，在南宋时期就有濮氏在芜湖冶铁、炼钢，使芜湖钢铁生产逐渐发展起来。到了元代，因统治者严禁民间使用铁器，濮氏炼钢制器业被迫停止，子孙大都就地务农，但炼钢制器的技术仍旧秘密家传未断。以濮氏钢坊为代表的芜湖冶铁，其产品质量好，产量大，运销江、浙、山西等省，享誉数百年。以芜钢为原材料打制出来的剪刀、菜刀、剃刀和错刀，合称"芜湖四刀"，是闻名全国的安徽手工特产，其中又以剪刀最为著名。

(二) 制瓷

安徽是原始青瓷的故乡之一。制陶业是一门古老的手工业，经过漫长的发展，到了商代，安徽人民已能烧制原始瓷器。1972年，考古工作者在来安邓丘山商代遗址出土的罐残片，釉为青黄色；肥西县大墩出土的豆残片，釉为青绿色。它们的胎体均为未经淘洗的瓷土，都是用还原法烧成，温度约在1200摄氏度以上，色泽纯正，质地坚硬，吸水率低，已经具备了瓷器的基本特点。

魏晋南北朝时期，历史上最早出现的青瓷烧制技术已经达到成熟阶段，这一时期的瓷器，在安徽的长江南北地区都有发现。唐朝制瓷技术，已经进入由陶到瓷的完成阶段。陆羽《茶经》列举当时著名的制瓷地区，其中就有寿州。他说："寿州瓷黄，茶色紫。"寿州窑烧制的茶具是全国六大瓷窑名产之一。新中国成立后，考古工作者在唐寿州辖区内发现多处古窑遗址，收集到许多器物和碎片，说明寿州窑分布很广，规模很大，制作技术有了明显提高。至于《茶经》失载的萧县白土镇，唐中叶以后，也发展为重要的制瓷地区。

安徽制瓷业于五代至北宋时步入鼎盛时期，表现为生产规模大、地理分布广的特点。最为著名的是萧县白土窑。白土镇瓷器生产规模较大，窑户很多，白、黄器各有总首。白土窑以烧制白瓷为主，有刻花和剔花，质量仅次于定州窑的产品；早期的黄瓷形制及工艺与寿州窑基本相同。宣州窑情况，《元丰九域志》宣城县下有镇名"符里窑"，史载，符里窑于宋熙宁十年上交商税 1408 贯 612 文、盐税 802 贯 527 文，相当于江淮间小县上交之数，人稠业盛，其瓷器烧制场所似比白土镇规模还大。北宋晚期，安徽黑釉瓷器的生产迅速发展起来，皖西霍山地区下符桥窑、太湖刘羊窑及皖中地区庐江的果树窑专制黑釉器，专家考定为典型的北宋中晚期窑。在皖南地区绩溪县的霞间窑、瑶头窑及窑岭堆积中也发现了大量的黑釉瓷器。这些窑址的产品质量精湛，瓷釉莹润明亮，清澈淡雅，造型别致，纹饰优美，并具有浓厚的地方色彩，反映安徽古代陶瓷匠人精美娴熟的工艺技巧。

(三) 纺织

安徽纺织业历史悠久，《禹贡》载，徐州贡品有"玄纤缟"，扬州贡品有"织贝"，豫州贡品有"𫄨、纻"，这说明分属徐、扬、豫 3 州的安徽地区，自古以来就以纺织著名。1959 年，舒城县龙舒公社春秋墓出土的青铜器，表面黏附着很多绢、布残迹。绢为平纹组织，缕细均匀，且有光泽，每平方厘米内经线 25 缕，纬线 17 缕。麻布每缕粗细不匀，无光泽，其组织有粗细两种，粗的每平方厘米内经纬线各 17 缕，细的各 24 缕。细布经纬的缕数，几乎与现在的棉布相等，反映了当时纺织技术的较高水平。

唐代，安徽私营纺织业有显著发展。据《新唐书·地理志》所列各州贡品：颍州丝、绵，濠州绌、绵、丝布，亳宿 2 州绢，滁州赀布、丝布、纻、练、麻，和州纻布，寿州丝布、绌，庐州花纱、交棱丝布，舒州纻布，宣州绮、白纻、丝头红毯，等等。可见安徽诸州都有好的纺织品，而以沿江江南尤多。据陆游《老学庵笔记》说，亳州出轻纱，入手似无重量，裁作衣服，看去像披轻雾。而宣州所出的红线毯，白居易作《红线毯篇》说："太原毯涩毳缕硬，蜀都褥薄锦花冷。不如此毯温且柔，年年十月来宣州。"

由于纺织的普遍发达，原料的生产也随之发达。唐太宗时，滁、濠、庐、楚等州都采用野蚕茧。野蚕被利用，又是纺织业的一个进步。

明代皖南已成为重要纺织基地之一。永乐年间，在歙县设立了织造局，万历末年又在徽州、宁国、广德和常州、扬州等地,增造万匹绢帛绸缎,以供朝廷岁需。当时芜湖的浆染业最为著名,宋应星《天工开物》中即有"织造尚松江,浆染尚芜湖"之说。芜湖浆染业与松江棉纺织业、苏杭丝织业、铅山造纸业和景德镇的制瓷并称为全国"五大手工业区域"。明中叶以前,芜湖已有染坊十几家,但多是家庭手工作坊,本小利微,不具竞争力;嘉靖年间,徽州巨商阮弼来芜经营浆染业,以其雄厚资本购置高级织染设备、雇聘熟练技工,使芜湖浆染质量大大提高。其所染织物挺而不脆,平而不松,色彩鲜艳,经久不衰,芜湖浆染很快蜚声大江南北,所染布匹、丝绸备受众商家青睐,以至"五方争购"。

在纺织业发展过程中,也涌现了一些纺织技术专家。清代怀宁县的朱东海,不仅是一位织棉布的巧匠,又善于技术革新。他针对当时织布使用的"腰机"速度慢、劳动强度大的缺点,设计出一种新式织机,经反复试验获得成功,其功能超过当时上海青浦黄渡徐氏织布机。用朱东海设计的布机织出的布有"纱匀缕密,盛水不漏"之誉,人争购之,时人称其为"朱海布"。

三、天文学、数学成就

天文、历法与农业生产密切相关,历代受到统治者的重视,因而天文学一直是古代地位显赫、成就突出的学科。天文、历法的推算与研究,需要数学作为工具,而数学又因为天文、历法研究的推动而发展,二者在中国古代相互联系、相互促进。

(一)天文学

1. 桓谭与王蕃的天文学贡献

至东汉,安徽出现了两个堪与大天文学家张衡比肩的人物——桓谭和王蕃。

桓谭(约公元前23—公元50),字君山,沛国相(今安徽淮北市)人,东汉著名哲学家、天文学家,著《新论》29篇,已亡佚,清人有辑本。在桓谭生活的两汉之际,正是"天人感应"和谶纬之说盛行泛滥的时候,他多次上疏激烈反对崇尚谶纬,并以大无畏的精神,当面向提倡谶纬的光武帝刘秀,"极言谶之非经",被刘秀加上"非圣无法"的罪名,险遭杀害,后被贬为六安郡丞,时已年逾古稀,病死于赴任途中。

桓谭之所以能够坚定地同谶纬迷信思想作斗争,主要在于他继承了先秦以来唯物主义思想的优良传统,而且他重视医学,研究过天文学,因而他能以当时先进的自然科学知识为依据,对唯心主义展开斗争。在天文学上,他先于张衡倡导"浑天学说",是一位著名的浑天学家。他曾和主张盖天说的扬雄展开辩论,以生活中的实际事例,说服扬雄接受了浑天学说。在桓谭的影响下,扬雄也成为坚定的浑天学家,提出"难盖天八事",批驳盖天说,给盖天说以沉重打击,对浑天说完全取代盖天说起到了积极的作用。

王蕃(228—266),字永元,三国时庐江(今安徽庐江西南)人。他博览多闻,通晓天文、数学,也是我国天文学史上著名的浑天家之一,但他对这一理论又有所增益、补充。他撰写的《浑天象说》,对前人关于浑天说的观点进行了一次综合,比较完整地说明了浑天说的理论,增加了对日月星辰的位置及其运行的论说。在讨论天球半径时,王蕃坚持"天体圆如弹丸、地处天之半"的浑天观点,用"句股法"(亦作"勾股法")算出一个比三国时吴国浑天学家陆绩更为精准的数值。尽管我们现在认为宇宙是无限的,将宇宙视为一定大小的固定球体并计算其半径是错误的,但王蕃及其之前的杰出天文学家为达到科学认知所做出的努力,仍值得我们赞赏。后来南朝刘宋时著名的天文学家何承天说:"径天之数,蕃说近之",肯定了王蕃对天球直径的计算更合理。继东汉大天文学家张衡和陆绩等人之后,王蕃也制定了测定天体的浑天仪,在周天分度和圆周率数值上,王蕃采用的数据都更为精确。

王蕃在天文学上的另一贡献是大大提高了测定黄赤交角的精确性推算。根据他的观测和推算,"黄赤二道相与交错,其间相去二十四度",这一结论与现代理论推算出的数据,其误差仅为−34″.9,在我国古代天文学史上,首次把黄赤交角测定的误差降至 1 分以下,大大提高了这个基本数据的精确性。丹麦天文学家第谷在 1596 年即王蕃去世 1300 年后,测定的黄赤交角数据误差仍然接近 2 分。由此可见王蕃对黄赤交角的精确测定多么难能可贵!

2. 天文仪器制作家耿询

隋唐宋元时期,安徽从事天文、数学研究的学者有耿询、卫朴、沈立等人,他们的相关研究、著述及仪器制作技艺,为后来相关科技的发展,作了重要的知识积累和储备。

耿询(？—618),字敦信,丹阳(今当涂县小丹阳)人,是中国天文学史上一位十分著名的天文仪器制作家。他所制作的浑天仪以水力推动和操纵,"不假人力"即可运动,用以演示天象变化时非常精确,据说达到"合如符契"的效果。除此之外,他还制作过几种重要的计时仪器。其一就是所谓的"秤漏",由于这种"秤漏"的灵敏度很高,使用也比较方便,所以在唐宋时期非常流行。耿询制作这架"秤漏"的目的,是为了"以充行从",满足皇帝出巡时的计时需要。

耿询制作的另一种计时仪器是所谓的"马上漏刻",也是为满足皇帝出巡时的计时所需,用以"从行辨时刻"的。其结构可能受到李兰(北魏道士,因发明计时器秤漏和马上漏刻而名留史册)的一种叫做"马上奔驰行漏"的计时器的影响,其最大特点是可以在运动中计时。据《初学记》记载,"李兰漏刻法曰:玉壶、玉管、流珠,马上奔驰行漏。流珠者,水银之别名。"据此,包括李约瑟在内的许多科学史家都试图对"马上漏刻"的结构进行考证和复原,并提出了多种推测。例如,李约瑟认为,"马上刻漏"是一种计量短时间间隔的刻漏,原理和结构与上述秤漏基本相同,只不过体积较小,便于携带,而且可以用水银代替水作为工作物质。

耿询还制作了一种计时器,叫做"候影分箭上水方器",被安置在隋朝东都的乾阳殿前。可惜,这架仪器的结构史书无考,从名称看来,应是一种把日晷和漏刻结合起来的计时器。除此之外,耿询为炀帝所造的"欹器"实际上也是一架计时器,是根据重心平衡原理制成的一种特殊容器。耿询一生大部分时间处在动荡和逆境中,但却能不断钻研,发明制造了如此众多的仪器和器物,这是十分可贵的。

3. "历算第一名家"梅文鼎

元代郭守敬编制《授时历》之后,中国天文学的发展便进入了一个相对平缓的阶段,不再像唐、宋时期那样改历频仍,新历层出。而恰恰从明朝开始,安徽在中国天文学舞台上的地位却变得日渐重要。据不完全统计,整个明朝期间,因研究天文学而留下事迹记载的安徽学者已达 26 人,其中,至少有 9 人曾在明代官方天文机构钦天监中任职,有的还担任了钦天监监正等要职。到了清代,安徽一跃成为全国最重要的天文学研究中心之一,共出现了 61 位以研究天文历法而名留史册的学者,在中国科技史上写下了极为光辉的篇章。而在清代中国科技史上,安徽宣城的梅氏家庭可谓赫赫有名,该家族共有四代人曾致力于天文历算的研究,出了五位知名的天算学家,梅文鼎就是这个天算世家的最杰出人物。江永称其为清代"历算第一名家",梁启超说他是清代天文算学的"开山之祖"。

梅文鼎(1633—1721)一生活了 89 岁,著书 88 种之多,其中绝大多数是天文、历法和数学著作。梅文鼎历法著作大致可以分为五类:其一,对中国古代历法的考证、补订和研究;其二,对西洋新法的疏解,并融会中西;其三,回答别人的疑问和授课的讲稿;其四,天文仪器的考察和说明;其五,著述方志中的天文部分。

梅文鼎对天文学的贡献是多方面的,仅解释《授时历》《大统历》中未载的计算原理、校补一些计算用表,就给后人阅读原历本带来很大便利。如平立定三差法及弧矢割圆术等,就是由于梅文鼎等人的阐发才使后人得以明其真谛的。梅文鼎还对当时已经传入中国的西方天文学知识进行了广泛和深入的研究,撰述多部著作,并参照中西星表,绘制了较为完备的星图。他会通中西天文学方面已有成果,将托勒密的星表、《崇祯历书》的星表、巴耶的星表以及《天文实用》《天学会通》等记录进行系统整理,统一名称,增益补订,绘制出新的星图,对研究我国关于恒星的发展有很大帮助。他还创制了月道仪等天文仪器。

梅文鼎的历算成就,在当时就闻名于国内,包括大学士李光地在内的许多文人、学者,都向梅文鼎学习、请教历算知识。当时康熙帝正留心天算人才,康熙四十四年,梅文鼎以 73 岁高龄得到南巡中的康熙帝的召见,两人讨论历算达三日之久,临别获赐"绩学参微"四字,后梅文鼎之孙梅珏成受召入京为御前天算家。可见时人对梅氏之学的推崇与褒奖。

(二)数学

1. 程大位《算法统宗》

明清时期商品经济的繁荣,促进了商业数学的发展,尤其徽商对数学的重视,更是促进了应用商业数学的发展和普及。歙县人汪道昆说,他们重视《九章算术》等古代数学书就像文士重视儒家经典一样。徽商编了不少应用商业数学书籍,如《铜陵算法》《算林拔萃》《庸章算法》《算法纂要》等,其中影响最大的是程大位的《算法统宗》。

程大位(1533—1606),休宁县人,是明代数学家中"最引人注目"的人。他出身小商人家庭,少年即留心数学,经商往来于鄂赣,遍访各地算学名师。年老回家乡休宁率口,潜心研究,撰述《算法统宗》17 卷,于万历二十年(1592)刊行。该书是以算盘为计算工具的数学书。程大位在书中将珠算的加、减、乘、除、开方运算的口诀系统化、完整化,使珠算成为一种完全成熟的计算方法。程大位编的口诀通俗上口,所举算例来自民间,所以很快得到推广。《算法统宗》出版后,各地书坊不断翻刻,明末至清一直风行全国,凡操算盘者人手一册。《算法统宗》的问世,推动珠算大普及,使珠算在民间几乎完全代替了筹算。其后一些重要的数学著作,如明末意大利传教士利玛窦和李之藻合编的《同文算指》,及清初方中通所编《数度衍》,都或参考或辑录《算法统宗》的内容。《算法统宗》在明代还传入朝鲜、日本,带动中国珠算走向世界。

2. 梅文鼎的数学成就及安徽数学学派

中国古代天文、历法家,大都兼通数学,而统称之为历算家或"畴人"。梅文鼎身为清初著名的历算大家,对清代数学的贡献也很大。梅文鼎数学著作据记载有 26 种,从种数来说不如其天文、历法著作多,但其卷数和篇幅却有所超出,其内容遍及初等数学的各个门类——算术、代数、几何、三角和球面三角等。

相对于梅文鼎的数学成就,他对待当时中、西方数学发展状况的态度,尤应受到人们的重视。梅文鼎所处的时代,中国传统数学衰落,古代数学名著大都散佚，人们对于古代数学精华往往不得其理而强为其解，以致谬误流传而古法不复可用；同时，西方传教士乘机居奇，炫耀其掌握的数学知识，大有取代中算之势。导致当时中国习天算者，或不加分析就全盘接受西学，甚至鄙薄我国古代数学，或株守旧闻，对西方传入的天文数学，不分其精华与糟粕，一概反对。对此，梅文鼎既不盲目追随旧派，又不赞同鄙薄古人的新派，而且对传教士来华目的保持警惕，在学术研究上主张科学研究应不分中西。首先他努力研究中国古算，使几成"绝学"的中国古代数学精华重现于世；同时，他在学习西方先进的数学知识时，十分注意消化吸收，努力从中算中找出依据，用中算有关知识来加以论证和说明，并吸收西方数学中的逻辑推理方法用于数学研究，力求中西会通，使外来数学中国化。梅文鼎将他的 26 种数学著作总其名为《中西算学通》，充分表达了他会通中西数学的思想。

在对数学本身的认识上，梅文鼎的思想有两点值得今人注意：一是他认为数学来源于实践，即其所谓"数学者征之于实"；二是把数学分为形与数两大门类。无疑这些数学思想是唯物主义的，是进步的、正确的，和后来恩格斯的观点——数学是研究现实世界的空间形式和数量关系的科学——相暗合。今天，梅文鼎及其数学著作，越来越受到国内外学者重视，并引起包括日本、法国等国学者的浓厚研究兴趣。

在梅文鼎的带动和影响下，清代安徽出现了一批数学名家，如梅珏成、戴震、汪莱等，形成了一个人数众多、成就辉煌的数学学派。关于安徽数学学派在中国数学史上的地位，有当代学者曾给予高度评价："在 17—18 世纪我国数学的研究中，主要为安徽学派所掌握，而梅氏祖孙为中坚部分。"清代安徽数学发展的历史表明，当时安徽确已形成了一个学术成就颇为突出的数学学派。这一学派的特点是：既有科学界公认的杰出代表人物，又有自己的具有显著特色的学术思想，而且还以其学术活动对当时及后世数学的进步和发展产生了较大影响。

从学术思想上看，安徽数学学派有两个显著特点：一是"熔冶中西"，把西方传入的数学与中国传统的古算结合起来研究，力求二者"会通"；二是把中算研究和考据学结合起来，用考据的方法，大力发掘、整理和阐发中算精华。

从学术影响上看，安徽数学学派首先是梅文鼎的数学著述和思想，对整个清代数学研究起了主导作用。清代康熙以下，凡研究数学天文者，大都是梅文鼎的直接或间接的学生，或是受其影响而攻天算之学的。

安徽数学学派活跃了一个半世纪之久，其历史功绩，可总结为五方面：一是振兴了中算研究；二是开创了中、西算学相结合，进行比较研究的正确方向；三是编著了大量数学专著；四是通过授徒、传业，将数学、天算知识播向全国；五是把考据学的方法引入中算研究领域,在数学研究中创立了科学归纳的研究方法。诚然,由于种种历史条件的限制,中国数学研究未能与西方数学齐头并进,作为代表这一时期中国数学最高成就的安徽数学学派,也是不无遗憾的。

四、医学、物理学成就

(一) 医学

1. 名医华佗

安徽医学的历史是很悠久的。东汉时,安徽有名可考的医家有丹阳人沈建、汝南人费长房,沛国谯人华佗及其弟子李当之、吴普、樊阿等。成就最大者,当推华佗。

华佗(约145—208),名旉,字元化,东汉末年沛国谯(今安徽亳州)人。据《三国志》和《后汉书》本传记载,华佗"兼通数经,晓养生之术",沛相陈珪曾举他为孝廉,太尉黄琬亦曾"征辟"他去做官,可是他薄于功名利禄,都拒绝了,而立志"以医济民",其行医足迹遍及今江苏、山东、安徽、河南一带,深受人民爱戴。后来曹操请他治病,强迫侍医,他拒不顺从,最后竟遭杀害。他所治疾病,以今天医学知识看来,涉及内科、外科、妇产科、小儿科和眼科等。

华佗擅长针灸,精于方药,针灸选穴少而疗效高,创用了至今临床仍在应用的"华佗夹脊穴"。但他在医学上最突出的成就,还是他精湛的外科手术和麻沸散的发明,后者比西欧发明的麻醉剂"哥罗方"要早1000多年,是世界外科麻醉史上的创举,后传到日本、朝鲜、摩洛哥等国。华佗还提倡用体育锻炼的方法防治疾病,吸取先秦以来导引术的精华,模仿虎、鹿、熊、猿、鸟的动作姿态,创"五禽之戏",是我国医疗体育史上的创举。在医学著述和医学教育上,华佗也有自己的贡献,所培养的弟子有"行佗之传,尤为精工"者。其原著大多散佚,但有一部分还保存在《本草纲目》等医籍中,为后人所学习和传诵。今天,亳州、徐州一带还保留着纪念他的"华祖庙""华祖阁"等,表达着人们对于这位大医家的崇敬之情。

2. 新安医学

明清两代是安徽古代医学史上的鼎盛时期,医学人才济济,医著宏富,医学理论和临床各科都有诸多发明,为丰富和发展中医学做出了重要贡献。尤其是新安医学在全国独树一帜,令人瞩目。

就医学人才而言,明清时期安徽民间医学教育十分发达,学医风气甚浓,以致许多儒生因考场失利或其他原因,纷纷弃儒习医,安徽明清时期医学名流在《古今图书集成·医部全录》中所列的就有140多位,占全国同期名医总数的六分之一,而其中新安医家又居全省之冠。他们或世代行医于乡里、异地,或应试入朝为医官,也有一些人虽不以医名,却能"拈草活人",或撰有医著,如方以智、汪绂、戴震、俞正燮等。其中不少医家在全国颇有影响,如汪机、孙一奎、汪昂、吴谦,等等。

就医学著作而言,初步统计明清两代安徽医著约六百多种,约占清以前安徽医籍总数87.7%,新安一隅约四百余种,亦居全省之首。其内容涉及医学理论、临床实践、方书、本草、医案、丛书等各个方面,从通论到分科,从普及到提高,几乎应有尽有。其中吴昆的《医方考》是现存第一部注释医方专著,江昇的《医学类聚》则是第一部总结历代医案的专著。而徐春甫的《古今医统大全》和吴谦等著《医宗金鉴》还被有关学者列为我国十大古医著之列。另外,吴勉学汇刻的《古今医统正脉全书》四十四种、《痘疹大全八种》,顺琯辑刊的《薛氏医案二十四种》等,都是大型医学丛书。这些书籍对汇集和保存古代重要医学文献、促进祖国医学发展做出了重要贡献,在中国医学史上留下了光辉的一页。

新安医家们已形成系统的医药学知识,实践中重视调养脾胃、肝肾与气血,用药平正中和,形成了独树一帜的流派。对于中国独特的传染病学——"温病学",新安医家如汪机、叶桂、郑康宸等人也曾做出过杰出的贡献。对于古代一种流传极广的传染病——天花,我国医家曾探索用种痘的方式来预防,而人痘接种法的发明,据典籍记载于16世纪中叶发明于宁国府太平县。接种人痘的具体方法,在歙县吴谦主编的《医宗金鉴》中作了详细记述。人痘接种法发明后,于清初风行全国,后来还传到俄罗斯、土耳其、日本、朝鲜等国。

(二)物理学

至明清两代,随着安徽科技的空前繁荣,物理学领域随之出现著名学者及重要成就,较突出的是朱载堉和他的十二平均律,方以智撰述《物理小识》,以及郑复光《镜镜诗痴》。

1. 朱载堉和十二平均律

朱载堉(1536—1611),祖籍安徽凤阳,为明皇室子孙,其父朱厚烷是明仁宗朱高炽第五代孙。他自幼爱好音律、数学,专心攻读,一生著书立说,主要著作有《乐律全书》《律吕正论》《律吕质疑解惑》《嘉量算经》等,这些著作涉及物理学、数学、天文学,以及音律、舞蹈等领域。

在物理学方面,朱载堉的最大贡献是他大胆而彻底地扬弃了千余年来的旧律制,创造了现今世界各国都在应用的十二平均律,这是我国声学史的一项杰出贡献。其所著《律吕精义》对这一律制进行了阐述,并在《嘉量算经》中详细记载了十二平均律的数学演算。总其要,朱载堉实质上是在八度音之间分成12个音程相等的半音,顺序组成 12 个等程律,又叫十二平均律,如此,可以用任何一律作为主音组成各调的音阶,而且它们全音的音程都是一样的。这在乐律研究史上是一次革命性的变革。相邻各律间的等程性,使新的乐律对任何曲调都能应用,转调自如,彻底解决了旋宫变调的问题,有利于曲调的创作和乐器的制造,有很高的实用价值。

十二平均律的发明又是声学知识和数学知识相结合的产物,朱载堉为找到计算十二平均律的数学方法,在世界上最早解答了已知等比数列的首项、末项、项数,和如何求解其他各项的方法;最早找到了不同进位制的小数换算法;最早运用珠算进行开方计算。他还发现了以管定律与以弦定律的不同,提出了一个系统的管口校正方法及其计算方式,精确地测定了水银的密度,研究并实验了完全八度和纯五度等的和声问题。在中国传统的律历和谐观念的影响下,他还研究了历法,精确地测定了回归年的长度值,测量了北京的地理纬度及其当时的地磁偏角等。

十二平均律的发明比法国音乐理论家梅尔塞恩于 1636 年发表的十二平均律要早 52 年。十二平均律传到欧洲以后,引起欧洲学界的惊讶和赞叹。19 世纪物理学家赫尔姆霍茨说:"在中国人中,据说有一个王子叫载堉的,他在旧派音乐家的大反对中,倡导七声音阶。把八度分成 12 个半音以及变调的方法,也是这个有天才和技巧的国家发明的。"英国科技史家李约瑟博士更把知识广博、多才多艺的朱载堉称为"文艺复兴时代的人",指出"第一个使平均律数学上公式化的荣誉确实应当归之于中国"。这是十分公允的。

2. 方以智《物理小识》

方以智(1611—1671),桐城浮山人,生于明朝末年,曾考取进士并任翰林院检讨,明亡后,对清廷采取不合作态度,一生过着颠沛流离的生活,一度易服为僧,晚年定居江西青原山,从事著述和讲学。主要著作有:《通雅》《物理小识》《东西均》《药地炮庄》《医学会通》《切韵源流》《诸子燔痏》和《浮山文集》前后编等。

方以智在自然科学上的成就,集中体现在他所著的《物理小识》中。该书内容十分广泛,内分天、历、风雷雨旸、地、占候、人身、医药、饮食、衣服、金石、器用、草木、鸟兽、鬼神方术、异事等 15 类,共 12 卷,是一部关于自然科学方面的百科全书式的著作。其中涉及的物理学知识,有光学、电学、磁学、声学、力学诸多方面。它不仅总结了我国古代许多科学成就,批判地吸收了当时西欧传入的科学知识,而且对其中不少问题提出了自己的独特见解,尤其是在光学方面的成就更是突出。

方以智认为,一切物皆气所为,光也是气的运动,并在此基础上提出"光肥影瘦"的概念。根据对光学的新认知,他批评当时西学测算日径的方法,指出当时传教士以圭角直线法测算太阳直径,由于没有考虑到日光常肥、地影自瘦的因素,所以测算结果总是大于太阳实际直径。所谓"光肥影瘦",就是光常溢于几何光学阴影范围,使光区扩大,阴影区缩小。这一现象颇类似于今天所说的衍射现象,而且与西方发现衍射现象在时间上大体相当,确实是难能可贵的。此外,对光的色散现象、海市蜃楼现象,方以智都有很深刻的认识。

在声学方面,方以智对声音的产生、传播、隔音、共振等都进行了研究。

当然,由于当时中国科学水平等历史条件的限制以及方以智本人的局限性,《物理小识》中也有一些形而上学和迷信的记述,但与其科学成就相比是次要的。所以《四库全书总目》称其"考证奥博,明代罕与伦比。"日本学者认为这部书是"当奈端(牛顿)之前,中国诚可以自豪的"著作。

3. 郑复光《镜镜诒痴》

郑复光(1780—约 1853),歙县人,生活于清朝末年,他是近代中国第一个取得巨大成就的光学家,也是安徽第一个受中西学双重影响、架构起中国传统科技通向西方近代科技桥梁的著名学者。他一生淡于功名追逐,专心于科技研究,为此,博览群书,贯通中西,善于从前人的科技成果中汲取营养,在很多方面均有所成就,最杰出的贡献则是光学成就。

1835 年,郑复光写成《镜镜诒痴》一书,1846 年出版。全书共分 5 卷,约 7 万字,分为明原、类镜、释圆、述作 4 部分,每一部分又包括若干篇。"明原"专门论述他自己所概括的一些几何光学基本概念,正确阐述了光的直进、光的独立传播和光的反射 3 条基本定律。"类镜"主要探讨了各种制镜材料的光学性质与质量标准,有色镜的不同用途,平面镜及几种透明柱体的光学特性,其中包括对折射现象的大量描述。"释圆"分别讨论了透镜成像的总规律,凸透镜与凹透镜的成像特点,决定透镜特性的基本光学量的参数。"述作"则收录了 17 种光学器械,主要有照字镜、三棱镜、柱镜、万花铜镜、透光镜、视日镜、测日食镜、测量高远仪镜及望远镜等,并对其制作及保养技术进行了阐述。

《镜镜诒痴》在许多方面都有所发明:在研究透明柱体时,发现了全反射现象;在讨论发光体的光学性质时,使用了"光面"概念;提出和讨论了小孔成像的理论;至于光量参数的提出,更是当时光学研究的先进成果。《镜镜诒痴》是我国历史上第一部光学专著,它从理论和实践两方面总结了当时已有的各种光学知识,形成了一个融合中西的独特的光学体系。

第二节 安徽的教育文化

安徽教育历史的过程大致可分为三个阶段：宋以前，安徽出现两次教育发展的高峰，即两汉时期官学兴起和魏晋时期私学的兴办；宋代，为适应理学教育，书院兴起并形成书院教育制度，安徽产生全国最早的书院，至明清更是盛极一时，安徽成为书院教育最发达的省区；近代，安徽建立起各类新学堂，采用新式教育方法施教，在宣传科学文化知识、启迪民主自由、开通民智方面，近代安徽教育做出了巨大贡献，造就了一大批新型知识分子，为安徽各项近代事业的展开和安徽革命进步运动的开展，提供了前提条件。

在安徽教育发展过程中，涌现出一批皖籍教育思想家：老子、庄子、管子都有杰出的教育思想；魏晋嵇康在玄学发达的背景下也提出了教育新见；宋以后至近代，皖籍教育家更是出类拔萃，群星灿烂，相映生辉，前有戴震、程瑶田，近有陈独秀、胡适、陶行知，堪称中国教育思想史上的大家。

一、皖地教育活动

（一）尊儒兴学

皖北是老子和庄子的出生地，汉初及之前的很长时间里，老庄思想对淮河流域的影响非常深刻，在其影响下成长起来的皖地人物多属智术型，产生的学术著作也多系倾向道家学说的杂家，世俗民情尚轻巧，儒家思想在这里影响薄弱。汉初，统治者更是将黄老道家思想作为立国的指导思想，并在经济上采取与民休息政策，轻徭薄赋，以恢复、发展生产，为汉政权争取到了 60 多年的持续发展时间，从而出现了暂时的经济繁荣、政治稳定、国家统一的局面。汉武帝正是在这一基础上进行改革，以图进一步发展这种政治形势，巩固封建君主专制制度，建立长治久安的"大一统"社会秩序，于是儒学思想理论由于更加适应这一新的要求和局势，被推为国学，定为一尊，成为指导全国政治、思想、文化、教育的根本方针。由此，皖地尊儒兴学活动亦随之兴起。

首先，一些重视学校教育的官员、经师在皖地出现。西汉有何武重教扬州，东汉有李忠兴学丹阳。他们或重视教育，兴办郡国学校，为地方培养治理人才；或重视社会教化，教民破除陋风劣俗，推广生产技术知识等。这些在"独尊儒术"政策思想指导下的学校教育和社会教化活动,为安徽文化教育的发展奠定了初步基础。

在官学兴盛的背景下,汉代安徽地区的文化教育成果,以淮北最为显著。在《汉书·儒林传》中,有皖籍学者16人,其中淮北沛郡就有12人,江淮之间的九江郡3人,皖南的丹阳郡仅1人。而在沛郡的12人中,有4人属宗师级学者:高相,创立高氏《易》经学派;庆普,创《周礼》经中的庆氏学派;翟牧、邓彭祖分别把《易》经中孟氏学派、梁丘氏学派发扬光大。此外,薛广德精于《诗》经,施雠精于《易》经,闻人通精于三《礼》经,甘露三年(公元前51),三人皆以一代大儒身份参加汉宣帝主持的著名"石渠阁论经"的儒学盛会。

值得一提的是,皖人文翁(庐江郡人),在蜀郡做太守期间,由于办学成绩突出,受到汉武帝嘉奖,其郡办官学的经验被下令在全国推广,并由此,汉政府开始在全国各郡、各王国设立官办学校。

与官学相并行,汉代安徽民间私人教育亦得到开展,安徽淮北地区就出了两个著名的私人教育家桓荣和张酺。沛郡人桓荣(约公元前24—17),以欧阳学派的《尚书》经传家,王莽代汉时他辞官来到九江郡,以教授为业,门徒常有数百人,至东汉初年他应召入仕,其间共历30余年,教授了数以千计的学生。他的儿子桓郁、孙子桓焉都曾以教授为业,不但在安徽地区,还在长安及河南的颍川讲学,各有门徒数百人。张酺(?—104)是汝南郡细阳(在今太和)人,亦以《尚书》经传家,早年曾投桓荣门下求学,后来自己设帐讲学,门下常有学生数百人,因而声名远播,最后也被东汉政府征召为官。

(二)私学的兴起

魏晋南北朝是我国私学第二次大发展的时期。此时,社会动乱,官学衰废,而私学则由于政治离乱中相对宽松的学术思想环境,以及由于社会丧乱而出现众多疾时愤世、耿介正直而又有志教业之士的条件下,得到发展和勃兴,私人教育一度出现相对繁荣的局面,产生许多民间教育家。东晋庐江灊(今六安东北)人杜夷与南朝宋庐江灊人何尚之、南齐沛郡相(今濉溪西北)人刘瓛就是其中著名的几位。

杜夷(258—323),名儒、经师、学官。杜夷自小家境贫寒,性格恬淡,潜心读书十载足不出户,博览经籍百家之书,算历图纬靡不毕究。年四十余,始还居乡里,设学聚徒,生徒千人。杜夷一生,虽备受皇家尊崇与礼遇,朝廷屡欲拔擢,然夷始终安贫乐道、绝意仕途,只有很短时间任国子祭酒,之外二十余年均在乡梓教授私学,献身私学教育事业,对皖地乃至全国私学教育的发展,以及社会教化、人才培养等方面,都做出了重要贡献。

何尚之(382—460),官历丹阳郡尹、吏部尚书、国子祭酒等。何尚之任丹阳尹时,曾于南郭外立宅舍,置玄学,聚生徒,讲授和研究玄学。时有东海徐秀,庐江何昙、黄回,颍川荀子华,太原孙宗昌、王延秀,鲁郡孔惠宣等名流学者,并慕道来游,称为"南学"。可见当时追随何氏研习的学生遍布大江南北,并形成一个学派,其影响之大是可以想见的。其后,宋文帝于京师立玄学馆,令何尚之回京主持,专门研究和讲授老、庄之学。何尚之对玄学的研究和宣传及其立馆讲学,有助于打破儒家经学一统学校的地位,对后世教育产生了深刻而长远的影响。

刘瓛(生卒年不详),南朝宋、齐名儒、教育家。其家贫,少笃学,博通《五经》,平生无宦达之意,生活极其简朴,从不以高名自居。刘瓛早年即设学乡里,聚徒教授,终生从事私学教育工作,循循善诱,教导有方。著名无神论者范缜在其门下多年,梁学馆主持人、通儒严植之曾亲聆其教诲,深受朝野赞誉,被称为"关西孔子"。

(三)宋元明清安徽书院的兴起和发展

书院,是我国古代一种特有的教育组织形式,它既是独立于官学制度之外的学校制度,又是与教育密切结合的学术研究机构。它发轫于唐,至宋形成制度,南宋时大盛,迄明、清发达完备,为我国古代重要的教育制度。书院制度对于传递我国古代文化,传播学术思想,发展教育事业,培养学术人才,丰富教育理论与经验,均做出了重大贡献,特别是对理学的传播和发展起着特殊的作用,在我国古代文化、教育和学术发展史上占据重要地位。

安徽在全国是书院产生最早,也是最发达的一个省区之一。早在唐安史之乱时,相传李白为避乱隐居宿松、太湖间,建"太白书堂"以为读书之所,附近诸生亦读书其中。这是安徽及全国最早的私人书院。宋时,书院兴起并形成制度,安徽书院数量随之大增。据近人吴景贤《安徽书院志》记载,从宋至清安徽共有265所书院;民国《安徽通志稿·教育考·书院》记载有254所。实际上,从现今掌握的材料来看,安徽书院总数要大大超过这两个数字。

宋代安徽书院约有34所,在全国所占位次,仅低于江西、浙江和湖南三省,居第四位。北宋6所,其中绩溪2所,一为胡忠所创建的桂枝书院,一为许润所创建的乐山书院;婺源2所,分别是张舜臣建的龙川书院和院址在婺源大畈的四友堂;阜阳1所,颍川郡守欧阳修因爱西湖之胜,建书院名西湖书院;和县1所,名古和书院。南宋时,安徽书院发展甚速,据不完全统计约有28所,大多数亦分布于徽州及江南经济富庶、文化荟萃之地。综观两宋时安徽书院的创建,其中官办的书院仅有4所(阜阳西湖书院,歙县紫阳书院,当涂天门、丹阳书院),且有3所由皇帝赐额题名;其余绝大多数与全国一样,为私人创建,而且不少先是私人读书治学之地，而后才发展为书院。安徽不少书院由硕师名儒主持讲学，如宋儒程大昌主讲休宁西山学院，硕儒汪莘主讲休宁柳溪书院，曹泾等主讲歙县西畴书院，文澄源主讲峨岱书院等。因此，书院教学质量很高，为书院赢得了社会声誉。

元朝统治者继续推崇理学、"崇儒尊孔"，对学校教育和书院制度取保护和鼓励并举的对策，因此在元代安徽书院与全国继续同步发展。根据有关资料初步统计，元代安徽书院新建 35 所，保留、修复或重建前代书院 9 所，共计 44 所。绝大多数书院由名儒名师主持和主讲，如胡炳文主讲明经书院，郑玉、鲍元康主讲师山书院，曹泾主讲西畴、初山书院，汪一龙主讲晦庵书院，胡一桂主讲湖山书院，等等，其中很多人是南宋具有民族气节的名儒学者，入元不仕，退而讲学，这是当时安徽书院发达的重要原因。元代安徽书院的分布仍主要集中在经济、文化发达的徽州及沿江地区，但也开始向皖中、皖北地区发展，如合肥、舒、宿等地开始陆续创建书院。

明清时期，在我国封建教育制度走向衰落、消亡和西学东渐、实学兴起的背景下，安徽书院却在宋元发展的基础上，继续蓬勃发展，并盛极一时。考究其原因，这与安徽素以"文化之地"、"仪礼之乡"著称，历来就有社会与私人办学的优良传统，且皖地学派盛行，朱学、王学、湛学及清代朴学与桐城文派等学者在皖地进行着积极的学术研究和教育活动，亟欲拯治时弊，传道授业，振兴文教，培育人才等，无不有着密切的关系。

据有关材料统计，明代安徽书院至少在 138 所以上，大多兴建于明中叶以后，是明政治日渐腐败、教育日益空疏，而理学家们力图拯治时弊、匡救教育的产物。此时，书院的分布仍以皖南为主，但呈向皖中、皖东、皖西发展的态势，后三个地区的书院达 40 余所，约占安徽书院总数的三分之一。相对于官学，明代私办或由私人主讲的书院，不仅保持了自由讲学习业的特点，而且还发展为讲会制度，自由讲学之风更盛，推动了书院教育质量的提高。当时安徽影响较大的讲会有：歙县紫阳讲会、泾县水西讲会、宁国同善会、太平九龙会、广德复初会、贵池光岳会、宣州六邑之会、休宁还古讲会等。

清代安徽书院总数在 203 所，其中有时间可考的新建书院 116 所，修复重建 46 所，另有 41 所建置不详。此时，政府官员开始掌管书院诸如择山长、选教育、收学生和课业、课考、廪养、俸禄，以及参加科考、取任等方面事务，官办书院成为清朝安徽书院的最重要特色，书院实际蜕变为官学的附庸，成为科举的预备场所。不过也有一些书院由一些名师世儒创办或主讲，仍坚持自由讲学之风，并有少数书院开始引进西技西学，使书院逐步向近代学校过渡。随着书院的演变颓坏和新教育的兴起，清光绪二十七年（1901），清廷诏令各省州县所有书院改为学堂,从此,中国古代教育史上延续千年之久的书院制度完成了它的历史使命。

（四）近代安徽教育的变革

鸦片战争以后,安徽封建教育事业同全国一样,呈现衰落现象。甲午战争后,随着维新思潮的兴起,要求创办新式教育的呼声日益高涨。安徽近代教育也在这一背景下兴起。

在清末,废科举,行新学,安徽的文化教育仍位于全国前列。早在清同治十一年(1872),安庆就曾办有尚文小学堂;安徽第一所高等学堂——安徽省求是学堂,创办于清光绪二十四年(1885),比清政府正式颁布学堂章程还早4年。1901年,清政府重申将各省书院改为学堂,之后安徽各地先后建起了一大批中小学堂,据统计,1902—1907年,全省共设21所中学堂,其中省属3所,分别是皖江中学、第一中学和安徽公学,府属中学8所,5个直隶州有4所,府州县属有6所,在校学生达1257人。同时期,全省55个县共设立小学497所,在校学生14757人。其中女子学堂7所,学生284人。与此同时,各种专门学堂也应运而兴。除省立师范外,又增设了徽州紫阳师范学堂、凤阳师范学堂等14所中等师范学堂。此外还设立了中等工业学堂、寿州初等工业学堂、太和中等蚕桑学堂和阜阳蚕桑学堂4所实业学堂,学生约150人。专门教育的兴起,推动了安徽各项事业的发展,促进了安徽社会的进步。

除上述学校外,外国教会所办的学校在近代安徽教育中也占有一定比例,其中知名者如芜湖广益中学(后更名为圣雅各中学)、萃文中学、培德女学堂,安庆二郎巷圣公会堂内设立圣保罗中学,合肥三育学堂,怀远淮西学堂等。这些学校,除传授宗教知识外,也设有语文、史地、自然等课程。其设立的本意是进行宗教宣传,企图"用十字架征服中国",但客观上却对传播西方文化知识、发展教育事业起了一定的作用。

随着洋务运动的开展,中国开始向外派遣留学生,以造就洋务人才。1872年中国第一次向美国派遣留学生30名,其中有安徽婺源人詹天佑。1874年所派第三批留美学生中有两名安徽人,即休宁的吴敬荣、黟县的程大业。1875年第四批留美学生中有安徽怀远的黄祖莲。这是安徽最早的留学生。由此肇端,安徽人由地方或军队推选留学者便源源不断。二十世纪初,安徽和全国一样,还出现了一股自费出国热潮。许多爱国有志青年,纷纷冲破阻力,走出国门,学习新知识,接受新文化,为祖国和民族振兴而孜孜深造。其中不少人成为后来的辛亥革命和新文化运动的中坚力量。

从新式学堂的创办到辛亥革命的十几年间,乃是安徽新教育的草创时期。这一时期建立起来的各类近代学堂,已开始用资本主义教育方法施教。课程内容增加了自然科学知识和实业教育,各级学堂都有具体的学习年限与培养目标,因此,较之封建教育大大前进了一步。这一时期的教育思想,虽然仍是"中学为体,西学为用"的改良主义的新学思想,但新式学堂的创办和发展,毕竟为宣传科学文化知识、启迪民主自由、开通民智,和为后来的新文化运动准备了条件,也为安徽新式教育的创建和发展奠定了基础。

民国元年(1912年),中华民国教育部颁布新的教育宗旨,并制定了新的学制,对清末教育进行改革,学堂改称学校,承认男女受教育权利平等,废止读经。先后担任安徽都督府秘书长的陈独秀、李光炯提倡重教之风,在一年多时间里,全省学校发展加快,位居全国第17位。从民国2年到16年,在北洋军阀统治下的安徽,教育事业大倒退。

从1927年到1937年的10年间,安徽各类教育事业得到恢复与发展,各种规章制度也逐步建立。民国17年以后,先后建立了安徽大学、安徽学院和安徽工业专科学校。抗日战争爆发后,安徽大部分地区先后沦陷,除皖南山区少数学校尚能继续维持外,其余学校大多关闭,教育事业受到严重破坏。省立安徽大学停办。部分中等学校师生流亡至湖南、四川等地入学。民国27年后,各地设立临时中小学和师范以收容战区学生,并设立安徽学院。抗战胜利后,省政府积极进行教育复员工作,并采取了一系列具体措施。至民国35年秋,安徽教育事业发展达到一个高峰。

安徽革命根据地的教育,是与中国共产党领导下的革命根据地的开辟、发展、巩固联系在一起的。从1929年5月的立夏节起义到1949年新中国成立,安徽革命根据地教育,经过各个革命时期的实践,初步形成了一套具有中国特色的教育体系,它为革命战争和根据地建设培养了大批专门人才,提高了广大人民群众的政治觉悟水平和文化水平,并且创造了许多宝贵的经验,同时也为新中国建立后的安徽教育事业奠定了基础。

总之,近代安徽教育的兴起,是安徽历史上开天辟地的新事物。它造就的一大批新型知识分子,成为安徽社会中最积极最有活力的阶层,为安徽各项近代事业的展开,为安徽革命进步运动的开展,提供了前提条件。

二、皖籍教育思想家

在安徽教育发展过程中,涌现出一批皖籍教育思想家:老子、庄子、管子都有杰出的教育思想;魏晋嵇康在玄学发达的背景下也提出了教育新见;宋以后至近代,皖籍教育家更是出类拔萃,群星灿烂,相映生辉,前有戴震、程瑶田,近有陈独秀、胡适、陶行知,堪称中国教育思想史上的大家。为不与本书学术文化、文学等章节内容冲突、重复,择其只在教育方面有突出成就者简述之。

（一）周兴嗣与《千字文》

《千字文》是一本在我国古代传之久远、影响广泛的童蒙教材,作者周兴嗣(469—521),南朝梁人,祖籍陈郡项(今河南项城),世居姑孰(今安徽当涂)。周兴嗣曾官至员外散骑侍郎,以文才名世。据《梁书·周兴嗣传》记载:"武帝以王羲之书千字,使兴嗣次韵为文,奏之,称善,加赐金帛"。梁武帝令周兴嗣撰写《千字文》的目的,一是为光宅寺制碑文,二是为教诸王学习。

《千字文》全书共一千字,故以为名,所取的字多为古籍常用汉字,文句简练,用典也不深,均以四言成句,对偶押韵,朗朗上口,便于儿童朗读、记忆和背诵。其基本思想是宣扬封建伦纪纲常之道,但内容上,叙述的是有关自然、社会、历史、地理、伦理道德、学习教育等方面的知识,以及孝亲、事君、交友、修身、持家、为人、处世等方面的行为规范,还涉及不少农稿稼事、园林果实、名山大川、历史名城、人物典故、祭祀庆典、宫室建筑等知识和景观描写,含有很多修身养性、立志成人等劝诫勉励之言,堪称一本教育儿童的小百科全书。从南北朝起,至隋开始流行,盛行于唐代,经宋、元、明、清,《千字文》流传1400多年,为我国蒙学所通用。

宋以后,根据其文体仿编、续编或改编的《千字文》本不断涌现,如宋代侍其玮《续千字文》等,但这些仿编本,远不能与周兴嗣原本相媲美,更不如它流传广远。周撰本不但在汉族学塾中广泛流传,还有满汉、蒙汉对照本,在满蒙等少数民族学塾中流传,甚至远传至日本。并且,它还被许多大书法家书写成字帖流传至今,如唐怀素、欧阳询,宋徽宗赵佶,元赵孟頫,明文徵明,清刘石巷等,都曾书成帖本。无怪乎明代大学者王世贞称该书为"绝妙文章",清人伍曜亦称其"词严义正,上下千古,则当让此册"。

（二）陶行知的教育思想和实践

陶行知(1891—1946),现代著名民主革命家、教育家,近代教育革命的先驱者,中国民主同盟主要领导人之一。原名文濬,后改名知行,又因为主张"行是知之始,知是行之成",由"知行"改名"行知",以彰其志。祖籍绍兴会稽,生于安徽歙县。他的一生都在以积极的行动和实践追求着其"教育救国"的理想,"爱国主义"和"平民教育"一以贯之地贯穿于他所有的教育活动和教育理念中,曾被毛泽东称赞为"伟大的人民教育家"。

陶行知幼年受的是中国传统启蒙教育,少年时代入教会学校,深受基督教博爱和献身精神的影响,后赴美留学,师承著名教育家杜威和孟禄门下。学成归国后,立志"教育救国",辞去大学教职,转而投身于普及平民教育运动中,发起组织多个民间教育组织,如中华教育促进会、中华平民教育促进会、山海工学团、中国普及教育助成会等,并创办乡村师范试验学校。

身为安徽人,陶行知对安徽教育事业给予了热情关注和积极支持,不仅声援支持安徽师生的爱国民主斗争,应邀演讲,还亲自赴皖创办平民教育促进会,创办南京安徽公学并担任校长,还向安徽教育界积极建言献策。

总结陶行知的教育思想,可归纳为四个方面:"生活教育"理论,普及教育的思想,儿童教育的思想及师范教育的思想。影响最著的是其"生活教育"理论。

"生活教育"的理论直接来源于陶行知积极而丰富的教育实践活动中,也是对其师杜威先生反传统教育思想中积极因素的吸收和改造。"生活教育"理论的基本观点包括:生活即教育;社会即学校;教学做合一。

"生活即教育"是"生活教育"理论的核心,讲的是教育同生活的关系问题。陶行知说"生活教育是生活所原有,生活所自营,生活所必需的教育。"其所包含的特质有:第一是生活的,第二是行动的,第三是大众的,第四是前进的,第五是世界的,第六是有历史联系。同时还要满足五个条件:第一教育必须是战斗的,是民族人类解放的武器;第二教育必须是生活的;第三教育必须是科学的;第四教育必须是大众的;第五教育必须是计划的。

"社会即学校"与"生活即教育"是密切联系的。社会即学校,则"教育的材料,教育的方法,教育的工具,教育的环境,都可以大大的增加,学生、先生也可以多起来。因为在这样办法下,不论校内校外,都可以做师生的"。这种"生活教育"让学生亲近人民大众,接触自然和社会,改变了传统教育脱离劳动、脱离社会、脱离群众的状态。

"教学做合一"是"生活教育"的教学论,也可以说是教育方法论。陶行知认为,教的方法根据学的方法,学的方法根据做的方法,事怎样做就怎样学,怎样学就怎样教。主张以实际生活为中心,从教育与生活的关系,强调教与学都要与生活实践相结合,达到"学用一致"。

陶行知是一位伟大的人民教育家,他毕生为人民教育事业呕心沥血,鞠躬尽瘁,死而后已。他为中国教育探求新路,为建立和发展适合中国国情的人民教育事业,做出了巨大贡献。他为人民教育事业"捧着一颗心来,不带半根草去"的无私奉献精神,勇于追求真理、不断探索实践的精神,敢于不断创造、革新、力求进步的精神,乐于艰苦奋斗、勇于克服困难的精神,都为后人树立了楷模。

思考与练习:

1. 什么是圩田?试述它在安徽的产生和发展的情况。

2. 在青铜冶炼和铁器制作方面安徽有哪些突出技术成就？

3. 梅文鼎有哪些科技成就？

4. 明清时期安徽的科技成就表现在哪些方面？

5. 书院制度在安徽发达的原因及表现如何？

6. 试述近代安徽教育变革的背景及表现。

7. 陶行知在教育实践方面做出过哪些贡献？

第四章　安徽的文学

学习目的：

通过本章的学习，使学生对安徽文学的历史发展、安徽文人对中国文学史的历史贡献，以及著名皖籍作家与作品有个较为全面、系统的了解与认识，从而继承优秀传统文化，增强文化自信。

学习要求：

1.了解安徽古代及现代文学发展的概况。

2.了解安徽历史上出现的文学人物及其文学创作。

3.掌握安徽著名作家、作品及文学流派。

学习建议：

1.全面深入阅读教材内容。

2.结合本章思考题进行重点学习。

3.对于自己感兴趣的作家、作品，可以有针对性地进行研究，查找文献，阅读原著。

第一节 魏晋南北朝时期的安徽文学

魏晋南北朝时期是中国文学的自觉时代。在此之前,文、史、哲学并没有明确的划分,因此安徽真正意义上的文学也从此时拉开了序幕。曹操父子与嵇康是这一时期安徽文坛的领军人物,在中国文学史上贡献卓越,影响深远。

一、"三曹"的诗文创作

中国文学史上的"三曹"指汉魏时期的曹操与其子曹丕、曹植,他们是建安文学的代表作家,为沛国谯县(今安徽亳州)人。

(一)曹操及其诗文创作

曹操(155—220),字孟德,汉魏间政治家、军事家、诗人。他在文学、书法、音乐方面都有深湛的修养。《魏书》载曹操"手不舍书,昼则讲武策,夜则思经传,登高必赋,及造新诗,被之管弦,皆成乐章"。他的诗歌今存约20篇,全部是乐府诗体。他尤擅写四言诗。这一诗体自《诗经》之后已渐衰落,少有佳作,但曹操却继承了《诗经》的传统,反映现实,抒发情感。例如《短歌行》、《步出夏门行》等均是四言诗佳作。曹操诗文辞简朴,直抒襟怀,慷慨悲凉而沉郁雄健,明显带有政治家的气魄。

曹操还有一些诗歌把汉末动乱的现实和人民的苦难深刻地反映出来,因而被称为"汉末实录"。例如《薤露行》、《蒿里行》等。他的诗作朴实无华,不尚藻饰,以感情深挚、气韵沉雄取胜。这一时期诗歌慷慨悲凉的特色,在他的诗歌中表现得最为典型。

曹操文章同样很出色。鲁迅称其为"改造文章的祖师",认为他的文章"通脱"。所谓通脱即不墨守成规,豪爽坦率,清峻自然。代表作是他的《让县自明本志令》又名《让县令》。此文是一篇情真意切、朴实无华又屈伸自如、慨当以慷的好文章。曹操在文中叙述自己建功立业的整个经历,同时也表达了希望让县,决不居功自立,而愿效周公,辅佐汉室的心意。

因为曹操政治家的身份,他的文章以令(上对下的文书)、表(奏章)居多,除了表白心意的《让县令》《遗令》外,还有《求贤令》《整齐风俗令》《军谯令》《请赠封荀彧表》《表论田畴功》等。文风均自然通脱,质朴简约,可称建安散文的代表人物之一。

(二)曹丕及其诗文创作

曹丕(187—226),魏文帝,也是位著名的文学家,为曹操妻卞氏所生长子。他少有逸才,广泛阅读古今经传、诸子百家之书。他的诗歌今存约40首,绝大多数是乐府,如《芙蓉池作》《于玄武陂作》《夏日诗》《黎阳作》《燕歌行》《杂诗》等。曹丕的诗歌多模仿民歌来叙事抒情,善于取材间间小事。他的诗歌笔致细腻,语言流畅,偏重抒情,格调清新。特别是一些以游子、思妇为题材的作品,具有与《古诗十九首》类似的风格与艺术境界。一般都写得凄婉动人,例如他的《燕歌行》:

秋风萧瑟天气凉,草木摇落露为霜。群燕辞归雁南翔,念君客游思断肠。
慊慊思归恋故乡,君何淹留寄他方?贱妾茕茕守空房,忧来思君不敢忘,
不觉泪下沾衣裳。援琴鸣弦发清商,短歌微吟不能长。明月皎皎照我床,
星汉西流夜未央。牵牛织女遥相望,尔独何辜限河梁?

这是今存最早的一首完整的七言诗,叙述了一位女子对丈夫的思念。笔致委婉,语言清丽,感情缠绵,写景与抒情巧妙交融。

曹丕另有一首《大墙上蒿行》,全诗364字,气魄不凡,长短变化,错落有致。王夫之评价该诗时说:"长句长篇,斯为开山第一祖。鲍照、李白领此宗风,遂为乐府狮象。"

曹丕的文章以书札见长,如《与吴质书》《与繁钦书》《答曹洪书》等,清丽绰约,富于情韵意趣,排偶气息和抒情意味都比较浓重,体现了文章由质趋华的倾向。

曹丕还著有《典论》一书,全书已佚,唯《自叙》和《典论·论文》完整保存下来。其中《典论·论文》是中国第一篇文学批评的专门论文。文中提出"盖文章经国之盛事,不朽之大业。"这一著名论断,又开创了文气论、文体说,在文学批评史上起了开先河的作用,也奠定了曹丕在中国文学史上的杰出地位。

(三)曹植及其诗文创作

曹植(192—232),字子建,曹操第四子,曹丕同母弟,世称陈思王。天资聪颖,才华过人。现存诗80多首,辞赋、散文等40余篇。他的创作以建安二十五年(曹丕登基)为界,分前后期。

前期作品主要有三类:一类感时伤乱,如《送应氏》二首写洛阳荒芜残破景

象。《泰山梁甫吟》写边海人民极端贫苦的生活;另一类抒发建功立业的理想抱负。如《白马篇》借英姿飒爽、急赴国难的游侠儿的形象,表达了自己"捐躯赴国难,视死忽如归"的豪迈感情。再者就是表现贵公子的优游生活,如《斗鸡》《公宴》等。后期主要抒写自己遭遗被弃的悲愤。如《赠白马王彪》,全诗愤怒控诉曹丕集团对兄弟诸侯的迫害,抒发了自己悲痛、凄凉等曲折复杂的感情;再如著名的《七步诗》:

煮豆持作羹,漉菽(豉)以为汁。萁在釜下燃,豆在釜中泣。本是同根生,相煎何太急!

曹植又是第一位大力写作五言诗的文人,现存诗中有三分之二是五言诗。他善于运用传统的比兴手法,往往在诗歌开篇就能传达出某种浓郁的情绪,给人以强烈的印象。

曹植的诗歌体现了我国古典诗歌从朴质无华的民歌向体被文质的文人诗转变。他对诗歌的题材和内容进行了多方面开拓,文采气骨兼备,取得了很高的成就。钟嵘《诗品》评价其诗曰:"骨气奇高,词采华茂,情兼雅怨,体被文质。"

曹植的散文文辞恳切,叙事论理简练有序,具有强烈的感情色彩。引经据典,仿佛信手拈来,运用自如。如《求自试表》广征博引、反复设喻、层层推进,将自己的一片忠心和急于建功之情抒发得既淋漓尽致又委婉曲折。

其文赋的代表作《洛神赋》是黄初三年(222)曹植过洛水时想起洛水之神宓妃的传说,有感而作。全篇笔触细腻,文辞艳丽。句式长短参差,骈散相间,错落有致。惟妙惟肖地刻画了神女美好、灵动而又虚无缥缈的形象,抒发了人神相遇玄妙却可望而不可即的怅惘。

总之曹植在文学上的卓越才华使其获得"天下才共有一石,曹子建独得八斗"(谢灵运语)之盛誉。

二、嵇康及其他作家的文学创作

(一)嵇康的诗歌与散文

嵇康(223—263),字叔夜,谯郡铚县(今安徽宿州)人,"竹林七贤"之一,魏晋正始时期的文学家和音乐家,于文学、玄学、音乐等无不精通,曾任中散大夫,史称"嵇中散"。嵇康的文学创作,主要是诗歌和散文。他的诗文,既继承了建安文学的通脱之风,同时又具有正始文人任性而为与自然亲和的特点,足可位列魏晋文坛的代表作家。

他的诗今存50余首,以四言为多,在写法上继承曹操,注意从《诗经》中吸取融炼,同时又灌注自己的高远情调,读来和谐流畅。例如他的《赠兄秀才入军》《思亲诗》《琴歌》《游仙诗》等。

嵇康的文章也非常出色。他的散文有两个主要特点：一是具有强烈的思辨色彩，长于析理；二是具有鲜明的自我意识，敢于真实地抒写个性，表现自我要求和愿望。他的《声无哀乐论》《难自然好学论》《释私论》《养生论》《管蔡论》等都长于析辩，而他的《家诫》《与吕长悌绝交书》《与山巨源绝交书》等则完全是其个性的体现。其中，《与山巨源绝交书》可以看做他的代表作之一，全文文笔自由奔放、率性畅达。

嵇康还著有中国历史上一篇重要的音乐美学论文——《声无哀乐论》。在这篇论著中，他首先提出"声无哀乐"的基本观点，即音乐是客观存在的音响，哀乐是人们被触动以后产生的感情，两者并无因果关系。这在当时来讲是先进和积极的，扫清了战国、两汉以来笼罩在音乐审美上的神秘主义色彩，对后世影响深远。

（二）其他作家的文学创作

曹叡（204—239），沛国谯县（今安徽亳州）人，字元仲，魏明帝，曹丕之子。

他继承了家族雅好文学的传统，非常重视文学创作。今存散文二卷，乐府诗十余首。

刘伶（生卒不详），西晋沛国（今安徽宿州）人，字伯伦，"竹林七贤"之一。平生嗜酒，曾作《酒德颂》，宣扬老庄思想和纵酒放诞之情趣，对传统礼法表示蔑视。他的诗在思想内容上也以反对名教、抒发本真为主。

夏侯玄（209—254），沛国谯县（今安徽亳州）人，魏曹氏亲族，封征西将军。夏侯玄少时博学，才华出众，尤其精通玄学，被誉为"四聪"之一。他和何晏等人开创魏晋玄学的先河，是早期的玄学领袖，著有《夏侯玄文集》，其中《乐毅论》较著名。

桓范（？—249），字元则，沛国（今安徽宿州）人。魏正始中，官拜大司农，因曹爽事被诛。著有《世要论》12卷，或称《桓范新书》。其中《为君难》一文，论辩有力，纵横开阖，有如韩非之言，相当有气势。

何偃（413—458），字仲弘，南朝宋时安徽庐江人，曾任吏部尚书。偃好谈玄，曾注庄子逍遥篇，有文集19卷。他的诗歌也很出色，无六朝浮艳之风，风格颇似汉乐府。

在魏晋南北朝时期，还有一位对安徽文学起重要促进作用的人物，他就是南齐著名诗人谢朓。他于明帝建武年间出任宣城太守，其间创作了数十首诗篇，如《宣城郡内登望》《高斋视事》《祀敬亭山庙》《游敬亭山》《始之宣城郡》《往敬亭路中》等。这些作品既描摹出安徽宣城的风光与人情，又促进了当地文学的兴盛。因为他的诗歌而使得敬亭山名扬天下,许多诗人慕名而来,纷纷唱和,像盛唐大诗人李白就专程来此游历,写下了大量千古传诵的诗篇。在这样浓厚的文学氛围中,中唐后宣州诗人群也逐渐蓬勃兴起。

第二节　唐五代时期的安徽文学

唐代是中国文学的盛世。安徽文学在此时也迎来了创作的高峰。

一、诗歌的繁荣

唐代是诗歌的时代,此时安徽诗坛最突出的特色就是出现了池州诗人群和宣州诗人群。这两个诗人群体及其创作的诗歌非常具有安徽地域文化特色,另外,安徽的巢湖地区还诞生了中唐著名诗人张籍。李白、白居易、杜牧等著名诗人在安徽的游历与生活也促进了安徽诗歌的繁荣。

（一）池州诗人群

安史之乱后,中原经济文化受到严重破坏,而江南一带则相对安定,文化也趋于繁荣。在皖南的池州地区涌现出众多诗人。代表人物有杜荀鹤、费冠卿、张乔、殷文圭等,主要活动时期为唐宪宗至唐哀宗年间（805—907）。

杜荀鹤（846—904）,唐代著名诗人,字彦之,号九华山人,池州石台人,晚唐著名的现实主义诗人。其诗语言通俗、风格清新,自成一家,后人称"杜荀鹤体",著有《唐风集》10卷,现存诗300余首。他的作品中有不少是反映唐末军阀混战下的社会矛盾和人民悲惨遭遇,例如他的《山中寡妇》《自江西归九华有感》《题所居村舍》《乱后逢村叟》等。杜荀鹤出生寒门,关怀百姓疾苦,敢于抨击黑暗现实。

杜荀鹤还提倡诗歌要继承风雅传统,因此他的一些宫词写得也很出色,例如其《春宫怨》一诗。该诗以"风暖鸟声碎,日高花影重。"一联饮誉诗坛。

这位安徽著名的诗人,对家乡风物十分热爱,因此吟咏九华山的诗篇甚多,具有鲜明的地域色彩。诗人用大量的作品展现九华山的风光,例如"家山白云里,卧在最高峰。"（《寄舍弟》）"琴临秋水弹明月,酒就东山酌白云。"（《山中寄诗友》）

费冠卿，字子军，池州人，生卒年不详。他屡试不第，久留京师，与当时著名诗人姚合交游，后长年隐居九华山，曾被下诏拜为右拾遗，却谢绝不赴。《全唐诗》录其诗一卷。

费冠卿品性高洁，擅长诗文，隐居九华山期间，写了不少咏吟九华山的诗篇。例如《答萧建问九华山》。

自地上青峰，悬崖一万重。践危频侧足，登暂半齐胸。飞狖啼攀桂，游人喘倚松。入林寒瘁瘁，近瀑雨濛濛。径滑石棱上，寺开山掌中。幡花扑净地，台殿印晴空。胜境层层别，高僧院院逢……

全诗215字，层层铺展，将九华山秀美风光和佛教人文景象充分体现，也成为历史上吟赞九华山的佳篇之一。元和八年（813）他撰写的《九华山化城记》记述了新罗僧金乔觉的身世和卓锡九华山的经过，具有一定的史料价值。他逝世后，杜荀鹤写诗赞叹道："凡吊先生者，多伤荆棘间，不知三尺墓，高并九华山。"

张乔，池州人，懿宗咸通年进士，生卒年不详，与许棠、郑谷、张宾等东南才子称"咸通十哲"，因避黄巢之乱，归隐九华山。诗清雅巧思，风格颇似贾岛。

殷文圭，字表儒，池州青阳人，生卒年不详。初居九华，刻苦于学，与同乡诗人杜荀鹤等交游唱和。殷文圭作诗很多，《全唐诗》仅录其诗1卷。

此外，池州诗人群中还有康轩、王希羽、顾云等人。

（二）宣州诗人群

宣州诗人群代表人物有许棠、刘太真、汪遵等。主要活动时期为唐玄宗至唐哀宗年间（712—907）。

许棠，字文化，宣州泾县人，生卒年不详。早年四处漫游，唐懿宗年间白发及第，曾为江宁丞，后辞官，潦倒以终。他在当时诗坛享有盛誉，因作洞庭诗著名，时号许洞庭，也是"咸通十哲"之一。《全唐诗》存其诗2卷，计150余首，全为五、七言律诗。许棠的律诗，工整典雅，著名的有《过洞庭湖》。诗中颔联"四顾疑无地，中流忽有山"之句，流传很广，后人多以题扇。

刘太真，宣州人，生卒年不详，玄宗天宝末年进士，官至刑部侍郎。刘太真著有诗文集30卷。他在德宗贞元年间就以诗名震京师，与名诗人顾况友甚。《全唐诗》仅存诗3首。其中就有一首是写他故乡宣州东峰亭的《宣州东峰亭各赋一物得古壁苔》。

此外，宣州诗人还有汪遵、罗立言、刘太冲等。

（三）著名诗人张籍和皖籍其他诗人

张籍（约767—830），中唐著名诗人。字文昌，祖籍苏州，先世迁居和州乌江（今安徽和县乌江镇）。张籍家贫苦学，进士及第后历任水部员外郎、国子司业等,世称"张水部"、"张司业"。他与孟郊、白居易、韩愈等诗人交谊深厚,其乐府诗与王建齐名,并称"张王乐府"。《全唐诗》存其诗5卷,中华书局曾编《张籍诗集》8卷,共计480多首。张籍还有《论语注辨》2卷。

张籍是中唐时期新乐府运动的积极支持者和推动者。其乐府诗多数是反映当时社会现实之作,表现对人民的同情,例如这首《征妇怨》:

九月匈奴杀边将,汉军全没辽水上。万里无人收白骨,家家城下招魂葬。

妇人依倚子与夫,同居贫贱心亦舒。夫死战场子在腹,妾身虽存如昼烛。

该诗既写出了征妇的不幸,更揭示出战争给人民带来的苦难。同类的作品还有《野老歌》《促促词》《山头鹿》《筑城词》《董逃行》《废宅行》等多篇。

张籍诗中还有一类描绘民间风情和生活画面,如《采莲曲》《江南曲》《春江曲》等,其中以《江南曲》最为著名。全诗清新秀丽,极富江南水乡的生活气息,宛如一幅民俗画卷,当时诗人姚合赞为"妙绝"。

张籍乐府诗艺术成就很高。他善用素描手法,细致真实地刻画各种人物形象。语言通俗平易而又凝练雅致,常以口语入诗,很有民歌的风味。

总体上说,张籍的诗歌题材广泛,风格清雅通俗,对晚唐诗坛影响很大。白居易称赞他"尤工乐府诗,举代少其伦"。说他在唐代是无与伦比的,应该是非常高的评价了。

伍乔,唐五代时安徽庐江人,生卒年不详。他在南唐中过状元,历任考功员外郎、户部员外郎等职。唐末乱时,曾与张乔、杜荀鹤等避居九华山,互相唱咏。伍乔诗文皆精,诗作意境清幽闲淡,在色调上略显冷寒。他也自称"苦吟",较工于律诗。

曹松,晚唐诗人,字梦徵,舒州(今安徽潜山)人,生卒年不详。唐昭宗年间中进士时,年已70余,特授校书郎而卒。他是晚唐著名诗人,遗有《曹梦徵诗集》3卷,《全唐诗》录其诗百余首。

曹松的诗风类似贾岛,以五律取胜,工于炼字,意境深幽,自有一种清苦的风味。其诗歌题材相对来说比较狭窄,多是叹老嗟卑,旅思离情,很少触及社会问题,不过其诗《南海旅次》中"心似百花开未得,年年争发被春催"这一思乡名句以及《己亥岁二首》中"凭君莫话封侯事,一将功成万骨枯"一句,历来为人所传诵。

除上述诸位诗人外,唐代安徽的诗人还有亳州李敬玄、歙州吴少微、庐州李羽和李家明等多人。

(四)唐代安徽诗坛中的外地名诗人

在唐代安徽诗坛中,还有不少外地著名诗人,如李白、白居易、韦应物、李绅、刘禹锡等。他们在安徽的游历和生活,为唐时安徽文坛增添了异彩。他们用大量诗歌作品向世人展现了安徽的地域文化和秀美山川。

其中与安徽联系最深、最有盛名的当属大诗人李白。在《李太白全集》的900多首诗歌中,创作于安徽和歌咏安徽风土人情、地域风光的就有近300首,约占全部作品的三分之一。"一生好入名山游"的李白,他的足迹几乎遍布了安徽各地,而且处处留下诗篇。他的不少杰作都诞生在安徽。例如在宣城写下的千古名诗《独坐敬亭山》《秋登宣城谢朓北楼》及《宣城谢朓楼饯别校书叔云》。其中的名句像"两水夹明镜,双桥落彩虹。""弃我去者昨日之日不可留,乱我心者今日之日多烦忧。长风万里送秋雁,对此可以酣高楼。""抽刀断水水更流,举杯消愁愁更愁。"等至今仍脍炙人口。

以宣城为中心,李白还游历了南陵、泾县诸地,写了《南陵别儿童入京》《与南陵常赞府游五松山》《泾川送族弟錞》《与谢良辅游泾川陵岩寺》《赠汪伦》等诗。

在安徽贵池秋浦县,李白居住了数年之久,写下了大量作品,其中有著名组诗《秋浦歌》十七首。

至于安徽最负盛名的九华山和黄山,李白更是纵情泼墨:昔在九江上,遥望九华峰,天河挂绿水,秀出九芙蓉。(《望九华山赠青阳韦仲堪》)黄山四千仞,三十二莲峰。丹崖夹石柱,菡萏金芙蓉。伊昔升绝顶,俯窥天目松。(《送温处士归黄山白鹅峰旧居》)

安徽的有些地方,李白一生来过数次。像马鞍山的采石矶(牛渚矶),诗人早年曾作《横江词》六首,展现了这里的风光。在他中年后,历经岁月蹉跎,又来到此处,在江上写下了著名的《夜泊牛渚怀古》一诗。李白晚年生活困窘,后来他的族叔李阳冰接他到当涂定居,李白也终老于此。李白墓现在当涂青山,这里也成为历代文人墨客悼念这位诗坛天才的胜地,相应的也诞生了大量文学作品,如许浑的《途经李翰林墓》、杜荀鹤的《经青山吊李翰林》等。可以说,李白与安徽的联系、感情,对安徽风光文化的传播,对安徽文坛的影响,在整个安徽历史上都是无与伦比的,他的名字也将永远彪炳在这里。

除了李白外,唐代还有多位名诗人在安徽进行过文学创作。例如韦应物,曾任滁州刺史,在此地的著名作品有《滁州西涧》《游西山》等;白居易,曾在宣州写下《窗中列远岫》《送侯权秀才序》等作品;刘禹锡,曾任和州刺史,在此地的著名作品有《陋室铭》《和州刺史厅壁记》等。

此外,李绅、杜牧、许浑、罗隐等诗人也都曾在安徽为官,其间也创作了不少诗歌作品。

二、散文、小说的成就

唐代安徽作家的散文和小说在中国文学史上也取得了一定的成就。例如散文"吴富体"以及著名传奇小说集《剧谈录》的诞生。

(一)散文家吴少微和杨夔

吴少微(约663—750),唐代散文家、诗人,字仲材,号遂谷,歙州(今安徽黄山)人。《新唐书·艺文志》著有《吴少微集》10卷,已佚。《全唐文》存其文6篇,《全唐诗》存诗6首。唐中宗时他与富嘉谟同朝为官且交谊深厚。两人文风相近,力矫徐庾余风,名重一时,号"吴富体"(也作"富吴体")。

吴少微的《崇福寺钟铭》是仅存的"吴富体"代表作。该文是吴少微为崇福寺铜钟撰写的铭文。文章继承了先秦、西汉散文的写作特色,清新质朴,绝少浮华雕饰。一反当时四六文固定句式,用灵活多变的二、三、五字句,读起来节奏明快,跌宕起伏,气势雄厚豪迈,显示了吴少微出众的才华和"吴富体"独特的风格。

"吴富体"作为唐代古文运动中最早出现的新散文文体,对古文运动作出了突出贡献。近人岑仲勉认为,吴、富二人之文,"诚继陈拾遗而起之一派,韩、柳不得专美于后也"。(《金石论丛》)

杨夔,唐代文学家,字、里、生卒年均不详,因曾与杜荀鹤、殷文圭、康骈、王希羽等同任唐末安徽军阀田頵幕僚,在宣州生活多年。杨夔著述颇富,有文集5卷,《冗书》10卷等,今存诗12首。杨夔在田頵幕下时,曾作《溺赋》,把权钱酒色分别比作狼津、药江、甘波和爱河。四项均以水为喻,告诫士人不要沉溺其中。此文也成为杨夔的代表作。

(二)康骈和他的《剧谈录》

康骈,一作康骄,字驾言,池州人,生卒年不详,曾中博学鸿词科,为崇文馆校书郎。他是晚唐文坛的重量级人物,写有唐代著名传奇小说集《剧谈录》,共2卷,42则。

《剧谈录》是作者康骄自述"新见异闻",大多讲神鬼灵应,也有一些武侠故事和当时奇事。如田膨郎偷玉枕、潘将军失珠等篇,故事曲折可观。像"田膨郎偷玉枕"故事,看似说的是田膨郎偷了唐文宗皇帝的玉枕,其实主角是武将王敬弘家中一个十八九岁的小仆。先插叙了这个少年在夜里极短的时间往返三十多里取琵琶一事,再写他埋伏后出其不意用球杖打伤了轻功过人的田膨郎,将其擒获,最后写小仆在立功后却请辞回乡,不要皇帝的赏赐。

这些生动的文言短篇小说,上承魏晋时期的志人志怪,下对宋代的《太平广记》甚至清代的《聊斋志异》都产生了重大影响,就连现代武侠小说大师金庸也曾经专门解读过《剧谈录》中的作品。同时,此书还提供了研究唐代世情生活的珍贵史料。

第三节　两宋时期的安徽文学

两宋时期,安徽的文学进一步发展,在诗、词、小说和诗话方面均有较高成就。

一、宋初诗文革新运动中的力作与宗师

北宋初年,以西昆体为代表的形式主义、浮靡的文风成为文学主流。针对这种文坛颓势,一些文人大力提倡古文古诗,以求革除弊端,重振文风,于是掀起了一场声势浩荡的诗文革新运动。其中,安徽出了一部力作和一位宗师,这便是姚铉所编的《唐文粹》与一代文宗梅尧臣。

（一）姚铉和他的《唐文粹》

姚铉(968—1020),北宋庐州(今安徽合肥)人,字宝之,历京西、河东、两浙转运使,终舒州(今安徽潜山)团练副使。姚铉文学修养深厚,文章敏丽,与柳开等共同开宋初诗文革新运动的先声,著有诗文集 20 卷,可惜大多散佚。《全宋诗》中仅录其诗 6 首。他在文学上最突出的贡献是编写了著名的《唐文粹》。

《唐文粹》是一部唐代文学总集。其编纂目的是呼应宋初文学的复古思潮,为当时的学子提供一个全面的唐代诗文精华读本。它收集的唐代诗文风格多样,数目众多,全部按体裁和题材内容进行分类编辑,分赋、诗、表奏、书疏、文、论、序等16类,共100卷,1980篇。姚铉选录作品以古雅为标准,文赋唯取古体,对韩、柳古文,特别推崇。

《唐文粹》在编选中去取得宜,选录精要。唐代诗文精华,大多荟萃其中,故为人所推重。该书在宋代就广为流传,成为文人士子诵习的范本,这对宋初诗文革新运动无疑是一部力作,而且姚铉选录作品的风格和编写体例对后世选家也有一定影响。《唐文粹》是历史上最早的一部唐文选本,入选作品多是各家代表作,不少作品因此书才得以保存,这也是安徽文人姚铉的功绩。

（二）梅尧臣的文学成就

梅尧臣（1002—1060），北宋著名文学家，字圣俞，宣城人，世称宛陵先生（宣城古名宛陵）。他是北宋诗文革新运动中的重要作家，与欧阳修、苏舜钦齐名，并称"梅欧"或"苏梅"。官至尚书都官员外郎。梅尧臣的著作，今存《宛陵先生集》60卷。

在北宋诗文革新运动中，梅尧臣在诗歌方面的贡献最大。梅尧臣早年诗作受西昆体影响，后诗风转变，提出与西昆派针锋相对的主张。在诗歌创作思想上他充分强调诗歌的社会作用，力主儒家诗论的"美刺兴寄"。"美刺"即歌颂与讽刺，"兴寄"就是比兴寄托，要"因事有所激"，感于现实，托物言志，摒弃浮艳空洞的诗风。因此他写了大量现实主义题材的作品，深刻揭示社会生活，表达对人民苦难的同情。例如他的《田家语》："谁道田家乐？春税秋未足！里胥扣我门，日夕苦煎促。盛夏流潦多，白水高于屋……"这首诗用农民的口气，申诉了农民遭受的苦难以及尖锐的社会矛盾。这类作品还有《陶者》《汝坟贫女》《田家四时》等。

梅尧臣在诗歌艺术上，注重诗歌的形象性与意境含蓄等特点，提倡"平淡"的艺术境界，提出了"状难写之景如在目前，含不尽之意见于言外"这一著名的艺术要求。

总体来说，梅尧臣诗能从多方面反映社会生活，风格平淡朴素，而又能含蓄深刻。其诗歌主张和创作实践也影响了宋诗的发展方向。刘克庄在《后村诗话》中称其为宋诗的"开山祖师"。

梅尧臣的文章和词也很出色，他还曾为《孙子兵法》作注，在该领域较有影响。

二、北宋安徽的诗坛词苑

北宋安徽文人的诗歌创作，大致可以分为两派：一派是以梅尧臣、郭祥正、杨杰等人为代表的"革新"派，他们的作品源于生活，风格上多承古体，反对西昆体浮靡的词风，艺术成就较高；另一派是以吕公著、吕希哲等人为代表的"教化"派。他们重道轻文，提倡以理入诗但缺乏现实生活内容。这两派各有特点，共同构成北宋安徽诗坛的风貌，也是整个北宋诗歌创作的缩影。

（一）"革新"派郭祥正与杨杰

郭祥正，北宋著名诗人，安徽当涂人。生卒年不详，字功父，自号谢公山人，又号醉吟居士等，与梅尧臣、苏轼、黄庭坚等人为诗友，曾在湖南、福建等地做过一些通判、知县类小官，后弃官隐居于当涂青山，著有《青山集》30卷。

郭祥正的诗歌以古体见长,宗尚李白,例如其代表作《金山行》。整首诗的语气、用词、表现手法等与李白非常相似,极富想象与夸张,感情饱满气势奔放,被认为是成就最高的几首宋诗之一。他还有些诗歌如《送梅直讲圣俞》《怀青山草堂》等均想象丰富,豪气纵横,具有相当高的艺术成就。梅尧臣称赞他是"天才如此,真太白后身也"。

杨杰,字次功,北宋著名诗人,安徽无为人,自号无为子。生卒年不详,曾任两浙提点刑狱等职,致仕后回家乡终老。杨杰生平著述甚多,在他去世后,其同乡赵士粲,搜其遗稿编辑成集,题作《无为集》。另清代《无为州志》载:杨杰卒年七十,有文集二十余卷,《乐记》五卷。杨杰与苏轼、欧阳修等人均有交往,与郭祥正唱和很多,因此创作风格也较接近。杨杰擅长古体诗,笔力雄健,布局严谨,如《牛渚矶修水府祠并序》等。他的一些写景抒情的近体诗也很出色,如《夜泊偶书》中"故园水面一千里,明月渡头三两家"一联历来为人所称道。

(二)"教化"一派的吕公著、吕希哲父子

吕公著(1018—1089),字晦叔,宰相吕夷简次子,寿州(今安徽寿县)人。北宋著名文学家和政治家,官至尚书右仆射,兼中书侍郎,位同宰相,著有《正献公集》20卷与《文献通考》等。吕公著学问深厚,欧阳修出使契丹,契丹主问及中国有学行之士,欧阳修第一个提到的就是吕公著。吕公著的诗歌多为唱和之作,措辞讲究,反映社会生活的较少,往往借题发挥,很能体现宋诗偏重说理议论的特色。

吕希哲是吕公著之子,曾创"荥阳学派",存《吕氏杂记》2卷。吕希哲的诗歌多承袭其父,重议论说理,成就不是太高。

此外,北宋时徽州地区还出了大批文人,均能诗,但总体成就不高。其中有徽州府的第一位状元舒雅,安徽歙县人,字子正,是从南唐入宋,官至刑部郎中。他是宋初西昆体的代表诗人之一。

宋代文学以词胜,但此时安徽词坛较弱。其中,梅尧臣作为一代诗宗,偶尔为词也相当出色,可惜梅词多散佚,《全宋词》仅录其词二首。

(三)两宋之交吕本中与周紫芝的诗词成就

吕本中(1084—1145)原名大中,字居仁,吕希哲之孙,世称东莱先生,寿州(今安徽寿县)人。官至中书舍人,后因忤秦桧罢官。吕本中在诗、词、诗话等方面都非常有成就,著有《东莱诗集》《紫微诗话》《江西诗社宗派图》《紫微词》《吕氏童训》等。

吕本中在诗歌创作上深受黄庭坚、陈师道的影响,是江西诗派著名诗人。又兼学李白、苏轼,诗风明畅灵活。其诗的思想内容因南渡而有前后期之分,前期多描写士大夫的风雅生活,后期多写战乱以及对故土的思念。

吕本中对中国古典文坛影响最大的事,是其青年时所作的《江西诗社宗派图》,为宋代诗坛上最重要的一个诗派确定了名称。他又提出学诗要"悟入"与"活法",所谓"悟入"就是以禅喻诗,但更要讲功夫的积累。至于"活法",他引前人论诗的话:"好诗流美圆转如弹丸。"这就是说诗歌要有一种自然流畅之美。这种美在他的词中体现得更为突出。例如他的代表作《采桑子·恨君不似江楼月》等词。

周紫芝(1082—1155),字少隐,号竹坡居士,宣城人,两宋之交著名诗人,历任枢密院编修、右司员外郎等。他一生著作丰富,有《太仓稊米集》70卷、《竹坡诗话》1卷、《竹坡词》3卷等。

周紫芝与吕本中一样诗宗江西诗派,诗无典故堆砌,自然顺畅。周紫芝以诗扬名于当时,但后世却更推崇他的《竹坡词》。在周紫芝现存156首词中,爱情题材占据四分之一,词风清丽婉曲,意境高雅。

三、南宋安徽的词苑诗坛

南宋安徽的诗词创作恰与北宋相反,词远盛于诗,涌现出大批词人。

(一)著名爱国词人张孝祥和他的词

张孝祥(约1132—1169),南宋著名词人,张籍后裔,字安国,号于湖居士,历阳乌江(今安徽和县)人,后居芜湖。绍兴年间状元,历官秘书郎、中书舍人等。他的诗词书法俱佳,尤以词著称,为南宋豪放派代表词人,有《于湖居士文集》《于湖词》传世。

张孝祥词在思想上具有强烈的爱国主义精神,内容多要求国家统一,反对苟且偷安,在艺术上也取得了较高成就。例如《水调歌头·闻采石战胜》:

雪洗虏尘静,风约楚云留。何人为写悲壮,吹角古城楼?湖海平生豪气,关塞如今风景,剪烛看吴钩。剩喜燃犀处,骇浪与天浮。忆当年,周与谢,富春秋。小乔初嫁,香囊未解,勋业故优游。赤壁矶头落照,汌水桥边衰草,渺渺唤人愁。我欲乘风去,击楫誓中流。

该词既歌颂了抗金将领的功业,又写到了对中原失地的怀念。全词笔墨酣畅,豪健奔放,表现出词人深厚的爱国之情。此类词作举不胜举,著名的还有《浣溪沙·荆州约马举先登城楼观》《六州歌头(长淮望断)》等。

张孝祥还有些写景抒情的词作,同样具有豪迈磊落的风格。例如他的《念奴娇·过洞庭》等词。

他的词因为是凭激情进行创作,"未尝著稿,笔酣兴健,顷刻即成"(汤衡《张紫微雅词序》),所以情感连贯,热情澎湃,语言流畅自然,又能融前人诗句而不见雕琢痕迹。总之张孝祥词继承和发扬了苏轼的豪放一派,又下启辛弃疾爱国词派的先河,对宋词的发展做出了重要贡献。

(二)汪莘、方岳和其他词人

汪莘(1155—1227),南宋诗人、词人,字叔耕,号柳塘、方壶居士,休宁人。因其隐居在黄山柳溪边,故又世称柳溪先生。有《柳塘集》《归愚集》《方壶存稿》传世。

汪莘在名家辈出的两宋词坛,知名度并不高,但因为他长年生活在家乡,词中多写安徽山水,所以在安徽词苑就显得熠熠生辉。例如《沁园春·忆黄山》《浪淘沙·与外甥吴晋良游落石》等。

汪莘的词法趋于散文化,词风清远闲淡而又慷慨沉郁,很值得品读。其诗多关心国事,与其词题材差别较大。

方岳(1199—1262),南宋著名诗人、词人,字巨山,号秋崖,安徽祁门人,官至吏部侍郎。方岳为人正直,不趋炎附势,遭弹劾罢免回乡,有《秋崖先生小稿》83卷。

方岳的词多慷慨激昂的爱国之作,风格类似辛弃疾,善用长调抒写国仇家恨,如《满江红·九日冶城楼》等词。

王鹏运《四印斋所刻词》说他的词不在叶梦得、刘克庄之下,算是比较中肯的评价。在宋代安徽词苑,他也是张孝祥后成就最高的词家。

此外,南宋安徽词人还有宣州的魏庭玉与吴潜、吴渊兄弟,徽州的程珌、汪晫等。

这时的安徽诗坛也较活跃,在创作风格上多受江西诗派的影响,然总体成就不是很高。南宋时期的安徽文学,还包括当时金统治区安徽诗人的创作。金灭北宋后据有淮河以北的广大地区与南宋对峙,时间达百余年。这一时期金统治区的安徽文学创作主要表现在诗歌领域,较知名的诗人有潜山的刘著与亳州的刘瞻。刘著的诗歌在思想上以表达家国之思为主,刘瞻的诗歌多写闲情雅趣。辛弃疾曾学诗于刘瞻,可见他在当时的影响。

四、两宋安徽的诗话、小说与散文创作

(一)诗话创作

"诗话"是古代评论诗歌、诗人、诗派,记录诗人言论、事迹的著作。该文体始于欧阳修的《六一诗话》,盛行于宋代。两宋安徽作家的诗话创作也呈现出繁荣的局面。前后出现了《诗总》《苕溪渔隐丛话》《紫微诗话》《童蒙诗训》和《竹

坡诗话》等较有影响的作品。其中最著名的是《诗总》和《苕溪渔隐丛话》。

《诗总》是北宋一部重要的诗话总集，今又名《诗话总龟》。作者阮阅，字闳休，自号散翁，亦号松菊道人，安徽舒城人。其生平事迹不详，著作较丰，以《诗总》影响最大。

《诗总》共十卷，共"一千四百余事，共二千四百余诗，分四十六门而类之。"（《诗总·自序》），其首创分门别类辑集诸家诗的体例，既克服了以前诗话作品不注出处、不利检索的弊病，又便于文人学者作同类题材的参照研究，但是在严谨和完善方面就不如紧随其后的《苕溪渔隐丛话》了。

《苕溪渔隐丛话》是中国文学史上一部著名的诗话集。作者胡仔（约1110—1170），字元任，安徽绩溪人，晚年隐居浙江湖州苕溪，遂自号苕溪渔隐。

此书是胡仔穷一生之力的杰作，分前后两集，共100卷，50余万字，涉及上百位古代诗人作品的思想内容、艺术技巧、格律、掌故等。胡仔在自序中认为"开元之李杜，元祐之苏黄，皆集诗之大成者。"因此他论诗格外推崇李白、杜甫、苏轼和黄庭坚。在重视前人创作成果的同时，他还强调诗歌必须不断创新，提出了很多精辟的见解，对后人学诗很有裨益。

《苕溪渔隐丛话》的编纂体例是以人为纲，连类而及，即写到某位诗人，跟他有联系的诗人也连带介绍，均以年代为序，将作家、作品与生平事迹有机结合。有不少散佚的材料，靠此书才得以保存下来，因此意义非常重大。

《诗总》和《苕溪渔隐丛话》二者互为补充。《诗总》成书于北宋元祐年间，因此当时的诸位名家未加收录，而胡仔却是"遂取元祐以来诸公诗话……凡《诗总》所有，此不纂集，庶免重复。"因此，《四库全书总目提要》说这两本书"相辅而言，北宋以前之诗话，大抵略备也"。

（二）散文与小说创作

关于两宋时期安徽的散文创作，可谓数量众多。很多诗词家都有文集，但总体上没有特别突出的作品，倒是小说创作领域出现了一位著名的作家——秦醇，以其《赵飞燕别传》名扬后世。

秦醇，字子复，一作子履，亳州谯郡（今安徽亳州）人，北宋著名传奇作家，事迹不详。作品今存《赵飞燕别传》《骊山记》《温泉记》和《谭意歌传》四篇。其实只有《谭意歌传》写北宋名妓谭意歌，属于近世题材，其余三部《赵飞燕别传》写西汉赵飞燕和赵合德姐妹；《骊山记》写骊山守宫使白头翁忆唐明皇和杨贵妃旧事；《温泉记》写西蜀才子张俞过骊山，梦中与杨贵妃共浴温泉事。此三部均为托古而作的历史题材作品。其中，影响最大的是《赵飞燕别传》。

鲁迅先生在《中国小说史略》中认为该传奇"文辞殊胜"，举了秦醇写赵合德之美的句子"文中有'兰汤滟滟,昭仪坐其中,若三尺寒泉浸明玉'语,明人遂或击节诧为真古籍"。可以说这部传奇,无论在人物刻画、情节组织还是文辞上都不失为一篇优秀的文言小说。

北宋安徽小说作家,除了亳州的秦醇外,还有全椒人张洎。张洎(934—997),字思黯,改字偕仁。初仕南唐,入宋继续为官,最高至参知政事。他有文集50卷,其中《贾氏谈录》1卷,记叙唐代轶闻奇事。此笔记小说对了解唐代台阁和社会风气有一定史料价值。

五、宋代外地文学名家在安徽的创作

与唐代一样,两宋时期也有不少文学名家来到安徽为官和生活,他们在当地的创作也为安徽文坛增色不少,其中最著名的便是文学家欧阳修。他多次来到安徽,在安徽的滁州和阜阳生活多年,留下了许多著名作品。

宋仁宗庆历三年(1043),欧阳修被降职外放到滁州任太守。期间修建了著名的丰乐亭和醉翁亭,创作了《丰乐亭记》和《醉翁亭记》,后者更是广为传诵,使得滁州醉翁亭与欧阳修的名字永远连在了一起。

欧阳修在滁州还写了《菱溪大石》《谢判官幽谷种花》《丰乐亭游春》《琅琊山六题》等多篇诗文。

庆历八年(1048),欧阳修从滁州调往扬州,一年后又调往颍州(今安徽阜阳)。他有很多诗词作品也与此地有关,例如他著名的组词《采桑子》十三首描写的多是颍州西湖的秀美风光。欧阳修与安徽感情很深,他在晚年还请求退居颍州,有诗道:"欲知颍水新居士,即是滁山旧醉翁。"最后葬于颍州。

在安徽生活游历过的宋代文学名士还有北宋文学家范仲淹、王安石、苏轼,南宋词人潘阆等。像范仲淹在广德写的《石溪瀑布》诗、王安石在安徽巢湖地区写的著名的《题乌江亭》《游褒禅山记》以及苏轼在安徽与当地诗人郭祥正、杨杰的诸多唱和等均闪耀在安徽文学史上。

第四节　元明清时期的安徽文学

安徽文学在元明时期进一步发展和成熟,至清代迎来了辉煌。

一、元代的安徽文学

(一)元代安徽的诗词创作

元代安徽文坛与当时的中国文坛一样，突出的是戏剧，诗文成就不高。其中较有知名度的诗人有：

方回(1227—1305)，字万里，号虚谷，歙县人。为人谄媚多变，人品较差，仕元后，得任建德路总管，不久罢官。今存《桐江集》4卷，《桐江续集》36卷，诗话《瀛奎律髓》49卷等。

方回有不少反映现实生活的诗作。诗宗江西诗派，学习黄庭坚、陈师道，而失之粗劲，缺少灵动活泼。不过他还是被后世认为是江西诗派中最后一位重要诗人，其诗可以看作是对盛行了二百余年的江西诗派的艺术总结。

贡奎(1269—1329)，字仲章，安徽宣城人，著有《云林集》。他的一些写景抒情诗有较高的艺术价值。

贡师泰(1298—1362)，字泰甫，贡奎之子。他为官清正，又以文学闻名当时，为元朝"名高一代，文明千古"的人物。著有《诗经补注》《玩斋集》《东轩集》等，和其父一样，他在写景抒情的小诗上颇有成就。

此时安徽的词坛也是作者众而成就微，词家有陈栎、束从周、舒頔、舒逊、罗志仁、赵沨、曹伯启等人，其中较知名的是安徽绩溪人舒頔。舒頔(1304—1377)，字道原，有《贞素斋集》《北庄遗稿》等，其词较多反映了元末动荡时代中的社会生活，具有一定现实意义。

(二)孟汉卿和他的杂剧《魔合罗》

孟汉卿，元代戏曲作家，安徽亳州人，生平无考，工曲，所著杂剧仅《魔合罗》一种。《太和正音谱》将之列入杰作之中，认为"词势非笔舌可能拟，真词林之英杰!"贾仲明亦赞其曰："己斋老叟播声名，表字相同亦汉卿。"将他与关汉卿相提并论。

《魔合罗》又名《张鼎智勘魔合罗》，是一部优秀的公案剧。"魔合罗"为梵语的音译，是一种泥塑娃娃，民间用来乞巧。剧本写李德昌经商归家，中途病倒在古庙中，便求卖魔合罗的小贩高山给妻子刘玉娘送信。李德昌之弟李文道闻讯后，到庙内毒死了哥哥，反诬玉娘谋杀亲夫，逼嫂为妻。玉娘不从，竟被昏庸的知县判为死罪。六案都孔目张鼎要求复审，并利用重要线索魔合罗剥茧抽丝，终使案情真相大白。

作品情节紧张曲折，戏剧性强，体现了作者高超的构思能力和娴熟的戏剧技巧。"魔合罗"为贯穿全剧的线索和推动剧情的关键。剧本成功地塑造了张鼎这一正直干练的人物形象。全剧曲词本色,艺术性较高,在音律上也有所创新。

二、明代安徽的诗文创作

（一）明代安徽诗文创作概说

安徽明代的诗文创作以明中叶弘治、正德年间为界,分为前后两个时期。前期基本是一种沉寂的局面,也有一些诗词作家,像朱升、吴斌、郑潜、陶安、唐桂芳、汤允勣、程信等人。其中较有名的有休宁人吴斌,其古体诗《量田谣》既有民歌自然清新的韵律又具有现实意义,再就是濠洲(今安徽凤阳)人汤允勣,字公让,为景泰十才子之一,著有《东谷集》10卷。

此时文赋创作的整体水平也不高,成就比较突出的是程敏政与薛蕙。

程敏政(1445—1500),字克勤,休宁篁墩(今属屯溪)人,时称程篁墩。他在散文上与李东阳齐名,著有《宋遗民录》《篁墩文集》等,并撰有明弘治本《休宁志》38卷。

薛蕙(1489—1541),字采君,号西原,亳州人,性情耿直,历官刑部、吏部主事等。他一生著有《西原集》10卷、《大宁斋日录》5卷、《老子集解》《庄子注》和《西原遗书》2卷等。他的赋写得也很好,如《孤雁赋》《黄山赋》《新安江赋》等。

明代中叶以后,安徽的诗文创作开始出现繁荣局面,这与当时社会经济和思想文化的发展是分不开的,而且明末清初阶级矛盾和民族矛盾也刺激了文学创作。同时,明代后期安徽文人结社入盟的风气盛行,对诗文创作的繁荣起了巨大的推动作用。比较出名的有贵池吴应箕、宣城沈寿民、芜湖沈士柱等结南社,后归复社。复社是明末最著名的文人社团,吸引了江苏、安徽的一大批文人参加。再有黄山地区的王寅、方大治、罗逸、方一藻等16人,又称黄山十六子,组成天都诗社;徽州地区的潘之恒、汪道昆、程守、许楚等组成白榆社。此外,还有吴伯与、沈懋学、萧云从、吴士权、左光斗、江九皋等诸多文人,其中左光斗知名度较高。左光斗(1575—1625),字遗直,号浮丘,桐城人。为人刚直不阿,被魏忠贤迫害致死。其诗慷慨悲愤,正气凛然。

总之,明代中后期的安徽文坛,可谓文人众多,成绩斐然。下面重点介绍在诗文方面卓有成就的几位名家。

（二）程嘉燧、吴应箕的文学成就

程嘉燧(1565—1644),明代著名诗人、画家。字孟阳,号松园、偈庵,休宁(一说歙县)人,寓居嘉定(今上海市),为"嘉定四先生"之一,诗在当时与陈子龙齐名。程嘉燧论诗主张先立人格,然后有诗格,其诗情感真挚,清丽委婉。他的文章也很出色,所著有《偈庵集》《松园浪淘集》等。

吴应箕(1594—1645),字次尾,号楼山,安徽贵池人,明代文学家。吴应箕出身贫寒,嗜诗赋,喜游历,所到之处,均留诗文。他还是复社的组织领导者之一。明亡后,他在家乡进行反清起义,兵败被俘后慷慨就义。他一生著述甚多,在文学、政治、经济、哲学、军事、艺术等方面均有研究,著有《熹朝忠节传》《两朝剥复录》《读书止观录》《楼山堂集》等。吴应箕在诗文方面造诣最深。他强调诗歌应具有现实精神,悯时伤事。在风格上他比较欣赏质朴平淡的民歌风格,提出真诗在民间的观点。吴应箕的诗歌也实践了他的诗论主张,大多深刻地反映了当时的社会矛盾和民间的疾苦,像《耕田苦》《大旱歌》《食土行》等,而且诗如其人,质朴激昂,具有较强的人民性和深厚的爱国主义思想。他还有一些小诗写得自然无雕琢,像《题镇国寺壁》中写"杉山山寺万山开,梦里曾经几度来"相当清雅。

吴应箕的赋也与其诗歌一样,多是针对现实有感而发。例如他的《悯乱赋》写清兵入侵,《吊忠赋》写东林党人与魏忠贤阉党的斗争等。还有些状物抒情的赋,像《雪竹赋》歌颂雪竹的美与高洁,由竹格写到人格,辞意挺拔,不同凡响。他编撰的史论、策论性文章,如力主明王朝改革政治的《拟进策》等,当时士大夫也争而颂习。

(三)桐城名家方以智与钱澄之

方以智(1611—1671),字密之,号曼公,又号鹿起、浮山愚者等,与冒襄、侯方域、陈贞慧合称明季四公子,是明末清初一位杰出的思想家、哲学家、文学家和科学家。方以智一生著述很多,计有一百余种,其中最流行的是《通雅》和《物理小识》。

方以智早年就以文章名震天下,他曾和钱澄之等致力于古文振兴,开桐城派先河。方以智的《文章薪火》,推崇左(传)、国(语)、庄(子)、司(马迁)为文章嫡传,反映了当时桐城学者的主要倾向。此外,他的诗词也非常出色。诗风质朴晓畅,而又颇有韵律。例如《三叠泉》《独往》《示儿》等作品。他的作品中也时常流露出深厚的爱国主义情感,如小令《忆秦娥》等。

钱澄之(1612—1693),初名秉镫,字饮光,一字幼光,晚号田间老人、西顽道人。明末爱国志士、文学家。他学识渊博,对数学、地理、训诂、义理都有研究,著有《庄屈合诂》《田间易学》《田间文集》《藏山阁诗存》等。

钱澄之早年就和方以智同为安徽复社领袖,后参与反清起义失败,辗转入桂,为桂王朱由榔的庶吉士。弃官归里后,结庐先人墓旁,闭门著书。

他的诗内容丰富,风格多样。其乐府诗多反映当时百姓的悲惨生活,具有一定的现实性和批判性。他归隐后的一些五言古诗,多冲淡闲逸,风格颇似陶渊明，如《田园杂诗》十七首等。

钱澄之的文章文笔雄健质朴、不事雕琢，又专治古文，文章简洁、典雅，对后来"桐城派"的形成有一定影响。

三、明代安徽作家的戏剧与小说创作

(一)戏剧作家与作品

明代安徽作家的戏剧创作出现繁荣局面，首当其冲的是朱权和朱有燉。

朱权(1378—1448)，明太祖朱元璋第17子，安徽凤阳人，别号臞仙、涵虚子等，世称宁献王，明初戏曲家。他一生创作了多部杂剧，《太和正音谱》是他的主要成就。这部著作是中国古典戏曲理论尤其是音韵格律方面的宝贵财富。

朱有燉(1379—1439)，明初杂剧作家，号诚斋，又号锦窠老人等，安徽凤阳人，明成祖朱棣长子，世称周宪王。他在诗文和戏曲上均造诣非凡，除著有多部诗文集外，还有散曲《诚斋乐府》2卷，杂剧31种。他的戏曲作品，文辞本色，音律和谐，注意调剂冷热场与歌舞的穿插。同时他还对杂剧形式进行了改革，如突破一人主唱的限制，不纯唱北曲等，对杂剧与南戏的融合起了一定的促进作用。

朱氏叔侄之后，安徽较有成就的戏剧作家有：

郑之珍(1518—1595)，明代戏剧作家，字汝席，号高石山人，安徽祁门人。著有传奇《目连救母》，又名《劝善记》。该传奇是在目连传说的变文、杂剧基础上改编而成。剧中写傅罗卜(法号目连)，为救母去西天取经，学得佛法后深入地狱，历经磨难救出母亲的故事，主旨在宣扬封建孝道与佛法。剧中糅进了很多民间传说和爱情故事，穿插了魔术和杂耍等表演形式，情节曲折，想象力极为丰富。这是现存目连戏的最早版本。

汪道昆(1525—1593)，明代著名文学家，字伯玉，号南溟、太函，安徽歙县人。擅长古文诗词，工戏曲。诗文理论宗前后七子，世称"后五子"之一。官至兵部侍郎，与王世贞并称"南北两司马"。

汪道昆在杂剧创作上享有盛名，今存《高唐梦》《五湖游》《远山戏》《洛水悲》四种，都是一折短剧，合称《大雅堂乐府》。内容都借传说来写历史人物的爱情故事。《高唐梦》叙楚襄王梦中会见巫山神女；《五湖游》述范蠡同西施归隐太湖之事；《远山戏》取汉京兆尹张敞为妻画眉故事；《洛水悲》写甄后之魂化为洛水之神与曹植的奇遇。

汪道昆的杂剧，体现出明代士大夫阶层戏剧创作中遣兴娱情的一种倾向，所以题材狭窄，多写文人风流雅事。艺术方面，他将传统诗文含蓄蕴藉的表现手法引入杂剧创作，使得《大雅堂乐府》文辞清丽委婉，成为明代杂剧代表作品之一。

梅鼎祚（1549—1615），字禹金，号胜乐道人，安徽宣城人，16岁时即以诗文名扬江南。他著作宏富，诗文有《梅禹金集》20卷，《鹿裘石室集》65卷；小说有《才鬼记》16卷，《青泥莲花记》13卷；剧本有杂剧《昆仑奴》、传奇《玉合记》《长命缕》；还辑有《历代文纪》《唐乐苑》等。

其传奇《玉合记》改编自唐传奇小说《柳氏传》，写唐代诗人韩翃和柳氏的爱情故事，汤显祖为之序，情节曲折生动，曲辞优美，在当时影响很大。

潘之恒（1556—1621），字景升，号鸾啸生、冰华生等，安徽歙县人，明代著名戏曲理论家。官至中书舍人，与汤显祖、沈璟、汪道昆等剧作家交谊深厚。晚年居住黄山，著书立说。曾从事《盛明杂剧》的编校工作，著有《亘史》《鸾啸小品》《叙曲》《吴剧》《曲派》等剧评，还有诗集《涉江集》等，在戏曲评论方面成就突出。

阮大铖（约1587—1646），明末著名诗人、戏曲家，安徽怀宁人，字集之，号石巢等。其人品行恶劣，在青史上素有骂名，但在文学上却很有成就。诗文有《咏怀堂全集》。传奇多部，今存《春灯谜》《燕子笺》《双金榜》《牟尼合》四种，合称《石巢四种》，其中又以前两种名气最大。阮大铖的戏剧作品，曲工词丽、情节热闹，尤擅用误会与巧合法制造喜剧效果，在中国古典喜剧的创作上堪称楷模。

此外，安徽明代戏曲方面的作家还有：歙县毕尚忠，有戏文《七国志》《红笺记》；铜陵佘翘，有传奇《量江记》《赐环记》、杂剧《锁骨菩萨》等；桐城姚康，有传奇《太白剑》等；休宁汪廷讷，有杂剧《广陵月》、传奇《环翠堂乐府》十八种。另有歙县汪宗姬、程丽先、吴德修、汪芗、程羽文，休宁程士廉、程巨源等多人，一定程度上也反映出当时整个徽州地区戏曲创作的繁荣。

（二）文言小说创作

明代安徽较为突出的文言小说作家有陶辅、梅鼎祚和曹臣。他们的作品已经能够体现明代文言小说的总体特征和艺术水平。

陶辅（1441—1523），字廷弼，号夕川老人，安徽凤阳人，明代中期著名的学者和小说家，著有杂录《桑榆漫志》及小说《花影集》。

《花影集》是一部爱情题材的小说集，其中多数作品都以浪漫主义和现实主义相结合的手法来表现爱情婚姻，能反映出作家的思想倾向，人物形象个性鲜明。

曹臣的琐言小说《舌华录》也较有知名度。曹臣，字荩之，明代小说家，歙县人。其代表作《舌华录》广泛记载了上自远古、下至明代后期的世人问答隽语，分18门类进行编辑，风格类似《世说新语》。全书妙语纷呈，言约旨远，具有较高的文学价值。

四、清代桐城文派的辉煌与成就

桐城文派又称桐城派或桐城古文派,因其创始及代表人物均系桐城人而得名。桐城文派是清代文坛最大的散文流派,创始于康、乾之际,于嘉、道年间达到鼎盛期。其参与作家之众、流传地域之广、绵延时间之久,皆为中国文学史上罕见。时有"何意高文归一县,遂令天下号宗师(马厚文)"之盛誉。

(一)桐城文派的发展历史

桐城文派的历史可以上溯到明末清初。桐城人方以智、钱澄之与戴名世,在古文理论和创作实践上,初步体现桐城文派的某些特征,可以认作桐城文派的前驱,其中戴名世更被看做是桐城派的奠基人。

戴名世(1653—1713),字田有、褐夫,号南山、忧庵,清初著名文史学家。因家居桐城南山,后世遂称"南山先生",其代表作是《南山集》(又名《南山集偶抄》)。《南山集》中辑录戴名世散文百余篇,全部是唐宋体古文,由方苞作序。此书一经问世,即风行全国,打开了桐城古文的知名度,但因书中写有明末抗清的史实,又酿成了清初最大的文字狱案。

桐城派文论体系的真正形成,始于方苞,经刘大櫆、姚鼐而发展成为一个声势显赫的文学流派,方、刘、姚被尊为"桐城派三祖"。

方苞(1668—1749),字凤九,一字灵皋,号望溪,桐城文派的创始人。方苞继承明代散文家归有光的"唐宋派"古文传统,提出"义法"主张。"义"是指文章中心思想即儒家思想;"法"是指表达中心思想的形式技巧。他认为"义"、"法"之间为一经一纬,相辅相成,即内容与形式必须统一。方苞还提倡文章语言必须"雅洁",认为学习古文应以《左传》《史记》为范本,从唐宋八大家散文入手。不过他也反对仅从形式上拟古的倾向。他的这些主张是对唐宋以来古文运动创作经验的总结,在文学批评史上具有积极意义。

方苞"义法"论的创立,为桐城派的发展奠定了理论基础。他的弟子刘大櫆接着成为桐城派承前启后的中坚人物。

刘大櫆(1698—1779),字才甫、耕南,号海峰。刘大櫆一生主要致力于教学,著作颇丰,有《海峰先生诗文集》《论文偶记》《历朝诗约选》等。刘大櫆发展了方苞的"义法"论,偏重于古文的艺术探讨,提出"神气""音节""字句"为文章要素的理论。"神气"是指语言的气势精神,是散文的审美本质,是作者个性在艺术上的体现。他认为文章的"神气"可从文章的字句、音节入手进行体察,感受作者情感的起伏顿挫,这是对我国文章韵律学说理论的一种总结和应用。

刘大櫆门下的弟子中又以姚鼐最为杰出。姚鼐(1731—1815),字姬传,一字梦谷。室名惜抱轩,弟子也称他为惜抱先生。官至刑部郎中,后辞官回乡,致力于教育和精研学问,曾选辑《古文辞类纂》一书,作为弟子学习古文的范本。作为桐城派的第三代祖师,姚鼐在前人的基础上,提出了义理、考据、辞章三者合一的主张,即文章的主题、论证和文辞相统一,使桐城派文论具有更完整的体系和理论性。他还提出了阴阳刚柔说,认为文章的刚柔变化是作者性格、气质、品德的表现。这在中国传统文艺理论研究中无疑是一个创举。

姚鼐之后,桐城派先后有"姚门四杰":梅曾亮、管同、方东树和姚莹。他们又广为授徒,其弟子有桐城戴存庄、苏停元、方宗诚、陈澹然,合肥徐子岑等。后曾国藩创"湘乡派",实为桐城派变体。"曾门四大弟子"为武昌张裕钊、桐城吴汝纶、遵义黎庶昌、无锡薛福成,他们将桐城派的影响进一步拓展,燕、冀弟子多达数百人。其后桐城派的代表人物有桐城马其昶、姚永朴、姚永概以及吴汝纶之子吴闿生等。以马其昶声誉最高,有桐城派"殿军"之称。省外桐城派著名文人还有严复、林纾等。追随者更是数以千计,直至五四运动后桐城文派才逐渐退出历史舞台。

(二)桐城文派的文学成就

桐城派散文作品浩繁。清代以来,编辑出版的桐城派主要作家文集有戴名世的《戴南山先生全集》14卷,方苞的《方望溪先生全集》32卷,刘大櫆的《刘海峰诗文集》22卷,姚鼐的《惜抱轩全集》85卷,方东树的《仪卫轩文集》12卷,姚莹的《中复堂全集》98卷等,举不胜举。

桐城派散文在思想上宣传儒家思想;在内容题材上广泛反映社会生活的方方面面;在文辞上以文从字顺,清真雅正为特色。其论说之文,词句精练,逻辑性强,间有卓识;游记之文,多有传神之笔,使得山水草木生机盎然,又能寄情于景,抒发感叹;写人状物之文,刻画生动,情见于辞;记事之文,叙述扼要,流畅明晰。总之,桐城派散文大都平易近人,清新可读,形成了整体的流派特色。在艺术风格方面又具有各人的个性特征。像方苞为文稳重博厚,质朴自然,其代表作《左忠毅公逸事》《狱中杂记》等,剪裁精当,刻画传神,后世一直列为古典文学教材;刘大櫆其文气肆才雄,所作《答吴殿麟书》,文辞斐然,挥洒自如,充分体现其"神气"说;姚鼐散文艺术成就较高的是写景文,如所作《登泰山记》,描摹生动,色彩鲜明。姚鼐后的一些作家,作品更是汗牛充栋,风采各异。

桐城文派无疑是安徽文化的一项宝贵遗产,也是中华民族优秀传统文化的重要组成部分。

五、吴敬梓和他的《儒林外史》

（一）吴敬梓的生平与思想

吴敬梓（1701—1754），字敏轩，号粒民，安徽全椒人。他出身于仕宦名门，曾随父亲到各地做官，有机会获得包括官场内幕的大量见识。吴敬梓22岁时，父亲去世，他又不善治财，生性豪迈，遇贫即施，很快沦入贫困。吴敬梓早年热衷科举，曾中秀才，后因科场不得意和饱尝世态炎凉，使他无意功名，又对官场的虚伪深感厌恶。雍正年间移家金陵，为文坛盟主，因家有"文木山房"，所以自称"文木老人"，又称"秦淮寓客"。晚年落拓扬州，后卒于客中。

吴敬梓一生创作了大量的诗歌、散文和史学研究著作，有《文木山房诗文集》12卷，还有他耗费半生精力创作的长篇讽刺小说《儒林外史》。

作为出生封建世家的吴敬梓来说，他的思想从根本上还是儒家的孔孟正统思想。社会苦难和名利场上的种种丑恶，使他更向往儒家的传统美德。他在晚年还变卖了最后的祖产修葺南京先贤祠。此外，魏晋时期的社会风尚和晚明以王夫之、顾炎武、黄宗羲为代表的社会民主进步思潮也对吴敬梓的思想产生重要影响。这些都反映在他的《儒林外史》中。

（二）《儒林外史》的思想内容和艺术成就

《儒林外史》是我国文学史上一部杰出的现实主义长篇章回体讽刺小说。全书56章，由多个生动的故事联起来，又多以真人真事为原型。全书的中心思想，就是抨击科举制度及由此带来的严重社会问题：像八股取士下读书人的迂腐，假名士的附庸风雅和虚伪卑劣，地主豪绅的贪吝刻薄等。同时，作者还赞扬了那些拥有高尚情操的知识分子，并在他们身上寄托了自己的社会理想。鲁迅先生在《中国小说史略》中说《儒林外史》"秉持公心，机锋所向，尤在士林"。作家在揭露与讽刺的同时，还带有悯世的悲情心态，使得作品的思想情感又深了一层。

《儒林外史》最突出的艺术成就是讽刺艺术。鲁迅先生认为"其文又戚而能谐，婉而多讽，于是说部中乃始有足称讽刺之书。"作家在立足真实社会生活的基础上，运用夸张、自相矛盾等讽刺手法，借助准确、通俗、冷幽默式的语言塑造了一个个栩栩如生的艺术形象，如超级吝啬鬼严监生、撞号板的周进、善良迂腐的马二先生、中举发疯的范进、灵魂蜕变的匡超人等。除了讽刺外，《儒林外史》的结构也为后人称道。全书没有一线到底的人物和情节，而是用同一主题贯串全书，安排各类人物和故事，达到广泛反映儒林的目的。有时这一回的主要人物到下一回就退居次要，"事与其来俱起，事与其去俱迄"。（鲁迅）

这种结构方式在中国古典长篇小说中颇具特色。总之,《儒林外史》杰出的思想与艺术成就,对后世影响深远。清末谴责小说《官场现形记》等显然是受了它的影响。今天,《儒林外史》已被译成多国文字,成为一部世界性的文学名著。

六、清代安徽文学其他方面的成就

(一)施闰章与凌廷堪的诗词成就

清代安徽能诗的文人众多,但总体成就不高,以清初的施闰章较为知名。

施闰章(1618—1683),字尚白、屺云,号愚山、蠖斋等,安徽宣城人。著有《学馀堂文集》28卷,《诗集》50卷,《遗集》6卷等。施闰章的祖、父都是理学家,他则以诗名噪清初,所著《蠖斋诗话》主张"诗有本、言有物",推尊唐人,反对宋诗。

施闰章有不少现实主义题材的作品,如《临江悯旱》《新谷篇》《铜井行》《壮丁篇》等,深刻地反映了战乱与百姓的苦难生活。

他的一些写景类五言诗,风格接近王维与韦应物,注重清幽意境的营造,如《山行》等作。

施闰章的诗歌自然清新,继承了古代诗人现实主义传统,对当时和后世的诗坛都有一定影响。

凌廷堪(1755—1809),字仲子、次仲,安徽歙县人,清代著名学者。长于经史研究,工诗词及骈散文,在古代礼制和乐律方面成就突出,中举后任宁国府学教授,晚年讲学于安徽敬亭、紫阳书院,著有《燕乐考原》《校礼堂文集》等。

《燕乐考原》为清代学术名著。在这部书中,凌廷堪揭示了燕乐由琵琶弦定律的奥秘,找到了理论上的调音与琵琶弦上的对应位置。该发现揭开了词律研究的千古疑窦,拉开了词体起源与音乐关系研究的序幕,在词学史上具有重大意义。

除了凌廷堪外,清代在词学理论方面较有成就的安徽学者还有阜阳的刘体仁和休宁的汪森等,其中汪森的《词综论》是阐发浙西词派词论的纲领性文章。

(二)戏剧作家与作品

安徽清代的戏剧创作继续明代的繁荣,出现了众多优秀的作家、作品。其中较知名的有:

张潮(1650—?),字山来,号心斋,歙县人,官至翰林院孔目。张潮是清代著名小说家、剧作家和刻书家。张潮著名的作品有清言小品集《幽梦影》、笔记小说集《虞初新志》《花影词》《古文龙雅》等。在戏曲创作方面有杂剧散曲集《笔歌》两卷。上卷为四部单折杂剧，下卷为散曲，具有较高的艺术价值。

方成培，清代著名戏曲家，字仰松，号岫云词逸，歙县人，生卒年不详，主要生活在雍正年间。方成培擅词曲戏剧，著有《听奕轩小稿》《香研居词麈》、传奇《雷锋塔》和《双泉记》等。《雷锋塔》是他的代表作品。该传奇在民间白蛇传说和前人戏剧作品的基础上进行加工和再创作，使得故事情节更加完善，白娘子的形象更加完美，作品的思想性也有进一步提高，在中国古典戏剧史上占有重要地位。

金兆燕（1718—1789），字钟越、棕亭，全椒人。其文章诗词俱佳，尤擅度曲，代表作为传奇《旗亭记》，曲成轰动一时。

安徽清代的戏曲作家还有休宁人吴震生、合肥人赵对澂、望江人龙燮、太湖人赵文楷、阜阳人刘伯友等。其中以徽州人居多，有学者考证清代徽州籍的剧作家就有 15 位。

（三）清代安徽女性文学的繁荣

清代是女性文学的繁荣时期。安徽的女性文学创作在这一时期也非常活跃，主要体现在诗词曲这些韵文学方面。清宣统年间安徽南陵人徐乃昌编纂的《小檀栾室汇刻闺秀词》并《闺秀词钞》中就收录清代安徽女性词 300 余阙。民国光铁夫编《安徽名媛诗词徵略》中收录清代安徽女性诗词作品近千首，涉及女诗人 400 余人。

安徽清代女性文学主要集中在安庆和徽州二地，安庆又以桐城为首。光桐城一县目前可考的女诗人就有近百人。清初就出现著名的"诗坛五姊妹"。她们是方以智的大姑方孟式、二姑方维仪、堂姑方维则、母亲吴令仪、姨母吴令则。这五位女诗人常唱和于"清芬阁"，形成桐城最早的名媛诗社。后又有张令仪、胡淑贞、倪淑、倪婉、吴芝瑛等诸多才女涌现。其中以方维仪和张令仪成就较高。

方维仪（1585—1668），字仲贤，幼从家学，工诗擅画。寡居在家潜心教导侄儿方以智。方维仪又精通文史，编著《宫闺诗史》及《清芬阁诗集》7 卷，均为珍贵的名媛资料。

张令仪（1668—1752），字柔嘉，号蠹窗主人，大学士张英女、大学士张廷玉姊，著有《蠹窗诗集》14 卷、《蠹窗二集》6 卷，另有剧作《乾坤圈》和《梦觉关》以及文集《锦囊冰鉴》，其作品数量在清代女作家中相当突出。

清代徽州地区女性文学创作也是繁花似锦，像休宁程淑有《绣桥诗词存》，程袄娥有《双松词》，歙县徐德音有《绿净轩诗钞》，汪嫈有《雅安书屋诗集》等。清代著名女词人吴藻的祖籍也是徽州黟县。除了大量的诗词作品外，歙县何珮珠还有杂剧《梨花梦》、新安吴兰征有传奇《绛蘅秋》等。

至清末民初,安徽旌德更是出了一位享誉海内外的传奇女词人吕碧城。

吕碧城(1883—1943),原名贤锡,字圣因,号曼殊等。自幼工诗擅画,慧秀多才。她曾任《大公报》编辑,北洋女子师范学堂校长,后旅居海外。她的诗词造诣深厚,尤擅填词,被誉为"近三百年来最后一位女词人"。著有《信芳集》《晓珠词》等。吕氏有姐妹四人,吕惠如、吕美荪、吕碧城和吕坤秀,均以诗文名世。这也反映出清代女性文学家族化的特点。

第五节 现代安徽文学

一、多彩多姿的现代诗坛

安徽现代诗坛适应了诗歌的历史变革进程,取得了丰硕的成果,不仅诗人数量众多,作品异彩纷呈,而且诗歌思潮和创作流派层出不穷。安徽现代诗坛上较为活跃且具影响的诗人,有胡适、田间、汪静之、宗白华等。

(一)胡适与他的《尝试集》

1917年1月《新青年》2卷5号上,胡适发表了《文学改良刍议》,提出改良中国文学的八点主张:"一曰,须言之有物;二曰,不摹仿古人;三曰,须讲求文法;四曰,不作无病之呻吟;五曰,务去滥调套语;六曰,不用典;七曰,不讲对仗;八曰,不避俗语俗字"。同时他将"形式上的革命"作为文学变革的起点,认为文言作为文学的工具已丧失了活力,从而明确地提出了以"白话文学"为"中国文学之正宗"的主张。

1920年出版的《尝试集》,是现代文学史上第一部白话新诗集,也是作者文学主张的自我实践。《尝试集》初版分为两编:第一编收录1916至1917年间撰写的诗作;第二编收录1918年以后公开发表的作品(其中有部分诗作标明作于1917年)。在第四版增订版中,新加入第三编,均为五四运动以后诗作。

《尝试集》的内容,大致可分为以下两类。第一类是反对封建专制,歌颂民主自由,如《孔丘》《威权》等。《尝试集》中第二类作品,多是一些个人的小感触,小志趣,反映了现代知识分子某些生活侧面和思想感情。按题材,可分三种:其一,写景诗。胡适描写自然风物的写景诗,大都明朗乐观,与封建文人旧诗常有的晦涩、凄苦、腐朽形成对比,如《一颗星儿》。其二,抒情诗。多见朋友之谊、情人之恋和亲人之情,如《应该》等。其三,说理诗。寄托、说理和论文学的诗,在《尝试集》中数量最多。《景不徒篇》《老鸦》《他》和《威权》,大都可归入这一类。

在诗歌艺术发展上,《尝试集》也是一个进步,主要表现在,一是突破旧诗藩篱,大胆创新诗体。在第一编,以白话作诗词,在打破旧诗词声韵格律限制,抛弃用典对仗等方面,取得一定的成功,然其诗"犹未尽脱文言窠臼"。从第二编起,旧诗词印痕明显减少,无论诗体、语言,还是立意、描写,都呈现出新的面目。二是吸取中外诗歌艺术长处,探索新诗创作方法。它一方面吸取借鉴了中国古典音韵理论和外国诗歌形式中有用的东西,一方面又对旧诗声韵格律体系大胆否定。例如,在《老鸦》《应该》《一颗星儿》《上山》等诗中,以白话语言本身的自然节奏和音调轻重为基础,有意用双声、叠韵字词对诗句的音步声调进行适当调整,使之语气自然而又和谐动听。

(二)"时代的鼓手"——田间

田间(1916—1985),原名童天鉴,安徽无为人。1935年,田间出版了第一本诗集《未明集》。1936年,他又出版了《中国牧歌》和《中国农村的故事》两本诗集。这三本诗集的出版使田间受到了评论界和读者的注目。

抗日战争全面爆发,田间迅速追踪着抗战的烽烟,写下了《中国的春天在号召全人类》《自由,向我们来了》《给战斗者》等著名诗篇,尤其是抒情长诗《给战斗者》,像战鼓,像号角,震动整个诗坛。从1937年到新中国成立,田间这十余年来创作的诗歌,除了一些散见于报刊的短诗,大多收录在《呈在大风沙里奔走的岗卫们》(1938)、《给战斗者》(1943)、《赶车传》(1945)、《戎冠秀》(1946)等集子里。这些诗作大体可分为两大类:一类是直接为历经千辛万苦的抗战军民输送精神炮弹的鼓动诗;另一类是对夺取胜利的英雄将士和在斗争中觉醒的普通民众着力赞美的讴歌诗。

田间的诗集中最充分体现诗人"擂鼓"气概的是那些短小精悍的"街头诗"。他的"街头诗"的共同特征是诗行简洁、通俗明白而又带有警策哲理,能够迅速揭示事物的本质,并能高强度撞击人的心灵。例如,《假使我们不去打仗》:"假使我们不去打仗/敌人用刺刀/刺杀了我们/还要用手指着我们的骨头说/'看/这是奴隶!'"诗人有意设置一种辩论式假设,然后由此迅即推出一种毋庸置疑、令人震悚的必然结果,因而具有令人信服的鼓舞力量。

田间的赞美讴歌诗大多是叙事诗。在这类诗歌中,田间努力追求大众化、民族化,从而带来了其诗从思想内容到语言、章法句式、形象结构等一系列变化。《戎冠秀》是歌颂被誉为"子弟兵母亲"的晋察冀边区著名劳模戎冠秀英雄事迹的叙事长诗。诗作选取戎冠秀苦难经历和英雄事迹中的 33 个片断,展示了这位身居旧中国底层的农村妇女,在接受教育后成长为新时代的主人和英雄母亲的曲折生活经历及精神历程,读后令人感受到抗战胜利的必然性和战争教育人民的伟大意义。

田间的诗歌创作历程,记录着几十年间中国历史的许多重大转折,忠实地再现了中华民族命运的艰难变迁,人们也能时时触摸到诗人那颗与民族的灵魂热烈拥抱的诚挚心灵。田间的诗歌以其鲜明的独特性,为中国新诗的发展做出了卓越贡献,不愧为"时代的鼓手"。

(三)其他诗人与诗作

汪静之(1902—1996),安徽绩溪人。1922 年 4 月,汪静之与应修人、潘漠华、冯雪峰在杭州成立了"湖畔"诗社,并合作出版新诗集《湖畔》。此后三年,汪静之先后出版了《蕙的风》和《寂寞的园》两部诗集,是"湖畔"诗派中创作成就比较突出的诗人。

汪静之的诗,从不同的角度、不同的方面,以不同的形式,反反复复地吟咏爱情,歌颂爱情、呼唤爱情。就其内容而言,其诗表现了爱的执着深沉;赞美了爱情的甜蜜幸福;歌颂了反封建礼教,争取爱情自由的精神。就其表现手法而言,其诗或正面直接写;或侧面迂回说或借景抒情;或因物起兴;或直率;或机巧;在总体艺术效果上能给人以真实感与和谐感。

宗白华(1897—1986),安徽安庆人,是一位卓有成就的哲学家和美学家。宗白华的小诗自 1922 年出现在《时事新报·学灯》上,总题为《流云》,后于 1923 年 12 月结集出版。宗白华的小诗多是对宇宙人生的探索和对艺术的哲理性体验,清新流畅、深刻隽永,具有其独特的审美价值。

二、蓬勃发展的散文创作

安徽现代散文创作在蓬勃发展的过程中,逐渐形成了一些鲜明的特点。首先,散文创作队伍比较庞大。现代文学史上的安徽作家,几乎都创作过一定数量的散文作品。其次,散文体裁多种多样。举凡杂感、短评、小品、随笔、速写、报告、游记、书信、日记、回忆录等,在安徽现代作家的散文创作中都有恰如其分的运用。陈独秀、吴组缃、周而复分别是安徽现代议论、抒情、叙事散文的代表。

(一)陈独秀与"随感录"

陈独秀(1879—1942),安徽怀宁人,新文化运动的倡导者之一,中国共产党创始人和早期主要领导人之一。

陈独秀是五四时期风行一时的"随感录"的开创者,为杂文艺术的成长建立了重大的功绩。在《新青年》和《每周评论》的"随感录"这个栏目中,他也是撰写作品最多的作者。陈独秀的这类文字侧重于政治和社会问题,从"法律与言论自由",谈到"革命与制度",从"军人与官僚",谈到"二十世纪俄罗斯的革命",抨击时弊,探索光明,在当时的读者中产生了很大影响,起到了思想启蒙的重要作用。陈独秀的讽刺性的短评文字,往往写得直率流畅,颇具高昂激烈的战斗精神。他发表在《新青年》第九卷第2号上的三篇随感录:《下品的无政府党》《青年底误会》和《反抗舆论的勇气》(1921),就曾受到鲁迅的称赞,说"独秀随感究竟爽快",由此可见陈独秀随感录的独特风格。

除了大量的随感录之外,陈独秀发表在《新青年》上的一些议论性散文,也以生动的文字,激越的感情,喊出了激进民主主义的呼声。

(二)吴组缃的抒情散文

吴组缃(1908—1994),安徽泾县茂林人,有《吴组缃小说散文选》名世。吴组缃的散文和他的小说一样,善于精雕细琢,有一种独特风貌,他的散文有着近乎小说的笔法,在叙述中增添了浓郁的生活情趣,具有更丰富的艺术魅力。他很少直接倾泻自己的感情,而是在精心勾勒的场景中,冷静和细腻地描绘出生动的人物来。

《泰山风光》是吴组缃写得最成功的散文,它委婉曲折地描绘出了旧中国种种光怪陆离的现状,像道士和和尚的敛财手段、祖传乞丐的生财法门,都写得曲尽世态,物无遁形。吴组缃侧重于细腻地描绘人物的动作和神态,通过对他们一举手、一投足的细致勾勒能够做到烛隐洞幽,深刻准确地把握住他们的内心世界,把他们刻画得惟妙惟肖,跃然纸上。

(三)周而复的报告文学

周而复(1914—2004),安徽旌德人。抗日战争爆发后,抗战文艺蓬勃发展,报告文学成了时代的宠儿。周而复的创作最初以小说为主,在时代的感召下,他开始致力于报告文学的创作,写了不少有影响的作品。

《诺尔曼·白求恩片断》和《东北横截面》是周而复最成功、最有影响的两部作品。《诺尔曼·白求恩片断》是中国报告文学史上一篇著名的作品,作者栩栩如生地写出了白求恩的性格和内心的活动。白求恩热忱地爱护伤员,憎恨那种不关心伤员疾苦的官僚主义作风,他疾恶如仇,可是一看到别人改正了错误时,就欣喜万分。这部作品内容丰富,也很有艺术特色,除了第一部分概括介绍白求恩以外,其余八个部分全用生动的情节刻画白求恩的几个侧面,从而使白求恩形象栩栩如生地屹立在读者面前。《东北横截面》写的是作者穿行在东北境内的所见所闻,涉及解放区,但是重点是写国统区,其中有对战后城乡景物的描写,更多的是对政治态势和形形色色人物的描绘。这部作品是作者在广泛观察、调查的基础上写成的,因而资料丰富,内容翔实。同时,作者的态度相当冷静、客观,既揭示了国统区社会生活的黑暗和国民党假和平的真面目,又对国民党上层人物和美军中主张和平、民主的人士作了实事求是的介绍和赞扬。总的来看,这部作品写人记事质朴生动,文情并茂,舒缓自然。

三、成就卓著的小说创作

在中国现代小说发生、发展的历史长河中,安徽作家的小说创作成就卓著。安徽作家从自己的切身体验出发,运用各异的小说创作理论,多方位、多视角地展现了现代中国纷纭变化的社会生活,以卓越的创作成就丰富了中国现代小说画廊。安徽现代小说的代表作家有台静农、蒋光慈、张恨水等,他们的创作基本上较全面地反映出安徽现代小说的历史面貌。

(一)"地之子"——台静农

台静农(1902—1990),安徽霍邱人,未名社重要小说家,著有短篇小说集《地之子》(1928)、《建塔者》(1930)等,在台湾地区有《台静农短篇小说集》《龙坡杂文》等出版。他最有特色且最具成就的,是那些始刊于《莽原》半月刊、随之结集为《地之子》的小说。

台静农笔下的安徽农村,在封建宗法制度的统治下,闭塞、灰冷、残败,有如传说中的阴曹,到处是邪气扑扑、鬼影幢幢。封建伦理和习俗是套在农民颈上枷锁,是造成他们悲剧命运的重要原因。《烛焰》中颖慧美丽的少女翠姑,便是夫权社会的殉葬品。未婚夫已病入膏肓,但是她的父母却以"女儿毕竟是人家人"为由,将她嫁到夫家"冲喜",入门不到三四日,她就身着丧服哭送灵柩了。这种野蛮的"冲喜"习俗,反映了夫为妻纲的封建伦理制度下女性价值荡然无存。台静农的小说还写出了民国初年军阀横行和社会动乱给人民带来的深重灾难。《新坟》中的四太太,原是殷实人家,守寡之后,理想在于儿女成人,男婚女嫁。但是一场兵变后,女儿被兵士强奸,儿子被兵士杀害,家产被族人骗走。她流落街头,乞讨度日,神智疯癫,在紊乱、虚幻的错觉中寻求幸福。

台静农的小说格调浓郁阴冷,手法质朴圆熟,取得了较高的艺术成就。首先,台静农小说多选取典型事件的横截面,结构巧妙,能够在短小的篇幅里把尖锐的社会问题表现得集中而深刻。其次,台静农小说技巧圆熟,擅长描写人物心理、挖掘人物灵魂,善于通过场面描写和细节描写表现形形色色人物的思想性格,有着较高的艺术价值。鲁迅先生在《中国新文学大系·小说二集·导言》中谈到台静农时说:"要在他的作品里吸取'伟大的欢欣',诚然是不容易的,但他却贡献了文艺;而且在争写着恋爱的悲欢,都会的明暗的时候,能将乡间的死生,泥土的气息移在纸上的,也没有更多,更勤于这作者的了",颇切中肯綮。

(二)"中国普罗文学的开创者"——蒋光慈

在20世纪二三十年代的中国文坛上,普罗文学是当时文坛的主旋律,普罗文学的代表作家首推蒋光慈。

蒋光慈(1901—1931),安徽金寨县人。他1921年到苏联,入莫斯科东方共产主义劳动大学中国班学习,次年加入中国共产党,并开始文学创作,1924年回国,投身大革命。大革命失败后,蒋光慈赴上海组织太阳社,编刊物,倡导普罗文学。

蒋光慈认为普罗文学"新"在:一是题材新,写革命;二是主人公新,写工农兵,写英雄,写新人;三是给人以新的启示,主题新,思想新,有理想。基于此,蒋光慈的小说创作有着鲜明的特色,即从激烈的革命斗争中撷取题材、塑造人物。《短裤党》是我国文学史上第一部正面描写党领导下的工人阶级的武装斗争的小说。作者在小说中满腔热情地歌颂了工人阶级的武装斗争,再现了起义从失败到胜利的全过程,形象地说明了武装暴动是"工人所不能避免的一条路"。小说较为成功地塑造了一些勇敢、坚毅的革命英雄形象,其中以瞿秋白为原型而塑造的杨直夫这一中央委员形象,给读者留下了鲜明的印象,作者并没有让这个人物在起义中冲锋陷阵,而是将他处理成一个卧病在床的病夫,但是通过作者饱含激情的描写,却让读者感到他是一个每一根血管和神经都与斗争息息相关的猛士。其他一些人物,如史兆炎、李金贵、邢翠英等,虽然着墨不多,却都有一定的个性,刻画得较为成功。《短裤党》烘托了那种血与火的白热化的激战气氛,为时代留下了它的脚印,在现代文学史上取得了难得的突破。

蒋光慈的小说创作极具时代色彩,有着较高的艺术成就和深远的影响。虽然他的小说有拓荒者特有的幼稚和弱点,但是他为中国无产阶级革命文学的创建和探索做出了重要的贡献,其在现代文学史上的地位是无论如何也不能忽视的。

(三)"现代通俗小说大师"——张恨水

张恨水(1895—1967),原名张心远,祖籍安徽潜山,出生于江西广信府(今上饶)。张恨水是一位多才多艺的现代通俗小说大师,代表作有《春明外史》《金粉世家》《啼笑因缘》等。

张恨水创作之初的《青衫泪》,基本上是模仿鸳鸯蝴蝶派言情小说与谴责小说的路数。1924年发表的《春明外史》是他第一部长篇小说,奠定了作者在小说界的地位。小说以记者杨杏园为中心,叙述他与梨云的恋爱和李冬青感情上的纠葛,借助这些故事反映的则是当时的社会生活。作者通过杨杏园这个记者的视野,鸟瞰了社会上形形色色的丑恶现象,生动地勾勒出一幅大千世界的万象图,其中对当时社会上军、政、财界的达官贵人以及他们的政治生活、经济伎俩、荒淫生活等,均有所描绘和揭露。小说全用白话,通俗传神,与鸳鸯蝴蝶派文白杂糅、舞文弄墨的作风略有区别,很受读者欢迎。1926年开笔的《金粉世家》,使作者获得了更大的声誉。这部小说最初连载于《世界日报》,共112回,100万字左右,书中写了金铨一家的盛衰兴亡史,并以金燕西、冷清秋夫妇由恋爱、结婚到反目、离散的故事为主要线索,写出了这一豪门贵族荒淫无耻的种种罪恶,比较真实地反映了官场生活和社会风貌。《金粉世家》人物繁多、场面浩大、故事曲折,但全篇布局严谨,脉络分明,人物也刻画得很有个性,是作者代表作之一。

我们不能把张恨水同鸳鸯蝴蝶派等旧小说作者等量齐观。这可从两方面来看,首先是作品的思想内容。抗战期间,张恨水积极宣传抗战,写出许多直接反映抗战斗争的小说,如《热血之花》《虎贲万岁》等。他在抗战胜利后写的《巴山夜雨》《纸醉金迷》《五子登科》,也都是这样的作品。由此可见,张恨水是一位有着爱国思想和社会良心的作家。其次是艺术表现,虽然《春明外史》《金粉世家》《啼笑因缘》等小说都免不了有流连青楼、情场角逐之类的描写,但都没有迎合低级趣味,也没有大事渲染,只是将其看作当时社会生活的一个方面予以客观、冷静的反映。此外,张恨水自觉地改造章回小说,从主题、题材、艺术形象到艺术技巧、语言风格等各个方面,都做出了积极的贡献,从而在近代小说与现代小说、雅文学与俗文学之间架设了桥梁。

思考与练习:

1. 比较"三曹"诗歌的异同。
2. 唐代安徽两大诗人群体各有哪些代表作家和作品?
3. 分析唐代诗人杜荀鹤与张籍的诗歌特色。
4. 安徽宋代有哪些代表诗人?
5. 分析宋代安徽作家的诗话与小说创作。
6. 南宋安徽豪放派词人张孝祥和方岳的作品各有怎样的艺术特色?
7. 论述清代桐城派的发展历史和文学主张。
8. 概述安徽明清时期小说和戏曲的创作。
9. 简述胡适的文学主张,分析《尝试集》的思想与艺术特征。
10. 为什么我们不能把张恨水同鸳鸯蝴蝶派等旧小说作者等量齐观?

第五章 安徽的艺术

学习目的：

安徽的艺术历史源远流长，各种艺术形式发展生机蓬勃，流派纷呈，名家迭出。通过本章的学习，我们可以了解安徽艺术发展的历史，各种艺术形式的代表样式、主要特点、代表作品和代表人物，从而对安徽的戏曲艺术、舞蹈艺术、绘画艺术、建筑艺术、文房四宝艺术有立体的认识。

学习要求：

1.从戏曲艺术、舞蹈艺术、绘画艺术、建筑艺术、文房四宝艺术五个方面，了解安徽艺术发展的基本情况。

2.了解安徽戏曲艺术、绘画艺术、建筑艺术的代表作品。

3.通过本章的学习，在掌握各种艺术形式基本特点的基础上，能够进一步欣赏各种艺术作品。

学习建议：

1.结合教材自学和课外延伸阅读，了解安徽艺术发展的基本情况。

2.艺术形式表现的更多的是动态的、直观的、立体的样式，建议学生走出课堂，去观摩戏曲、音乐、舞蹈、绘画、建筑等各项艺术作品，体会安徽艺术的独特韵味。

3.条件许可情况下，开展"安徽艺术之旅"，通过实地考察，感受安徽文化艺术的底蕴。

第一节 戏曲艺术

安徽较古老的戏曲有宗教色彩相当浓厚的目连戏和傩戏。明代嘉靖、万历年间,徽州、池州一带出现了从余姚腔和弋阳腔演变而来的徽州、青阳、四平等声腔,其中,青阳腔影响最大,广为流传,北到山西,南到闽粤,西到长江中上游,成为安徽戏曲发展史上第一个高潮。清代安徽戏曲通过徽班推出了徽调,徽调的蓬勃发展,成为安徽戏曲发展史上第二个高潮。徽调兴起以后,江南、淮北和江淮之间,以安徽各地民间歌舞和说唱艺术为基础,受外地传入剧种影响,演变而成地方新兴戏曲。在江南,湖北采茶调传入安庆一带,与当地语言、民歌和青阳腔结合,形成以安庆语音为特征的黄梅戏;在宣州一带,湖北花鼓调和河南灯曲随移民流入,与当地民间歌舞融合演唱,形成了皖南花鼓戏;在江淮之间,以皖西大别山民歌、茶歌和皖中一带的门歌、花鼓调为基础,受湖北采茶调影响,形成庐剧;在淮北,梆子戏的豫东调流入阜阳一带长期演出,演变为具有当地语音特点的沙河调,后改称淮北梆子戏;从苏北和鲁南传来的拉魂腔与宿县、淮北一带的花鼓、民间舞蹈融合,形成泗州戏。这些新兴地方戏曲在新中国成立后得到飞跃发展,特别是黄梅戏,唱腔优美流畅,涌现了严凤英、王少舫等优秀演员和《天仙配》、《女驸马》等经典剧目,经过戏曲艺术改革而迅速崛起,一时传唱全国各地,影响遍及海内外,成为安徽戏曲发展史上第三个高潮。

一、安徽目连戏

目连戏是我国古老的民间剧种,它主要搬演佛门弟子目连僧入冥间救母的故事。目连戏由于宣扬佛教行善劝世,大多是崇信佛教的信徒行善还愿时演出,故俗称"还愿戏"。安徽目连戏主要流行于当时的徽州、池州、宁国、太平四府地域。安徽目连戏具有较为固定、戏文典雅的剧目,正统而丰富的唱腔,神奇而夸张的脸谱,行当俱全。脸谱以净、丑为主,用红、黑、白三色为主勾抹出花脸、标脸、鬼脸、元宝脸、三块头等样式。有稻旺戏(秋戏)、堂会戏、庙会戏(朝九华)、平安戏(平安神戏)、香火戏(还愿戏)五处演出场合(时令),最普通的是三夜完结。还规定搭神、人(戏台)、鬼三层台。南陵、繁昌有搭一种叫"独脚莲花台"的,每逢甲子日演唱,各路名角云集。安徽目连戏插入杂技、灯舞节目为多,一般多为"武戏"。安徽目连戏一开始受到弋阳腔、青阳腔的影响,主要是用高腔形式在演唱,后来又兼唱部分昆曲、乱弹、徽戏,流传的时间很长,影响很大,在戏曲史上占有一定的地位。现在安徽、浙江、江西、江苏、福建等地乡间也还有目连戏的演出。安徽目连戏流传时间长,辐射面积广,影响大,又因山区较偏僻闭塞、宗族关系复杂,至今仍保存着较为原生态的目连戏面貌。

二、贵池傩戏

贵池傩戏是安徽古老稀有剧种之一,主要流行于佛教圣地九华山下的刘街、姚街、梅街、棠溪、桃坡、元四、渚湖、清溪、茅坦、里山一带。它是以宗族为演出单位,以请神敬祖、驱邪纳福为目的,以佩戴面具为表演特征的古老戏曲艺术形式。贵池傩戏一般只在每年农历正月初七至十五祭祀时择日演唱,演员和观众都是本宗族成员。各宗族之间在演出日期安排、剧目顺序、演出形式,以及剧本、唱腔、面具、服饰、道具等方面,都有所不同,这与当地的习俗风尚、自然条件、经济状况有密切关系。贵池傩戏演出为三段体,即傩仪、傩舞—正戏—傩舞、吉祥词。在正戏的前后,必须有"请神"和"送神"仪式,如"迎神下架""送神上架""请阳神""朝庙"等。贵池傩戏演出剧目有两类:一类是以舞蹈为主,以悦神为目的的傩舞与吉祥词。傩舞有《舞伞》《打赤鸟》《魁星点斗》《舞古老钱》《舞回回》《舞滚灯》《舞判》《舞芭蕉扇》等十余种。吉祥词有《新年斋》《问土地》《问社公》和《散花》等。另一类是有唱、有白、有故事情节的正戏(又称"本戏"),剧目有《刘文龙赶考》《孟姜女》《张文显》《摇钱记》《陈州放粮》《花关索》和《薛仁贵征东》等。另有《包文拯犁田》《黄太尉》《斩泾》《姜子牙钓鱼》等剧目已失传。

由于贵池傩戏是在宗族内部代代沿袭,互不交流,加之活动范围和演出时间都很有限,不易受到外界影响而发生变化,所以还保留着傩戏形成初期的原始面貌,被誉为"戏曲活化石"。它对研究中国古代戏曲、民俗文化、社会风尚、宗教演变都有一定的价值。

三、徽剧

徽剧是我国古老的地方剧种之一,约在明代中叶以后形成于安徽徽州、太平、青阳、石台一带。当时著名的声腔如余姚腔、青阳腔已在这一带流行,统称"徽池雅调"。徽剧的渊源就是"徽池雅调"。青阳腔的特点是"滚白滚唱",就是把人民群众生动活泼的口语词汇,加进唱词和说白中,突破了弋阳腔曲牌连缀体的套式,通俗易懂,为广大群众所接受,反倒替代了弋阳腔。嘉靖、万历年间,这一带产生了徽州腔、青阳腔、太平腔、四平腔等多种声腔,很快风靡全国各地,被称为"天下时尚南北徽池雅调",徽剧至此正式形成。徽剧兴起之后,逐渐向外流传。清乾隆年间,徽剧名艺人高朗亭、郝天寿等,把徽剧带到扬州演出。乾隆五十五年(1790),高朗亭又带到了北京,引起"四喜"、"春台"、"和春"等徽班进京。徽剧进京不久,汉剧也进京,徽剧又从汉剧中吸收了西皮,进一步丰富发展了自己的声腔。从此,徽剧广泛流传,影响了全国。徽剧的演出地区遍及长江两岸和黄河南北,一些班社庞大至百人以上,最大的四喜班竟有180人之多。

徽剧的传统剧目很多,富有徽剧特色的剧目有《水淹七军》《义虎报》《齐王点马》《巧姻缘》《借靴》《龙凤扇》《三挡》《醉打三门》等。徽剧的唱腔多姿多彩,既有高雅的高腔、昆腔、优美的昆弋腔,活泼的吹腔,潇洒的四平腔,又有悲怆、激越的拔子,节奏明快的西皮、二黄,富有乡土气息的花腔小调。徽剧的武功表演,分为平台和高台两种。平台武功如"独脚单提""叉腿单提""跑马壳子""飞叉""刀门"等,都是惊险的表演。高台武功演员要从七张桌子相叠的高处翻下,另外还有许多绝技如顶碗、矮子步、辫子功等。徽剧在表演上还追求身段、亮相的雕塑美,像《三挡》中秦琼的走霸,"金鸡独立""童子拜观音""犀牛望月"等身段都十分精美。

四、庐剧

庐剧原名倒七戏,江南人称江北小戏,南京人称和州戏。是用花鼓的歌舞形式演出门歌、锣鼓书、端公等曲种的内容而形成的地方剧种。庐剧的起源是以大别山的民间歌舞为基础,受湖北花鼓戏的影响,并吸收了安徽当地的一些民间小调,逐渐形成了自己独特的风格,从形成到现在已经有二百多年的历史。

咸丰、同治年间,合肥、巢湖一带庐剧班社十分活跃。当时庐剧不能为请神还愿的庙戏、会戏演出,便借助于徽班,先由徽班演出正戏,然后庐剧演出小戏,这种演出办法叫做四平带折班。比如徽班演出《连升三级》《龙凤呈祥》等四出戏后,庐剧接唱《劝小姑》《送香茶》等小戏。这种演出办法也使庐剧大量地吸收了徽班的表演艺术,包括搬来一批徽班剧目。庐剧按区域和唱腔分为上、中、下三路,上路:六安、定远、舒城、霍山、合肥一带;中路:巢湖、无为、和县、含山、庐江一带;下路:芜湖、南陵、繁昌、马鞍山、泾县一带。庐剧的剧目有三百余个,分本戏、折子戏和花腔小戏。本戏,包括连台本剧,以公案、爱情及家庭悲欢离合为主要内容,如《秦雪梅》《十把穿金扇》等。折子戏大多是从本戏中抽出具有独立性的精彩部分,如《王小过年》《假报喜》等。花腔小戏则以反映劳动人民的生活情趣和爱情为主要内容,以及部分闹剧和讽刺喜剧,如《讨学钱》《点大麦》《借罗衣》等。庐州涌现出王本银、丁玉兰、武克英、孙邦栋、鲍志远、李道周等知名演员。庐剧特点是通俗易懂,吐字清晰,朗朗上口,表演生动,生活气息浓郁。

五、黄梅戏

黄梅戏因发源于湖北黄梅县而名,又称"黄梅调",古称"采茶戏"。采茶戏约形成于清康熙中叶,由黄梅人逃水荒带至皖西南,传入安庆一带,首先进入农村灯会,由一丑一旦演唱一些时兴小曲。后来采茶戏在唱灯的基础上,增添了情节,以一丑一旦表演,或增加一老丑、一生角。采茶戏受到青阳腔高腔滚调的影响,变高腔的专用曲调为通用曲调,再将曲牌体的长短句唱词改为通俗的说唱体,以七言、十言演唱,通称"二高腔"。"二高腔"受说唱体偶句唱词的影响,唱腔艺术发展较快,加上改用安庆官话,更带来了黄梅调声调的巨变。后来又吸收江南民歌小调,赋予唱腔独特韵味,具有深厚、广泛的群众基础。

安徽文化
概要

ANHUI WENHUA GAIYAO

128

早期,黄梅戏只有季节性的半职业班社。这种半职业班社人员很少,一般是"三打七唱",即3人操作打击乐器,7人登台演出,加上管服装道具的"箱上"和烧饭烧水的"箱下",一共只有12人,最多也不过20余人。自20世纪初兴起的诸多职业性班社,通过长期的艺术实践,涌现出一批杰出的演员,黄梅戏班社也从农村走向城市,从而促进了黄梅戏的蓬勃发展。黄梅戏传统剧目有"三十六大本,七十二小出"之说。"大本"即正本戏,"小出"谓花腔小戏。花腔戏,大都为农村生活小戏,角色多为一丑一旦,或加一小生,代表剧目有《打猪草》《闹花灯》等。新中国成立后,黄梅戏有了很大的发展,逐渐在全国广为流传,甚至饮誉海外,成为我国享有盛名的戏曲大剧种之一。提到黄梅戏艺术,就不能不提到为黄梅戏艺术做出巨大贡献的一大批艺术家,如严凤英、王少舫、潘璟琍、黄宗毅、黄新德、马兰、吴琼、蒋建国、吴亚玲、韩再芬等。

六、皖南花鼓戏

皖南花鼓戏是流行于安徽省皖南地区的地方戏。它是一百多年前湖北东路花鼓调与河南的灯曲随移民流入皖南,先与皖南地区的民间歌舞合流演唱,后又接受了徽剧、京剧等兄弟剧种的艺术影响,逐渐发展演化而成长的一个富有乡土气息的剧种。

清康熙至光绪年间,湖北、河南地方多次遭受水旱灾害,灾民陆续南迁。太平天国时,皖南宣城、郎溪、广德、宁国地区是两军对峙争夺的战场,当时又发生了大瘟疫,居民外出逃生,这一带便成了十室九空的荒凉地区。在清政府向这些地方移民时,湖北东路花鼓调与河南曲子便随湖北、河南的移民传入皖南,开始在这些地方的农村出现了"打五件"(鼓、大锣、小锣、钹、竹板五件乐器)的说唱形式。由一人或两人合作,沿门自打自唱讨取报酬。职业性的"打五件"艺人们,大量吸收皖南民间曲调,丰富和发展了唱腔,逐渐成为分男女角、又唱又做的"地摊子"表演形式,这便是皖南花鼓戏从民间歌舞形式发展成戏剧艺术形式的初期阶段。之后,艺人们又不断地吸收民间艺术和徽剧、京剧等剧种的艺术成分,促进了自己艺术的发展,随之诞生了职业性的"四季班"和"草台班"。艺人们为了满足观众需要,积极创造和积累剧目,如根据民歌《绣荷包》《绣花鞋》等编成了戏曲《绣荷包》《绣蓝衫》等,根据说唱故事编成《方卿见姑》,根据民间故事编成《荞麦记》《天平山》,还从目连戏、京剧移植改编了《傅罗卜取经》《小尼姑下山》等剧目。

皖南花鼓戏表演艺术是从民间歌舞发展起来的,它以白扇子、红毛巾、彩色带为基本道具,根据人物性格、思想感情的变化,构成多姿多彩的舞蹈和形体动作,伴着特定的锣鼓节奏翩翩起舞,以表达人物内在情绪,完成戏剧动作和人物形象的塑造。表演艺术上讲究文演、武演、热演、冷演。文演要求细腻优美,武演要求泼辣火爆;热演要求风趣活泼,冷演要求沉着稳健。皖南花鼓戏传统剧目中,喜剧占多数,尤其是生活小戏的喜剧色彩更浓厚,塑造了各种风趣、勤劳、善良的喜剧人物。喜剧是丑行的当家戏,丑角在传统剧目中占了很重要的地位,甚至有满台丑角的剧目,如《闹黄府》(《绣像记》),有"七丑闹台"之称。传统丑戏都有生动风趣、明快辛辣的特点。

七、泗州戏

泗州戏是开放在泗洪大地上的一朵绚丽多彩的艺术之花,它土生土长,具有浓郁的乡土气息。泗州戏别名很多,除叫拉魂腔外,还叫拉呼腔、拉花腔、四平调、怡心调、泗州小戏等。据泗州戏老艺人回忆,泗州戏是由当地姓丘、葛、张的三位艺人,吸收民间太平调等创新而成,故泗州戏演员旧时都称"丘门腿",意谓丘姓门下学艺的。泗州戏历经二百多年的不断发展和完善,今天已经成为一种成熟的剧种。泗州戏剧目丰富,如传统剧目《大出观》《三踡寒桥》《樊梨花点兵》《走娘家》《拾棉花》《喝面叶》等长期盛演不衰。

泗州戏最早的艺人以唱"门歌子"为生,多为二人,一唱一弹沿街卖唱。以后有简单道具,发展成二人戏、三人戏,主要在农村演出。泗州戏的音乐唱腔非常别致,地方特色非常鲜明。男腔粗犷、爽朗、高亢、嘹亮,女腔婉转悠扬、丰富多彩、余味无穷,有拉魂的魅力,故而被称之为"拉魂腔"。泗州戏的唱腔曲调源于当地的民歌小调及农民生活、劳动的音调。如赶牛耕地、妇女哭腔等,并吸收了花鼓、琴书等民间艺术形式的音调加以改造发展。泗州戏的花腔调门很多,同一种调门,演员可以自由发挥,各人唱法互不相同,同一演员唱同一段唱词时都难以规范和定型,"怡心调"是泗州戏的最大特点。

第二节　舞蹈艺术

安徽民间舞蹈根据不同的地域文化特征,形成不同风格,大致可分为五个不同色彩区:淮北及淮河两岸的舞蹈风格粗犷炽热,注重技巧,如《花鼓灯》《火老虎》《大鼓镲》等;皖西山区舞蹈风格明快,节奏跳跃,载歌载舞,如《鸱鸪理窝》《十把小扇》《十二月梳》等;安庆及长江两岸舞蹈风格秀丽文静,如《十二条手巾》《十二月花神》《抛球舞》等;江南地区舞蹈风格古老刚健、节奏深沉缓慢,如《傩舞》《游太阳》《得胜鼓》等;皖东南地区舞蹈风格柔美,表现情感细腻,如《双条鼓》《秧歌灯》《打对子》等。代表性的安徽民间舞蹈有花鼓灯、龙舞、狮子舞、凤阳花鼓等。

一、花鼓灯

花鼓灯流行于颍上、凤台、怀远、淮南、蚌埠为中心的淮河流域。花鼓灯的角色分两大类:男角称"鼓架子",女角称"兰花"。花鼓灯包含有舞、歌、锣鼓演奏和有简单情节的小戏曲四大部分,每个部分都可以单独表演。

舞蹈是花鼓灯的主要构成部分,舞蹈中包括大场、小场、盘鼓。大场,又称大花场,是集体表演的情绪舞。大场表演是由伞把子带领,变换各种图形,表达出热烈欢快的情绪,每变换一种或几种图形,便由慢到快,直到奔跑,所以叫跑大场。大场虽是集体的情绪舞,但表演者又可根据自己的表演特长,各显神通,按照统一的套路和节奏,各人动作不必相同。在每个图形连接转换时,各人用自己擅长的身段、筋斗、扭、跳、翻、跌,各有个性和特色,使整个大场既统一和谐,又丰富多彩。小场,又称小花场,是鼓架子和兰花双人或三人即兴表演的抒情舞。这是花鼓灯舞蹈的核心部分。主要表演青年男女相互爱悦、嬉戏逗趣的情境。小场有文、武之分：文的小场以唱为主，舞次之；武的小场以舞蹈、筋斗、技巧表演为主，唱次之或不唱。《伞头小场》是鼓架子手持岔伞和兰花表演的双人舞，岔伞成了鼓架子美化舞姿、表达感情的工具。《抢扇子》是有简单情节的小场，表演时兰花故意将扇子、手巾丢落地上，逗引鼓架子拾取，然后鼓架子和兰花都想把扇子、手巾抢到手，在争夺逗趣中相互比智慧、比技巧，表达出青年男女对爱情、对生活的追求。《盘板凳》是由一个鼓架子、两个兰花表演的小场，是表现少年男女玩耍嬉戏的情景。盘鼓，是武术、技巧表演结合又具有造型艺术特征的表演形式。分地盘鼓、中盘鼓、上盘鼓三种。地盘鼓是鼓架子和兰花在地面表演的双人技巧。中盘鼓，一种是兰花站在鼓架子腿上做"并蒂莲""射雁"等舞姿；一种是两人配合的筋斗技巧，有"迎面接桃""兔子蹬鹰""狮子卷帘"等。上盘鼓是一个或多个兰花站在鼓架子肩上做"鸭子凫水""老鹰叼鸡""双牌山""鸳鸯鸟"等各种造型和舞姿，像是杂技表演中的"叠罗汉"，用花鼓灯的舞姿和音乐，使之舞蹈化。

花鼓灯艺术具有自娱性和表演性相结合的特点，既是供他人欣赏、娱乐的艺术品种，也是表演者个人抒发感情、自我娱乐的手段。在灯场上往往是表演者如痴如狂，围观者如醉如迷，最大限度地调动了群众参与的积极性。

二、龙舞

龙舞遍及安徽全省，形式之多，居民间舞蹈之冠，春节、春会、喜庆吉日都要舞龙以助兴。龙舞的品种就制作材料划分，有纸龙、布龙、草龙、板龙、灯龙等。就形式上分，有各节不相连的断龙，有多人共舞的长龙，也有单人表演的手龙。长的龙长到数十节乃至百节，可以说是以长为贵。休宁县有一种板龙，习惯上是"一丁一龙"，即村子里每个十五岁以上的男子为一丁，每一丁自制一节龙身，表演时龙头在前，经过各家门口，各家的"丁"就将自备的龙身接上去，于是越接越长，直至最后一丁接完，再接上龙尾，遍村游舞。旧时农村风俗，村子大、人口多是值得炫耀的光荣，因而丁越多，龙就越长，不看舞的技巧和花样，只看它的气势。还有的龙舞是以巨为美。歙县义成村的龙头有3米高，身长数丈，晚间在江边表演，被龙体内烛火照得透明的巨龙，倒影映在江水里，像是岸上、水里两条长龙结伴漫游。有的龙则又以小见长，绩溪县有一种手龙，由一人两手持之表演，有时是三、四人，各持一龙，另有一人手持绣球，共同表演。手龙小巧灵活，表演者可以运用翻、腾、扑、跳等武术技巧，同时两手把龙绕在身上，盘旋飞舞，龙虽小却活力强。在农村，人们手举手龙挨家挨户表演，表演者一边舞龙，一边根据各家的实际和愿望，喊着吉祥词，观众随声齐和，为每家祝福。皖南山区还有一种草龙,可称是独具一格。草龙大小不等,大者十余人共舞,小者一人独舞,锣鼓声喧,爆竹满地,极尽奔走之热闹。舞草龙是习俗性舞蹈,只有中秋节游舞,其他时间则不舞。

三、狮子舞

狮子舞遍及安徽全省城乡,名目繁多,形式各异。概括起来可以分为三类:一类是把狮子视为神物,以舞狮来祓除不祥;一类是把狮子作为吉祥物,舞狮子一方面供人欣赏取乐,一方面给人带来吉祥和幸福;还有一类是专为娱乐,人们遇有大喜大庆的吉事和重大节日,跳起狮子舞以示快乐和欢庆。

狮子舞的形式多种多样,它所表现的狮子的性格也是千差万别。《狮子灯》通过"竖顶珠""天鹅下蛋""翻身""打滚""螺丝转""高吊毛""白马驮经"等高难度技巧,表现狮子的勇猛、狂躁,使人望而生畏。《青狮玩烛》是描写狮子见到烛火由惧怕到嬉弄,把狮子表现得温驯可爱,情趣横溢。《九狮一吼》表现狮子的群际关系。《狮子舞》表现狮子产崽,由生产到抚爱,舞的是狮子,表现的是人的情感。《手狮》是一人舞一狮,四只狮子形成一组,技巧难度高。《六兽灯》是由每人双手举着篾扎、纸糊、彩绘的狮子、麒麟、独角兽、象、鹿、獐的彩灯进行表演,六兽的头、颈、腰、尾均点烛火,表演者运用马步、弓步、大翻身等动作,让六兽做出作揖行礼的姿态,向观众祝福。《吊狮》有点像是木偶表演,一个木架,架上是一木框,围上彩色布幔,木架内伸出一长杆,装有绳索、滑轮。木框布幔内藏一狮形与绳索相连。一人扶木架,一人操纵绳索,使狮形沿长杆舞动。

四、凤阳花鼓

"说凤阳,道凤阳,凤阳本是好地方,自从出了朱皇帝,十年倒有九年荒。大户人家卖牛马,小户人家卖儿郎,奴家没有儿郎卖,身背花鼓走四方。"这首著名的《凤阳歌》就是凤阳花鼓的代表曲目。历史上凤阳地区灾荒不断,许多人离开家园,以打花鼓唱曲为生,凤阳花鼓成了贫穷讨饭的象征。

花鼓是我国一种民间歌舞,南宋时期就有记载,是由农民在田间插秧时击鼓演唱发展而来,表演形式是一男一女,男敲小镗锣,女打小花鼓,边歌边舞,有时增加乐器伴奏。凤阳花鼓又称"花鼓小锣"、"双条鼓"等。花鼓小巧玲珑,鼓面直径三寸左右;鼓条为两根一尺五左右的细竹棍。表演者单手执鼓,另一只手执两根鼓条敲击鼓面,"双条鼓"由此得名。"左手锣,右手鼓,手拿锣鼓来唱歌,别的歌儿我也不会唱,单会唱一支凤阳歌",唱的就是这种情形。凤阳花鼓流行于明清时期,最初表现形式为姑嫂二人,一人击鼓,一人击锣,口唱小调,鼓锣间敲。

凤阳花鼓这种流浪卖艺的民间歌舞表演,现在被作为一种传统的民间艺术保留下来。凤阳花鼓的打法、舞步、花势、演唱等在保持浓郁的地方特色的同时,揉进了现代歌舞的技巧,形式活泼多样,气氛热烈欢快,成为劳动人民喜庆丰收、欢度节日的一种民间歌舞表演形式。

第三节　绘画艺术

安徽绘画艺术起源于四世纪,最早出现的画家是晋代戴逵,以后又有唐代的曹霸、薛稷、周防,宋代的惠崇、丁贶、崔白、李公麟,元代的朱璟等一批杰出画家。明清时期是安徽绘画艺术的高峰期,明代,有詹景凤、丁瓒、丁云鹏等绘画高手;清初,则出现以渐江为首的新安画派,以梅清为首的宣城画派,以萧云从为首的姑孰画派。乾嘉年间,萧县兴起龙城画派。这些画派对中国的绘画传统起了承前启后的作用。明代又是徽派版画的极盛期,明末胡正言印制的《十竹斋书画谱》和《十竹斋笺谱》为徽派版画最高成就。十九世纪中叶,徽派版画随着近代印刷术的兴起而逐渐没落。雕塑方面,安徽境内发现的最早的雕塑是分布于皖北地区的汉画像石墓。明清时期徽州三雕名闻遐迩,徽州砖雕尤为著名。民国年间,各类画种不均衡发展,国画方面,新安画派出现汪鞠友、黄宾虹、汪采白、程瑶笙、汪克邵等著名画家。黄宾虹丰富发展了新安画派,将新安画派推向一个新的高度。龙城画派走向平民化,国画得到普及,领衔人物有侯子安、欧阳南荪等。"五四"前后,油画、水彩画和水粉画传入中国,安徽出现了王子云、吕霞光、吴作人、张玉良等一些享有盛名的油画家。

一、国画

安徽的国画艺术起源较早,早在东晋孝武帝宁康年间,就出现了人物画和山水画高手戴逵;唐代则有画马和肖像画的高手曹霸、擅画人物的女画家薛媛。同时,还有一些外籍画家长期在安徽活动,如善于画鹤的薛稷、擅画马、鸟兽、草木等的周防。宋代,惠崇精于水乡景色,擅画鹅雁鹭鸶。北宋熙宁年间,除了大画家丁贶等人之外,还有"花竹禽鸟,秋荷凫雁,勾勒填彩,无不精妙"的崔白。崔白改变了宋初以后画院流行的黄筌父子浓艳细密的画风,他的仅存的传世作品

《寒雀图》《竹鸥图》和《双喜图》,成为当今举世瞩目的珍品。而被称为"宋画第一"的李公麟,则擅长白描画法。元代,出现朱琮等一批杰出画家。明代,詹景凤、丁瓒、丁云鹏、程嘉燧、李流芳、方以智等崛起,安徽画坛更为活跃。清代画坛有三大重镇:清初期在黄山周围,清中期在扬州,清末期在上海。安徽著名的画派有以渐江为首的新安画派,以梅清为首的宣城画派,以萧云从为首的姑孰画派,以及石涛、石溪等,被称为黄山画派。乾嘉年间萧县兴起"龙城画派"。"扬州八怪"中年龄最长的汪士慎是休宁人,年龄最小的罗聘祖籍安徽歙县;名震京师的"小师画派"领袖方士庶也是歙县人。海派画家中,名画家虚谷是休宁人,后移至扬州,再移到上海。

元代,程政以新安大好山水入画,开新安画派先声。明嘉靖年间,丁瓒绘画以米友仁、倪瓒为宗,画风清淡简练,为新安画派形成奠定了基础。稍后的程嘉燧、李永昌,绘画也崇尚倪瓒,枯笔皴擦,简而深厚,开始形成新安画派风格。清初,渐江、查士标、孙逸、汪之瑞被称为"海阳四家",多以峻岭奇松、悬崖峭石、疏流寒柯入画,富有山林野逸、轩爽清秀的韵味,突出了新安画派的特异风格。他们主张师法自然,寄情笔墨,大胆创新,给明末清初画坛带来新的生机。明万历至清乾隆间,新安画派画家有七十余人,除上述代表外,主要还有程邃、程正揆、戴本孝、吴山涛、汪家珍等。清中叶以后,汪朴、何文煜、程鸣、黄镇、江蓉、吴之璘、雪庄、莲溪、虚谷等,在师承新安画派传统技艺的基础上,均有不同程度的创新。

姑孰画派,又称"芜湖画派"。明末清初芜湖画家萧云从继承和发扬元代黄、王、倪、吴"雅洁淡逸"的风貌,强调水墨在绘画上的表现作用,在运笔、用墨、设色等方面集众家之长。他擅长山水画,也工人物画,人物画《离骚图》发展了李公麟的白描人物技法。萧云从绘画影响很大,从学者多,在芜湖一带形成"姑孰画派"。姑孰画派中,萧一芸"参以唐、沈技法,用笔清逸",算是能推陈出新、自成面貌的画家。另外还有陈延、韩铸、孙据德、方兆曾、释海涛、潘士球、王履瑞在当时也很有影响。清代画家中学萧云从的很多,其中当涂人黄钺所作青绿山水和水墨山水各有特色,是"姑孰派"的传人。

宣城画派,指以梅清为首的梅氏诸画家。宣城梅氏是望族,自北宋年间诗祖梅尧臣"以诗名家"以后,文风蔚起,历代名家辈出,故有"宣城梅花遍地开"之说。梅清,字渊公,号瞿山,又号瞿硎、稼园、敬亭山农、柏枧山中人、白发老顽皮等。在绘画艺术上,梅清自谓多学元代,得力于倪瓒、沈周笔意,"不薄今人爱古人",但他师古而不泥古,而是融入"我法",认为"古人在我",注重笔墨韵味和文人画的传统,反对死临硬摹、食古不化。梅清擅长山水、松石,尤其好画黄山,他自称"游黄山后,凡有笔墨,大半皆黄山矣。"黄山的奇峰异石,飞瀑流泉,云海变化,松树的千姿百态,无不收入笔底。他笔下的黄山多以气势取胜,行笔流动豪放,运墨酣畅淋漓,取景奇险,用线盘曲,富有运动之态,如《西海门图》《天都峰图》《莲花峰图》以及现收藏于天津博物馆的《西海千峰图》等,山峦风云变幻,松多奇苍,给人苍茫、凝重的感觉。梅氏画家中,较为著名的还有梅清的从子梅磊、梅磊之子梅南,从孙梅翀、侄孙梅庚、梅种、梅蔚等,其中尤以梅庚名气最大。梅庚的小幅山水,多数是疏点林木,纯用浓墨钩斫山石,略加淡墨皴染。虽不施点苔,亦妙趣横生。梅家之外,半山和尚也是宣城画派的重要角色,画风静而内沉。半山和梅清诗画互酬,共同形成宣城画派风格。

乾嘉年间,萧县出现了一批"重传统、重笔墨、重生活"的乡土书画家。其时,高手林立,群星灿烂,形成以龙城为活动中心的书画研讨体系,人们誉之为"龙城画派"。代表人物有工于画竹的王为翰,善写山水的刘本铭,精于花鸟绘画的张太平和能书善画的吴作章、吴柳庵。清末,龙城画派更加壮大,路荫南所作平远山水,以书法入画,薛铎擅画人物和风雨柳,侯子安以重彩入于水墨,多写淮北风光,欧阳小南擅小写意花卉,笔墨秀中藏拙,宝池和尚善画水墨牡丹、枇杷、兰草等,用笔简古,质朴典雅。

在外省活动的安徽籍画家影响较大的有汪士慎、罗聘、方士庶、虚谷。汪士慎画水仙梅花,清妙独绝,平生创作活动多在扬州,是扬州八怪之一。罗聘笔情高逸,思致渊雅,墨梅兰竹,均极超妙,鬼趣图尤著名。他居住扬州,也是扬州八怪之一。方士庶山水受学于黄尊古,气韵骀宕,有出蓝之誉。他长期寓居扬州,是小师画派的领袖。虚谷,居扬州,工山水、花鸟、蔬果、虫介、写真,落笔冷峻,蹊径别开。后移居上海,在苏沪颇具盛名。而在安徽活动的外籍画家,成就最大的当属石涛。石涛曾居住宣城,其主要活动范围在黄山、敬亭山一带,画了大量表现黄山的作品,如《黄山入胜景册》《黄山图卷》《黄山图》等。石涛是中国绘画史上的一代宗师,他的山水不拘绳墨,灵活多变,酣畅淋漓,干湿交错,浑然一体,对于促进清代山水画发展做出了巨大贡献。他后居扬州,成为扬州画派的先驱。

民国时期,以新安画派为代表的诸画派后继有人。其中影响较大的有汪鞠友、黄宾虹、程瑶笙、汪采白、汪克邵。他们在继承前人的基础上,进行了不同程度的创新。其中黄宾虹主张"先师古人,再师造化,而以自然为归。表现手法上变清淡简远为浓茂苍秀。""用笔分明,墨彩融洽,含刚劲于婀娜,化重滞为轻灵"。他晚年功力独到,画风愈加苍茫、深厚,成为近世山水创作的一个突兀的高峰,丰富发展了新安画派。汪鞠友与黄宾虹是朋友,他的山水、花卉皆有致。

汪鞠友之侄汪采白之画,上承新安画派的优良传统,师古师今师造化,落笔沉着,清新雅致,布局灵警而意境超远,把新安画派诸大家的传统发扬光大。程瑶笙幼年随父旅居江苏泰安,后几次重返徽州,钻研新安画派的墨法。程瑶笙擅画花鸟、虫鱼、走兽和山水、人物。

二、版画

中国传统版画是画家、刻工和印工通力合作的产物。首先版画所具有的意境和艺术构思是画家须要考虑的,其次画家的构思通过刻工的操作,真实地刻在木板上,最后由印工精心印刷完成。明万历以前,版画的绘、刻、印基本由工匠群体完成。明朝是中国版画的黄金时期,郑振铎称万历、崇祯是中国版画"光芒万丈"的时代。福建的建阳版画、江苏的金陵版画、安徽的新安版画并列为版画三大流派。

新安版画又名徽州版画。徽派版画的出现,据现存的资料可以推到元末明初绩溪石氏家刻本《武威石氏源流世家朝代忠良报功图》。其他明万历以前的徽派版画还有明天顺刊本《黄山图经》、弘治刊本《休宁流塘詹氏宗谱》、正德刊本《余氏会通谱》、嘉靖刊本《欣赏编续》中的几幅作品。万历及其以后的各个时期,一大批著名画家投身到版画艺术这块园地中,明代徽籍著名画家丁云鹏、吴廷羽、郑重、黄应澄等,都曾亲手为版刻绘画。明代徽州版画刻工主要以歙县虬村黄氏为中心,从明万历到清初,黄氏有三百多人以刻书为业,其中三分之一从事版画镂刻。约起始于明天顺年间的歙县虬村黄氏刻工,一直以善雕书版而著名,经过几代人的努力,到了万历时期,虬村黄氏刻工终于成熟起来,创造出一套秘不示人的雕图刀法。徽派版画的刻工,本身往往便是画家,画家们熟悉刻刀驰骋的韵味,刻工们领会彩笔纵横的意境。由于画家的参与和刻工雕图技艺的提高,徽州版画从此进入艺术殿堂,出现了众多流芳千古的佳作。墨谱方面有美荫堂的《方氏墨谱》、滋兰堂的《程氏墨苑》、方瑞生的《墨海》、潘膺祉的《墨谱》等;图谱书方面有泊如斋吴氏刊《宣和博古图录》《考古图》等;画谱方面有汪栋刊本《汪虞卿梅史》、滋苏馆本《程氏竹谱》和苑陵汪馆所绘《诗余画谱》;戏曲插图方面有汪光华玩虎轩刊本《北西厢记》《琵琶记》《红拂记》,观化轩、青黎馆两家所刻的《玉簪记》,浣目轩刊本《蓝桥玉杵记》,黄应道刻百岁堂本《梦境记》,黄伯符刻图《大雅堂杂剧》《四声猿》,吴左千绘图本《古本荆钗记》;科技方面有黟县鲍山刊《野菜博录》、休宁程冲斗的《耕余剩技》、汪应魁刊本《新制诸器图说》。明末,流寓南京的胡正言印制的《十竹斋书画谱》和《十竹斋笺谱》,为徽派版画的最高成就。

徽派版画以白描手法造型,精雕细镂,富丽精工,典雅静穆,抒情气息浓厚。郑振铎在谈到徽派版画内蕴的精神境界时曾说:"在这版画的世界里,是那么清丽,那么恬静,那么和平满足的生活。就是写争图,写'殉教'的悲剧,写死亡,描春态,却也还是那么'温柔敦厚'的,一点'剑拔弩张'之气也没有。你在那里见到了'世纪末'的明人的真正生活。"他是真正领略到了徽州版画的内涵的。

三、雕塑

雕塑是造型艺术的一种,是雕、刻、塑三种制作方法的总称,是一种可触感的艺术。雕塑的形式,一般分浮雕和圆雕两类,品种有玉雕、石雕、砖雕、牙雕、骨雕、竹刻、泥塑、陶瓷塑、面塑等。安徽境内发现的较早的雕塑为分布在皖北区的汉画像石墓,墓中大量石刻画像,生动记录了当时社会生活的许多侧面。1965年,安徽亳县咸平寺旧址发现天统三年(567)石济周等造像碑,雕刻精美,有着鲜明的时代特色。安徽明清时期产生的明皇陵石刻、寿县报恩寺十八罗汉、九华山慧居寺客萨罗汉塑像等雕塑精品,闻名遐迩。

徽州三雕是安徽雕塑中的精彩篇章。徽州三雕,指砖雕、石雕、木雕,其中尤以砖雕历史悠久,别具特色。砖雕主要用于门楼、门罩、飞檐和柱础等上面。明代砖雕以浮雕为主,间以浅刻和阴刻线,风格古朴。到清代,砖雕艺术日臻成熟,多综合使用圆雕、透雕、浮雕技巧,所表现的画面也日趋繁复,立体感很强,层次丰富,有浓郁的地方特色。徽州明清砖雕的题材有花鸟、人物、戏曲、生活场景和吉祥题材等。现藏于安徽省博物馆的"郭子仪上寿"、"百子图"等,都是明清徽州砖雕的代表作品,显示出很高的雕刻技艺。徽州石雕质地细致坚硬,苍劲的石牌坊、风采动人的石狮子、古朴典雅的抱鼓石、玲珑剔透的石雕窗、富于诗情画意的石栏杆、造型万变的石鼓等,随处可见。徽州石雕强调装饰性,栏板雕刻中留下《双龙》《八骏》《石鹿》等上乘之作。徽州石雕经过多年发展,逐步形成一种以浅浮雕、线雕为主的独特风格。徽州木雕主要用于建筑和家具两大方面,由圆雕、浮雕、透雕所构成。徽州木雕受版画影响,初期只是在版刻基础上逐步加深雕刻度和层次感,到明代初具规模。作品表现为奔放沉雄,粗犷憨拙的风格。清嘉庆以后,木雕艺术格调趋于细腻烦琐。内容上注重情节性,构图与透视重视变化,章法布局吸取中国绘画的一些艺术手法,产生了不少杰作。

第四节 建筑艺术

中国的古建筑,是灿烂的中华古代文化艺术中独具魅力的部分,是中国古文化、古文明的标志和象征。它凝聚着中国古代各阶层人民的智慧和才能,无论个体建筑还是群体建筑,都是一个民族不同历史时期政治、经济、文化、科技诸条件的综合产物,是自然科学与人文科学的完美结合。它将历史学、文化学、宗教学、哲学、美学、考古学、民族学乃至旅游学等不同学科的价值集于一身,是民族文化的综合体。安徽的建筑艺术,首推徽派建筑。徽商是明清两代控制中国经济命脉的一个重要商帮,当他们经商告老还乡或入仕荣归故里,总要"盛馆舍广招宾客,扩祠宇敬宗睦族,立牌坊传世显荣"。徽商不惜巨金,在家乡大建宅第、祠社、牌坊、路桥、亭塔、园林,这些建筑具有鲜明的地域特征,形成了冠于全国的徽派建筑。明清两代是九华山佛教建筑的鼎盛时期,其时建造的佛寺有化城寺、肉身殿、天台寺、招隐庵、德云庵、真如庵、摘星庵(百岁宫)、华云庵等30余所。明代开国皇帝朱元璋于洪武二年(1369)将凤阳定为中都,集中全国人力物力规划营建,历时六年,建筑了一座极恢宏壮观的都城。另外,安徽由其特殊的地理位置,至今还保留着一些曾经作为军事用途的古建筑的"孤本"和"善本",十分珍稀。寿县古城墙、亳州古运兵道、合肥教弩台是它们的代表。

一、歙县城古建筑

徽派建筑的代表首推歙县城的古建筑。国家历史文化名城歙县,由府城、县城两部分组合而成。唐大历四年(769)形成徽州(时称歙州)一府六县建置后,歙邑一直为州治所在地,是徽文化的中心。仅府县两城内,就有相当多的古建筑。歙县府城始筑于隋末(约617),唐中和二年(882)扩建成现规模,宋元两代经过大修。现存城墙残壁约1500米,东、南两谯楼,西门月城等。南谯楼始建于隋末,为吴王汪华的王府外子城的正门门楼,北宋末年整修。门楼三重三开间,宽15米,进深10米,高20余米,砖木结构。下为门阙,宽4.5米,左右各13根永定柱斜倚墙壁,成10°角,平脊重檐,悬山顶,紫墙青瓦。该楼虽经历代维修,但都按原样整修,因此,保留有隋唐作法和遗风:门楼明显的有汉阙的形态,屋顶坡度平缓,不起翘,檐柱生起("生起"是中国古建筑术语,指自中心起到两侧,柱逐渐升高,使屋檐成为优美曲线)。唐以前城台均为土夯筑,常以斜倚墙壁的"永定柱"加固。当今宋以前门楼实物已无存,其他木构建筑也仅余唐五台山佛光寺和南禅寺两例,南谯楼因此有很高的建筑史学价值。东谯楼,又名阳和门,始建于南宋绍兴二十年(1150),现存式样为清朝同治末年大修时留下的,文物价值远低于南谯楼,但它位于南谯楼附近,将其与南谯楼对比,"隋唐风格"与"明清风格"便凸显出来。东谯楼飞檐翘角,屋顶坡度很急。

歙县城中斗山街、大北街、中山巷,基本保存着明清风貌。斗山街,因依斗山而得名。街巷南北延伸,全长五百米。两侧多为清代徽商、仕官的宅第,如杨家大厅、许家厅、汪中怡宅、潘婉香宅等,另有两座牌坊:叶氏贞节门坊,建于明洪武二十四年(1391),木门坊;董氏孝烈坊,建于清顺治七年(1650)。斗山街临街面都是山墙,马头墙高低错落,石板路,精刻的门罩,保留着徽派街巷深沉幽雅的风貌。

城西南练江之滨的西干山麓,唐代已是享有盛名的风景区。名流至歙,常以此为宴饮之地,题诗讽咏。西干山麓有披云亭、放生池、石淙、昌公祠等景观建筑,沿练江边分布着兴唐寺、等觉寺、经藏寺、五明寺、长庆寺、净明寺、如意寺、福圣寺、妙法寺、应梦罗汉院的"西干十寺"。现今矗立江边的长庆寺塔,就是以长庆寺得名,建于北宋重和二年至宣和三年(1119—1121)。塔四方形平面,七层实心楼阁式,砖木结构,石质须弥座,檐口以叠涩砖出挑,这些使塔略带唐塔古意。塔叠涩砖上又有木构腰檐,飞檐翼角,风铎声清脆悦耳,又糅合了江南宋塔清秀。附近太白楼、披云亭,为清代重建。

歙县还保留有明清牌坊近百座。始建于元末的歙县贞白里坊,是现知最早的牌坊。单间二柱三楼,以白砂石雕砌,仿木结构,该坊曾于明弘治十二年(1499)重建,明嘉靖六年(1527)和清乾隆二十年(1755)两度修葺。石坊上镌刻的"贞白里"三个篆字,系元代监察御史余阙手笔,二楼正中字牌刻有元代翰林院编修程文撰写的《贞白里门铭》,从中可见立坊为彰表乡贤郑千龄一家三代。郑千龄曾为延陵、祁门、淳安、休宁等地地方官,为官清廉,誉为"贞白先生",贞白里由此得名。立体牌坊的出现,是牌坊型制的一大突破。徽州仅存的两座立体牌坊,均在歙县。一为明嘉靖年间建的丰口四面坊,它由单间三楼牌坊围合而成。另一座即为位于歙县城的许国石坊,建于明万历十二年(1584),为明代礼部尚书兼东阁大学士许国所立,又名"大学士坊",俗称"八脚牌楼"。许国石坊系四面八柱的立体牌坊,其型制为中国坊林中的孤例。它采用青色茶园石料,仿木结构砌成。浮雕为徽雕工艺,精丽流畅、淡雅明快。浮雕构思上,选择了许国生平中的闪光点,予以形象再塑:"鱼跃龙门"暗示许国科班出身;"三豹喜鹊"隐喻许国万历十一年三步升迁。石坊匾额镌刻"大学士""上台元老""先学后臣"等，是明代书画家董其昌手笔。基座上十二座奔驰与蹲踞等形态各异的石狮，既有强烈的装饰效果，也增强了石坊的结构稳定性。

牌坊组群，是歙县坊林一绝。坐落在棠樾村的石牌坊群，由七座石坊和一座路亭组成，自东往西依次是：鲍象贤尚书坊，建于明天启二年（1622）；鲍逢昌孝子坊，建于清嘉庆二年（1797）；鲍文渊继妻吴氏节孝坊，建于清乾隆三十二年（1767）；乐善好施坊，建于清嘉庆二十五年（1820）；骢步亭，建于清乾嘉年间（1736—1820）；鲍文龄妻汪氏节孝坊，建于清乾隆四十一年（1776）；慈孝里坊，建于明初；鲍灿孝行坊，建于明嘉靖年间。七座石坊形式统一，均为三间四柱三楼式，仿木结构。它以"忠孝节义"为序，昭示了儒家伦理道德观。布局上，顺着弯曲的道路展开，既深化了层次，又显得自然贴切。骢步亭的点缀，丰富了建筑群形象。郑村忠烈祠前，忠烈祠坊和左右司农卿坊、直秘阁坊一字展开，三坊均建于明正德年间，居中忠烈祠坊为三间四柱五楼，两侧为单间二柱三楼，主次分明，装饰统一。

牌坊作为决定徽州建筑整体风貌的一类建筑，是儒家伦理道德的物化象征。它浓缩了徽州建筑乃至徽文化的基本特质。歙县牌坊林，是徽文化的缩影。

二、黟县明清古民居

被誉为"东方古代建筑艺术的宝库"和"中国传统文化的缩影"的徽派古民居，无论在造型、布局，还是在陈设、装饰上，都显示出浓郁的中国特色和厚重的中国传统文化底蕴。特别是被列入世界文化遗产名录的皖南古村落"桃花源里人家"——西递、宏村，其建筑艺术所蕴含的人文性和所体现的生态化特点及独特的审美价值等，不仅给后人留下了一笔珍贵的世界文化遗产，而且对于现代建筑设计具有重要的借鉴意义，它们是皖南地域文化和徽派建筑艺术的典型代表。

西递村位于黟县东隅东源乡。该村建于北宋皇佑年间，鼎盛于清代中叶。因村中溪水向西流，原名西溪、西川。后村中设驿站"递铺"，易名西递。村中尚存胡文光刺史坊和清代民居一百二十二幢。坐落于村口的胡文光刺史坊，建于明万历六年（1578），三间四柱五楼仿木结构，通体用质地坚腻的石料"黟县青"，雕饰精美古朴，以高浮雕配以漏窗，层次丰富。民居均为砖木石结构楼房，马头墙、小青瓦，门楼砖雕多为八仙、财神、寿星、松鹤、花鸟等，具有浓郁的乡土气息。屋前或屋后多有小庭院，鹅卵石铺地，筑以鱼池、花台和假山，形态各异的漏窗丰富了景观。其中走马楼建于清道光年间，实际上是一种楼阁式长廊，用于登临观赏。为当时宰相曹振镛到西递会亲而赶建；大夫第，建于清康熙三十年（1691），正厅为四合院二楼结构,厅左侧利用隙地建有临街彩楼,飞檐翘角,窗扉栏杆玲珑剔透;履福堂,建于清康熙年间,它陈设典雅,四壁楹联、画轴,充满书卷气;桃李园,建于清咸丰年间,三间二进二楼,为秀才胡允明教书授业的私塾;敬爱堂,始建于明万历年间,清代重建,是保存完整的大型古祠;西园,清道光年间知府胡文照宅园,精巧幽深,为徽派庭院经典。西递村从多角度展示了清代民间建筑艺术特征,被誉为"清代中叶民居博物馆"。

宏村位于黟县城北际联乡。南宋绍熙年间建村,鼎盛于明清。村内尚存明代建筑一幢,清代建筑一百三十二幢。其中承志堂,建于清咸丰年间,是清末大盐商汪定贵府第。它围绕九个天井,布置了厅堂、书房、厢房、回廊等。承志堂的艺术价值首推它的木雕:细腻流畅的雕工,显示了清末木雕工艺水平;浓郁的生活气息,又是以龙凤为主题的宫廷雕刻所缺少的。代表作品有"宴官图""渔樵耕读""百子闹元宵""三国演义戏文"等。此外,南湖书院、桃园居观景楼、树人堂、德义堂、碧园等民居庭院,也各具特色。宏村称绝之处,还在于独具匠心的牛形村落的规划。全村以月沼为中心,正街贯穿,南附南湖,一条近一米宽的清澈水渠流经各户,使得"浣汲未妨溪路边,家家门前有清泉",形成完善的人工水系。水系为生活用水提供了方便,调节了气温,也极大地美化了环境。从作为村落景观核心要素的月沼、南湖,到村民家中开掘的鱼池、庭院,都得益于这一水系。

三、九华山佛教建筑群

九华山位于皖南的青阳县境内,唐开元末年,新罗国王近属金乔觉来华,卓锡九华,圆寂后被奉为地藏菩萨膜拜,开辟了九华山以地藏为主的道场圣地。九华山现存五十六座明清禅寺,大多集聚在九华街及附近,成为九华山间佛国城。地处中心的化城寺,为九华山的开山寺,"化城晚钟"为九华十景之一。九华街东隅为水口区,坐落着九华山规模最大的寺庙祇园寺,它以大雄宝殿为中心,周围配殿因地取形。街南的旃檀林,粉壁上"旃檀禅林"四个大字。它由皖南的天井过渡到大雄宝殿,天井墙上有巨幅壁画"墨龙行云图",左右上方还有"芦雁秋景""秋菊傲霜"及春兰、冬梅等小品图画,清新淡雅。从旃檀林前石板路上坡,不远处有净土庵,拾级而上,途中有一段石栏,并刻莲花朵朵,铺于路面,即佛教流传的求道拜师"五十三参"故事浮雕。路边坡岭,坐落着无量寺、广济茅蓬。再往上,有上禅堂。上禅堂原名景德堂,清康熙六年(1667)建,同治初年重建,大部分楼阁已毁,今存仅为殿宇的一部分,但是依然富丽堂皇。正殿供着释迦、观音、地藏塑像,左右分坐着十八罗汉。相连的韦驮殿,横梁有三层浮雕,镌刻着庙堂议事和争战场面。韦驮殿后是客堂,凭窗远眺,一览众山景。

化城寺位于九华街,始建于晋隆安五年(401),天竺僧怀度在此筑室为庵,始创九华佛寺。唐至德年间,释地藏金乔觉曾在此苦修,唐建中初正式辟为地藏道场,朝廷赐"化城寺"匾额。化城寺多次毁于兵燹,后又经御赐重新修缮。现存四进大殿中,除后进藏经楼为明万历年间遗构外,山门、大雄宝殿都是清末依原样重建的,大体保留了明代的建筑风貌。

肉身宝殿,简称肉身殿,书写为"月身宝殿",佛教寺院,坐落在九华山神光岭。这里古称"南台",释地藏金乔觉晚年曾在南台诵经晏坐,唐贞元十年(794)九十九岁时圆寂,依浮图之法,坐殓缸内葬于南台。贞元十三年(797)安葬时,佛徒信其为地藏菩萨化身,建三级墓塔供奉。传说塔基夜晚放出"圆光",因此南台易名为神光岭。屡经兴废后,于明万历年间修建,御赐名"护国肉身宝殿",三级石塔由木塔笼护,外筑高殿。清同治年间遭山洪毁坏后重修。这座"殿中有塔,塔中有缸,缸中有肉身"的殿宇,一千多年来虽有兴废,但迄今仍气魄非凡,矗立于山峦之上。宝殿由81级石阶直通,方形平面,轴线对称,边长约17米,四周环以回廊石柱,殿高约20米,重檐歇山顶,覆盖铁瓦。殿内雕梁画栋,汉白玉铺地,汉白玉佛台。正八边形平面的七级木质浮图居中,两侧有十王塑像侍立。塔基须弥座为汉白玉质,底层供奉有地藏王大佛像,塔身每层各设8个神龛,塔顶饰华盖。殿后有半月形瑶台,立铁鼎,香烟缭绕,称"布金之地"。

百岁宫,坐落在九华山东峰摩空岭之巅。明代原名"摘星亭",万历年间河北宛平僧海玉(号无瑕禅师)自五台山来此布道,无瑕寿126岁,时人慕称"百岁公",庵名"百岁庵",明崇祯三年(1630)敕封为"应身菩萨",无瑕肉身装金,钦赐"百岁宫",同年扩建寺院,成为九华山四大丛林之一。清康熙六十年(1721)重建,道光十九年(1839)扩建,清末民初多次修葺。寺院依山就势,错落有致。它由大雄宝殿和楼殿组成,上下关联,左右贯通,为一整体。大殿为三开间,宽17.4米,进深16.7米,高16.7米;殿内设大佛龛,供奉装金的无瑕和尚肉身。梁栋雕饰精美,正顶为方形藻井,古色古香。楼殿就地形而建,上下3~5层,设三进天井。

四、明中都皇故城

明太祖朱元璋建都南京,毗邻的安徽划入直隶,成为明初政治腹心地区和建设中心。洪武二年(1369)下诏以桑梓之地凤阳为中都,历时六年,至洪武八年(1375),已粗具都城格局。

明中都有宫城、皇城、外城三道,平面均略呈方形。内为宫城,周长3702米,砖筑,设有四门;中为皇城,周长7670米,砖石修垒,亦设四门;外城周长约30公里,大部分为土埂,原设十二门,罢建中都后革去三门。规划以宫城为中心,南北中轴线纵贯全城。正殿居中轴线中心,沿中轴线两侧,对称布置着中书省、大都督府、太庙、社稷坛、文华殿、武英殿等官署与礼制建筑;城南云济街上,东西对称分列着国子监、功臣庙、钟楼等,今仅存鼓楼台基为旧物。鼓楼台基长61.5米,宽34.3米,高17.5米,台基三道门出口处,均砌白玉石洞券,其型制新颖,规模及工艺均居明清钟鼓楼之冠。现鼓楼基座以上建筑,为近期重建。明中都罢建以来,屡遭兵燹毁坏,今仅存午门、西华门、大殿等残迹,以及一段一公里长的城墙。安徽凤阳明中都遗址入选"2021年度全国十大考古新发现"。

明中都建设显示出中国城市规划思想历经千载摸索已是相当成熟。在明中都,我们强烈感受到了中国城市规划中皇城居中,南北中轴线纵深序列布局、礼制格局的思想。明代中国古建筑木作、瓦石作、雕作等技艺,也都达到了炉火纯青的地步。午门须弥座及宫阙遗存的汉白玉浮雕,雕镂着龙、凤、花卉、珍禽、异兽,无不技法圆熟、形神兼备;后宫遗址上还残存着大殿的蟠龙石础,栩栩如生;废墟上还可见到五彩琉璃瓦砾。明中都另一重要建筑史学意义在于,它继承和发展了宋元传统,为其后的明代北京城改建扩建提供了蓝本。

五、古军事建筑

安徽古建筑中,还拥有一批有着特殊用途的古建筑,那就是古军事建筑。这是因为淮河、长江特殊的地理环境,使安徽历史上常处在对峙政权的交界线。频繁的战事,使得城墙、楼台、地道等防御类型建筑摆到突出位置。寿县古城墙,是国内现存唯一的宋城;亳州古运兵道,传为曹操隐兵道;合肥教弩台,始于曹魏筑台练强弩,以御孙吴水军,是罕见的军事用途高台建筑实物。

寿县古城墙。寿县古城墙是全国屈指可数的保存完好的城墙之一。寿县,古称寿春,自楚考烈王二十二年(前241)迁都于此,曾十次为郡。由于寿县地处襟江扼淮的重要位置,千百年来一直是兵家争夺的军事重镇。公元383年的秦晋淝水之战就发生在这里,给后人留下了"投鞭断流"、"风声鹤唳"、"草木皆兵"等历史掌故。五代十国时期,后周与南唐又激战寿春,当时身为后周大将的赵匡胤(后来的宋太祖)随周世宗柴荣亲征,围困寿州,立下了赫赫战功。至今两淮民间还流传着"赵匡胤困南塘"的故事,寿县传统糕点"大救驾"就源于这个故事。因此,历朝历代对其城垣修筑都颇为讲究,屡毁屡建,日益坚固。现在的城墙是南宋宁宗十二年(1206)建康都统许俊重筑的,墙砖面上常常会看见"建康许都统造"的字样。城略呈方形,城墙周长7141米,高8.3米,底宽18~22米,顶宽4~10米,墙体以土夯筑,外侧贴砖,外壁下部有2米高条石砌基,通体向内倚斜,层层收分。城外东南为壕,宽约60米,北环淝水,西接寿西湖,外壁墙脚筑有宽约8米的护城石堤。城有四个门,东南西北依次为宾阳、通淝、定湖、靖淮门,四门都有护门瓮城。与城墙有密切关联的"留犊情深"、"刘仁赡死节守城"、"当面锣对面鼓""门里人""人心不足蛇吞象"等美好传说,至今还在当地流传。

亳州古地下道。亳州古地下道又称曹操运兵道,位于历史文化名城亳州市内,传为曹操隐兵道。地道属我国古代军事构筑物,亦称"地突",最早见于《左传》中"宵突陈城"一语。《三国志》和《资治通鉴》中都有地道战的生动记述。古地道是为出其不意运兵的军事构筑物,亳州古地道提供了难得的实物史料。亳州古地下道是几个时期完成的,其上限可追溯至三国,历经唐宋元,主要完成于宋。地道1927年首次发现,以后陆续又有新发现,其中较大一次是1969年,于城内南北、东西两条主要大街两侧挖出近2000米。其分布是以市内大隅首为中心,向四方放射。主干道为平行双道,两道留有双洞孔,可相互通话,支道纵横交错。地道有四种结构:(1)早期土木结构:地道上横一木棒,铺以木板,为三国遗筑;(2)砖土结构:墙基为土,墙上部至顶为砖砌;(3)单层砖结构;(4)大隅首交汇处双层砖结构。地道一般高1.45~2.1米,宽0.6~1.2米,底面高低起伏。砖结构地道券顶留有方洞直通地面,墙壁留有小龛,可能是放灯用。地道砌筑用的砖,多为宋砖,仅铺地用唐砖及汉砖,道内文物也以宋代的居多。

合肥教弩台。又称古教弩台、曹操点将台。高4.3米,面积3800平方米。据《合肥县志》记载,三国鼎立时期,魏主曹操四次到达合肥,临阵指挥,筑此高台,"教强弩以御吴舟师",故名"教弩台"。台基陡峭,边缘勒以砖石。台上有屋上井、听松阁两处古迹。屋上井,因井口高出街道平房屋脊得名,水味甘美,四季不竭,为当时曹军将士饮水之源。井口石栏拙朴古老,现出23道提水绳沟,绳沟石质光亮如玉,栏上镌刻"晋泰始四年殿中司马夏侯胜造"字样。曹操父本夏侯氏子,曹操也应为夏侯氏,故夏侯胜造此井具有纪念先人之意。听松阁是曹操"望敌情、运筹帷幄、纳凉休息"之所,周围松柏挺拔,浓荫蔽日,每有风动,阵阵松涛。登听松阁可俯瞰全城,前人诗有"登临收楚豫,吞吐尽江淮"之句。

第五节　文房四宝艺术

笔、墨、纸、砚是我国独特的传统书写绘画工具,被称之为"文房四宝"。在传播中华民族文明,发扬祖国传统文化方面起到了非常突出的作用。"文房四宝"作为专有名词流传,就是来源于徽州城(今歙县徽城镇)筑建的"四宝堂"。《大明一统志》载:"四宝堂,在徽州府治,以郡出文房四宝为义。"安徽是文房四宝的故乡,是文房四宝珍品集中生产的省份。它制作工艺精湛,品种丰富多彩,风格独特别致,早已闻名遐迩,誉满中外。

一、宣笔

在林林总总的笔类制品中,毛笔可算是中国独有的品类了。传统的毛笔不但是古人必备的文房用具,而且在表达中华书法、绘画的特殊韵味上具有与众不同的魅力。我国的书写用笔起源很早,古人有"蒙恬造笔"之说,从近百年的考古发掘的材料来看,笔的起始远在蒙恬之前。到春秋战国时期,各国都已经制作和使用书写用笔了。那时笔的名称繁多:楚称笔为聿,吴谓之不律,燕谓之弗,到了秦始皇才定称为笔。

"蒙恬造笔"的故事,韩愈《毛颖传》是这样描述的:公元前223年,秦将蒙恬南下伐楚时,途经中山(即现在皖南宣城泾县一带山区),发现这里兔肥毫长可以制笔,便以竹为管,在原始竹笔的基础上,制成了第一批改良的毛笔。这种以中山兔毫所制的秦笔,就是今天宣笔的祖先,蒙恬也被后人尊称为制笔的祖师。东晋时宣州的陈氏之笔为王羲之等人所推崇。到唐代时,安徽宣州泾县便成为全国的制笔中心,所制之笔,因产于宣州,故名宣笔,随后被列为贡品和御用笔。至此,制笔名家辈出,宣笔盛行全国,成为文房四宝珍品之一。

宣笔在选材和制作上都极为讲究。唐宋以来传世之笔,原料达几十种之多。如羊须笔、羊毛笔、青羊毛笔、黄羊毛笔、鹿毛笔、狸毛笔、麝毛笔、鼠须笔、虎毛笔、响铃鼠笔、丰狐笔、龙筋笔、狼尾笔、石鼠笔、獭毛笔、鹅毛笔、鸭毛笔、鸡毛笔、雉毛笔、猪毛笔、胎毫笔、人须笔、鼠尾笔、檀心笔等。一般宣笔所用之料占以上极少数几种,大都是以兔毫为主,掺以上好的鹿毫、羊毫。其中紫毫是兔毫中上乘者,弹性极佳,为世人珍之。白居易有"紫毫之价如金贵"之叹,充分说明了紫毫的价值。宣笔不仅选料精审,而且工艺要求严格。制笔过程从原料到成笔,要经过选料、修笔、装套、刻字等道工序,层层把关,一丝不苟。制作高档宣笔还要将毛浸入水中,按扁、圆、曲、直、长、短、粗、细、有锋、无锋、锋长、锋短等具体情况进行分类,重新组合,以达到最高标准。故而宣笔具有"毛质精纯耐用,运笔刚柔适意,笔颖尖圆得体,装潢典雅古朴"这四大特点。

从魏晋到唐宋,宣笔一直被列为贡品,极受书画名家的仰慕和追求。晋代书法家王羲之、唐代书法家柳公权曾为得到宣笔而写过"求笔帖"。唐代诗人白居易任宣州太守时,曾咏紫毫笔:"江南石上有老兔,吃竹饮泉生紫毫,宣城之人采为笔,千万毛中选一毫。"宋代诗人梅圣俞称赞宣城笔工匠:"笔工诸葛高,海内称第一。"近代国内外许多著名书画家如刘海粟、李苦禅、赵朴初、肖龙士、黄胄、范曾等都曾使用宣笔,留下了许多传世珍品。

二、徽墨

墨的发明,是中国古代人民对文化发展的一个重大贡献。东方历代大量珍贵的著名书画作品,不仅因此被完整地保存下来,并且皎如日星,光耀千古。由于墨的特殊性能,可以淡妆浓抹,刚柔相济,得心应手,因此成为历代艺术家们抒发聪明才智的主要工具之一,也是世界美术史上树立中国画特殊风格的重要因素。

我国已有3000多年的制墨历史。在徽墨的产地歙县、休宁一带流传着这样一个传说:一天,邢夷在溪边洗手,看见水中漂浮一块松炭,无意中随手捡起,手上染了黑的颜色,很是诧异。于是回家后,捣碎成灰,先用水和,不能凝结,随手用粥饭之类的黏性物拌和,然后用手搓成扁形或圆形的块状,因此邢夷被认为从这时就开始制墨了。徽墨生产始于唐代末期。那时由于战乱,著名墨工奚超、奚廷珪一家由河北易水来到皖南山区。他们见黄山多松,新安江水清澈,是制墨的好地方,便定居歙州,重操墨业。他们以皖南古松为原料,又改进了捣松、和胶等技术,终于制成"丰肌腻理、光泽如漆,经久不退,香味浓郁"的佳墨。南唐后主李煜,雅爱书法绘画,不但委任廷珪为墨务官,还赐其全家"国姓",从此李墨风靡天下,李廷珪成了古今制墨家的宗师。至宋宣和年间竟达"黄金易得,李墨难求"的地步。到了宋代,形成了"徽人家传户习""新安人例工制墨"的盛况。这一时期,黟县的张遇创制了油烟墨,以制"供御墨"闻名于世。黄山的沈珪以古松烟杂用脂,漆渣烧之,得烟极黑,为漆烟。歙县的潘谷、新安的吴滋所造之墨,也风靡一时。公元1121年,歙州更名徽州后,李墨及其他各家所制的墨,都统一称为"徽墨"了。到了明清时期,徽墨的制作进入盛世阶段。墨的图案绘刻和漆匣的装潢制作,都达到了登峰造极的境界。其中,龙香剂墨、天琛墨、仙桃核墨、紫薇恒星图墨、鱼戏莲墨、西湖十景墨等均为绝世之作。这时期的徽墨按原料不同还可分为松烟、油烟、漆烟和超漆烟等品种,其中最名贵的是超漆烟等高级油烟墨,这类墨散发出紫玉光泽,用于书法色泽黝而能润;用于绘画浓而不滞,淡而不灰,层次分明,故受到历代书画家的推崇。

三、宣纸

宣纸是写字绘画的一种专用纸,因产于宣州府(今安徽泾县),故称宣纸。民间传说,东汉安帝建光之年(121),蔡伦死后,其弟子孔丹在皖南造纸,很想造出一种洁白的纸,好为老师画像,以表缅怀之情。后来孔丹在峡谷溪边,偶然看见一棵古老的青檀树横卧溪上。由于流水终年冲洗,树皮腐烂变白,露出一缕缕修长而洁白的纤维,便取以造纸,经过反复试验,终于成功,这就是后来的宣纸。

宣纸的闻名始于唐代,宣纸在唐代还被列为"贡纸"。最早的宣纸用料以青檀树皮纤维为主要原料。宋、元以后又用桑、麻、竹、楮等十余种原料为宣纸的用料。制出的宣纸质地细密、柔软坚韧、颜色洁白、吸墨均匀,光而不滑、薄而能坚、不腐不蛀,不怕水浸日晒,久存不变色。人们赞宣纸是"薄似蝉翼白似雪,抖似细绸不闻声。"宣纸品种计有60多种,根据配料的不同,可分为三大类:特净类、棉科类和净皮类。其主要采用皖南山区的青檀皮和砂田稻草为原料,经过揉、蒸、浆、水捞、贴烘等18道工序、100多项操作过程精制而成。其特点是质地细薄、绵韧、洁白、紧密,不蛀不腐,搓折无损,润墨性强,尤以耐老化、拉力强及不变色而被称为"纸中之王""千年寿纸",是古今中外书画艺术的珍贵载体。宣纸在书画中能够表现出笔墨的浓淡润湿,变化无穷,能使画面别开生趣。

宣纸从它诞生时起,就和中国书画紧密地结合在一起。它既为中国历代书画家表达特殊的艺术妙味提供了方便,同时,由于有了它,古代大量的使用宣纸所作的书画名迹和木版善本书籍,得以完好地保存下来,成为我国非常珍贵的民族文化遗产。中国艺术辉煌的发展史,充分地说明宣纸对于中国书画来说是至关重要的。五代十国时的南唐人董源,是善于表现拥翠浮岚的江南景色的高手。他的作品虽凡长卷阔幅者是绢本,而短卷直幅,如《庐山图》《夏山林木图》和《溪山风雨图》等,都是用新安的"澄心堂纸"画的。北宋中晚期画坛上出现了一位光芒四射的白描画家李公麟,他的《五马图》《醉僧图》以及其他人物画和山水画,大多都是用"澄心堂纸"绘制的。李画以纸不以绢,以墨不以丹青。只有在临摹古绢画时,才用绢素着色。米元章父子,同以水墨淋漓的山水画著称于世。他们从不琐屑地去写山容水貌,只是以水墨信笔挥洒,寥寥数笔,便显出满纸彩霞掩映、气象万千。但无一幅是绢本,专赖这宣书宣画的宣纸,以表现这种特具的风格。中国画讲究"墨、浓、湿、干、淡、白""六彩","六彩"中"白彩"的"白"即是纸素之"白",也是宣纸所独具的"纯白"特点。画家能巧妙地利用纸上之"白",使它成为画中之"白",帮助表现所需要表现的画中山石的阳面,石坡的平面,画外的天水空阔处,云物空明处,山脚下的杳冥处,树头的虚灵处,以及烟断和云断,道路和日光等。通过画家的巧手和巧思把纸上之"白"用活了,终使满纸气吞云梦,全幅生机盎然。

明清而后,中国绘画几乎专用宣纸,则是更不待言了。虽有时亦用绢,只不过仍限于少数"仿古绢画"而已。一千多年来,中国书画与宣纸结下了不解之缘。具有独特风格的中国书画,只能用特有的传统工具与方法,除绢以供染翰之外,那只有依靠这种千年不朽的宣纸了。

四、歙砚

歙砚出产于安徽省的歙县,又称"龙尾砚",是中国"四大名砚"之一,享有"龙尾歙砚天下冠"的美誉。歙砚的制作始于唐代开元年间,其发现实为巧合。据说猎人叶氏追逐野兽至龙尾山,见那儿的石头莹洁可爱,便带了几块回来,琢磨成砚。数世之后,他的后人将砚赠予徽州令,州令十分喜爱,找人去开采,于是便传扬开来。南唐时,歙砚第一次受到了宠遇。元宗李璟精意翰墨,雅爱文房。由于歙县太守呈献的歙砚,石色青莹,石理缜密,坚润如玉,发墨如油,元宗看了十分喜爱,于是在歙州设置了砚务,选砚工高手李少微为砚务官,派石工周全跟他学习雕砚技术,专门搜罗佳石为御府造砚。由帝王设置砚务官督采歙石,算得上是破天荒的盛举,这是歙砚最辉煌的时代,也是中国砚史上最辉煌的一页,歙砚生产因此得到了很大发展。此后,歙砚名声大噪,誉满天下,歙砚的制作工艺也得到进一步发展。

歙砚质地精良,色泽优美,石质细腻,湿润莹洁,纹理缜密,抚之如柔肤,扣之似金石。具有"出墨快,不伤笔毫,墨水不干"的特点。从岩石学的角度来看,适合制砚的岩石,主要是水成岩。所谓水成岩,就是由火成岩、片岩的碎屑、碎片,与火山喷出物、生物遗骸等,经物理作用与化学作用,在水中沉积固结而成之岩体。由于岩石形成过程中,承受的地热、压力和渗透力不同,因而使岩石呈现不同的构造状态,造成厚薄、软硬、疏密、粗细、燥润、曲直不一的特点。这就是以纹色命名,对砚石品评的主要根据。

歙石从纹色上区分有如下几大类:罗纹、眉子、金星和银星。

歙石以罗纹、眉子之奇特者为上品。罗纹的形成,是含有硫化银、铜、锰等矿物成分的粘土质,在岩石中作层状排列的缘故。层次极薄的,在砚石的断面,显

示细罗纹;略厚的为粗罗纹;层次整齐比例规则,纹如毛刷擦过,则为刷丝罗纹;层次作不规则的曲折的,则为水浪纹,或呈漩涡纹;层次稀疏,间有碳质黑点,呈现出枣心和蒜子形状,则是枣心罗纹和蒜子罗纹。碳质黑点至小者,有如竹根剖面之黑点,则为鱼子罗纹;色气黄润,而有黑点细斑者则为鳝肚眉子;丝直而细密者,为犀角罗纹;层次较厚,莹质有一道粗宽直纹者,则为角浪纹;层次间隔,一层含铁,一层含银,这种间隔形成之纹理,从剖面上来看,称之为金银间刷丝罗纹等。罗纹最名贵的是犀角纹、鳅背纹及细罗纹、暗细罗纹,都是莹润发墨、呵之水出的精品。

眉子,是罗纹的变异表现。有几类眉子:一种是大眉子,一抹白云,形如新月;一种是对眉子,形体较小,多数横而不曲,两端略细,成双成对;还有一种眉子如甲痕,是眉子中最小的,实际上是银星的变异。银星磨制到不成为星时,呈半圆状,有如指甲之痕,即小眉子和对眉子。古籍记载的雁攒湖眉子,就是无数甲痕相接,如人字倒置,形如一群大雁,聚在湖边。

金星,是一种硫化铁的点滴散布物,大的成豆,小的如黍,至小者如鱼子。所谓雨点金星、金钱金星、鱼子金星等名目,就是根据其形状大小命名的。金星质融为片云状、流云状,这就是所谓金晕;而金星质融化不见痕迹时,即呈现青碧色,与碳质比重较大的歙石相比,显得益发娇媚,呈现青碧色的歙石,间有金星分布,也是常见的。

在雕刻装饰上,歙砚也有着独特的艺术风格。歙砚在雕刻上,具有徽派石雕风格,其图案,多取黄山胜境,新安风光,小桥流水或神话传说,名人逸事等。花纹浑厚朴实,美观大方,线条挺秀,刀法刚健,花式多变,尤其以实用朴素著称于世。加之歙石开采不易,使得歙砚极为名贵,价格不菲。此外,歙砚还多用红木、梨木、红椿或木胎髹漆制作砚盒,上面刻有题款铭识,更添古朴大方之感。

思考与练习:

1. 安徽戏曲繁华满地,五彩纷呈。安徽目连戏、贵池傩戏、徽剧、庐剧、黄梅戏、皖南花鼓戏、泗州戏都有着独特的艺术魅力。了解其中你喜欢的一种戏曲艺术的基本情况。

2. 结合所学到的知识,对你看过的某一部戏曲作品进行赏析。

3. 安徽历史上著名的画派有哪些?介绍其中一种画派的发展情况,以及代表画家和代表作品。

4. 徽派建筑艺术的主要特点是什么?结合实例具体说明。

5. 安徽的文房四宝指的是哪四样宝贝?他们各自"宝"在什么地方?

第六章　安徽的宗教文化

学习目的：

通过本章的学习，了解道教、佛教的起源、流传、发展及其宗教人生论，掌握道教与道家哲学的理论渊源，认识道教文化和佛教文化在安徽的发展和影响。

学习要求：

1.明确老庄思想对于道教的源头作用。

2.了解道家的主要代表人物及其思想，认识安徽的道教文化及其影响力。

3.简单了解安徽佛教发展历史及各期代表人物。

学习建议：

1.在全面理清中国宗教文化脉络的基础上对安徽的道教、佛教文化有所认知。

2.在掌握道家哲学主要思想的基础上，了解内中包含的养生学说对于道教宗教人生论的影响。

3.通过阅读有关书籍，对于道教、佛教文化的博大精深以及以安徽齐云山、九华山为代表的宗教名山有所了解。

第一节　安徽的道教文化

道教是中国固有的一种宗教,距今已有 1800 余年的历史。它与中华本土文化紧密相连,深深扎根于中华沃土之中,具有鲜明的中国特色,并对中华文化的各个层面产生了深远影响。

一、道教溯源

道教是在中国本土产生的宗教,它正式形成的时间晚于佛教,但其形成的时间却很早。大体说来,道教的产生主要来源于以下几个方面:

1. 原始宗教和巫术。远古社会的人们认为有超自然的神力支配自然万物的变化和人的生老病死,因而产生了对自然物和祖先的崇拜,并通过"巫人"沟通人类与鬼神的关系,借此祈福禳灾。这种巫术被道教继承和吸收,成为道教的来源之一。

2. 春秋战国时代的方术。这是鼓吹长生不老,借助炼丹采药企图成仙的一种奇术,称为"方术""仙术"。秦始皇、汉武帝等都曾迷信方术,并派人寻找海上仙山,祈求长生不老。这种方术及其神仙信仰也成为道教的一个重要来源。

3. 阴阳五行学说。战国时期邹衍的阴阳五行思想广为流行,无论是道家、儒家还是方士们都深受其影响,以致成为道教内外丹学的重要理论根据。

4. 黄老学说。道家把传说中的黄帝和春秋时期的老子当做道教的创始人,认为黄帝和老子主张以清净之术治天下,而且道家所崇尚的"道"具有神秘化的倾向。道家所宣扬的养生理论,以及长生思想,都被道教所吸收。加上后来对黄帝和老子的不断神秘化和宗教化,到东汉时已出现了奉黄帝和老子为教主的"黄老道",这便是道教的前身。

二、原始道教的产生

(一)道家思想的影响

道教的源头之一是道家思想,道家思想可以被看做是道教的主要支撑点。

被道教尊奉为太上老君的老子，著有《老子》一书流传于世，该书被尊为《道德真经》。老子将"道"作为哲学的最高范畴，道家崇尚的"道"，是一种超乎形象的宇宙最高法则，具有神秘化的倾向。道教进一步夸大了"道"的超越性、绝对性，把"道"变成具有无限威力的全知全能的至上神的代名词。老子的否定的思维方式从有溯无，谓之"返璞归真""归根曰静"，这种思想是道教修炼的哲学依据之一。先秦道家宣扬清静无为，以尘世为糠，以富贵为物累，一心向往无有之乡，有强烈的悲观厌世情绪。道教以此为出发点，进一步形成出世的宗教人生论。《老子》一书中关于"静观""玄览"的认识论，养气、"专气致柔""守道抱一"等养生学说，自然无为、贵柔贵谦的处世态度，都成为道教修炼方法和出世思想的依据。

道家重视养生，内中包含着长生思想的胚胎。道教吸取了这部分内容，将其作为内核。道教在利用道家思想的过程中，很自然地利用了老子的思想，把他奉为本教教主和尊神，《老子》则被奉为道教的祖经。早期道教的主要创教活动之一是神化老子，改造道家，于是，《老子》和《庄子》就成为道教产生的重要源头。唐代尊《老子》为《道德真经》，《庄子》为《南华真经》，《列子》为《冲虚真经》。宋以后编纂的《道藏》，几乎把先秦以来的道家著作网罗无遗，可以说，道教乃是道家发展中的一个分支。

(二)道教的产生

道教正式创立于东汉末年，其标志是太平道和五斗米道的出现。

东汉末年，政治黑暗，外戚和宦官专权，土地兼并严重，加上自然灾害频发，这种混乱动荡的局面，为道教的正式创立提供了土壤。同时，由于统治者追求长生之术，社会上求仙风气日盛，使得道教适时产生。河北钜鹿人张角利用太平道发动了黄巾起义，黄巾起义也反过来成为一场波澜壮阔的宗教运动，迅速推动了太平道的广泛传播。尽管后来黄巾起义遭到镇压，太平道也受到沉重打击，但其教义和影响并没有就此消失，而是改换了形式继续流传了下去，汇入道教的总洪流中。

五斗米道是另一个影响较大的原始道教，创始人是沛国丰县（今江苏省）的张陵。后人尊他为张道陵、张天师、祖天师。汉顺帝时，张陵于蜀中鹤鸣山修道，并着手创立道教，自称"太清玄元"，宣称太上老君"授以三天正法，命为天师"，创立了道教。当时规定凡入道及请求治病者，须交纳五斗米作为"信米"，故称为"五斗米教"。

张陵创立的五斗米教尊老子为教主，奉老子《五千文》为基本经典。相传张陵曾著《老子想尔注》，该书发挥了老子的思想，第一次提出了"道教"一词，赋予

"道意"以至高无上的权威,宣称人君按"道意"治国,则国可太平;循"道意"爱民,则民可寿考,一般人若能法"道意",则可得长生久视。张陵祖孙三代为五斗米教的前三代领袖,后人合称他们为"三张",张陵为第一代天师,其子张衡为嗣师是第二代,张衡之子张鲁为系师是第三代。后由于曹魏势力日渐强大,张鲁于公元215年投降曹操,受到礼遇,使得五斗米教的影响由西南流传到关陇、洛阳、邺城等中原地区,发展成为魏晋时期北方道教的主要流派。

三、道教的发展与兴盛

(一) 魏晋南北朝时期

在魏晋南北朝时期,由于葛洪等人先后对道教的整顿和改造,道教逐渐由分散的原始状态进入了相对统一的成熟阶段,由民间宗教逐渐趋向贵族宗教,在一定程度上得到了统治者的扶植和崇奉,逐步成为官方宗教,并为隋唐道教的进一步发展和繁荣奠定了基础。

在动荡的魏晋时代,随着道教的分化和繁衍,特别是封建士大夫大量拥进道教,引起了道教内部在思想和组织上的变化。新的教派也相继出现,一些出身贵族的宗教家起而对道教进行改造。他们对战国以来的神仙思想作了系统的总结,使道教的神仙信仰理论化,并为统治阶级镇压民间道教奠定了基础。其中,葛洪、寇谦之、陆修静、陶弘景等成为最突出的道士。

葛洪(284—343),字稚川,号抱朴子,丹阳句容(今江苏江宁县)人。葛洪是道教史上承前启后的代表人物。他继承了神仙家的传统,贬低张角等用符水治病等原始道术,反复论证了神仙的实际存在,提倡通过金丹等术修炼成仙,将原始道教从救世度人引导到个人度世成仙。

葛洪知识渊博,著作很多,代表著作是《抱朴子》,分为《抱朴子内篇》和《抱朴子外篇》,前者为道教论著,着重阐述道教的宇宙观,反复论证神仙的实际存在,人可以修炼成仙。书中还详细记录了炼制金丹的方法,阐明了医理,提倡崇尚良医,强身健体,反对巫祝迷信,并记载了一些锻炼方法,是研究我国古代科学技术史的重要资料。《外篇》则是专言人事的著作,以托古讽今的方式议论时政得失,讽刺世俗,提出治民之法。

葛洪将道教理论系统化,同儒家思想紧密结合,以道为本,以儒为末,在方术中以金丹为主,包容兼蓄。同时,葛洪对于古代化学的定性研究成果卓著,开辟了定量研究的先导,并对古代医学做出了重大贡献。葛洪关于用水银治疗皮肤病的方法,比意大利著名外科医生罗吉尔12世纪使用水银软膏要早八百多年;关于治疗狂犬病的方法,比法国著名化学家、微生物家巴斯德要早一千五百多年;其他的还有,恙虫病(沙虱热)的发现早于日本一千四百多年、疥虫的记载早于阿拉伯八百年、天花的发现比阿拉伯医学家的鉴别早五百多年,等等。这些表明,葛洪既是著名道士、卓越的道教理论家,也是我国古代伟大的医学家、炼丹术家。

北魏道士寇谦之是北方天师道的首领,他对北方天师道的教义进行了改革,创立了新天师道,并且实现了道教与封建皇权的结合。南朝道教的一代宗师陆修静,发展葛洪的理论,整顿改造了道教组织,建立、完善道教斋醮仪式,为道教教理、科仪的统一奠定了基础。梁代著名道士陶弘景对道教的建设作用也很大。他吸收了佛教和儒家的观点,主张儒释道三教合流,并创作了《真灵位业图》,以儒家的封建等级制兼容并蓄,编制道教庞大的神系。这些,都进一步促进了道教理论的统一和系统化。

（二）唐朝时期

在唐朝近三百年的统治中,道教不断得到统治者的扶植和崇奉,道教的地位也处于儒教和佛教之上。其原因主要是因为道教尊奉的先祖老子姓李,与唐朝皇室同姓,唐高祖、唐太宗为了抬高自己的出身,也为了神化自己的统治,遂攀上太上老君为先祖,奉为祖神、族神,因此,唐代非常尊崇老子,道教也便受到优待。

如唐高祖李渊重用道士王远知,唐太宗规定佛道在宫中的顺序是道先僧后,他还在安徽亳州为太上老君修了老君庙。唐高宗下诏令全国各州修建道观,并且亲自参拜老君庙,上太上玄元皇帝的称号,建祠堂,设祠官。公元674年曾规定将《道德经》作为考察选拔官员的科目之一,后又规定为科举内容。唐玄宗更为崇信道教,不仅大修道观,重用道士,而且在两京和各州建立专修道教的场所。所有这些,促进了道教的兴盛,并使得隋唐道教哲学提高了思辨性,也更加重视内心的修持。

（三）宋朝时期

到了宋代,道教不仅有了更大的发展,而且也产生了重大的转折。北宋的道教基本沿袭了隋唐以来的旧传统,南宋以后,以炼养为主的全真道和南宗等新教派相继产生,使道教的发展出现了丰富多彩的局面,并对以后的道教发展产生了深远的影响。

北宋王朝对道教一直非常重视,皇帝的极力推崇,对于道教的繁荣影响很大。从宋太祖、宋太宗起就这样,宋真宗和宋徽宗更是以道教来神化政权,并努力变道教为国教。宋徽宗甚至增定道教节日为全国节日,为大批神仙新加封号,举国上下充满了尊崇道教的气氛。在战乱连年的金朝统治的北方,出现了太一教、真大道教和全真教等新的派别,并且跨越了民族界限,扩展到东北、西北等少数民族居住地区,使道教获得进一步发展。

（四）明清时期

明清两代统治阶级对道教的限制较严,而道教本身在创新方面也建树不多,故道教逐步走向衰落。

明初的统治者为了加强专制统治,对宗教活动采取了严格限制的政策。政府限制州县寺观的数量,并建立了严格的度牒制度,同时集中管理僧道,令他们集中居住,违者治以重罪。但一些皇帝如明世宗企图追求长生成仙,使得道教活动仍被允许。

明太祖朱元璋在夺取政权建立明朝时曾利用道教制造舆论,称他的祖坟风水好,继称在他出生前,其母吞服了道士的丸药,故常有神人为之护理。在起兵征战的过程中,道士周颠仙和张中等常为他出谋划策,故而朱元璋对道教道士感情至深,即位后对道教大加扶持。朱元璋亲自撰写了《御制纪梦》,宣称自己在即位前曾梦游天宫,见到了道都"三清",又有紫衣道人授予他真人服和剑,让他成为"奉天承运"的"真命天子"。因此,他建立明朝是"奉天承运",他统治天下也是天经地义的。但是,明初的宗教界僧尼道士腐化堕落以及僧道利用民间秘密宗教组织起义的情况也让朱元璋非常警觉,在道教的组织管理方面加强了控制,并建立了严格的度牒制度。朱元璋规定每三年以考试的方式实行淘汰制,以此对僧道的身份进行严格的限制;并且严格管理寺庙宫观,控制数量以及所居僧道人数,令僧录司和道录司造"周知录"以管理僧道,还对僧道的日常生活作了种种规定,如禁止饮酒食肉、娶妻纳妾等。朱元璋制订的这一套宗教管理制度至明成祖时得到了增饰,并趋于完备。

明世宗以后,道教进一步走向衰落,对统治阶级的影响远逊于唐宋时期。纵观明代道教的特点,一是走向世俗化、民间化,大部分人不进道观、不依靠道士,只是在日常世俗生活中以自己的道德修养信奉道教;二是一些知识分子在道教研究的过程中大都偏重丹法及个人修炼;三是符箓派道士更加深入民间,以驱邪捉鬼等为主业;四是道教的民间影响力进一步扩大,涌现了诸如八仙故事的流传,以及著名道士张三丰的传说。

到了清代,由于清皇室尊崇藏传佛教,对道教采取严厉限制的方针,使得道教的活动主要在民间展开,尽管作为长生之术,道教仍不时引起一些皇帝的兴趣,但总的说来,清代道教比明代衰落更甚,这就直接导致了清代的道教势力单薄,组织松弛,系统的教义纷纷流于歧途和浅陋。

四、道教胜地:安徽齐云山

道教的思想基础之一是原始宗教,道教的宫观是道士和信徒隐居修炼、举行宗教仪式活动的场所，一般多建于名山大川，其建筑的规划设计体现出天人感应、朝天敬道和道法自然的道教思想。葛洪在《抱朴子》中说："道书藏于名山五岳"，"为道者必入山林"；又说："合丹当于名山之中，无人之地"。认为只有名山，才能传授道书，炼丹修道。道教创始人学道作符处是名山，神仙居处是名山，迎接神仙下凡需要名山，道徒修炼需要名山，尤其是唐宋之后，早期道家也逐渐被仙化，道教的神祇大大增多，因此需要大量的名山。

基于对山岳的崇拜及对神灵的信仰，道教名山建筑以朝天敬神为目的，道教提倡进入名山洞府，以修真求仙。历史上许多的仙真高道曾隐居山中修炼。传说黄帝曾问道于崆峒山，老子说道于终南山，道教创始人张道陵于龙虎山、嵩山、青城、鹤鸣诸山修炼和传扬道教，葛洪于罗浮山炼就金丹，陈抟高卧于华山。

（一）齐云山道教沿革

历史上流传下来的四大道教名山为：湖北武当山、江西龙虎山、四川青城山、安徽齐云山。其中，安徽的齐云山主要供奉北极真武玄天上帝，有"江南小武当"之美称。其建筑设计非常符合朝天敬神、宛若仙境的思想。

齐云山又名白岳，在安徽省休宁县城45公里处，以36奇峰、72怪岩、24溪涧、16洞而闻名，道教活动颇为兴盛。齐云山作为道教圣地，始于唐代。据史料记载，唐朝乾元年间（758—760），道士龚栖霞，云游至齐云山，隐居于天门岩修炼传法；虽无建迹，却留下道教遗踪。

南宋宝庆年间（1225—1227），道士余道元自黔北（黄山）游至齐云山天门岩，得潜师天谷子印记"宜我室此"，遂拜请于居士金安礼、金士龙，建佑圣真武祠于齐云岩。相传真武帝神像为百鸟衔泥塑立。此后云游道士纷至沓来，道观日益增多，齐云山遂成道教名山。崇拜道教的居士信徒，纷纷献地输财，筑祠建观，香火日盛，道士渐增，从而创立了齐云山的道教基业。

明朝，"山岳效灵"，道教活动日趋兴盛，永乐十年（1412）以后，宫观道房，次第落成；永乐十八年（1420），辟齐云观于齐云岩；宣德四年（1429）建三清殿于拱日峰下。道士频繁往来于武当山，间或去武夷等山访师求学，以致齐云山宫殿建筑、道规道制，亦多仿效武当。正德十五年（1515）养素道人汪泰元仿武当山建玉虚宫于紫霄崖，建静乐宫于桃花涧；其门徒方琼真继师志建榔梅庵，并往武当取榔梅树植之。武当亦名太和，齐云亦名中和，齐云山道教渐具规模，并成为武当山全真派的一个门派，故古人称之为"江南小武当"。

明嘉靖元年（1522）世宗继承帝位，笃信仙术，诏宣天下名道，出入宫禁，建坛祈祷。嘉靖二年（1523），敕令江西龙虎山正一派第四十八代天师张彦頨入觐，世宗问道家不老之法，以"清心寡欲"四字对，颇合上意，遂加封为"正一嗣教真人"。《御碑记》:"朕于壬辰年(1532),因正一嗣教真人张彦頨,奏令道众诣齐云山建醮祈嗣,果获灵应,自时设官焚修,赐建玄天太素宫于齐云岩……"(佑圣真武祠旧址),规模宏伟,更赐山名为"齐云山"。现山名自此始。

明代中后期,齐云山道教进入鼎盛时期,龙虎山正一派的第四十八代天师张真人在齐云山为嘉靖皇帝建求子应验,皇帝龙心大悦,下旨醮建了"玄天太素宫",齐云山从此更加声名远播。明嘉靖帝等多次派使臣来山朝拜,并且亲自为宫观撰写碑铭、匾额,一时成为道教正一派的活动中心,来自皖、浙、赣等地的香客达三千之众。

清朝乾隆三十一年(1766),嗣汉第五十七代天师张宜亭,年十五袭爵入觐,祷雨立应,晋秩正三品,换给爵印,御赐"灵岳司枢"匾额;四十一年(1776),复奉旨朝圣,赐银千两,敕赴齐云山。

咸丰末至同治初(1858—1864)的数年中,因湘军与太平军争战,江南各县兵祸绵连,致使齐云山香火冷落,宫观院房失时整修,静乐宫、无量寿佛宫、三清殿等自行坍颓,复因朝廷废除道宫,道教规制相继松懈,山上道教事务由各院房道众公推一有威望的道士任总道长,任期3年,可连选连任,主要职责一是掌管本山道教事宜;二是道众如有违犯,由道长主持召集各院房当家师,聚会于"功德堂"审处违反道规的道徒、道士。后因总道长违规带头婚娶,遂被革除总道长之职,改为各院房的事由各自管理,太素宫则由各房轮流掌管(大房,如长生房、胡伯阳房,管三年;小房管一至二年);而道士置妻立室之风亦随效行不究。但仍立规一条:凡有家室不得随居山上各道院道房,并一直持续至民国。

民国中期齐云山有道士82人,道观、院房36座。国民党休宁县政府成立齐云山管理委员会,恢复道长制,整修主要的宫观道院和登山石阶,发布山林管理条例,一度安定了山间秩序,维持了道教正常活动。但道规、道制比较宽松。妻室儿女住进道院,形成一户一房的局面。

新中国成立以后,山上道士尚有17人、家属28人。在中国共产党和人民政府的领导下,道士们遵守党的宗教政策,自觉废除寺院宫观的土地所有制,组织生产自救,按照土改政策,从根本上改变了以往单一靠香火钱收入维持生计的状况。形成以从事农业生产为主、宗教活动为辅的生产形式。

随着党的宗教政策的贯彻执行,一些有影响的、表现突出的爱国道士,如道士王鉴三于1951年由人民政府提名为休宁县第一届各界人民代表会议代表;道长詹岩福1957年被选为休宁县第二届第一次人民代表大会代表,后历届当选,并于1961年出席全国道教协会代表会议。

"文化大革命"期间,合法的宗教活动被视为异端,齐云山道教遭到空前劫

第六章 安徽的宗教文化

难,宫殿、道院、碑碣、文物、古木、神像,均无一幸免,宏伟壮观的古建筑,雕塑精工的诸神像,首当其冲;太素宫、洞天福地祠、三清殿等,尽成废墟;香火断绝,游人滞步,道教活动被迫中止。"文革"后,党的宗教政策得以恢复和落实,特别是中共十一届三中全会以来,拨乱反正,坚持实事求是的原则,团结宗教界人士,使他们真诚地为国家建设出力。德高望重的老道长詹岩福,1980年再次被聘为休宁县第四届政协副主席,1983年出席了全国道教协会理事会议。1984年6月,安徽省宗教事务处批准成立"休宁县齐云山道教协会"组织,统一管理本山道教事务,购置道具法衣,恢复道教正常活动。同年,齐云山道教协会重新被接纳为全国道教协会成员。

齐云山道教协会,遵循国家宗教信仰自由的公民权利和有关政策的精神,根据齐云山道教组织的实际状况,积极培养道教传人。自1983年起,分批派遣年轻道士赴北京中国道教协会主办的"中国道教徒进修班"学习,并分别担任了齐云山道教协会的重要职务,如代理齐云山道教协会秘书的詹达礼,1986年9月出席全国道教协会第四届会议时被委派为齐云山道教协会理事。1987年9月,詹岩福道长羽化,詹达礼被道众推选继任会长。新一代的道教徒,积极参与修复道观、道院的工作,开展正当的道教活动,并为建设开发齐云山做出自己的贡献。

(二)齐云山的传统道场活动

道场是道教的祈禳仪式,又称法事、斋醮,俗称"做事业"。农历六月十九是观世音成道日,因此每年的这个日子,齐云山的太素宫里都会举办大型法会。许多信徒都会在这一天一起上山参加这一庆典。山上香火鼎盛,热闹非凡。

齐云山道教活动从每年农历七月初一日开始,十月初一日结束。七月初一日,由道长为首,率领各院房道众大斋三日,并在玄天太素宫做大型道场,祈求玄天上帝保佑香火平安,道业兴旺。此后,浙江省淳安、开化县,徽州及相邻各县香客和香会团体组织,陆续起程至齐云山进香。九月初九日玄天上帝登极日,是齐云香火的最高潮。朝山者三天前就虔诚沐浴斋戒,家院洗刷一新,不容半点荤腥血秽。启程之日,穿着整洁朴素,肩背黄布香袋,上写"齐云进香",下写某香会字样,由会首领头,肩荷进香大旗,鸣锣开道。各式旗幡、各色凉伞相随,丝竹之声和鸣,爆竹震耳。行进中逢观遇庙,均需焚香叩拜。至齐云山,道房派有专人为各香客的香袋加盖"齐云进香"印鉴,香袋上印鉴越多,显示进香次数越多。香客视自身经济状况捐输香火费,挑选采购本山土特产品带回赠送亲邻,俗称"结缘"。第三天偃旗息鼓离山返回,至登封桥回香亭,将剩余的香烛纸箔全部烧化。

(三)齐云山道教的地域文化特色

齐云山道教以正一派为主,尊老子为始祖,以《道德真经》为依据,供奉真武大帝,是江南正一派的著名道场。

齐云山道教具有浓厚的徽州地域文化特色。徽州民间素有"休宁县的山头婺源的官",指的便是齐云山虽然是在休宁县境内,但山上的道士均由婺源人充当,山上的宫观建设也多由本地人,特别是徽商家庭资助。一些道院还成了地方缙绅授徒的场所,如山上的天泉书院,既是道众们诵经修业之地,也是徽州学者聚会讲习之所。儒生与道流执经从游,成为独具特色的文化现象。

山上宫观的建筑风格、村落设计以及道士们的生活习惯等,更是当地徽州文化的集中体现。齐云山的道徒平时从事生产,与普通人无异,只有事主来邀求或有关道教节日时,他们才脱下俗衣换上道士打扮,做起传统科仪。齐云山的道院也具有浓厚的民间性和乡土性。道院主要集中于山上的月华街。取名"月华",是因为其建筑布局巧妙,宛如一轮新月。走在街上,宫观和店铺栉比,香烟和炊烟互绕,完全一幅道教与民众天然相融的生活图景。除了一般宫观皆有的雕梁画栋,错落有致,与自然峰岩浑然一体的特点外,齐云山的道院更类似于一个典型的民居,而且多与山中的民居不相分隔,有人用"中国道教第一村"来形容齐云山的道教文化,是十分形象和恰当的。可以说,齐云山道教是植根于徽州文化中的道教,也是维系整个徽州地域文化综合发展的一个重要因素。

(四)近代历史名人与齐云山

古往今来,齐云山以它的香火鼎盛,奇观胜景与神秘玄奥,吸引了众多虔诚的教徒以及文人雅士,为齐云山留下了珍贵而丰厚的历史文化遗产。

三百多年前,旅行家徐霞客曾经两度踏上徽州这方土地,两上齐云山,这在他的一生中是绝无仅有的,因为他一生到过两次的山只有四座,由此可见齐云山在他心中的地位。大诗人汤显祖有诗云:"欲识金银气,多从黄白游。一生痴绝处,无梦到徽州。"齐云山古称白岳,白指的就是齐云山,故有"黄山白岳相对峙,相看从来无厌时"的诗句。

历史上,朱熹、王阳明、海瑞、戚继光、唐伯虎、袁宏道、郁达夫等都曾造访。他们登临齐云山,寄情于峰岩幽洞,或赋诗题词,或树碑为记,纷纷盛赞名山,一时传为佳话。传说乾隆巡游江南时,留下了"天下无双胜境,江南第一名山"的赞语。鲁迅先生对道教的地位及意义也都有极高的评价,他认为中国的根底在道教,道教文化博大精深、奥妙无穷,它与中国的政治、军事、哲学、史学、文学、艺术、宗教、科学、医学、武术、养生、民俗等都有千丝万缕的联系,这些都无疑肯定了齐云山作为道教名山的历史地位。

第二节 安徽的佛教文化

佛教是世界三大宗教之一,相传由古印度的释迦牟尼创立,广泛流传于亚洲地区。西汉哀帝时期,大月氏使臣来到长安,向博士弟子景庐口授佛经——这是中国史书上关于佛教传入中国的最早记录。东汉明帝时,政府派遣使者前往西域访求佛法,使者归国时带回了经书和佛像,并建立了中国第一个佛教寺院白马寺。此后,佛教在我国逐渐流传开来,并在吸收域外成果的基础上,通过与民族传统文化的充分结合和不断发展,终于形成了富有中国文化特色的中国佛教,成为千年以来中国人民的主要信仰,其间经过历代帝王卿相、高僧名士、鸿儒贤达的提倡和宣扬,其忍辱负重、自我牺牲、众生平等的思想,终于渗透到社会各个阶层,并内化为一种精神力量。

安徽是佛教最早传入的省份之一,也是佛教发祥地之一。从汉代佛教传入至今,佛教在安徽地区几度发展到鼎盛时期,而安徽名山九华山也成为我国佛教名山之一。

一、两汉时期佛教在安徽的流传与发展

《后汉书》和《资治通鉴》都有东汉楚王刘英尚佛的相关记载。刘英,汉光武帝刘秀之子,汉明帝刘庄的同父异母兄弟,幼时即被封为楚王(当时的楚国统领了现在安徽的全境)。在王公贵族中,唯独刘英最先事佛。他的府内还居住着由僧人、居士组成的僧团。这也是中国历史上最早的僧团。

汉明帝即位后曾下诏让各诸侯国犯死罪者缴纳生绢赎罪。刘英不知出于何种原因竟然也派人给明帝送去了三十匹黄绢、白绢。明帝疑惑,下诏书给刘英。诏书写道:"楚王诵黄老之微言,尚浮屠之仁祠,洁斋三月,与神为誓,何嫌何疑,当有悔吝? ……"并将此诏书颁示各诸侯国。由此,后世正史中留下了刘英事佛的明确记载。

明帝永平十三年(70),刘英被告犯有"逆谋"之罪而被革爵且"徙丹阳泾县"(今宣州地区)。随着刘英南迁,其所信奉的佛教也在安徽南部开始传播。

刘英是我国最早信奉佛教的贵族,严佛调则是见于文献记载的我国第一位出家的僧人。

严佛调，又名严浮调，大约生于公元117—197年，安徽淮北临淮（今安徽宿县西北）人，简名严调，入佛后，名字中间加一"佛"字，叫严佛调，以示其身份与佛有关。据相关史料记载，严佛调"绮年颖悟，敏而好学，信慧自然，遂出家修道"。

严佛调不仅是第一位出家的僧人，也是中国佛教史上第一位佛教学者，主要从事佛典的翻译和著述。其时都城洛阳有两位安息国高僧，分别是安世高、安玄。严佛调师从安世高，并协助"二安"翻译佛经，开佛经助译之始。严佛调与安玄合译的中国最早的大乘经典之一的《法镜经》，在中国佛教史上有很高的评价。在长期学佛、译经的过程中，严佛调提高了对佛教经典的理解和体会，多有心得，遂亲自撰述，成书《沙弥十慧章句》一卷，又开汉人学佛者著书立说的先河。

佛教刚传入我国多被视作黄老的附属与补充，多见于祭祀之礼，且多是统治者为之。到了东汉末年，佛教的受众日益增多且有下行趋势。《三国志·吴志·刘繇传》中记载笮融建佛寺、铸铜佛的事迹。笮融（？—195），丹阳（今宣州地区）人。东汉末年，笮融率百余人投靠镇压起义有功的刺史陶谦，"谦使督广陵、彭城运漕"。笮融掌握了财权之后，开始了他的事佛活动。他大起浮图祠，以铜为人，黄金涂身，衣以锦采，垂铜槃九重，下为重楼阁道，可容三千余人，皆课读佛经，进一步推动了佛教的发展。

二、魏晋至隋唐时期佛教在安徽的进一步发展

《隋书·经籍志》记载："魏黄初中，中国人始依佛戒，剃发为僧。"各县也开始广建寺庙。此时吴国政局相对稳定，佛教在安徽境内的影响也日益增大。《安徽通志》有记载：石溪寺，在县（全椒）西七十里，吴赤乌二年（239）建；广济寺，在府（太平府，治所在今当涂）北采石山，吴赤乌二年建；古化城寺，在府城内向化桥礼贤巷。这些是见于记载的安徽境内最古老的佛寺。到了两晋时期，安徽境内寺庙进一步增多，如泾县大安寺、宿松县西林寺、寿县石涧寺、潜山县百丈寺等。

至南朝宋、齐、梁、陈四代，佛教受到更高礼遇，以梁武帝时期为最盛。据史书记载，梁武帝在位时建康的佛寺数量已有500座之多，同期北朝北魏都城洛阳的佛寺也不亚于这个数目。从晚唐诗人杜牧诗作中"南朝四百八十寺，多少楼台烟雨中"一句就可想见当时佛寺林立、佛教盛行的盛况。

值得一提的是，南朝时已有不少名门望族世代笃信佛教，最突出的是庐江郡何氏一族。何氏自晋代司空何充到南朝宋司空何尚之、再到后代几世子孙，世代

奉佛。

佛教经统治者的大力推行获得了长足的发展,并在南北朝时期逐渐形成了有中国特色的禅宗。禅宗以菩提达摩(南朝宋末人)为始祖,达摩弟子有慧可、道育等(二祖),再传弟子僧璨(三祖)。

佛教在北朝的周武帝时期因与儒教、道教的冲突而遭受到沉重打击。大规模的废佛、灭佛运动使佛教一时间销声匿迹。多数高僧或就地隐匿,或逃往南朝统治地区。其中,禅宗三祖僧璨、二祖慧可相继进入安徽,他们主要活动在今天的安庆地区,曾隐于岳西县司空山、潜山县天柱山,并授法于四祖道信。随后禅宗在安徽逐渐传播,拓展至全省。今天的天柱山三祖寺就是禅宗先祖们传法、论道的重要道场。

隋唐时期,佛教在安徽进入了鼎盛期。寺庙散布各地,并且呈山林化的趋势。僧侣们在黄山、九华山、天柱山等名山中广建庙宇,较为有名的有潜山天柱寺、九华山化城寺、敬亭山广教寺等。

禅宗除了山林化趋势外,亦有田园化的走向。中晚唐时期,禅宗弟子普愿禅师在池州南泉山(今属安徽省池州市贵池区)建立了禅宗园林。该园林集中了上百的僧侣,他们依照"一日不作,一日不食"的禅训,以劳作为禅事,以自然为禅悦,使得中国禅宗在唐末动乱环境中得到了生存和发展。

三、宋元明清时期佛教在安徽的发展

北宋时期,遭受战争重创的佛教开始了复兴之路。许多战争中被毁的寺庙得到修复,新庙宇也陆续建成。虽然此时佛教的黄金时代已经过去,但其在安徽的发展态势依然良好。南宋时期,淮河成为宋金、宋元的战场,江北佛教再次受到战火的洗礼,江南佛教在南宋统治下得以幸免。

元代统治者对宗教兼收并蓄,佛教得以按部就班的发展。

明代佛教获得了大发展,在安徽境内表现为寺庙的兴建。太祖朱元璋早年曾流落凤阳皇觉寺,因此,太祖即位后对该寺着重修复,并改名龙兴寺。其他如阜阳资福寺、蒙城慈氏寺、滁州开化寺等寺庙也得到了重建或扩建。另有一些新建庙宇如安庆迎江寺、潜山天柱山佛光寺等。有明一代,安徽境内的寺庙星罗棋布,仅九华山大小寺庙就数以千计。明隆庆四年(1570),迎江寺寺塔振风塔建成。振风塔又称浮图、佛图,是我省、也是长江沿岸最大最高的寺塔,被誉为"万里长江第一塔"。现振风塔已被安徽省政府列为重点文物保护单位。

明末清初,一些前朝士大夫隐遁山林,削发为僧。代表人物有:浮山(今枞阳县内)物理学家、诗人方以智,歙县新安画派奠基人渐江。这些名人的遁入空

门表明佛教发展到明清时期,僧侣已经成为人们与世隔绝、无欲无求的一种身份象征,成为少数知识分子不问政治、厌弃俗世的一种处世态度。

至于清代,佛教平稳发展,小型寺庙的大量修建是这一时期的一大特色。同治十二年(1873)修的《祁门县志》记载当地有寺庙134座,而此前明万历二十年(1600)《祁门县志》记载寺庙52座。康熙《安庆府志》记载当时安庆府治及怀宁县有寺庙121座。这种小庙星罗棋布的状况一直延续到抗日战争前。其间由于西方的基督教、天主教随西方文化一道渗入中国,佛教的社会影响力一度减弱,但佛教的基本教义已经深入到中国民众内心深处。特别是在较为贫困的农村,佛教更是有其存在的市场。

较之传统的寺院弘法、民众听道有新突破的是佛教学校的诞生。清光绪二十二年(1896),华严学者月霞法师在九华山后山翠峰寺创办"华严大学",当时就学的有成为近代名僧的虚云、心坚等人。这是中国僧伽教育史上的第一所佛教大学。

综上所述,安徽佛教源远流长,是中国南方佛教的发祥地;在历朝历代,佛教与安徽都有着不解之缘,佛教对于安徽民众的思想意识产生了重要的影响,安徽这块土地也为中国佛教做出了重要的贡献。

四、安徽佛教名山九华山

九华山是我国佛教四大名山之一(其他三座名山分别是山西五台山、浙江普陀山、四川峨眉山),位于安徽省池州市青阳县境内,与天柱山、黄山遥遥相望。最高峰十王峰海拔高度约为1342米,总面积约120平方公里。

佛教虽自西汉末传入中国,但其时的九华山主要还是作为仙家修行的所在,尚未受佛教文化浸润。至于"晋隆安五年,杯渡禅师创寺于九华山",这是关于九华山与佛教关联的较早记载。

唐代是中国佛教发展的鼎盛时期,其中安徽佛教发展的重要标志就是九华山佛教的兴起,而九华山佛教地位的突显与当时的一位名叫金乔觉的僧侣有重要关系。

金乔觉(696—794),古新罗国(今朝鲜半岛东南部)国王金氏近族,早年曾经来大唐留学,汉学造诣颇深。在唐学习期间金乔觉对佛教产生了浓厚兴趣。回国后便削发为僧。唐开元七年(719),24岁的金乔觉再次来到中土大唐,几经辗转,最后选择在九华山安顿下来,他栖居岩洞,以白土(观音土)掺粮煮饭而食,进行了长达75年的苦修和苦行。当地人们被金乔觉的行为所感动,为其建造了寺宇,即九华山目前最古老的化城寺。无数的善男信女来到该寺朝拜,九华山的佛教由此兴盛起来。

　　唐贞元十年(794),金乔觉圆寂,终年99岁。民间传说其肉身三年不腐,弟子们"知其圣人降世也",便建肉身塔以供奉,尊他为地藏王菩萨,因其姓金,又称作"金地藏"。九华山从此辟为地藏道场,后在九华山周围陆续兴建海会寺、九子寺、法乐院、庆恩院、妙峰寺、无相寺、净信寺、福安院等寺院20余座。九华山由此声名远播,成为与五台山文殊、峨眉山普贤、普陀山观音并称的地藏菩萨的道场。

　　宋代,佛教继续平稳发展,这一时期九华山寺院在先前的基础上发展至40余座,其中较为有名的寺院有净居寺、圣泉寺、广胜寺、广福寺、天台寺、翠峰寺、曹溪寺、龙安院、五台院、永福寺、兴教寺等,先后有12座寺庙被朝廷赐额。以化城寺为中心开始出现"宝塔香灯诸洞见,石楼钟磬半天闻"的兴盛局面。南宋末期,禅宗流派临济宗、曹洞宗先后传入九华山,九华山佛教进一步发展。明初,九华山佛教获得了长足发展,万历年间,朝廷重修地藏塔殿,赐额"护国肉身宝塔"。清朝九华山佛教达到鼎盛时期。康熙时期重修殿宇,光绪年间重修肉身塔,悬挂"东南第一山"横匾。新中国成立后,九华山又经历两次重修。

　　今天,九华山已经成为著名旅游景区和国际佛教道场。优美的自然景观、浓厚的人文景观和深邃的佛教文化相互融合,使其有了"东南第一山""江南第一山"的美誉,成为安徽最著名的旅游胜地和佛教圣地。

思考与练习:

　　1. 道家哲学中的哪些思想成为道家的修炼方法和养生思想的依据?

　　2. 葛洪对于道教的发展起了哪些作用?

　　3. 道教对于我国古代科学文化所起的作用有哪些?

　　4. 齐云山作为道教名山的历史地位是什么?

　　5. 安徽是佛教发祥地之一的具体表现是什么?

　　6. 叙述九华山佛教兴起的过程。

第七章　独特的徽商文化

学习目的：

徽商作为一支重要的商帮，其商业资本之巨，活动范围之广，经商能力之强，从业人数之多，在商界首屈一指。徽商发展的历史，可以为现代经济提供一些值得重视的借鉴。通过本章学习，了解徽商兴起的原因、徽商的主要特点、徽商经营的行业以及徽商的影响，思考内涵丰富的徽商精神给我们的重要启示。

学习要求：

1. 了解徽商兴起的原因、徽商的主要特点。

2. 对徽商从事的主要行业：盐业、典当业、茶叶业、木材业的经营情况有一般的了解。

3. 重点思考内涵丰富的徽商精神。

学习建议：

1. 结合教材自学和课外延伸阅读，了解徽商的辉煌历史。

2. 结合徽商成功的具体事例，进一步深入理解徽商的特点、徽商精神的内涵。

3. 条件许可的情况下，到徽州进行"徽商文化游"，通过实地考察，感受徽商文化的丰富内涵。

第一节 徽商兴起的自然条件与历史背景

徽人经商,源远流长,早在东晋时就有新安商人活动的记载。徽商在南宋崛起之后,到明朝已经发展成为中国商界和晋商并举的一支劲旅,到清朝中叶,徽商一跃成为中国十大商帮之首,所谓"两淮八总商,邑人恒占其四",尤其是在盐、茶业贸易方面,徽商独执牛耳。康熙、乾隆年间,"钻天洞地遍地徽""无徽不成镇,无绩不成街",徽商进入鼎盛时期。从清道光、咸丰时期至清末民初,徽商渐趋衰落。徽商以其人数众多、活动范围辽阔、经营行业广泛,以及商业资本雄厚而"称雄"全国商界 300 余年,在中国经济史和商业发展史上谱写了精彩的一页。

一、徽商兴起的自然条件

徽州地处皖南崇山峻岭之中,这里"山多田少",俗称"八山一水一分田",而这可怜的"一分田"由于土壤瘠薄,并不能旱涝保收。即便是风调雨顺之年,徽州土地的一亩所入也不及江苏太湖流域受灾之年的一半,人们的生存条件非常差。又因地理位置偏僻,每当战乱,难民纷纷逃来此地,以避战祸,随着外来人口的不断迁入,进一步加剧了粮食供应的矛盾。地少人多的局势给当地百姓的生活带来极大的困难,粮食严重不足,已到了难以为继的地步。这一矛盾从宋代起就已明显出现,到明清时期则达到了顶峰。据顾炎武的记载,徽州一年所产的粮食,只能勉强养活全境十分之一的人口,余下的十分之九人口的口粮要从百里之外的苏州、松江、常州、镇江等府,或者更远些的江西、湖广等地运来。山多田少,土地瘠薄,农业收入不足以自给,为了求得生存和发展,徽州人不得不走出丛山,经商谋利。正如万历《歙志·货殖》所言:"吾邑之人不能不贾者,时也,势也,亦情也!"这种时、势、情,导致了徽州人不得不贾。

徽州虽然"粮不足",可是物产丰富。万山丛中盛产木竹,所产杉木,质地坚硬,可为栋梁之材,竹子满山遍野皆是;茶叶可称一绝,尤其是祁门茶和松萝茶;

陶土也是徽州的一大财富,瓷都景德镇的制陶原料白土,就产于徽州;手工业更具特色,文房四宝闻名全国。纸"自首至尾,匀薄如一",毛笔"尖、齐、圆、健",四德具备,墨"坚如玉,纹如犀",砚质地精良,具有"出墨快,不伤笔毫,墨水不干"的特点,并且因石取势,雕琢精美,颇具艺术价值;漆器被当时人称为"绝古未有"的珍品……异常丰富的土特产品向徽州人展现了一条现实的出路——以商代耕。不少人最初就是以贩运土特产品起步的。虽然大山挡住了徽州人经商的道路,但这里的水陆可称便捷:"上接闽广,下接苏杭"。丰富的物产加上便捷的水陆,大大刺激了徽州人经商的积极性。徽州自古以来,缺乏发展农业的基本条件,是迫使徽州人大量外出经商谋生的基本原因。在徽州,不仅是贫无立锥的农民义无反顾地外出经商,就是一些家有资产的富户或士大夫之家,也发现经商致富的迅捷,而对投资经商产生极为浓厚的兴趣。林西仲说在徽州"民有资产者,多商于外,其在籍之人,强半无立锥"。归有光也说徽州地区"虽士大夫之家,皆以畜贾游于四方"。可见,徽人经商,又是千百年民情风俗濡染积习所然。

另外,从地理环境上来看,徽州是一个既封闭而又开放的区域。"徽之为郡在山岭川谷崎岖之中",黄山山脉盘踞于西北部,横跨歙、黟、休宁、太平、祁门五县,海拔在千米以上。东南部的天目山、白际山和五龙山山脉峭壁林立,海拔也在千米以上。东部的昱岭、歙岭,西部的大赤岭,犹如两扇门户,守卫着徽州东、西两条通道。中部是以石灰岩为主的水成岩,形成陡峻的东北西南向山带及山间谷地。新安江、阊江、青弋江为徽州的三大水系,分别源于黄山和五龙山山脉,多急流险滩,且河流随降水的变化暴涨暴落,于行船多有不便。在古代交通不发达的情况下,这里无异于一个封闭性的王国。然而,群山环抱之中的徽州,却是个山水掩映、风景秀丽之地,文人墨客、达官贵人多向往之。而且这里险阻天成,崇山峻岭构成天然屏障,兵革难至,每当中原地区战火纷飞,干戈扰攘之时,这里就成为避乱者理想的"世外桃源"。这样的自然地理条件,又使得徽州地区的移民史悠久而绵长。因此,从另外一个角度来看,徽州自古以来就是一个开放性的区域。

徽州原是古越人的栖息之地,但从汉代起直至元代,外地望族从全国各地,特别是从北方地区纷纷迁入徽州定居,西晋末年、唐朝末年和北宋末年是外地移民迁居徽州最盛的三个时期。随着北方世家大族的不断南迁,中原文化取代山越文化,从唐后期起,徽州地区就逐渐形成了崇儒重道、兴学立教的传统,而且这种传统在时间的推移中被不断发扬光大。所以,从宋代起,徽州"文风昌盛""名臣辈出",被誉为"文献之国""东南邹鲁",开始跻身于中国文化教育发达的区域行列。

二、徽商兴起的历史背景

明朝中叶以后社会分工的进一步扩大、江南城镇商品经济的发展以及赋役折银制度的推行,为徽州人经商提供了极好的社会条件。

明朝中期以后,农业和手工业的分工、手工业内部的地域分工和行业分工、农业的专业化趋势都有了进一步发展。社会分工是商品经济发展的基础,它使得商品交换成为必不可少。因此社会分工的扩大促进了商品的广泛流通和各级市场的繁荣,从而为商人提供了广阔的活动空间。同时,这一时期,江南地区的南京、苏州、杭州等中心城市人口急剧增加,商贾云集,空前繁荣;这一地区众多的以商业和手工业为主的专业性市镇也在明中期后勃然兴起,江南城市的繁荣和市镇的兴起为毗邻的徽州人经商提供了便利。赋役结构的变化也成了商人勃兴的加速剂。从明中叶开始,随着商品货币经济的发展,封建国家的赋役征收也发生了相应变化,即由原来的征收实物为主转向将实物折成银两缴纳,这一变化,成为促进商品经济发展的一个重要因素。赋役折银缴纳,迫使生产者更多地出售产品,换回货币。大批商品投放市场,当地难以消化,必须寻找更加广阔的市场,这就促进了长途贩运贸易的发展。封建国家规定必须按时交纳赋税,因此农民生产的商品不能待价而沽,而多需降价抛售,人为地造成了商品价格与价值的背离,这又为商人牟取厚利提供了可乘之机。

明代盐法变革给徽商的发展壮大带来了契机。盐是人们生活中不可须臾或缺的物品,也是封建国家的专卖产品。在盐的经营方面,明朝实行的是官商结合、官督商销的制度。明初实行的是"开中法",即商人把内地的粮食运送到西北边疆地区,政府根据所纳粮食的多少发给商人盐引(支盐凭证),商人凭引到指定的盐场支盐,然后到指定的地区销售。这种纳粮开中的办法对西北地区的商人非常有利,因为他们距离近、运输费省,而对于远离西北的徽州商人却极为不利,因此,在盐业经营中,山西、陕西商人曾盛极一时。明弘治五年(1492),明政府将纳粮开中改为折色开中,即将原来由商人用实物换取盐引改为用现银直接交至盐运使司领引行盐。商人的运输之苦遂不复存在,这对徽商乃是"利莫大焉"。因为徽州地接两淮、两浙盐运使司(两淮盐运使司设在扬州,两浙盐运使司设在杭州),纳银支盐都十分便捷。于是徽商在纳粮开中条件下地利方面的劣势,一下转为折色开中条件下的地利优势。折色开中后,徽州人成批地来到两淮、两浙,从事盐业的经营,并逐渐取代山西、陕西商人而占据了盐业经营中的优势地位。明万历四十五年(1617),明政府又率先在两淮盐场推行"纲运制"。所谓纲运制就是把原来分散运盐的运商组成商纲,结纲运行。不入纲册者遂没有售盐的资格,而一旦编入纲册即可永远世袭。于是,徽商就以同乡和同族结成纲帮运销食盐,从而获得了垄断两淮盐业的世袭特权。盐商是徽州商帮的中坚力量,盐业经营中的优势地位和继之而来的垄断特权的确立,使徽商得以雄飞于中国商界。

第二节　徽商经营的行业

明中叶以后,随着社会分工的发展,大批人民生活所必需的工农业产品被卷入市场,代替了奢侈品的位置,成为交易量最大、能给商人带来更多利润的商品。徽州商人也把主要力量投入这类商品的经营中去。从经营规模与社会影响看,盐、典、茶、木四者是他们经营的最主要行业,粮食、棉布、丝绸、瓷器、纸张以及餐馆业则稍次之,其他行业又次之。徽州六县的商人在经营行业上,也各自有所侧重。

一、盐业

盐是人民生活不可缺少的商品,又是产地比较集中、易于管制的商品。历代王朝为了攫取丰厚的盐利,曾推行过各种榷盐制度,垄断盐的贸易。明清两朝,由于生产的发展和人口的增加,盐的供销量与日俱增,盐赋收入也越来越多,成为财政收入中的一个重要部分。在这种形势下,经营盐的贸易也就成为商业中获利最多的一个行业了。一旦身为盐商,就可以凭恃国家法令,享有垄断特权,肆意扩大盐的购销差价,获取丰厚的利润。善于经商的徽人当然不会放过这一牟利的机会。所以凡是有条件的徽商总是千方百计挤进盐商行列,从事盐的贸易,于是盐业也就成为他们所经营的最重要的行业。

从成化、弘治之际到万历中叶,是徽州盐商发展的时期。这时徽州的黄氏、汪氏、吴氏等家族中都有许多人以业盐两淮而致富。如黄崇敬,年轻时弃儒服贾,先在山东、山西、河北一带经商,后来寓居扬州经营盐业,成为财力雄厚的大盐商。他一生济贫扶困,义举甚多,声誉大起,当他 54 岁病逝时,市民为之罢市,痛哭不已。后来他的儿子黄濡继子承父业,积累起更多的资本。休宁的西门汪氏也有许多人业盐致富,如汪福光在江淮之间经营盐业,他知人善任,又能把握商机,所以经营规模不断扩大,运盐的船只多达千艘,积累的资金数以万计。同乡同族的人按照他的办法经营盐业,也都个个发财致富。汪狮17岁丧父,不得不经商维持生活。在实践中他领悟到,在商业中小打小闹成不了气候,只有到通都大邑去闯荡才有出息。于是奔赴扬州经营盐业,把盐运往湖广、江西发卖,果然获利甚厚,积累起的资金难以数计。歙县溪南吴氏,亦多富商之家,其中有不少人就是经营盐业的。如正德、嘉靖年间太学生吴光异弃儒服贾,业盐于扬州,因其才学出众,被盐商们奉为首领。歙县丰南吴氏,更是盐商辈出的大姓。大约在弘治时,吴尚莹就以经营盐业徙居扬州。他的儿子吴正学继承了他的事业,扩大了经营规模。吴正学的儿子吴汝钟,从父兄经营盐业,他善于经营谋划,在竞争中多以奇策取胜。吴汝钟儿子吴彦先,也继承父业,但他好读书,常纵论古今得失。在商业活动中,他善于观察行情,揣摩商机,又能知人善任,每次交易获利必倍。

清代的盐商,有运商、水商、场商之分。运商就是专司办引行盐的商人,水商就是将运商运至各口岸的引盐转销于各该口岸所属府县和村镇的商人,场商则是在公垣内向盐户收购食盐转售给运商的人。其中运商获利最多,是盐商的主体,也是徽商所把持的主要行当。当时两淮行盐区内都是盐商的公共口岸,不设商人的专有引地,哪里的引盐畅销,运商就可以把引盐运往哪里销售。这种情况自然引起运商之间为争夺畅销口岸而进行激烈的竞争。湖广地区地广人众,盐的消费量极大,私盐又不易渗入,所以一直是淮盐的畅销口岸,两淮引盐半数以上都是在这里行销的,运商们争夺的焦点也在这里。在这场竞争中,人数众多、财力雄厚的徽商压倒对手,把湖广这个畅销口岸牢牢地控制在自己手里。湖北的汉口号称"江广总岸",是湖广地区行盐的总枢纽,而汉口恰恰是徽州盐商称雄的地方。乾隆一朝,徽州盐商充任汉口盐商首领而散见于记载者就有四人:歙商江承东"总汉皋匦务";歙商吴钟"业鹾汉阳,理繁治剧,众多赖之";两淮总商江春的从弟江防也"尝综汉皋盐策";江禹治"总司汉鹾,调剂得当"。他们实际上是两淮盐商派驻湖广的总代表。江西也是行销淮盐的重要口岸,这里销盐数额仅次于湖广,而江西也是徽州盐商势力很强的地方。

徽州盐商在其他口岸也极为活跃。如歙人吴钢的父亲"始有鹾业在怀宁",发财后,迁居扬州,"声名出诸巨商之右"。歙人江人龙"业鹾广陵(今江苏扬州市)……名播江淮楚豫",足见其行盐区域之广。徽人江仲馨,在今安徽和县设盐店"自运自售"。江苏的睢宁县"布帛盐鹾诸利,率皆秦晋徽苏之侨寓兹邑者辐辏于市"。可以说凡是淮盐行销的地方,几乎不无徽州盐商的足迹。

提到盐商,不能不提到总商。总商就是由官府指派或众商公推的盐商首领,一般由资重引多、办事干练者充任。每年办引征课时，都把散商分隶于各总商名下，由总商督征引课，协助官府稽查私盐。朝廷有关盐政大计，也往往召集他们协商。总商的这种半官半商的身份，给他们带来了许多牟利的机会。他们或贿通官府挟带私盐，或放贷资本盘剥散商，或借聚资捐输的机会中饱私囊，所以充任总商者几乎无一不大发横财。而两淮总商的一大半都是由徽州人充任的，汪廷璋、鲍志道、鲍漱芳、程量入、程之歆、江春、郑鉴元等就是其中的佼佼者。他们财雄势大，手眼通天，经常集众捐资，助赈助饷，借"报效"之功，捞取政治资本。《清史稿》称："乾隆中，金川两次用兵，西域荡平，伊犁屯田，平定台匪，后藏用兵，及嘉庆川楚之乱，淮、浙、芦、东各商所捐，自数十万、百万以至八百万，通计不下三千万。其他因事捐输，迄于光绪、宣统间，不可胜举。盐商时邀眷顾，或召对，或赐宴，赏赉渥厚，拟于大僚。"这些捐输活动都是在总商们倡议、筹划下进行的，因而他们也就成为"时邀眷顾"的主要对象。歙人汪廷璋自其曾祖父汪镳始在扬州以业盐起家，成为两淮富商。汪廷璋二十余岁继业后即任总商。他对"转饷、捐赈、兴工"等"动关国计"的大事，都能"赞襄举措，悉中肯綮"，因而受到朝廷的奖励。乾隆帝南巡时，授以奉宸苑卿的职衔，并赐宴行宫，赏给御书"福"字翰墨及许多宫中珍贵物品。歙人郑鉴元"总司鹾务十余年"，也多次因功受赏。他曾以捐输军饷一万两以上，被加封为中宪大夫，刑部员外郎。

盐商们之所以不惜血本慷慨捐输，说穿了无非是为了以钱买官，因官求利。在这场权钱交易的游戏中，徽州商人手腕最为灵活，因而他们资本增值的速度也最快。清代徽州盐商之富是其他各行各业的人都无法比拟的，歙人汪廷璋其先世汪大千，以业盐扬州而致富，其"甲第为淮南之冠"，其父汪交如更是"富至千万"的大盐商。《国朝遗事纪闻》载："扬州之富，以淮南盐商名。商之著者凡八家，而黄氏妇居其最。"乾隆帝南巡经扬州时，黄氏妇曾募集工匠，一夜之间，赶造三贤殿，供皇帝观览。连乾隆帝也惊叹道："富哉商乎，朕不及也！"

二、典当业

典当是一种以财物作抵押的高利贷活动。大约在南北朝时期，典当活动就已经出现了。历史上经营典当业的机构称谓很多，如"质库""解库""长生库""解典库""质肆""质物之肆""当铺""典铺""押当铺""押店"等。开当铺的老板，通常被称为"典商"。明清时期，随着商品货币关系的发展，典商也日益活跃起来，他们开设的典铺遍及城乡各地，越来越多地影响着人们的生产与生活，典当业成为当时社会经济生活中不可缺少的一个行业。

徽州商人一贯热衷于经营典当业，在徽州六县之中，尤以休宁人经营典业者最多。休宁的商山吴氏，自明中叶以来，"皆以典质权子母"，以故"家多素封"，是休宁著名的望族。《初刻拍案惊奇》中，描写商山吴氏有个拥资百万的大财主，号称"吴百万"。这个财主就是经营典业的"大朝奉"。在徽商的积极经营下，他们的典当业迅速发展起来，有"无典不徽"之谚。当时徽州商人开设的当铺数量之多，分布之广，规模之大，资本之巨都是其他商帮所难以比拟的。徽州商人开设的当铺数量极多，遍及全国各地。苏浙一带经济发达地区的典当业几为徽州商人所垄断。江苏扬州的典当业全由"新安诸商擅其利"，扬州府属各县以及乡村市镇的典业也多为徽州商人所把持。徽州典商在南京也很得势，据明末人周晖所说，南京的五百家当铺主要是徽州人和福建人开设的，徽州当铺本钱多，利息少，占有明显的优势。在常州府则"质库拥资挈息，大半徽商"，明末徽商程璧一个人就在常州府的江阴县开了当铺十八处。苏州府更是徽商最活跃的地区，康熙时，苏州府的常熟一县就有典铺三十七家，其中绝大部分都是"附居徽籍商民"开设的，其中充当"典头"的汪宗、吴奇、程隆三人则全是徽州人。镇江府的金坛县则"质铺俱系徽商"。浙江省的杭州也是徽州典商活跃之处，明朝嘉靖年间，胡宗宪奉诏御倭，曾在杭州"悉召城外居民，新安之贾质库者，皆其乡人也。醵金募士兵，可数百人"。

徽州典商的兴盛还表现为徽典财力的雄厚和规模的庞大。明末汪通保在上海经营典业，他的当铺规模极大，四面开门，接待顾客，又在上海附近州县开设分店，"里中富人无出其右者"。汪通保是歙县岩镇人，岩镇号称歙县首镇，是富商巨贾聚居之地，汪通保的财力竟能称雄于此，其资本之巨便可想而知了。徽州商人程璧在江阴开设当铺，清兵南下时，他为支援军民守城，先后捐银竟达 75000 两之多。有些徽州典商财力雄厚，一人开设典铺多达数十百处，使用许多人员为其经营管理。如明末孙从理，在今浙江湖州市一带地方经营典业，他每年都把各当铺所获的利息汇集起来，用作启动资金增设当铺一处，如此滚动发展，当铺越开越多，最后竟增至上百所。清嘉庆、道光年间歙商许某，累世经营典业，他家在江浙一带开设当铺四十余所，从业人员将近两千。

经营典业必须具备丰富的专业知识与技能，否则难免受骗上当，以致亏本折利，无法经营。徽州典商世专其业，在实践中积累了丰富的经验，成为这一行业中的佼佼者。经营典业首先要对各种质押物品善于鉴别与估价，当时用于押当的物品种类极多，大凡珠宝玉器、金银首饰、古玩字画、绫罗绸缎、毛皮制品、土特产品、日用衣物以及生产工具和粮食等，几乎无一不可用来押当。这就要求收当者对各类物品有较高的识别能力，准确地分辨出物品的真伪、质地的优劣、时代的远近、做工的精粗、产地的不同。只有这样，才能对各类物品作出恰当的估价，进行收当。稍有疏漏,就会以假作真,以次当好,造成误当,带来经济损失。为了在识别各类物品方面练就一身过硬的本领,典当业中的从业人员必须经过长期的学习与严格的训练。经营典业还要精于会计,当时在市面上流通的银两、银币、铜钱品类繁多,相互间的兑换率随时随地都有变化,在这种情况下,管好账目也绝非易事。书写当票更是一种特殊技巧,为了防止别人模仿笔迹,伪造当票,当时的当铺在书写当票时,总是用常人难辨认而自己却能认清的字体书写。练就这种本领也绝非一日之功。

三、茶叶业

徽州地处亚热带季风区,气候温润,云多雾重,适宜茶树的生长。全区大部分地区都是低山和丘陵地带,土层较厚,酸度适中又含有丰富的有机质,所以处处都可作为理想的茶园。早在唐宋时代,徽州就以产茶之乡而著称于世。明清时期有下述名茶产销国内外:

松萝茶,相传为明隆庆年间僧人大方以休宁松萝山所产茶芽加工制作而成。这种茶,条索紧实匀壮,色绿而有光泽。冲泡后,汤色绿而透明,清香四溢,味醇而厚,初微苦涩,回味甘甜。饮之不但可以止渴生津,且有清热解毒、化食通便之功,深受人们的欢迎。从制茶工艺看,松萝茶属于炒青一类,后来"屯绿"的制作就是在这一工艺基础上发展而来的。

老竹大方,相传这种茶也是僧人大方创制的。它是用采自歙县南老竹岭的茶树嫩芽精制而成的一种炒青绿茶。这种茶外形扁平光滑,色泽深绿,冲泡后茶汤清澈淡黄,香气浓郁,味厚爽口。其中尤以"顶谷大方"色香味俱佳,堪称大方茶之极品。

黄山毛峰,清朝光绪时歙县人谢静和开设谢裕大茶庄,创制此茶。它是用黄山南麓七百米以上的高山茶精制而成的烘青绿茶。这种茶"白毫披身,芽尖似峰",故名毛峰。毛峰茶外形细扁卷曲,油润光泽,酷似雀舌,冲泡后,汤色清澈微黄,香气馥郁,滋味醇美,回味甘甜。特级毛峰以一叶一芽的嫩头制成,俗称"一旗一枪",每斤成茶约有芽头二万余枚,在全国名茶中堪称独步。

屯绿,是在屯溪集中制作的一种炒青绿茶。它是以徽州各地所产的毛茶为原料,加工精制而成。主要有珍眉、贡熙、特珍、雨茶、秀眉、绿片等不同品类。屯绿以其叶绿、汤清、香醇、味厚四大特点著称于世,是外销绿茶中享有盛誉的一种名茶。徽州人炒制屯绿的精湛技术也成为其他产茶区效法的榜样。

祁红,是祁门制作的一种红茶,主要用于外销。光绪年间,祁门人胡元龙因绿茶销路不畅,遂改制红茶。与此同时,黟县人余干臣也在祁门的历口开设茶庄,劝说茶农制作红茶,收购发卖,获利颇厚。红茶由于经过较为充分的发酵,故其外形紧实乌黑,汤色艳红,香气清鲜,味极醇厚,深受消费者欢迎,是人们公认的世界名茶之一。尤其是红茶中的功夫茶更受人们推崇,被称作"群芳最"。

在徽茶中还有各类花茶驰名中外,这种茶是以素茶杂以珠兰、白兰或茉莉等花茶窨制而成的香型茶。

总之,徽州所产的茶叶数量多,质量好,花色齐全,名茶众多。这就为徽州茶商提供了充足的货源,加强了他们在竞争中的实力。

徽州茶叶的销售市场也极为广阔,首先是国内市场的不断扩大。自南北朝以来,我国饮茶之风渐盛。延及唐宋,茶已不再是达官显贵、骚人墨客专用的奢侈品,而成为平民百姓日常所需的饮料。明清时期,无论贫富贵贱之家,凡是宾至客来都必先"看茶"。农民、雇工也把"粗茶淡饭"视为生活所必需。当时茶馆业的繁荣,也从一个侧面反映了饮茶风气之盛。由于饮茶之风更盛,茶叶的消费量也因之而不断增加。明清之际,茶叶开始销往欧洲。早在16—17世纪之交,葡萄牙、荷兰等国商人就在中国收购茶叶,运销欧洲,尤其是荷兰的东印度公司贩运的茶叶最多。后来英国开始打破荷兰人的垄断,直接从中国收购茶叶。其后法国、西班牙、美国也相继参与贩运茶叶的活动。自唐宋以来,徽茶已是驰名海内的商品而被行销于全国各地。徽州人在长期的交换活动中,积累了茶叶贸易的丰富经验,并在他们之中出现了一些经营茶业的商人。

北方各省是徽茶的广阔市场,这里人口既多,饮茶之风又盛,而饮用的茶叶全靠南方供应。徽茶因其品质优良、制作精细,早已博得了北方消费者的青睐。所以徽茶在北方销售量极大,徽州茶商也因之而极为活跃。至清朝乾隆时期,北京已有歙县人经营的茶行7家,茶商字号166家,小茶店数千家。同治时,歙县人吴景隆在苏州开设"吴世美"茶店,除在当地经营批发、零售之外,主要是窨制花茶销往山东、直隶一带,每年行销量达30万斤至40万斤。该店货真价实,信誉极高,牢牢地占领了北方茶叶市场。光绪年间,歙县人吴炽甫在徽州、杭州等处收购毛茶,运至福州,在自己开设的"同德"茶厂内窨制花茶。花茶制成后,由海道运往天津、营口,分销于京、津及东北各处。他还在北方设立许多茶庄、茶店兼营零售业务。仅北京一地,他就设有"恒瑞""存瑞""聚星""源成""德润""肇祥"等字号,在张家口、宣化还分别开设了"德祥"等字号。其资本多达200万元,号称歙县南门首富。

杭州、苏州、上海是徽茶的三大转运站,徽州茶商在这些城市中人数最多,势力最强。直至抗日战争爆发前,歙县人在杭州开设的茶庄、茶店、茶行不下七十家。绩溪人在杭州、上海、汉口等处开设的茶店也有四十五家之多。光绪时,苏州茶业公会成立,登记入会者共有四十六户,其中有四十户都是歙县人。苏州的六大著名茶店,全是歙县人开设的。上海徽州茶商更多,早在康熙初年,绩溪的上庄胡氏就在上海设有"胡万盛"茶店。上海著名的大茶庄,如"程裕和""汪裕泰""程裕新""黄山茶庄""乾源泰""瑞生和""胡茂生"等都是绩溪人开设的,其中以汪立政开设的"汪裕泰"茶庄规模最大,该茶庄开创于道光三十年(1850),它的生意越做越大,先后在上海设立分店6处、茶栈7处,又在杭州、苏州、奉贤等地设立分号,因有"茶叶大王"之称。

徽州茶商西出贩茶的主要路线是:沿昌江顺流而下,把茶叶运至饶州(今江西鄱阳市)后,或经鄱阳湖,北出湖口,入长江西行,贩往湖广地区销售;或沿赣江溯流而上,越大庾岭,贩往岭南地区发卖。湖广地区消费的茶叶主要来自皖、赣,其次来自苏、浙。号称"九省通衢"的汉口是湖广地区各类商品的集散地,也是徽州茶商辏集之处。汉口的著名大茶庄如"永长春""朱谦益""四达瑞""瑞生泰""胡祥茂""春茂永"等都是徽人经营的。清末民初,婺源茶商程丽南、汪春荣还被推举为汉口商务总会的会董。徽州人在湖广、江西的其他城市中经营茶叶贸易的现象也极为普遍。在文献中关于徽州人的"业茶于武昌""贩茶湖口""业红、绿茶于九江""业茶于浮梁"之类的记载更是屡见不鲜。

徽州茶商贩茶入粤的主要路线是:从徽州经昌江或婺水、乐安江至饶州,再经鄱阳湖、赣江,越大庾岭,沿北江南下而达广州。在这条货运路线上,徽州茶商往来如织,络绎不绝。在南安、南雄之间必须雇用挑夫搬运茶货翻越大庾岭,每宗茶货须用挑夫往往多达数百人。他们肩挑背驮,鱼贯而行,在蜿蜒的山道上,绵延数里不绝,景象颇为壮观。内河水运,费时费力,需要经过两个月的艰难跋涉才能把茶货运抵广州,不但运费昂贵,而且往往因茶货不能如期送到造成巨大损失。因此徽州茶商中已有不少人改由海道运茶,以求便捷。当时海上运茶活动发展极快,贩运规模也十分可观。

五口通商以后,茶叶外销量大增,使徽州茶商一度保持着继续发展的势头。这时上海、福州、汉口已成为外销茶的三大市场。其中除福州主要行销武夷山茶之外,上海、汉口都是徽茶外销的主要港口。上海是茶叶外销的最大市场,苏浙皖三省的茶叶大都运集于此,销往欧美各国。光绪时,歙县知县何润生在其《茶务条陈》中称,徽州六县所产之茶"内销者不及十分之一二,外销者常及十分之八九"。每年外销的茶大约10万余引,其中大部分都是在上海行销的。在出口贸易的刺激下,屯溪已成了制作洋庄茶的中心。据光绪二十二年(1896)《公济局征信录》的记载,当时屯溪有茶号136家。歙县的罗三爷、婺源的孙三森、休宁的汪燮昌所经营的大茶号每年生产洋庄茶都在万箱以上。清末民初歙县人吴荣寿先后在屯溪开设"吴怡和""吴怡春""吴永源""华胜""公兴"等茶号,每年炒制"屯绿"多达数千担至两万担。屯溪的新安江畔是商船云集之处,有时商船多达上千只,时有"无船三百只"之说,生动地反映了当时水运繁忙的景象。

鸦片战争以后,徽商经营的其他行业在列强的侵略下,受到极大的摧残,唯有茶商一枝独秀,呈现出继续发展的势头。然而这仅仅是转瞬即逝的落日余晖,为时不久,茶商也同其他行业的徽商一样,无可奈何地沉沦下去。光绪中叶以后,由于洋商的压价收货、清政府的苛捐杂税以及印度、日本等国茶叶竞争力的加强,中国茶叶的出口贸易越来越不景气,徽州茶商也随之一蹶不振了。

四、木材业

徽州木商的资本虽不如盐商那样集中,但其经营规模之大,从业人员之多,活动范围之广,都比盐商有过之而无不及。徽人习惯上把盐商、木客并称,表明二者互为伯仲的地位。在徽州六县之中,尤以婺源人最重视木材业的经营。早在南宋时期,徽州木材就已销往浙江、江西等地,徽州木商的崛起是从明中叶开始的,它由两个方面的因素造成,其一是木材市场的扩大,为徽州木商提供了大显身手的好机会;其二是徽商本身具备经营木材贸易的有利条件。

明中叶以后,随着商品经济的发展,城市日趋繁荣。尤其是长江下游的苏浙一带地方,城市发展最快。当时的苏州、松江、嘉兴、湖州、杭州、扬州、江宁、镇江、常州等府及其所属县城,人口都在迅速增加,规模也在不断扩大。其中人烟数十万、方圆数十里者比比皆是。城市之外又涌现出大批市镇,一些市镇的规模已经超过了府城和县城,俨然成为新兴的工商业大都会,在经济生活中发挥着越来越重要的作用。城市的繁荣是与城市建筑业的发展联系在一起的。在当时,不但城居地主、达官显贵、富商巨贾纷纷建造高门大第,竞相豪奢;就连为数众多的市井小民也都建有房舍数间,以为栖身之所。至于繁华的闹市,更是店铺林立,屋宇相连,茶馆酒楼,鳞次栉比,往往连绵数里不绝,这些建筑,无一不是大量木材构建起来的。另外造船业的发展也需要大批木材。明中叶以后,随着商品经济的发展,商品贩运的规模越来越大,贩运的路线越来越长,而当时的商品运输主要是靠水运,凡是江河湖海舟楫可通之处,几无不有运货的商船往来于其间。长江和运河是内河航运的两大干线,船舶往来最为频繁。明清时期,长江中下游和运河沿线一带是城市建筑业和造船业发展最快的地区,而这里的森林早已被砍伐殆尽,所用木材全靠从遥远的山区运来,因此这一地区便成为木材需求量最大的市场,木材市场的扩大为木商的活跃提供了条件。然而在强手如林的茫茫商海中,徽州商人之所以能够一枝独秀,成为木材行业中的佼佼者,其主要原因还在于他们本身具有经营木材贸易的许多有利条件。

徽州商人具有吃苦耐劳、不畏艰险的精神和经营木材业的丰富经验。经营木材贸易，商人必须深入偏远的山区采伐木材，并将其运往遥远的销售市场。在当时的条件下，这些都是极为艰险的工作，非有吃大苦耐大劳并有丰富经验的人不能任其事，至于木材的长途贩运更非易事。徽州地处崇山峻岭之中，严酷的环境造就了徽州人吃苦耐劳、不畏艰险的"徽骆驼"精神。"勤于山伐，能寒暑，恶衣食"乃是他们的习性。翻山越岭，负重远行，是他们习以为常的事情。驾驭簰筏，穿行于急流险滩之间，更是他们的拿手绝技。许多徽州人世世代代都从事木材的采伐和运输，积累了丰富的经验，这些都为他们经营木材业提供了良好的条件。明清时期，徽州木商为了寻求良材巨木，不远千里，奔赴川楚云贵山区，在那些人迹罕至、群兽出没的深山密林中，风餐露宿，辛勤劳作，往往一干就是数十年不返乡里。明朝嘉靖时，婺源人程文昂"业木造簰，以竹制缆，创自巧思，牢固异常，人利赖之"。竹缆扎簰技术，提高了木材运输的安全性，这一发明出自徽州人之手，表明了他们确是精于木材运输的行家里手。

当时主要的木材采集地一是徽商的老家——徽州地区。明中叶以后，徽州仍是一个重要的木材产区。当时徽州木材是沿着东、北、西三个方向运销外地的。沿新安江、钱塘江而达杭州为东路；沿青弋江、水阳江水系北运而达芜湖为北路；沿昌江、乐安江水系而达饶州为西路。二是与徽州邻近的皖南、浙江、江西等处山区。由于木材需求量的扩大，徽州本地的木材已不足供应，于是徽州木商便将目光首先投向与徽州邻近的山区。皖南的宁国府就是他们首先看中的一个目标，浙江西南部的衢州、处州二府也是徽商搜求木材的一个重要地区，江西山区也多有徽州木商的活动。三是湘西黔南地区。贵州的楠木是天然的栋梁之材，明朝万历时，贵州的楠木就已被贩运到苏州一带发卖。那时在湘西、黔南贩运木材的商人主要就是一些"苏徽大贾"。在贵州锦屏地区经营木材贸易的商人向有"三帮""五勷"之称。安徽帮、江西帮、陕西帮合称三帮，湖南的常德、德山、河佛、洪江、托口等地的商人合称五勷。三帮、五勷在该地经营木材贸易的资格最老，只有他们才能进入锦屏以西的"内江"收购木材，其他商人只能在外江通过木行代为收购。而堪称三帮、五勷之首者则是徽州木商。四是四川西南部山区。这里地处横断山脉北段，山河纵列，气候垂直差异明显，峡谷之中森林广布，林木资源极为丰富。五是福建西部山区。福建西部的武夷山区也是盛产木材的地方，徽商入闽贩木者也很多。当时福建西部山区的木材大多是利用闽江水系运至福州，然后经由海道转运至苏浙发卖的。总之，徽州木商不避艰险，深入到全国各木材产区，掌握了充足的货源，这就使他们得以称雄于木材的销售市场。

　　明清时期的江南地区，城市建筑业和造船业都很发达，木材消耗量极大。直隶、山东、苏北所用的木材，尤其是宫廷需用的"皇木"和临清、清江浦（今江苏清江市）两处建造漕船所用的木材都有很大一部分是从这一地区采购的。因此，这一地区遂成为全国最大的木材销售市场。徽州木商不畏艰险，深入各地林区搜求木材，就是为了运到这里销售。由于他们握有充足的货源，因而在这个市场上占有极为重要的地位。

　　南京的上新河是江南最大的木材集散地，也是徽商经营木材业的中心。徽州木商把四川、贵州、湖广、江西以及一部分徽州所产的木材，沿着长江水系运集于此，然后转销江南以及北方各地。芜湖也是一个重要的木材集散地，明清两朝都在这里设置工关，专征竹木通过税。沿江东下的簰筏，必须在此靠岸，以便报关纳税。沿青弋江运来的皖南木材，又必须在此改捆扎簰，以便入江。明朝万历时，司礼、御用、内官三监每年在南京、芜湖两地采购木材 4.7 万余根块，其中半数购自芜湖。由此足见芜湖木材之多，几乎不亚于南京，而芜湖的木材贸易大多操于徽州木商之手。当时徽州木商往来于大江之上、贩木于吴楚之间者为数甚多，其中有许多人就是以芜湖为其经营基地的。镇江也是一个重要的木材集散地，沿江东下的木材或由此进入江南运河，销往苏松等府，或由此渡江至瓜州，沿运河北运。清朝自康熙以来，官府采办皇木、架木、桩木时，往往"首责省滩（指南京上新河），而镇江次之"。其所以把镇江列为采办木材之地，是因为"京口地处滨江，簰筏亦多"，是个木商辏集的地方。

　　浙江的杭州也是一个重要的木材集散地。徽州及浙江西部山区所产的木材，都通过钱塘江水系运集于此，除供当地留用之外，都经由运河、黄浦江等水道运往嘉兴、苏州、松江等处销售。徽州木商在杭州的势力极大，这里的徽州木行，最盛时多达百余家，来此贩木的行商大多数也是徽州人。乾隆时，婺源人江扬言在杭州候潮门外倡建徽国文公祠，作为徽商木业公所聚会议事之处。其子江来喜又于运河闸口至秋涛宫一带的钱塘江畔购置沙地 3690 余亩，用于徽州木商堆放木材的场地。

　　苏州、松江、常州、嘉兴、湖州等地所用的木材主要都是由徽州木商提供的。在苏州经营木业的绝大多数都是徽州人。清朝同治四年（1865），木商们在苏州西汇重建大兴会馆以为木商集议公所。这个会馆是借用"紫阳基地"建立起来的，会馆中"照旧供奉关圣、朱子神位"。徽州号称"朱子阙里"，供奉朱子乃是徽人会馆的通例，大兴会馆中这种浓厚的徽州乡土气息正是徽州木商带来的。

　　总之，徽州木商在江南各地的木材供应上发挥了重要的作用，而江南的木材市场也为徽州木商提供了牟利生财的大好机会。

第三节　徽商的主要特点

一、贾而好儒

徽商之所以能称雄商界数百年，成为全国十大商帮中之翘楚之一，是与它的贾而好儒的本质特点分不开的。

尊儒重仕、重农抑商是中国封建社会的基本国策，直到明清时期依然如此。如明朝初年，朱元璋就曾下令："农民之家，许穿绸衫绢布；商贾之家，只许穿布。农民之家但有一人为商贾者，亦不许穿绸衫。"这一规定后来虽然有所突破，但抑商政策仍然没有改变。清朝的雍正皇帝就曾明确指出："四民以士为长，农次之，工商其下。"在封建政府抑商政策的长期影响下，商贱、商轻的传统价值观念在人们的头脑中根深蒂固，从事商业经营被认为是市井小人之事，为人所不屑。经商是徽州人在客观环境中的生存选择，"学而优则仕"则是社会的最高价值取向。而徽州人对传统的价值观进行了变通和调和，提出了"士商异术而同志"，以及"良贾何负闳儒"的思想。徽州人认为，儒和贾虽分属不同的行业，但都是人生的有为之途。业儒入仕固然可以光大门楣、光宗耀祖，而从商创业亦可立身扬名，"大振其家声"。所以，业儒和从贾不存在职业上的贵贱之分，两者均系志向一致。

儒者讲究的是道德规范。如果贾者能"贾名而儒行"，按儒家的道德规范行事，把儒家思想贯彻到商业经营当中，那么"贾何负于儒"！因此，"良贾"和"闳儒"，从道德的角度来看，也不存在高下之别。这种新的商业价值观和职业观的宣传和践履，是明清徽州商业社会形成的思想基础，"贾而好儒"成为徽商的标志。黟县古民居村落西递村有这样一副楹联"读书好，营商好，效好便好；创业难，守成难，知难不难"，从中便可看出徽州人对儒与商的看重。

生活在"程朱阙里"的徽州人，大多在童年即承师受业、读书问学，所以徽商在步入商海之前，几乎都曾接受过长短不等的正规的传统文化教育。许多徽商精通吟诗、作画、书法,并俨然大家,不少徽商研习经史,学问洽博,"虽通儒尚不逮焉"。明清徽商中产生了众多的诗人、画家、书法家和学问家,这为他们商业的成功提供了坚实的文化素养,使他们在选择经营地点,确立经营方向,尤其是权衡经营利弊,形成商业信誉等方面,表现出较高的智慧和成熟。徽商很爱读书,他们有的白天经商,晚上读书,甚至在路途中也是时时忘不了读书。爱读书给徽商带来了三个方面的影响:一是提高了徽商的文化素养、文化品位。较高的文化素质就成为他们与官僚士大夫交往的"黏合剂",同时也给徽商的商业经营带来了许多便利。二是由于读书,使得徽商善于从历史上汲取丰富的商业经验、智慧,促进自身商业的发展。三是增强了经商的理性认识,即他们能够以所谓的"儒道经商",从而形成良好的商业道德。

明清时期,我国封建商品经济已发展到高峰阶段,即将与近代市场接轨。在这一转型时期,市场更加扩大,交易更为复杂,市场上商品供求关系的变化也更加难以预测。徽商拥有一定的文化知识,就有助于他们在商业活动中正确地分析市场形势,分析自然和社会诸因素对供求关系的影响,从而在取予进退之间不失时机地做出正确的判断,以获得厚利。正如学者余英时先生所说:"不但明清时期'弃儒就贾'的普遍趋势造就了大批士人沉滞在商人阶层的现象,而且,更重要的是商业本身必须要求一定程度的知识水平。商业经济的规模愈大则知识的要求也愈高。"徽商在整体上拥有较高的文化素质,这也是其他地区的商帮所无法比拟的。

二、敬业精神

敬业精神是从业者对所从事职业具有的一种执着信念和深深投入的意识。徽商对商业的执着和专注,在中国商业史上可以说是相当罕见的。

明清徽州地区从事商业活动的人口很多,几乎超过全地区人口的一大半。徽州风俗惯例,男孩子一般到了十三四岁就要出门学做生意。所谓"前世不修,生在徽州;十三四岁,往外一丢。"一开始他们多半是在自己的长辈或亲戚的店铺里当学徒,学徒一般历时三年,三年的学徒生涯是相当辛苦的。吃苦倒是小事,关键要能圆满结束学业,否则就要被人嘲笑。在外学徒以及日后独自做生意,最忌讳被人称作"茴香萝卜"。因为"茴香"谐音为"回乡","萝卜"谐音为"落泊",意为在外,学无所成,或者经营不善,落泊回乡。所以徽商无论拜师学徒还是日后独自闯荡商海,他们都会兢兢业业、勤勤恳恳,一旦生意不成功,他们宁愿客死他乡,也不愿轻易回家。民国《歙县志》说:"我县习俗重经商。经商必然远离家门。每每离开家门,往往几年才回来一次,有时甚至长年在外不回家的。刚刚结婚，丈夫就离家经商的情况，在这里比比皆是，都习以为常了。"许多人离家别妻，一年到头奔波于外，往往一直到老才罢休。甚至有的徽商外出，数十年而不归。经商期间，按照徽州的风俗，经营者一般每年回家探亲一次，然而那些离家远的三四年才能够回家与父母妻儿团聚一次，探视之后又要出门继续经营生意。虽然如此年复一年地在外操劳，黑发出门白发回，但他们依然无怨无悔。"健妇持家身作客，黑头直到白头回。儿孙长大不相识，反问老翁何处来。"这首新安竹枝词就是徽州人经商的真实写照。出门时孩儿还在襁褓中，回来时孩子都已长大成人，他们脑中的父亲往往只是个概念而已，如今父亲回来了，他们自然不认识。清代婺源县有一位商人姓詹，他在儿子出生几个月后就离家出外经商，结果一别就是十七年。儿子长大后去寻找父亲，深入四川、云南等山区，又遍寻湖北、四川成都，最终把父亲给找到，父子相携而归。还有一位歙县商人程世铎，六岁便随父亲出外经商，直到二十七岁才辗转回家。所以有人说，徽州商人"出至十年、二十年、三十年不归，归则孙娶媳妇而子或不识其父"。徽州商人一生无怨无悔投身于商业经营的行为，充分体现了他们的敬业精神。

徽商的敬业精神，不仅仅表现在徽商个人一生无悔投入商业的行为方面，更体现在商人家族对商业世代不懈、前赴后继的执着和追求。徽州居民有一个很大的特点，就是聚族而居，往往一村甚至一乡都是一个家族，所谓"千丁之族，未尝散处"。他们宗族观念浓厚，宗法成为维系家族关系的纽带。同样，在经商中，宗法在族人中同样起着重要的关联作用，往往出现"举族经商"的情况，族人之间在经商中相互提携、相互关照。举族经商的结果，是在徽州形成了一些著名的商人家族，譬如歙县的汪氏家族、江氏家族、鲍氏家族，休宁的吴氏家族，婺源的朱氏家族等。这种举族上下成百上千人对商业的投入和专心，在明清时期的其他商帮中是不多见的。其中许多家庭都是几代人前仆后继，勤恳敬业，潜心经商。在徽州《许氏家谱》中，记载了一段感人的"家庭创业史"：许氏家族中有一人名叫许道善，年轻时曾在清源经商，因为他善于经营，赢利累至千金，在当地商人中名列前茅。后来中途回家，商业随之中断，家中逐渐困顿。许道善看着儿子们渐渐长大，于是决心复出经商。他命儿子永京主持家事，自己只身前往临清经商。不久，因遇骚乱，许道善所带资金耗竭，又染病不愈，竟客死异乡。他的儿子许永京为了振兴家业，毅然继承父志，告别母亲与妻儿，循着父亲的足迹出外经营。没想到他这一去就是几十年，最后也是死于异乡。许永京的儿子长大成人后，母亲拿出自己的私房钱，命他继续出门经商，完成爷爷和父亲未竟的事业。结果功夫不负有心人，许家终于在商业上获得成功，家业重新振兴起来。这样的事例在徽商中还有很多。

三、钱势之交

徽商中最有名气的当数胡光墉,也就是大名鼎鼎的胡雪岩。自从作家高阳《红顶商人胡雪岩》一书问世以来,胡雪岩成为无数商人心仪的榜样,而他传奇般的成功经历也成为众人津津乐道的谈资。

胡雪岩出生于清代道光三年(1823),因家境不佳,自幼被送到钱庄去当学徒。胡雪岩不仅精明能干,做事勤快,能说会道,更具有超出一般人的胆略和敏锐的眼光。胡雪岩二十岁的时候,遇到一个名叫王有龄的书生,当时的王有龄穷困潦倒,缺少进京的盘缠和做官的本钱,结果,素昧平生的胡雪岩不惜冒着被开除的风险,私下挪用了钱庄的五百两银子借给王有龄进京。胡雪岩因此失业,而做官后的王有龄为了报答胡雪岩的恩德,与他结为生死之交。胡雪岩凭借王有龄的势力迅速崛起,先后开设了钱庄、当铺、药材铺,经营茶叶、丝绸,很快暴富。胡雪岩的成功不仅仅限于单纯的商业领域,由于和王有龄来往密切,胡雪岩的钱庄还因此代理了浙江省的藩库,使国库的银两也成为胡雪岩商业周转的资金。1862年,他协助左宗棠与法国人联合组成"常捷军",很快又协助左宗棠创办了福州船政局,并且承担一切采运事务,成为全国首屈一指的"红顶商人"。

胡雪岩是徽商中典型的利用官场政治实现商业抱负的商人,也是徽商官商结合在近代历史上的巅峰。商人服务于政治,政治同样也垂青于商人,尽管胡雪岩在用人上能够做到知人善任也是其成功的秘诀所在,而最关键的显然还在于其深谙"钱势之交"的奥妙。

对于徽商如何依附、逢迎封建政治势力,张海鹏等撰著的《徽商研究》有深入的分析:

其一是交友联谊。如歙县商人凌和贵经商于武汉,"自达官绅士及邻庶,无不以礼相接,与地方长吏过从款洽"。

其二是联姻攀附。一些在外地经商的徽商,总是千方百计地和封建官员联姻,从而获得政治依靠。

其三是巴结逢迎。明代曾经任南京国子监祭酒的李维桢曾经到过徽州,他说:"徽多高赀贾人……又善行媚权势。"清代就有人这样描述两淮盐商:"官以商之富而朘之,商以官之可以护己而豢之。在京之缙绅,过往之名士,无不接纳,甚至联姻阁臣,排抑言路,占取鼎甲,凡力之能致此者,皆以贿取之。"

其四是跻身士林。他们不仅寄希望于子弟,大力投资教育,自己也不惜巨资,买官买爵,从而改换身份,不再遭受欺辱。至于像江春那样上交天子的徽商毕竟很少，然而，其内在的动机和那些交接中小官吏的徽商是一样的，都是因为地位低微，寻求政治靠山，以求得政治庇护。

四、讲究商德

徽商是一支讲究商业道德的商帮。由于受传统文化的影响较深，徽商在经营中大多能自觉地以儒家道德来规范自己的经营行为，形成了"以诚待人"、"以信接物"、"以义为利"、"仁心为质"的商业道德规范，被誉为我国封建社会后期"儒商"的典型代表。在经商过程中，徽商恪守质量观念，不售伪劣产品，不为暂时的利益掺假坑害顾客，有些徽商甚至不惜自己蒙受损失而将不慎购进的伪劣产品付之一炬，以防他售而害人。

"人宁贸诈，吾宁贸信。终不以五尺童子而饰价为欺。"这是明代歙县商人吴南坡的经商原则。别人用欺诈发财，他则以诚信为商，连五尺童子也不欺。

"以诚待人，人自怀服；任术御物，物终不亲。"这是明代歙县商人许宪的观点。以诚待人，别人自然信任你、服你，而用智巧去处世，终不能获得信任。

最有名的"语录"当是胡雪岩手书的胡庆余堂"戒欺"匾匾文：

凡百贸易均着不得欺字，药业关系性命，尤为万不可欺。余存心济世，誓不以劣品弋取厚利，惟愿诸君心余之心，采办务真，修制务精，不至欺予以欺世人，是则造福冥冥，谓诸君之善为余谋也可，谓诸君之善自为谋也亦可。

这些"语录"侧重于诚信的道德意义，实际上，徽商正是凭着诚信，获得了最大的经济利益。例如清代歙县的鲍雯，父亲去世，家道中落，他本想通过科举考试改变家庭状况，但很不顺利。他的先世曾经在两浙经营盐业，不得已他也继承旧业，他"虽混迹廛市，一以书生之道行之，一切治生家智巧机利悉摒不用，惟以至诚待人，人亦不君欺。久之，渐致盈余"。另外一位叫梅文义的徽商诚信得简直带有传奇色彩：他家中贫困，十八岁开始经商，"诚笃不欺人，亦不疑人欺，往往信人之诳，而利反三倍"。他不欺诈别人，也不怀疑别人欺诈他，甚至他还相信别人的欺诈，其结果却是发了大财。

当商人本着诚信的态度经商的时候，诚信既是品德，也是策略。欺诈可能获得眼前的利益，但随着别人对欺诈行为的认识，特别是对某一个商人欺诈行为的了解后，他的顾客或客户必然不再相信他，他的经商之路也就只能越来越窄。相反，如果一直保持着诚信的记录，商人的顾客和客户就必然回头，稳定的商业关系就此建立，其信誉也必将越来越好，所占领的市场也就必然越来越大。因此，我们可以说，诚信既是伦理原则，也是商业策略。

第四节 徽商的影响

一、无徽不成镇

历史上徽商足迹几遍宇内,对促进沿江区域市镇的兴起与繁荣,起过举足轻重的作用。沿江区域一些较为出名的市镇,大多兴起于明成化、弘治年间,而勃兴于嘉靖、隆庆、万历年间,这一时期,也就是徽商特别是盐商获得长足发展的黄金时代。

"无徽不成镇",长江流域和江南各地,到处都活跃着徽商的身影。嘉定县盛产棉纱和布,那里的很多市镇都是"徽商辏集"的地方,如罗店镇,在明代嘉靖年间只有"东西三里,南北一里"的规模,而到万历时,"比闾殷富,今徽商辏集,贸易之盛,几埒南翔矣。"南翔是嘉定第一巨镇,也是徽商活动的重要地点。嘉靖时,"其地东西五里,南北三里,北货填集,甲于诸镇";万历时,"往多徽商侨寓,百货填集,甲于市镇。比为无赖蚕食,稍稍徙避,而镇遂落"。南翔镇因为徽商而"甲于诸镇",一些无赖蚕食,迫使徽商离开躲避,它就走向衰落。可见徽商对于江南市镇的繁荣起着重要的作用,"无徽不成镇"的谚语在这里得到了充分的印证。

徽州与杭州由水路相连,顺着新安江走600里水路,就可抵达杭州,因此是徽商云集的地方。如黟县宏村的汪氏,在明代末年就移居杭州经商;著名文士汪道昆的先世也在杭州经营盐业。徽商在杭州经营的行业很多,有盐业,有木业,有典当业,有米粮业,有饮食业。杭州有"五杭"特产,即杭剪、杭扇、杭线、杭粉、杭烟,杭剪其实就是张小泉剪刀,而张小泉的祖先就是徽州人,其祖张思家从歙县到杭州,在城隍山下大井庵开设张大隆剪刀店,到张小泉,已擅名全国。由于杭州是徽商云集之地,徽商到杭州登岸的地方被称为"徽州塘"。

在湖北的汉口,明清以来也是徽商的经营据点,各行各业都掌握在徽商的手中,盐、米、木材、药材、典当、棉花无不经营。明代末年,徽商叶文机在汉口开设叶开泰药店,经过数代经营,最终发展成为全国的四大药店之一。徽商在汉口人数多,势力大,除了经商外,各种辅助的事业也得到发展,康熙时,他们修建了规模甚大的会馆,名曰"新安书院";雍正时,他们又修建了"新安码头",专门供徽商船只停泊;为了鼓励子弟们读书学习,他们又在码头附近修建了一座"魁星楼"。徽商在这里买地建房,比屋而居,于是有了"新安街""新安巷""徽州街"等地名。

扬州是徽州盐商经营的重镇。唐宋年间的江苏扬州,是江南较为繁华的都市之一。明清时期,这里跃为以盐务为主的商业中心。据《两淮盐法志·列传》记载统计:自明嘉靖至清乾隆间,在扬州的著名客籍商人共有 80 名,其中徽商就占 60 名。难怪近人陈去病在《五石脂》中说:"徽人在扬州最早,考其时代,当在明中叶。故扬州之盛,实徽商开之,扬盖徽商殖民地也。"居扬徽商在服饰饮用方面,挥霍无度,几同王侯。在购园建宅、设置书院、举办诗文会(馆),藏版刻书,以及营建戏馆等娱乐场所方面,他们也是不惜巨资,所费动辄数十万。扬州素以园亭之盛甲江南,而这与居扬徽商的大规模投资分不开。当年乾隆南巡时,扬州是主要落脚点,在乾隆来扬州之先,徽商便大兴土木,"兴宫室,建园池,营台榭,屋宇相连,矗似长云。"如徽籍盐商巨头汪石公妻汪太太,在乾隆来扬州前数月,便与盐商"择荒地数百亩,仿杭之西湖风景,建筑亭台园榭,以供御览"。乾隆抵扬州前一天,汪太太见亭台园榭之旁还少一方池,于是又"独出数万金,夜集工匠,赶造仙池一方,池成而翌日驾至,高宗(即乾隆)大赞赏"。明清时期居扬徽商促进了扬州在经济、文化、教育、市镇及园林建设诸方面进一步繁荣。清人孔尚任说"东南繁华扬州起",扬州在东南率先繁华,徽商是尽了大力的。

概而言之,历史上大凡较为繁华的都市均有徽商经营,而徽商的资本一旦渗入这些都市,便在很大的程度上促进了它们的繁华。诚如马克思在考察商人资本时所断言:"商业依赖城市的发展,而城市的发展也要以商业为条件,这是不言而喻的。"

二、声名远播

徽商作为十大商帮之一,他们所获得的声名与荣誉流传天下。徽商以大贾巨贾闻名,而最让人羡慕的当然是其财富之巨。早在明代嘉靖后期,"屈指天下富室居首等者,凡十七家,徽州即有两家。"万历年间徽商的财富之丰更是惊人,经营盐业的徽商有上百万的家产,至于那些有二三十万家产的徽商则被视为中等。到了清代,徽商进一步发展,也涌现了更多的大贾,而且他们已经超越了前人的百万财产,成为千万富翁。

据史料记载,清代乾隆年间,徽州盐商的总资本达到四五千万两,而清朝最鼎盛时期国库存银也不过七千万两,差不多相当于全国财政总收入的一半了。清末中国对外贸易有巨额顺差,而出口商品中由徽商垄断经营的茶叶数量位居第一。徽商的从业人数、经营行业以及资本都位居全国各大商帮之首,其中几个大贾的故事更是广为流传。

清乾隆时,歙县人江春早年乡试失败,所以转而经商,继承父业为两淮总商,寓居当时的商业中心扬州。江春不仅精于商业,还深谙官商结合、交接官府的道理。"每遇灾赈、河工、军需、百万之费,指顾立办"。乾隆六次下江南,江春有幸接驾,并个人捐银30万两,因而得到乾隆的嘉奖,为他亲笔题写"怡性堂"的匾额,并封他为内务奉宸苑卿,授以布政使之衔。乾隆皇帝南巡到了扬州时,江春"承办一切供应"并且千方百计取悦乾隆皇帝。一天,乾隆皇帝到大虹园去游玩,看到一处景色,对左右侍奉的人说:"这个地方很像南海的琼岛(此处当指北京北海公园),可惜没有塔。"江春听说这件事,用万金贿赂乾隆的贴身随从,得到了南海琼岛之塔(北海公园的喇嘛塔)的图纸。江春把图纸一拿到手,就纠集工匠,运输砖石,仅仅一夜工夫就按照图纸修建了一处一模一样的新塔。第二天,乾隆再次去游园,看到一夜之间竟然出现一座高塔,大吃一惊,听随从说是塔,还以为是假的,结果走近一看,果然是用砖石砌成的真塔。乾隆得知其中缘故不由感叹说:"盐商的财力确实大啊!"

186

还有一个代表性的徽商是鲍漱芳,他也是歙县人。鲍漱芳从小跟随父亲在扬州经营盐业,多次慷慨解囊救助灾民。1805年黄河淮河暴发了大水灾,洪泽湖也因此决堤,鲍漱芳先后捐米6万石,麦子4万石,赈济了数十万灾民,当时改建六塘河需要开山归海,鲍漱芳集众捐款300万两。鲍漱芳多次捐输,深得当时的嘉庆皇帝的赞赏,乾隆皇帝也曾亲笔为鲍家祠堂书写对联,"慈孝天下无双里,锦绣江南第一乡"。此外,鲍漱芳还捐资修建了歙县的紫阳书院,其旧址至今仍然可以看到。

在文化传播上,徽商做出了突出的贡献,许多徽商大贾亦儒亦贾,他们的风采,至今仍然被后人仰慕不已。歙县商人鲍廷博"少习会计……以治坊为世业,而喜读书,载籍极博"。后来,他移居乌青镇,建立了一座著名的藏书楼——知不足斋藏书楼。乾隆年间修四库全书的时候曾经进书626种,并且校刻了《知不足斋丛书》30集。"扬州二马"指的是马曰琯和他的弟弟马曰璐。马曰琯是徽商好儒的代表人物,他一生爱好诗文,喜欢和文人雅士诗酒唱和,还酷爱藏书。清雍正年间,马曰琯在扬州建立了小玲珑山馆,广交天下名流。当时著名的文人如全祖望、郑板桥、厉鹗等人都是他的常客。马曰琯喜爱藏书,在家中专门设立了一个刻书坊,不惜花费千金去刻印朱彝尊的《经义考》一书。同时,他还把小玲珑山馆作为藏书楼,藏书多达十余万种。等到乾隆修四库全书时候,其子献藏书700余种,为全国私人献书之冠,还得到乾隆皇帝的褒奖。

三、泽被后世

徽州人本是被迫外出服贾，行走四方。可是经商所带来的收获却是徽州人始料未及的，不仅满足了基本的生活需要，而且还使徽州本土聚集了巨额的财富。经济的发展与文化也形成了一种良性的循环互动，促进了徽州文化的发达，徽州文化的形成和发展是与徽州历史的变迁密切相关。自从中原大族逐步南迁为徽州本土带来了先进的生产技术和中原文化以来，这里逐渐变成了华夏文化的交流融合之处，而徽商的兴起发展更是为徽州文化的发扬光大创造了有利的条件。

徽商发家之后普遍在家乡购买土地良田，营造精美豪宅，徽派风格的建筑也因此在中国建筑史上占据一席之地。在今天的徽州地区，白墙黑瓦、马头墙等具有地方特色的古宅、老街仍然随处可见。徽派三雕指的是砖雕、石雕、木雕这三种民间雕刻工艺，以歙县、黟县、婺源县最为典型，保存也相对较好。砖雕是在徽州盛产质地坚细的青灰砖上经过精致的雕镂而形成的建筑装饰，广泛用于徽派风格的门楼、门套、门楣、屋檐、屋顶、屋瓴等处，使建筑物显得典雅、庄重。它是明清以来兴起的徽派建筑艺术的重要组成部分。石雕在徽州城乡分布很广，类别亦多，主要用于寺宅的廊柱、门墙、牌坊、墓葬等处的装饰。由于受到雕刻材料本身限制，石雕不及木雕与砖雕复杂，主要雕刻的是动植物形象、博古纹样和书法。

徽州山区盛产木材，建筑物绝大多数都是砖木石结构，尤以使用木料为多，成了木雕艺人发挥聪明才智的用武之地。徽州木雕用于旧时建筑物和家庭用具上的装饰，遍及城乡。宅院内的屏风、窗槛、栏柱，日常使用的床、桌、椅、案和文房用具上均可一睹木雕的风采，几乎是无村不有。徽州木雕的题材广泛，有人物、山水、花卉、禽兽、虫鱼、云头、回纹、八宝博古、文字锡联以及各种吉祥图案等。以人物为主的有名人轶事、文学故事、戏曲唱本、宗教神话、民俗风情、民间传说和社会生活等题材；以山水为素材的，主要是徽州名胜，如黄山、白岳、新安江及徽州各县具有代表性的山水风光；以动物、花木、图案为内容的，一般呈连续图样形式，亦能独立成画。明代初年，徽派木雕已初具规模。明中叶以后，随着徽商财力的增强，炫耀乡里的意识日益浓厚，木雕艺术也逐流向精雕细刻过渡，多采取多层透雕的手法来追求华美。入清以后对木雕装饰美感的要求越来越高，很多木雕作品涂金着彩，穷极华丽。今天在原徽州辖县内，木雕精品仍然随处可见。歙具黄村一家民宅，在梁、枋、檩、斗拱、雀替上全部精雕细刻，装饰着灵兽、百鸟、蝙蝠和回文图案，布局严谨，造型优美。楼下围着天井的24扇镂花隔扇门,上半部是连续图纹漏窗,下半部是浮雕花鸟隔板,连接上下两半部的中间横板,全雕着戏曲故事,内容皆出自《三国演义》戏文。在堂前右侧登楼的门口上方有一幅木雕画,背景是山石岗峦、竹林曲径,画中有一位年轻妇人倚门眺望,一个男子夹着伞,背着包袱,在山道上走来。这是一幅反映屋主远走在外经商发迹回乡的《商旅回归图》。画面人物长仅盈寸,却刻得眉眼毕现,栩栩如生,倚门妇人凝眸远望,神态忧戚而专注,流露出盼人归来的脉脉情思;行旅男子,则是风尘仆仆,行色匆匆,归心似箭。构图精巧,造型生动,堪称现存徽派木雕中的精品。

四、徽商精神

什么是"徽商精神"?胡适曾把徽商比喻成"徽骆驼",因此有人把徽商精神概括为"骆驼精神",这当然是对的。但徽商精神还不仅仅是"骆驼精神","徽商精神"有着更丰富的内涵:

一是赴国急难、民族自立的爱国精神。明朝建立之初,北境未安,漠北蒙古残余势力时时入犯,明政府不得不在北方沿边驻扎重兵。为解决军粮问题,政府制定开中法,号召商人输粮于边,政府发给盐引,到内地支盐行销。这是巩固边防、保卫国土安全的一项重大政策。不少徽州人千里迢迢不辞劳苦,运粮输边,早期的徽商就是这样发展起来的。他们能够将个人逐利与赴国急难结合起来,正体现了一种爱国精神。徽商的爱国精神,还突出表现在明中叶的抗倭斗争中,他们或者捐资筑城,募勇抗倭;或者出谋划策,领导抗倭;或者弃商从戎,直接深入杀敌战场。到了近代,为了抵御外国入侵,徽商也踊跃捐资。凡此种种,无不体现出徽商的爱国精神。

二是不畏艰难、百折不挠的进取精神。徽商绝大多数是小本起家,他们穷则思变、奋发进取,毅然走出深山,闯荡四海。可谓岭南塞北,饱谙寒暑之苦;吴越荆襄,频历风波之险。这种创业精神实在可贵。当事业出现曲折时,不少人一蹶不振,从此销声匿迹,而徽商却百折不挠。"徽之俗,一贾不利再贾,再贾不利三贾,三贾不利犹未厌焉"。

三是审时度势、出奇制胜的竞争精神。市场风云变幻莫测,活跃于市场的徽商必须时时细心预测市场,观察市场动向,分析市场行情,审时度势,根据市场商品种类的盈虚和供求情况,对目标市场进行细分,去选择所经销的商品,并且能够使经营时间、地点随供求关系的变化而灵活机变。他们所从事的四大行业食盐、典当、木材、茶叶,无不是根据市场行情的变化而随机经营的。正是由于他们能够随时观察市场,根据市场变化审时度势,因此面对同行业的竞争,他们时时能走在同行业的前面,能够出奇制胜。

四是同舟共济、以众帮众的"和协"精神。这种精神不仅表现在一家人或同族人中,也表现在一个个的商业团体中。"和协"是处理人际关系所应达到的较高境界。即便在整个徽州商帮内部,也能做到同舟共济、以众帮众,像遍布各地的徽州会馆、同业公所的建立,就突出体现了这种精神,从而大大强化了徽州商帮内部的凝聚力,提高了市场竞争力。

五是不辞劳苦、虽富犹朴的勤俭精神。翻开明清小说,常常见到关于徽商的描写。但在封建文人的笔下,徽商个个是吝啬鬼。如在《三刻拍案惊奇》中就讽刺一个在杭州的徽商吴某,"家中颇有数千家事","肉却不买四两","只是吃些清汤不见米的稀粥"。甚至在明清笑话中也把徽商作为嘲笑对象,明浮白主人在《笑林》中写道:"徽人多吝,有客苏州者,制盐豆置瓶中,而以箸下取,每顿自限不过数粒。或谓之曰:'令郎在某处大嚼'。其人大怒,倾瓶中豆一掬,尽纳之口,嚷曰:'我也败些家当罢'"。实际上这都是封建文人的偏见,这正反映了徽商虽富犹朴的勤俭精神。徽商大多都是从小本起家,不畏艰难,克服了种种不利因素,经过了一番奋斗拼搏,最后才建立了自己的基业,成为富商大贾的。"致富思源",他们大多数人特别珍惜得来不易的财富。因此,他们虽然致富,但日常生活仍旧保持在家时艰苦朴素的作风。

徽商正是凭着他们特有的徽商精神,从而能够从无到有,从小到大,乃至于发展为雄视天下的大商帮。这种精神植根于中国传统文化的土壤之中,又被徽商进一步发扬光大。"徽骆驼"所造就的徽商精神,不仅是徽商的巨大财富,更是徽商留给后人的宝贵遗产。

思考与练习:

1. 徽商兴起的自然条件与历史背景是什么?

2. 徽商经营范围很广,盐、典、茶、木四者是他们经营的最主要行业,了解徽商在这四个行业中具体的经营情况。

3. 民间俗谚有"无徽不成镇"的说法,那么徽商对促进沿江区域市镇的兴起与繁荣,起过什么样的作用?

4. 归纳徽商致富的原因。

5. "徽商精神"对于我们今天有什么启示意义?

第八章　安徽的民俗文化

学习目的：

通过本章的学习，了解安徽民俗文化的区域划分，掌握安徽民俗文化的特征。了解安徽的岁时节庆民俗、游艺民俗、生产民俗和商贸民俗。掌握安徽的人生礼仪民俗。

学习要求：

1. 了解安徽民俗文化的三大区域，掌握安徽民俗文化的特征。

2. 了解安徽的岁时节庆民俗，掌握佩戴"端午锦"的文化内涵。

3. 了解安徽的游艺民俗、生产民俗和商贸民俗，掌握安徽人生礼仪民俗中"嫁妆"的文化内涵。

学习建议：

1. 熟读教材并了解安徽主要的民俗。

2. 体味安徽各种民俗的文化内涵。

3. 结合本章内容，联系实际，考察所在地区的民俗特征和新的变化。

第一节　安徽民俗的区划和特点

一、安徽民俗文化的区域划分

民俗,顾名思义,就是民间习俗,是一个民族或社会群体在长期的共同生产与社会生活中逐渐形成的,并世代相传的一种相对稳定的文化现象。民俗也称风俗,所谓相延成风,相袭成俗,没有长期共同的社会生活环境,就不可能形成稳定的社会风俗。民俗是人类文化的重要组成部分,也是一个民族与其他民族之间,一个社会群体与其他社会群体之间相互区别的重要依据。

民俗文化最基本、最突出的特征是它的地域性,每种民俗都是在某种特定的地理环境中产生、形成、演化、传播的。地理环境的不同,导致每个民族、族群和其他社会群体的生存环境乃至社会环境都不相同。内陆与沿海、山区与平原、北方与南方,等等,这些不同区位环境都会对民俗的形成与演化产生广泛而深刻的影响。

安徽境内的民俗由于自然环境与人文环境的不同,也明显划分为不同的区域,每一个区域内的民俗又有很大的不同。

根据民俗地理学专家的研究,我国民俗文化的地理分布与几条重要的地理分界线有密切关系:即大兴安岭—长城—青藏高原东缘这条季风区与非季风区的分界线;秦岭—淮河这条"南方"与"北方"的分界线;昆仑山—阿尔金山—祁连山这条第一级阶梯与第二级阶梯的分界线。根据这几条重要分界线,再加上其他一些因素,民俗地理学家把我国共划分为东北、华北、华中、华南、西南、西北、青藏七个一级民俗地理区。

按照这样的一级民俗地理区的划分,安徽省跨越了两大一级民俗地理区,淮河以北的皖北地区属于华北民俗地理区,淮河以南属于华中民俗地理区。同时,在皖南山区,由于特殊的地理环境和发达的徽州商业文化,使徽州成为安徽境内颇具特色的民俗亚文化区。

民间风俗素以"三里不同风,五里不同俗"为特色,传承相习与时相嬗变,南北有别又东西各殊。综观安徽全境,以自然区域相辨别,大致可划分为皖北、皖中、皖南三大民俗异同区,其间地理环境、物产人文及时代更替各异,或多或少都影响到文化、风貌和生活、生产习俗的变异,分区与源流不同,但总体都以历史悠久、民风朴实为典型特征。

淮河以北的皖北地区民俗文化源远流长,华夏古文化特色非常突出。这里不仅是道家文化的主要发祥地,而且人民历来就有习武的传统习俗,喜欢拳术、刀枪、棍棒、举砘子石锁等武技与武术项目。这种崇武风气长期沿袭下来。皖北地区以旱地作物为主,地处平原,交通方便,村落间距较大,饮食文化主要以面食为主,辅之杂粮,酿酒历史悠久。

淮河以南的江淮丘陵地区和长江沿岸地区属于华中民俗文化地区,海拔较低,冬温夏热,四季分明,降水丰沛,大部分地区可种植双季及多种经济作物,传统农业生产十分发达。人口多,密度大。民俗文化受田"水"的影响非常突出。水田作物,丰富而发达的渔业生产,是我国著名的鱼米之乡,水稻种植从耕田、耙田、育秧、栽秧、灌溉、施肥、防治病虫到收割、加工、储藏等一系列生产过程都有相应的民俗,如普遍有"开秧门"的习俗。同时,此区内江河湖泊众多,水网密布,水上交通与渔业生产十分发达,与此相关的风俗也很多。

皖南山区是安徽比较特殊的一个地区,在明清之际形成了十分发达、闻名世界的徽商文化。因此,徽州地区的民风民俗极有特色。如徽州民居风格、徽州饮食、风水观念、宗教信仰与节日习俗都形成了自己的特色。

二、安徽民俗文化的基本特点

(一)汉民族的民俗文化是主体,但也有少数民族的民俗文化支系存在

安徽民俗文化从总体上来看,属于比较典型的华夏文化,汉民族的民俗文化占据着主体地位,各种民俗都深深地打上了中国传统文化的烙印,这种主体地位的属性主要是由两种因素确定的。

第一,安徽地处中国的中部地区,紧邻中原大地,历史上属于开发较早的地区。按照文化区的理论,越是处于文化区的中心地带,其文化的典型性特征越突出,越是处于文化区的外围地区,其文化越具有边缘性或边际性。汉族文化也是在历史上逐步形成的。一般认为,汉族是炎黄的子孙,他们最初居住在渭河流域,后来沿黄河两岸向东迁徙,到达今日的山西、河南、河北一带,在发展过程中与羌人、夷人、戎人、狄人、苗人及鬼方、猃狁、三苗、庸、卢、濮、巴、蜀等族杂居、通婚,促进了风俗、语言方面的相互融合,形成华夏族。经过春秋战国时期的民族大融合后，华夏族便开始南迁到淮河、汉水、长江和珠江流域，使原来分布于华夏族四周的戎、狄、蛮、夷逐渐与华夏族融合，到秦汉时期，中原居民便形成稳定的汉族，行汉礼，穿汉服，说汉语，称为"汉人"，并形成和发展成为中国的主体民族。汉族具有统一的文化，即使在民俗文化方面也具有统一性和相似性。安徽由于地处中部，紧邻中原，其民俗文化具有典型的汉民俗文化特征，如相同的岁时节庆，相同或相近的人生礼仪，在生产劳动、生活方式、精神信仰乃至竞技游艺方面都具有某种程度的一致性。

第二，安徽的人口结构以汉族为主体。在几千年的历史发展过程中，安徽人口规模、增长速度、族群属性经历了几起几伏。从春秋战国到秦汉时期，是第一个兴旺时期。受中原地带发达的经济文化的影响，皖北经济发展较快，再加上政府的各种鼓励生育政策，人口增长较快，西汉时期，即已成为全国人口较稠密地区之一。东汉末年到魏晋南北朝的数百年动乱间，人口损失惨烈。由于皖境成为群雄争战的主战场，皖东北各县人口几近灭绝。为避战祸，北方人口大量迁向淮水之南，当时安徽人口徘徊在 50 万左右，而外来人口达 17 万之多。隋唐两朝，人口回升，到唐时已超过西汉。唐末"安史之乱"至金，内战外患，刀兵四起，安徽人口又陷入低谷，金兵、南宋军队在江淮地区长期对峙，当地人口锐减。明清两代，安徽人口再次发展，达到空前高峰，到清咸丰二年（1825）人口达 3 765万。经过太平天国、捻军起义，四十年间，人口净减 1 700 余万，直到 1949 年中华人民共和国成立时，安徽人口为 2 783 万，仍比咸丰二年少 982 万。新中国成立后，安徽人口增长很快，截至 2022 年，全省常住人口 6 127 万。

尽管由于历史的变迁，人口也发生了几起几伏的大变化，但在民族构成上，安徽始终以汉族占据大多数。1953 年全国第一次人口普查，汉族人口占全省人口的 99.56%，1982 年全国第三次人口普查，汉族人口占全省人口的 99.47%。人口结构的原因，决定了安徽的民俗文化具有典型的主体文化属性。

但是，安徽仍然不是单一的民族结构，而是一个多民族杂居省份。新中国成立初，全省有 12 个少数民族，第三次人口普查时，少数民族已达到 36 个，少数民族的总人口数近 30 万人。在少数民族聚居区内，便形成了具有少数民族特点的一些民俗文化，其中特别突出的是回民民俗。

回族是安徽少数民族人口最多的民族，占安徽少数民族人口总数的 97%，并且相对集中居住在淮河流域，形成了三个回族乡，100 个民族村，1 200 个民族自然村，27 个城镇民族居委会。此外，壮族、满族、畲族人口也都达到千人以上。这些相对集中的少数民族，在自己的居住区内，保持着自己民族的文化，并形成有自己特色的民俗文化。

（二）在汉民族的民俗文化中，既有共同性又有差异性，形成了普适性与差异性的统一

任何社会中，民俗都是一种既定的历史存在，一种较为稳定的文化现象，是人们自己创造的"习惯法"和群体性的"习以为常"，由于安徽人口结构中绝大部分是由汉族人口构成的，因此，安徽境内的民俗文化总体上具有一致性和共同性。但这种一致性与共同性是就其民俗文化的主体成分和基本属性而言，它并不排斥各个地区在具体的民俗文化内容上具有某种差异。例如，在岁时节庆中，春节是普遍的节日，不仅安徽全境，就是全中国的绝大部分地区，乃至海外华人都在过春节，但是，春节怎么过，其具体礼俗却千差万别，各有不同。拿正月拜年来说，城里人初一就出门拜年，越早越好。甚至凌晨钟声刚过，便要拜年，而广大农村地区却不同，有些地区有"初一不出门"的风俗。即使在农村地区，各地也有很大差异。如同样是过春节，各地都很重视吃，但吃什么，怎么吃，何时吃，都有很大不同。例如春节早餐，淮北比较简单，普遍吃饺子，且都是素食，意为素素净净过年；沿江江南多吃面条、五香蛋，意为长长久久，步步高升，招财进宝之类。江淮之间则比较复杂，既有吃饺子的，也有吃面条的，在皖南还有吃泡饭的。一些地方在饭前还要洗手焚香，敬奉天地、灶神、祖先之后才可进食。对除夕的年夜饭，各地差异更大，一般都在年三十过除夕，但少数地方却在年二十九过除夕（除非月份小），如固镇和铜陵等地都有此习。年夜饭一般在晚上吃，但也有中午吃的，如泗县、五河、宿县、濉溪、合肥、来安等地。即使是晚饭，在时间上的理解也有不同，有的地方以早为好，有的地方则要天黑以后。

（三）继承性与变革性的统一

民俗是人们在长期共同生活中逐渐形成的，具有相对稳定性。但并非一成不变，而是处于不断变化之中。任何一种民俗的形成都有特定的历史、地理、文化乃至技术的基础，在大致相同的基础上，往往形成大致相同的民风民俗，只要这些基础不变，这些民风民俗也相对稳定，不易变革，但如果这些民风民俗形成的前提条件和基础条件发生变化，民风民俗也会慢慢地改变。

总体来说，这里所介绍的安徽民俗还是带有浓厚的传统色彩的，它所反映的主要还是民国期间和"文革"以前的安徽民俗情况，之所以要这样介绍，主要有以下几点考虑：第一，安徽乃至整个中国正处于现代化的剧烈变动过程之中，正处于传统社会与现代社会的新旧交替过程中，传统的文化还在艰难的蜕变，但并未完全退出，而新的文化尚未完全形成、成熟。第二，自 20 世纪 60 年代以来，特别是"文革"期间，曾多次认为的"破旧立新"，对传统的民俗文化形成了较大的冲击与影响，但这种冲击和影响是一种外科手术式的，靠行政的力量或某种政治

热情,不符合民俗文化自身的变化规律,事实上,"文革"一结束,很多传统的民俗文化又慢慢地得到恢复。

但是,这并不是说传统的民俗文化没有变化,相反,在很多方面,它发生了重要的乃至是根本性的变化。这种变化在改革开放以来的可视层面上特别明显,人们的衣食住行等日常生活的方方面面的习俗都发生了根本性的变化。如服饰的式样与风格、饮食的结构与习俗、住房的结构与式样,等等,无不被融入现代化的潮流之中,各种现代文化逐步渗透到人们的日常生活之中,悄悄地,然而却是革命性地改变着人们千古积累下来的民风民俗。即使是在精神信仰层面,这种民俗文化的变革也十分明显。

第二节　岁时节庆民俗

一、春节习俗

春节和元旦,在我国古代不同的历史时期有着不同的含义。辛亥革命后,把正月初一改称春节。1949 年 9 月,中国人民政治协商会议决定采用世界上通用的公历纪年,把阳历的 1 月 1 日称为"元旦",把阴历的正月初一定为"春节"。

春节的习俗活动,全国各地大同小异,但安徽有自己的特色。

(一)开门

新年伊始,"开门"便为春节的第一件事,所以民间颇为讲究。首先,开门要早。正月初一凌晨,皖南的旌德、皖中的巢湖,家家户户争先开门,意思是谁家新年开门早,谁家就大吉大利,最先得到财气。铜陵、青阳、肥东、巢湖称开门为"开财门"或"开财户"。其次,开门要放"开门炮"。各地开门都要燃放爆竹,越有条件的人家,燃放的爆竹越长,爆竹越响、越长,被认为越吉利。

(二)禁忌

初一为新年之首,禁忌很多,如不许说"死""鬼"之类的字眼,不许说"家里没人"之类的话,也不许打碎茶杯碗碟,不许向外泼水扫地,不做新鲜饭菜,不拿刀箭、针线等。皖南休宁忌下锅煎炒;屯溪忌服药;全椒忌说"鼠";宿松忌成年女性于午饭前串门;太和忌向井内汲水,烧锅忌折柴;桐城人初一整天不扫地等。

（三）拜年

春节要拜年。安徽沿袭旧俗，拜年分为家拜和外拜两种。家拜包括拜神、拜祖、拜尊长。皖南的石台，清晨燃放"开门炮"后，男女换新衣，中堂设香烛，全家先拜天地、先祖，后拜尊长。皖北的灵璧，初一男女老幼穿新衣，放鞭炮，向主屋悬挂的"天地君亲师"、祖宗牌位、观音像烧香、叩头，小辈向长辈拜年叩头。外拜包括给长辈和邻里拜年。涡阳县民在早饭后，成群结队分别到各家祖坟前烧香烧纸行祭拜礼，然后到亲属、邻居、友人家拜年。拜年仪式限于晚辈对尊长，时间必须要在午前，主人一般都将枣子、花生、油炸面食、糖果、芝麻饼之类的食品捧出招待客人，给小孩压岁钱。

（四）探亲访友

探亲访友也是春节的一项重要的社交活动。探亲对象比较注重的是舅、姑、岳父等九族之内的亲戚，各地历来都有约定俗成的次序。萧县俗传："初一初二拜户族，初二初三拜岳父，初四初五拜姑姑"。屯溪新女婿拜年不得超过初三，俗话说："不过初二、三，过了初二、三，进门就打三扁担"。桐城有谚："初一不出门，初二拜新灵，初三拜舅母，初四拜丈人（岳父）"。探亲访友讲究早，拜年晚了被认为有轻视对方之意。探亲时，怀宁、桐城人都要带猪肉、挂面、糕点等礼品到亲戚家，送礼人回去之前，要"烧茶"待客，就是用一碗有荷包蛋、鸡腿和挂面的食物给客人吃。礼品一般都要收下，唯独大糕一定要让送礼人带回，因"糕"与"高"谐音，意为"高来高去"。同时，另有东西给送礼人带回，叫做"回箩"。

二、元宵节习俗

安徽的元宵节活动丰富多彩，故称"闹元宵"，大部分地区都要吃元宵，一般城乡举行灯会等游艺活动。

（一）吃元宵

安徽大部分地区都爱吃元宵。元宵的制作，一般可分为两种：一种为不带馅，如东至的糖拌实心元宵，石台的元宵果（油煎糯米小圆）、汤圆；一种为带馅的，如东至的芝麻甜馅元宵，屯溪的芝麻糖、豆沙或猪肉元宵，而最有名气的是安庆韦家巷的元宵。

元宵有的在晚上吃，如五河、亳州、宿州；有的在早上吃，如肥东、长丰、六安等。许多地方都有在元宵中包一枚制钱（现改为硬币）的习惯，寓有"谁吃到这个元宵，谁在新的一年就会交财运"之意。

（二）元宵灯会

元宵节的一项重要活动是观灯与猜灯谜。安徽各地放灯的时间有 6 天、5

天、4天、3天不等。放灯6天的有屯溪、天长、长丰(十三试灯、十五正灯、十八落灯);5天的如青阳(十二起灯、十六圆灯);4天的如铜陵(十三至十六为灯会);3天的如全椒(十三上灯、十四玩灯、十五闹花灯)。

安徽灯类繁多,不下百种,如龙灯、狮子灯、走马灯、西瓜灯、麒麟灯、莲花灯、金蟾灯、鲤鱼灯、蚌壳灯、兔子灯、宫灯、火箭灯、卫星灯等,其中以绩溪山区的飏灯和淮北的面灯较有特色。

元宵节晚,各地都兴观灯。每当夜幕降临,人们便扶老携幼,外出观灯。有文化的人喜欢猜灯谜。年轻人则常趁观灯机会谈情说爱,互吐真情。长江沿岸各地群众在春节期间往往要举行盛大的灯会,除欣赏千姿百态、争奇斗艳的彩灯外,还观看各种传统舞龙灯、舞狮以及小戏、杂耍等,而且连续多日,其规模之宏大,气氛之热烈,人心之激奋,非同一般。元宵灯会一般在节前开始组织,在元宵夜形成高潮。

沿江灯会,以铜陵的元宵灯会较有代表性。铜陵灯会灯的种类很多,但以耍龙灯为主体。其他演出有舞狮子、踩高跷、台阁、花挑、划旱船、跑驴、蚌壳精等,旧时还有种种神佛像入市与会,如财神、文昌、地藏王等。20世纪30年代,铜陵曾经有过规模最大的和悦洲灯会。玩灯者10余班,各团体互相竞胜,演出与彩灯各具千秋,商店家家门前挂大彩灯、跑马灯,民间小孩儿也手执各式彩灯,聚集市井赶热闹,来自邻县和乡村的观众往往达数万余人。

沿江其他市县元宵节举行灯会,其内容和形式跟铜陵灯会大体相似。一般来说,在元宵节前,都要在主要街道口竖起高大的彩色牌楼,上缀大大小小各式花灯,家家店铺和机关门前也悬挂花样不同的彩灯,如八角宫灯、跑马灯、大红纱灯等。灯会期间,通街璀璨夺目,彻夜如昼。一对对玩灯的队伍,也举着各式各样的花灯,并伴以旱船、地戏等,从四面八方拥上街头戏耍,城内和郊区的群众也都赶来观赏,街上人流来往,喧声笑语,气氛热烈,一派欢腾景象。

三、清明节习俗

清明是二十四节气之一,后来之所以演变成节日,是因为清明节前有个传统的节日——寒食节。寒食节往往在清明节前两日。因寒食和清明紧挨着,且寒食节的活动又往往要延续到清明,这样,久而久之,寒食和清明就渐渐合二为一,成为一个节日了。

清明扫墓祭祖之俗,安徽各地皆有。就其活动内容来看,隆重的是宗族性祭祖。宿松旧时,各姓家族的男丁都分别集中祭祖,先到创业的始祖坟前祭拜,然后商讨宗族的有关事宜。旧时青阳、桐城则是在宗族祠堂举行公祭,如桐城人清明早晨,族人沐浴斋戒,齐集祠堂大厅,举行盛大的宗族祭祀,由族中德高望重者主祭并担任"正献",族长辅助主祭者担任分献,另设陪祭、读祝、纠仪、嘏拜、赞引、分引、执事等多人。最普遍的是家庭式祭祖,即祭扫祖坟,上坟祭祖一般为除去坟地杂草、培土、供设祭品。怀宁人为鸡、鱼、肉三牲和茶酒香纸、焚化纸钱、焚香放炮等。扫墓一般在清明日上午,也有在下午和清明日前后的,如金寨习惯上清明节前后10天均为扫墓期,但大多数倾向于节前一日不上坟。

除上述祭扫形式外,各地多有插纸或悬挂"纸钱"的习惯。铜陵人插的是用白纸剪成的花带状的白标(又称白钱,长60厘米左右,系于树枝或竹竿顶端),挂钱有认祖之意,休宁民谚"只领儿孙挂钱,不领儿孙拜年"。此外,还有取一束柳枝压在坟头的,如长丰、宿松、凤台、凤阳、定远、阜阳。清明还有插柳的习俗,但为何插柳,说法不一。一说插柳为介子推招魂,如宿县;一说插柳为纪年华,如泗县;一说为催春,如铜陵。插柳方位,各地也很不一致。怀宁、宿松在门楣的上角;濉溪、泗县为屋檐下;萧县在门旁;祁门、东至为门上;铜陵、青阳、东至、怀远等在门前。除插柳于门外,还有妇女插柳于鬓的习俗。它的意思一为辟邪,如祁门、怀宁、濉溪;一为明眼,如固镇。

清明时节多雨,植物滋润复苏,所以清明又逐渐衍生出植树的习俗。所谓"植树造林,莫过清明"。

四、端午节习俗

端午节与春节、中秋节一样,是我国民间最隆重的三大节日之一。安徽端午节沿袭了传统的种种风俗习惯。

(一)挂菖蒲、艾草

端午日挂菖蒲、艾草是重要习俗之一。挂菖蒲和艾草,首先要采,宿松人采菖蒲和艾草多在太阳升起之前,认为这样才能辟邪,若是太阳出来之后才采,则辟邪之功不显;其次是挂,宿松人将艾草扎成数束(为古时人形的遗留),与菖蒲一起分成数份,先放在大门两旁(也有在大门两旁各加插一枝艾的),后放在其他侧门的两旁(室内一般不放),也有仅在侧门两旁各插一枝艾叶和菖蒲的。有的人家大门上还贴有"菖蒲似箭,斩尽八方妖怪;艾叶如旗,招来四时吉祥"等一类联语。孕妇之家对艾尤为珍重,常留作新生儿三朝洗澡之用。

(二)佩戴端午锦

安徽不少地方端阳节还有给小孩子佩戴端午锦的风俗。端午锦的代表物是用五颜六色的丝绒线织成内装香料的锦囊,俗称香囊或香荷包。香料主要是香草、大蒜、樟脑、雄黄、陈香粉等。据说汉代就有节日为儿童佩戴各种饰物的习惯。俗传,节日佩戴饰物可以辟邪。端午锦一般为亲娘亲手缝制,如铜陵民间妇女以彩色布、乡花绒等制作老虎、粽子、菱角、香袋(内装苍术等中草药)等给小孩佩戴。也有的地方为舅妈、姑姑、姨妈、外婆缝制,如涡阳妇女(外祖母、舅妈)用象征太阳黄经的黄布缝制绣有虎头、"五毒"的兜肚、黄鞋给外甥、小侄儿们穿戴。休宁县妇女为外甥缝制红包肚、香荷包、雄黄袋、彩色粽子、樟脑串等。

佩戴端午锦重在系五色丝、戴香荷包、穿虎头鞋,如长丰儿童手系五色丝线;来安儿童手脚都系杂色丝线;濉溪儿童则将五色花线扎成的彩圈套于手腕、脚脖子上;凤阳、五河儿童在手腕上、脖子上拴五色丝线、缀以香囊和桃锁;泗县、灵璧人将红线及金属镯、锁、项圈戴在小孩手腕、脚脖子或颈项上;巢湖市儿童将端午锦挂在胸前;六安儿童多戴五毒兜兜、香荷包,穿老虎鞋;青阳儿童系兜包,佩戴布菱角。金寨儿童佩戴盛有中药、香料的荷包、桃木老虎,手足系五色丝线,穿虎头鞋;天长儿童背艾叶虎,穿虎头鞋,围绣有"五毒"的围嘴儿,手腕系扣银铃儿的彩线,颈项挂彩络咸鸭蛋。

一些地方年轻姑娘也佩戴端午锦。蒙城姑娘缝制彩布"香荷包",外缀各种饰物,拴在鼻扣上,挂在衣襟上;涡阳姑娘将硬纸叠成"棱锥形",内放白芷、花椒等香料,用各种丝线做成花色的粽子,或用各种碎布做成"如意香囊",外缀"同心结"穗和各种饰物,互赠女伴,用以系在内裤带上;濉溪未婚女子多用红、绿、黄等多色丝红和花绸布缝制香袋,内装艾叶、樟脑等香料药物,挂于胸前或赠给亲朋好友,有辟邪之说。

(三)饮雄黄酒和吃粽子

端阳节各地皆饮雄黄酒,且大多为中午饮酒,如怀宁、涡阳、蒙城、巢湖等。饮雄黄酒时,人们多将雄黄酒涂在小孩身上有关部位,如蒙城、颍上、利辛等地将雄黄酒涂在儿童的耳朵、鼻子、脚心、手心、肚脐眼儿上,意为可以避五毒。端午节的应节食品是粽子,安徽人多以芦叶包粽子,皖南山区则多以箬叶包,粽子形式多样。有以糯米裹红枣的甜粽子,有以糯米和芝麻掺和的咸粽子,也有咸肉粽子、火腿粽子等。皖南休宁的灰汁粽较有特色,它用草木灰水浸糯米,外用箬叶包裹成四角长形的粽子,因灰水含碱质,故可解油腻,宜冷食,易贮藏。

(四)赛龙舟

端午节,江淮沿岸多有龙舟赛会。铜陵龙舟分为三种:一是"赛龙舟",用3吨左右的平板船,前扎龙头,后扎龙尾,两侧各有 8~12 人执桨,配以锣鼓指挥和助威。有的船尾还置"吊梢",用毛竹两根,伸出船尾,顶端悬一软梯至水面,一擅长游泳者于梯上忽上忽下、忽入水中,作各种技巧表演。铜陵大通镇河南嘴的渔民不论是赛龙舟,还是玩龙灯,其龙嘴均闭而不张,以示保鱼丰收。二是"彩龙舟"，专为观看，不胜竞渡。用4～5吨木船，上扎成龙形，舱内有化好妆的各种戏剧人物(如传说故事《水漫金山》等)，配以乐器，边渡边唱。三是"看船"，旧时多为官家富户使用。用较大的木船，或将两条船并扎在一起，上搭彩绘凉棚，摆设桌椅和茶食，专供家人乘坐，在江中游弋、观看。

铜陵、宿松、怀宁等地举行龙舟赛时，举办者先在水面以一浮标确定终点，并派监督人乘船在此守候，装饰一新的龙舟停于起点线上，赛手身着统一服装，手握船桨，端坐船舷两侧，等待信号。为了协调行动，每只龙舟上有一指挥者，以击鼓和号子声指挥赛手划桨。当主持人宣布竞渡开始，一声令下，众桨齐划，龙舟即如离弦之箭直奔终点。顿时，船上锣鼓齐鸣，岸上观众呐喊助兴。船到终点，万众欢腾，鞭炮隆隆，景象壮观。

五、中秋节习俗

中秋节是我国民间重要的节日，由于中秋之夜月色最明最圆，所以中秋节喻有祭月、团圆之意。安徽各地有吃月饼、舞龙灯、舞草龙等习俗。

（一）吃月饼、赏月

安徽各地中秋皆吃月饼，且几乎都在晚上祭过月神之后吃，唯独休宁人例外，一般在早上吃。天长人在敬月之后，分食月饼，如有人在外，即留一份或寄去，表示团圆。涡阳人在焚香祭月之后，分赏月饼和毛豆。

江淮赏月之俗一般是先祭月后赏月。祭月，又称拜月。将香案供桌大多摆放在庭院中，或设在院内篱笆旁、天井边。供桌上摆放的祭品有多有少，但一般都有月饼和时令水果，如石榴、柿子、梨、苹果、红菱角、鲜藕、芋艿、板栗、枣子之类。所放水果的多少，因地理环境、生产条件的不同而有差别。除月饼和水果外，有些地方还加有特殊的贡品，如休宁、歙县城乡摆上一个大南瓜；长丰放一个大馍；六安供茶水；蒙城供焦馍；天长供鸡头苞(即芡实)、毛豆荚，并有月宫嫦娥像等。祭祀时固镇、五河是月出鸣炮敬祭；巢湖是月出鸣炮燃香拜月；休宁、蒙城是燃烛焚香叩拜；屯溪是点上红烛，全家跪拜。六安、铜陵、寿县、凤台、长丰等则为焚香拜月。祭过月神，才开始真正的赏月。人们一边欣赏似镜的明月，一边品尝祭品，如涡阳、六安、铜陵、东至、休宁、屯溪、巢湖、天长、合肥等皆如是。屯溪人在全家赏月时往往围坐一处，一面吃月饼、水果等，一面讲述"嫦娥奔月""吴刚伐桂""唐明皇游月宫"等神话故事，等到月过中天，才回屋就寝。

（二）舞草龙

在徽州等地皆有中秋玩草龙习俗。草龙是用稻草扎成的龙。黟县又称"舞稻龙"，即用稻草扎成龙头，有角有须，又以稻草捆成一束一束，连成龙身，再以一段由粗到细稻草束作龙尾,每段之间用绳系着,每人手擎一段,配以锣鼓,上下滚动,欢度中秋。休宁又称"舞香龙",其用稻草扎成,周身插香,长短依舞龙的人数而定,每隔七八尺支木棍一根,龙身上插满点燃的篾香。香龙循街道行进舞动,后随各式花灯,锣鼓、鞭炮相伴。香龙所到之处,各户均插一炷香并放鞭炮,表示欢迎助兴。到午夜香熄,送龙下水(将龙身投入河中),意为象征丰收。屯溪则在龙头上悬挂一盏红灯,龙身插以篾香,舞龙者多为村中儿童,舞到人家门口,嘴里要唱一套吉祥如意的言辞,如"香龙到你家舞一舞,来年讨个好媳妇"之类,以博得人家的欢心与款待。

六、重阳节习俗

重阳节又称重九节。《易经》以"阳爻为九",将"九"定位阳数,九月九日是日、月并阳,故名"重阳",而两九相重,故又名"重九"。又因重阳节历来有登高、插茱萸活动,故也有登高节、茱萸节之称。

安徽各地旧时重阳日几乎都以出游登高、饮菊花酒、佩茱萸、吃重阳糕等为节日活动内容。宿松以此日作为岁序变化的开始,俗谚有:"守了重阳无时节,一阵风雨一阵雪"。

重阳日的饮食,安徽人以吃糍糕和粑粑为主,如黟县人吃的是糯米糍糕;东至人吃的是用糯米芝麻制成的糍粑、糍团,俗称为"花糕"和"重阳果";石台人吃米粑或糯米圆子;六安人吃粑粑。

七、冬至节习俗

安徽冬至日,人们多祭祀先祖。各地祭祀先祖有两种类型:一为宗教祭奠。在旌德,每逢冬至日,各宗族开祠堂供男人祭祖,进入祠堂后,不得称名道姓,均按辈分称呼。祭祖完毕,如肥东、青阳、石台等,旧时多上坟添新土,石台有"堆上一层土,盖上一层被"之说,青阳也有"东至加土如加被"之谚。天长往往在天黑时祭祀祖先,当地有"早清明,晚大冬"之说。

冬至的饮食,安徽各地差异不大,唯六安较有特色。六安城里人在冬至日清晨甚至黎明时吃烀南瓜、南瓜粑和油炸鸡蛋等,老年人为了预防咳嗽,也有喝少量热麻油的。城郊居民多吃油炸糍粑、元宵、山茶片和油香等,说是严冬来临,吃点油炸的东西,可以增强抗寒能力。

八、腊八节习俗

腊八节,是我国汉族人民一个比较古老的祭祀祖先的节日。在腊八节,安徽各地都有吃腊八粥的习俗。虽然各地腊八粥的材料不一样,各有特色,但一般都要用 8 样食品熬制。徽州的腊八粥,通常是用大米,配以干羊角(豇豆)、干白菜、干南瓜片、豆类、鲜青菜、红薯块、芋头、腌猪板油等混合煮成的咸味粥;天长的腊八粥为糯米、红黑枣、白果、芡实米、莲子、菱角、胡萝卜、蜜枣等煮成;宿松为蔬菜、红豆、绿豆、红枣、薯丁、芋块、糯米、乌米等;亳州为毛栗、花生、红枣、百合、莲子、江米、白红糖、芝麻、精肉块、豆腐、粉条等。

吃腊八粥的目的各地也不一致。固镇、宿松人认为吃腊八粥可以消灾延寿;全椒人认为吃腊八粥为表示丰收不忘灾歉;肥东人认为吃腊八粥是为庆祝本年的丰收和祈祷来年五谷丰登;黟县人谓吃腊八粥是为了托灶神爷在上天向玉帝奏本时,要说地上人家的清贫、节俭,祈求苍天明年赐予一个丰收年。吃腊八粥时,蒙城人将腊八粥涂在果树上,意为来年果树丰收;萧县人在门前宅后的枣树上涂些腊八粥,说是来年可以多结枣子。

九、祭灶习俗

安徽各地旧时祭灶,时间大体为腊月二十三、二十四。二十三日祭灶的有太和、五河、固镇、来安、休宁、怀远、肥东、六安(当地土著居民)、长丰(少数在二十四)、全椒、旌德(也有在二十七日)、宿松、屯溪等。二十四日祭灶的有黟县、休宁、祁门、青阳、安庆、六安(从旌德、桐城、怀宁来的移民)、濉溪等。也有"官祭二十三,民祭二十四"的,如天长、蒙城、萧县、涡阳等,泗县则"商人二十三,民二十四"。

祭灶有两种类型:多数为祭灶神,各地形式大同小异。休宁在灶前供糯米粽、米馃、饴糖、燃烛焚香、恭送"九天东厨司命灶君"上天奏事,故祭灶又称"送灶";天长人在灶君前供一碗糯米饭,上插蜜枣、红枣、桂圆、白果、花生、莲子等果品,名为"灶饭",还供有灶糖,敬神后,将纸印的灶神焚化;濉溪人摆设供品后,将锅屋墙上旧的灶神揭下焚化,谓之"送灶神上天",然后贴上新的灶神;蒙城人晚上在灶君像前供两碟麦芽糖,点烛焚香、放鞭炮、烧黄表纸,行跪拜礼为灶君送行,并祷告:"上天言好事,下界保平安"。

有的地方在祭灶神的同时也祭灶神马。巢湖市人用碟子盛饴糖及灶神马所吃的饲料(黄豆、草料),点燃香烛、鸣放鞭炮致祭;固镇人晚上把准备过年的鱼、肉果品之类摆在香案上敬灶君,先烧香叩头,把纸糊的元宝和灶马、草料以及小弓、小箭一起烧掉,同时燃放爆竹;霍邱人晚饭前,家主把填有祈祷文字的"灶疏"于灶门焚化,并用黄豆、碎草拌成马料,从灶后撒到门前,边撒边念,"剪马草,备马料,大马喂得嘎嘎叫,小马喂得满岗跑";铜陵人灶台上都砌有灶神龛,两旁"上天奏好事,下界保平安"对联,上贴"司命厨"横批,送灶时备酒菜供品,烧香纸,燃红烛,放鞭炮,向屋顶上撒些茶叶、米作灶神马料,供品以米糖最好,说是让灶神嘴甜。

十、除夕习俗

除夕,又称大年夜,俗称三十晚、大年三十。一年到头,合家团圆,安徽各地除夕有多种习俗。

(一)祭祖接灶

除夕之夜,人们都要祭拜神灵、祖先。蒙城人年饭前,在庭院内栽两棵全枝全叶的青竹竿,上系铜钱,晚摆供品,必有鱼,焚香、燃香纸、放鞭炮,祭祀天地神灵、祖先,全家叩头;金寨人晚上烧香祭天地,敬祖先,放鞭炮,辞旧迎新。祭祖的方式各地也有不同。有的地方在坟前祭,如宿松人在中午前后,带着鱼、肉、酒、茶、香纸、爆竹到祖宗坟上烧香辞岁;多数地方在家祭祖,如天长旧时中午祭祖先,各家要敞开"神主龛子"的门,挂上祖先遗像。黟县在厅堂悬挂族中遗像或孝思图,傍晚时祭祀列祖列宗。霍邱在晚饭前祭祖,其中南部地区喜挑最粗的木炭供奉,寓意为家庭富有,生活更加美满。

除夕的又一项重要内容是接灶。安徽各地接灶时间有所不同,一些地方是吃过年饭以后,如六安市饭后在灶台上烧香点烛,举行"接灶"仪式;屯溪饭后的第一件事是"接灶",仪式一如送灶,所不同的是改烧纸马为烧松枝、柏枝,意为"百无禁忌";肥东在就寝前、怀宁在午夜、祁门在子夜接灶。还有一些地方是在吃饭前接灶,如黟县、贵池、青阳在接"灶神"回家后,全家开始团聚吃年饭。

(二)贴春联

安徽各地贴春联的时间有早有晚。固镇、濉溪在早上贴;蒙城、来安、萧县、灵璧、五河、肥东在上午贴;旌德在午饭前贴;宿松、石台、长丰、涡阳在下午贴;巢湖、屯溪在年夜饭前贴等。春联都用红纸书写,但居丧人家例外,一般用黄纸书写,涡阳居丧者当年用白纸,不写字,次年用蓝纸写字,第三年方能贴红纸春联。

(三)团圆饭

除夕夜要吃年饭,又称团圆饭。皖南徽州称"吃分岁酒","分岁"是新旧岁由此而分的意思。安徽的年饭基本上可以分为两类,淮北各地吃饺子,淮河以南则米饭、鱼、肉等。旧时,年饭做好后,要先供祖先,然后全家团聚。

吃年饭的时间,有中午和晚上之分。在中午吃年饭的有:泗县、五河、宿州、濉溪、合肥、肥东、来安等。来安在贴好春联后,即摆上美酒佳肴,鸣炮祭祖,长辈焚香,晚辈化纸,后举家团坐,共享团圆饭,但年饭前,各家水缸均要挑满"元宝水"。多数地方是在晚上吃年饭,如芜湖、石台、歙县、屯溪、黟县、祁门、旌德、巢湖、长丰、六安、怀宁等。

吃年饭时,各地也有一些不同的规矩,但一般都不准吃鱼,意在"年年有余(鱼)"。黟县是将鱼供大年初一聚餐,有些地方甚至留到元宵节吃;屯溪桌上碗筷要摆足数,不足10人的要摆10副,谓"满福满寿",席间老幼均互相劝酒祝贺;巢湖合家吃年饭时任何人不得讲"破话";长丰年饭必有鱼、肉圆子、豆腐等,饭也不吃完,还要盛些饭菜喂牛;怀宁饭前要在桌边地上祭酒请祖宗,称作"陪祖",接着全家喝酒,小辈向长辈敬酒,长辈要还酒,说吉利话,给压岁钱,酒后吃挂面,借挂面之意寓"年年有得长"之意,最后吃饭。

(四)辞岁和"压岁钱"

吃过年夜饭后要辞岁。安徽的辞岁包含三层含义:一为家中的晚辈向尊长辞岁;如旌德年饭后,小孩提灯笼向长辈辞岁;黟县孩子点着西瓜灯向长辈辞岁,石台老人就寝前,小辈去辞岁,谓之纳福。二为族中、村中的晚辈向尊长辞岁,如青阳宗族聚居区的晚辈要挑灯挨家挨户向长辈请安;怀宁年饭后,青年人到左邻右舍看望长辈,告别时说声某某老人"您纳福"。三为焚香辞岁,长丰至午夜时分,人们放爆竹"接灶",焚香辞岁,然后闭门安歇。

安徽各地都有给"压岁钱"的习俗,但赐压岁钱的时间不一,多数地方在吃团圆饭时给,如怀宁人吃年饭时长辈向晚辈还酒并给压岁钱;有的地方在团圆饭后给,如宿松;有的地方在给长辈拜年时,如蒙城人在初一清晨接天地后,晚辈给长辈拜年,长辈给压岁钱。

第三节　人生礼仪民俗

人生礼仪是民俗文化中的重要组成部分。人生礼仪是按人的年龄增长过程展开的,内容极为丰富,重要的内容有诞生、成年、婚嫁、丧葬四大礼仪习俗。在安徽的人生礼仪习俗中,成年礼仪不甚发达,这里主要介绍诞生与庆生辰、娶亲与出嫁以及丧葬习俗。

一、庆生祝寿习俗

(一) 庆生习俗

诞生礼俗称庆生子,我国自古以来就形成了庆生子的社会传统习俗。这种习俗的产生,同古代社会封建宗法制度重男轻女的传统观念和天地阴阳的文化观念有关。庆生子仪式是指婴儿诞生后的一系列活动。

1. 报喜

婴儿降生,标志着家庭增加了人口,是家庭乃至家族的大喜事,所以,第一件事就是婴儿的父亲要去岳母家报喜。在休宁,婴儿落地,男家备水酒、红鸭蛋送到外婆家报喜。黄酒满壶,壶嘴朝前为男,壶柄朝前为女。亲族中要每户分送鸭蛋4个、8个或12个,许双不许单,折半时也必须双数,俗谚:"一双两双接接吃,三双四双要复璧"。复礼一般也是送红糖、鸡蛋等。太和,婴儿出生三、四日,须往外婆家报喜,归时报喜人背一褡裢,内装红鸡蛋若干。生男,放书一本,生女,放花一朵。

2. 洗三朝

婴儿出生第三天"洗三朝",俗称"三朝"。这天,主人家设宴待客,亲友要送礼相贺,如旌德,产妇娘家备婴儿衣帽、鞋袜和食品送往男家,还有摇篮、站桶、尿盆等用具的。亲友多送鸡、鸡蛋和其他营养品,有的还馈赠婴儿衣料、鞋袜等。婴儿由接生员(旧时为接生婆)用艾叶、中药草煎汤擦洗更衣后,抱至堂屋见客,长辈包给百岁钱,主人备水饺或酒席待客。屯溪称"三朝"为"汤饼会",凡是收到红鸡蛋的亲友,这天都要送礼,礼物是红糖、鸡蛋、粉丝、百岁(红纸包钱),至亲好友还可加挂面、猪蹄、母鸡、火腿等,凡利于产妇滋补的食品都可赠送,这也叫"望产妇"。有些地方这天要敬"送子娘娘",如是男孩,须祭祖先,庆贺有了后代。安徽还有一些地方的祝贺日是第6天、第9天或第12天。

3. 满月酒

古人认为婴儿满月便过了"一关",为祝福小孩顺利"过关",人们往往举行满月礼以示祝贺。安徽淮北的风俗叫"满月",即不是在家举行祝福仪式,而是走出去,如太和,婴儿满月,外婆家提前一两天将母婴接去住"满月",返回时,给婴儿绞头鸡(将鸡头上的毛剪去一点,此鸡只许养,不许杀吃),取"吉祥"之意,如产妇娘家无人,满月时,由娘家近房叔伯将婴儿抱去住半天,俗称"挪窝",谓可使婴儿健康。

江淮之间则多为在家祝福,且办"满月酒",如望江,婴儿满月时剃满月头,然后穿戴整齐,抱到祖先堂烧香祭祖,并设酒席宴请亲友,有的还散发满月粑;休宁,婴儿满月剃胎发,剃毕,将热鸡蛋去壳,在婴儿头顶上滚动数下,据说能解除胎气。外婆家还送满月礼,礼品中有带盖的锡坛一只,内装核桃、花生等山果,俗称"安根坛",意为外孙安扎根基之兆。家中则办弥月酒,产妇抱婴儿出房门,拜见宾客。

4. 抓周

婴儿一周岁时,安徽各地都有抓周习俗。按活动的设置,可分为两种类型:一是外婆家为外孙筹办抓周仪式,如巢湖市,外孙周岁那天,外婆家要给外孙抓周,送礼品。抓周时,外孙坐在桌上,抓取用筛镜(即筛子和镜子合在一起)盛着的文房四宝、刀剑模型、算盘、胭脂花粉、针线、花绷等物品。肥东县,若是外孙过生日,外祖母要购买文具和玩具等,若是外孙女过生日,外祖母要购买针线和玩具,并将所买之物陈列桌上,任小孩选玩。二是由小孩的父母或祖父母设立抓周仪式。所放物品多为文房四宝、书籍、算盘、尺、斗、秤、钱币、玩具、衣物、刀、斧、枪、木梨、食品等,摆放的数量有多有少,不尽相同,但一般都有文房四宝和算盘。

(二)祝寿习俗

在安徽,给老人祝寿,有从 50 岁开始,逢十做庆的,如全椒、金寨、怀远。有逢十做庆,但"做九不做十"的,即 80 岁要提前一年来做,如屯溪、长丰、祁门、石台等。也有的地方 80 岁推迟一年做寿的,俗称补寿、添寿。铜陵等地"男做九女做十"。太和、蒙城、濉溪等地在 66 岁、73 岁、84 岁做寿。

1. 寿礼

寿礼一般为寿联、寿幛、鞭炮、蜡烛、寿酒、寿糕、寿桃、寿面等,但有些地方并非仅限于这些礼品,如望江,儿孙、女婿和外甥要给老寿星挂匾,叫"开贺";石台,亲友送鸡、肉等;全椒,外甥的礼品最重,要送寿幛、寿联、寿烛、寿镜、金花、披红、鞭炮等;屯溪,如一般交往较深,而"寿星"又有社会地位,人们还得送寿酒、寿糕、寿联、寿幛、匾额、屏序、寿诗、寿词、衣料、珍玩之类的寿礼。淮北人的寿礼则依老人年龄的不同而有所变化,如濉溪,老人 66 岁生日时,女儿和至亲好友备上 66 个红点馒头、66 个扁食、6.6 斤猪肉,以及糕点、酒之类的礼物前往祝贺,俗称"六十六,吃块肉",女儿所送的数量一般要超过 66,以祝老人延年益寿,老人在家中设宴招待亲朋。祝 71 岁寿诞,濉溪有"七十一,吃鸡蛋"之说,女儿和亲朋前来祝寿必备鸡一只,馒头、扁食各 71 个。民间历来有"七十三,不死鬼来缠"的说法,据传老人吃条鱼,即可度过生死关,因之老人 73 岁生日时,女儿和亲朋都要备鲤鱼一条,及馒头、扁食各 73 个为老人祝寿,如固镇,穷人活到 63 岁或 73 岁时,女儿要送一条鲤鱼来祝寿,俗话说:"六十三、七十三,吃条鲤鱼猛一窜"。尤其是 66 岁最重要,晚辈亲戚,特别是女儿,要磅 6 个一斤重并贴上红

"寿"字大馒头、36个红点馒头、66个饺子、3.6斤猪肉等礼物去祝寿，其他人至少要送6个大馒头和3.6斤猪肉，做寿一般要安排在正月初六或正月十六这一天。

2. 寿宴

寿宴上要吃的面条称寿面，寿面有自备的，也有亲友馈赠的。我国食品中面条最为绵长，寿日吃面，表示延年益寿，故逢寿日必食之。有些地方很讲究，寿面要求长3尺，每束须百根以上，盘成塔形，罩以红绿镂纸拉花，作为寿礼，敬献寿星，且必备双份。祝寿时寿礼置于寿案上，寿宴中，必以寿面为主。寿宴上所饮的酒称寿酒，"酒"与"久"谐音，故以酒祝寿星长命久安，桂花酒多被用作寿酒。庆寿时，寿酒必先敬寿星，然后宾客共饮。

二、婚嫁习俗

男女结婚，《尔雅·释亲》称"妇之父母，婿之父母相谓为婚姻"。古代称举办婚礼为结缡、合卺，俗称结亲、成亲、成婚、完婚、合婚、圆房等。安徽地区婚嫁主要过程如下：

(一)娶亲

娶亲俗称娶媳妇，娶亲习俗包括从"说媒"到"圆房"过程中的一切礼仪活动。

1. 说媒

说媒，亦称提媒、做媒、拉媒，指从"提亲"到"迎娶"过程中，媒人所从事的一系列礼仪活动。媒人说媒有两种：一种是受人委托说媒，即男方选定某女，邀请媒人向女方提亲，女方如果同意，便发红纸"八字"（明书女儿出生年、月、日、时），男方将女方的"八字"放在灶君座下，以测有无不祥之兆，或者请算命先生推算男女两人的八字有无冲克，若是没有冲克和八字相合，这门婚事就可说成。一种是媒人主动在男女两方穿梭撮合婚事，即媒人在衡量男女双方家产家势、社会地位，认为门当户对后，即先到男家，后到女家介绍对方的情况，如果双方家长认为合适，并各自对对方进一步了解及请算命先生合年命后若没有问题，媒人就告知双方愿结百年之好。各地限制合婚的条件多，有生肖限制、年龄限制、血缘限制、命相限制等。

2. 订婚

订婚俗称"下定"，是确定婚姻的重要礼仪，所以安徽各地有五花八门的民俗活动。在休宁，双方确定联姻后，男方便填好红帖(俗称"下定书")，根据女方要求送上衣料、首饰、礼银等，作为定亲依据。在黟县，下定又称作"批书"，在内页右边先写上男子的生辰八字,装入一个红封套,附写一篇请求联姻的定格文章,备志笔和新墨各一,连同"头节礼"(或称定礼、聘金,民国期间,一般是108块银元,视家庭贫富而多少不等,但尾数都是8,每枚银元上要用朱笔写上双喜字)放入红皮"批书匣"内,请一名本房男性亲属带上批书匣,随媒人去女家。女方收下礼物,点烛焚香,找开"鸳鸯礼书",由父亲或哥哥用匣中的新笔舔墨,在"鸳鸯礼书"内面左边填下女子的生辰八字,然后在封面上写"亲允大吉"4个字,送回男方,至此批书典礼就告完成,双方正式定亲。批书后,男女本人不能见面,不论对亲事是否愿意,也不许更改。"鸳鸯礼书"是旧时缔结婚姻的凭证。在嘉山又称为传庚礼,即把男的生日写在庚帖上,连同给女方的4套衣服、4色礼品、鲤鱼和猪腿、酒等,由媒人送到女方家。然后女方家把女儿的生日填在同一庚帖上,回送些礼物,便算订婚。在固镇,确定联姻后,男方即备两段红布(富家买丝织品、穷家买麻织品或棉织品)和银质首饰,与女的庚帖一同送给女方。接着男方要送鸡、鲤鱼及果子、猪后腿等,以图"吉(鸡)利(鲤)"。自定婚到结婚这段时间,男女双方不准见面:若男方在场,女的应赶快回避,以免被人"评头论足"。在濉溪,男女双方经家长同意联姻后,男方即向女方"过启",启上写"白玉种良田,千年好合;红丝牵绣幕,百世良缘"联语,以示诚意,并遣媒人择定吉日带丝带2副、针2包、红布6尺、银耳坠两副及酒、鱼、肉、鸡、糕点等聘礼送女家。女家收下聘礼,除回送男家笔、帽等物外,另写"回启",启帖上写"兰桂同荣,山河永固;阴阳定位,天长地久"语句,以示允诺。

3. 迎亲

定亲后经过一段时间便是迎亲,即新婚往女家迎娶新娘的仪式。迎亲礼仪,包括从发轿到接轿过程中的一系列活动。发轿或在头天或在当天,坐轿人或为新郎或为孩童。上轿是新娘一生中最为隆重的仪式,礼制繁复。接轿是迎亲中的最后仪式。安徽人的接轿方式有两种:一种为轿到人不接,如长丰、六安、巢湖、来安等地,民间说是捺性、冷性格;一种为轿到人相迎,或者为新郎迎接,如金寨,当花轿来到男方门前,新郎便在门前迎接并向轿内作揖或鞠躬,然后由两名伴娘搀扶新娘进入新房。

接轿时,濉溪新郎要拜"轿神",即新郎来到轿前,朝轿3拜。铜陵、怀宁要"退嫁神",如怀宁,由当地有点名气的读书人主持,主持人一边向地上酹酒,一边高声朗诵退嫁神辞,如"《诗》云《关雎》,夫妇为人伦之首;《易》占《咸吉》,婚姻协天地之和。……从今洞房花烛夜,一生幸福乐无忧。新人请进,嫁神请回。"

接下来是拜堂,为新郎和新娘参拜天地父母及夫妻对拜之礼。安徽各地拜堂的内容和形式很不一样。一般是先拜堂,后进洞房,但也有先到洞房稍事休息,再到堂上拜堂的,还有在第二天才举行"拜堂礼"的。

拜堂必须按照风俗礼制进行,如怀宁退还轿神后,新娘便由"牵娘"扶入祖堂和新郎行"拜堂"大礼,新郎居左,新娘站右。礼有3拜,由一年长司仪唱:"一拜天地,二拜高堂,三为夫妻交拜。"新郎新娘依次行礼。固镇人在洞房口放有香案桌,上置笆斗,内装杂粮,其上放镜子并插一杆秤,新娘来到香案前与新郎并立,主婚人喊"一拜天地",二人磕3个头后,进入洞房外间;主婚人又喊"二拜高堂""夫妻对拜",再各磕3个头后,进入洞房。各地拜堂时还有传袋的习俗。有在拜堂前传袋的,如固镇,花轿抬到男方门前,鞭炮、唢呐、锣鼓齐鸣,新娘抱住迎亲人送来的内装杂粮的玉瓶(有"新人下轿不空杯"之说),由两位伴娘搀扶踏在铺好的新芦席上,沿着传席人交替铺好的芦席,碎步走向洞房。也有在拜堂后传袋的,如徽州数县,新郎新娘拜堂毕,男家大伯(大哥)、二伯(二哥)次第传递绿麻袋铺地,口唱"一代传一代,十代传百代……",牵亲奶奶引新娘随唱声踏着绿麻袋步入新房,以示传宗接代之兆。

闹洞房的习俗也很盛行,由于地域风俗的差异,其名称和方式也不尽相同,有"文闹"和"武闹"两种。所谓"武闹",以及"偷房""听房"的习俗,多为孩童所为。"文闹"即是提出各种难题,让新娘回答,或让其说绕口令,唱歌,或对新娘唱吉语赞歌,如六安在洞房内摆上一桌酒席,新婚夫妇站在床前喝"串杯酒",即用红丝线一端系1个铜钱,分别放在两只杯里,斟上酒,男女先喝一点,接着男杯倒给女杯一点,女杯倒给男杯一点,然后饮完。闹房人一面饮酒、吃菜,一面说笑、唱喜曲,有的闹到深夜。通常是一人领赞,全体道好。众人唱吉语赞歌时,新娘要站在床前,闭眼低头,接受闹房者的戏弄。

(二)出嫁

出嫁,是女方家庭在女儿婚期内所举行的一切活动礼仪的总称。

1. 发轿

旧时接新娘,一般要用花轿迎娶,花轿有8人抬、4人抬、2人抬三种。富贵之家一般都用8人或4人抬的大轿,贫民之家只能用2人抬的青布小轿,也有用红轿的。花轿一般用大红花布做轿顶,背面挂着用筛子糊好的八卦图,图上插着用黄金纸做成的箭头(称箭筛),用以镇凶神恶煞、驱邪气。铜陵、桐城、繁昌等地往往要在轿门上贴对联,上联由男方写好贴上,下联待女方接到花轿后,根据上联内容写就,或寄托辟邪、祈吉、求子等心理,或表现青年男女对美好姻缘、幸福生活的向往和追求。其表现形式以男女双方的姓氏或名字的拆卸、拼凑、镶嵌居多。

发轿迎娶新娘,各地大同小异。黟县,男方备彩轿、鼓乐、爆竹迎亲。肥东,男方备花轿、高灯、火把、鼓乐出迎。嘉山，发轿前新郎先坐一下轿子，以示迎亲，俗称"压轿"，并要亲属抬轿子前往迎娶。蒙城，彩轿前木杠顶端置一上书双"喜"字的大红灯，一对灯泡罩子（用枝叶俱全的青竹竿撑起的红灯），一班吹鼓手前导，轿后有挑盒子（内盛鱼、肉、果子、糖）、坛酒等礼品的人相随。

2. 接轿

花轿到女家，有些地方规定了固定的停轿地点，如黟县，花轿要在女方祠堂专设的轿座上落轿，轿座里事先垫有一张大红纸，意为防止花轿沾着祠堂地面，带走女方家族的财气。有些地方先冷遇后迎接，如青阳、繁昌，花轿到女孩家门口时，女方姑嫂亲戚紧闭大门，索取"开门礼"和"上席礼"，直到男方拿出香烟、糖果、喜钱等礼品，姑嫂们满意了才开门迎进。

接轿后，新娘便开始作上轿的准备：首先是梳妆打扮，如绩溪，吉日临近，先用蓝白色棉线给新娘"开面"（拉去脸上的汗毛），并取"离娘衣"让其穿好坐床上，双脚不着地，静待花轿进门。花轿一进门，先用火把、五谷在轿下绕一绕，然后开轿门，捧出"百子重花冠"和青衣青裙给新娘穿戴；铜陵，新娘上轿前，要站在筛子上换上婆家送来的新装，然后向送亲的跪拜，亲友要包钱，多少不限。在石台，接轿后即为新娘开脸梳妆、更衣戴花、胸前配明镜，新娘拜别祖家香火及父母、亲长后，开始"哭嫁"。

上轿前，巢湖市还有催轿的习俗，即若新娘很久仍不上轿，男方就燃放鞭炮催促，女方在门内也放鞭炮表示庆贺。男方催一次，必须敲一次大门，女方将门稍许拉开，男方便递上"摧门包"（用红纸包上钱币），有的很快能开门上轿，有的则开关大门多次，甚至达数十次，借以推迟上轿时间。

黟县还有由"哭嫁"而逐渐演化成的哭轿习俗，且有程式化的"哭轿歌"。在歙县，花轿临门，母亲首先唱起"哭轿歌"，歌词多有一定程式，但也有即兴编唱的，内容多为对女儿、女婿的谆谆叮嘱。唱完"哭轿歌"，才可抬走花轿。为推延母女别离的时间，有些母亲能编唱相当长的"哭轿歌"，花轿抬到村口时，还要停轿让新娘唱"哭轿歌"。其歌词一般都为对其送行的哥哥、弟弟而唱，新娘边唱边把预先准备好的礼物（如饰物、银钱等）分送给她的哥哥、弟弟，因此，歌声凄楚、委婉，有对亲属的留恋和嘱咐，有对少年时代的美好回忆，也有对未来生活的憧憬或惴惴不安，还有对未来生活的美好憧憬。

3. 上轿

新娘上轿也有一定成规。按传统习惯，新娘不能自己上轿，得由同胞兄弟、叔伯兄弟或父亲、叔伯背上或抱上花轿。绩溪，由兄长背上轿，弟弟把一空斗放进轿里，跪着向出嫁的姐姐讨米饭钱，新娘拔下银簪放斗内，其他人随之说几句祷祝全家致富并表明她不带走财运、不拨走地气的话。在铜陵,由兄长从筛子上将新娘背上轿,新娘将事先放在怀中的一把筷子向后甩,让哥哥或弟弟接着,意为不带走娘家饭碗,自己一心一意在婆家生活,并愿哥哥或弟弟发财致富。固镇,新娘坐在椅子上,由胞兄或叔叔抱上轿,祝愿到婆家有"椅靠"(依靠),轿内放有上有老下有小的妇女套的大红被,四角放枣子、花生、核桃之类,寄寓"早生贵子、夫妻和睦"之意,新娘上轿后还要哭几声,表示舍不得离开爹和娘。

新娘上轿后,有些地方还有些活动,如濉溪关轿门后,嫂子要端一碗面水泼向轿脚,以示出嫁的女儿能安分守己过日子,这时女方要赏轿夫"上轿礼",否则轿夫迟迟不起轿。

4. 送嫁

除了一般的送行仪仗队外,往往还有特定的送嫁角色。在宿松,新娘上轿后,其哥哥或弟弟随迎亲队伍到新郎家,随后打开陪嫁箱柜的锁,交出钥匙。在濉溪,起轿登程,要鸣炮奏乐,新娘往往放声哭出村外,兄弟两人则随轿左右送行,谓之"押轿",半途方回。在太和,娘家常请两名"送男客"(多为长辈)护送新娘到夫家,当人轿走到离新郎家一、二里的地方,男客便主动停下,等花轿进村,新郎新娘拜过天地后,才缓缓前进,新郎家则派人出村迎接,上午盛宴款待。随后,送男客到后堂拜会女主人(多是婆婆或祖母接见),请其对新娘多加关照,并安慰新娘一番,然后返回。

搬嫁妆,也是送嫁中的一项礼仪。有的地方是由娘家派人送过去。如屯溪,女方请"闹轿"客的同时,便将所有的嫁妆扎成抬子,抬送给男方,谓之"搬红杠",而头一杠,必须是搬挂帐用的竹竿和"子孙桶"。即使两家同住一村,也要将嫁妆绕道抬送,名曰"亮嫁妆"。绩溪,嫁妆由吉利人(一般是原配夫妻、三代同堂、儿女绕膝的中年女眷担任)负责指挥装担。在执事前,要沐浴更衣,头上插银簪和彩花,穿朱青布衣裙和花鞋,然后亲手先装下"子孙桶",再招呼别人装女方陪的所有嫁妆,一般人家陪嫁被絮、衣服、橱柜、箱凳、桌椅、脚盆、马桶、蚊帐等物,富户还有红漆棺材一对,外罩大红缎精绣彩花的特别棺套,抬在搬运嫁妆队伍的最前面。棺材内装有苎麻布、白布,意为留作将来儿孙们哭丧时"披麻戴孝"用,棺后跟随两人,捧红漆木制棺凳。贫穷人则是简单的几样衣物、用具。如"一个马桶3个盆,两只烛台一盏灯"(俗称"三支火"),外加一被褥两双鞋,用两只青色布袋装好,一个人可以挑走,俗称"一担挑"。但不论穷富人家,嫁妆中必有一只马桶,内盛红枣、花生、橘子等物,以示出嫁女"早生贵子"。这些物品,俗称"彩头",到男家,必须选一健康活泼的男孩揭开马桶盖,取出马桶内所盛的物品,朝桶内撒一泡尿,意为新婚夫妇将生男孩。另外,一定要有两双"同鞋",

把新娘的鞋塞在新郎的鞋内,意为"同偕(鞋)到老"。

（三）回门

姑娘出嫁后,各地都有回门的习俗,但回门的时间有所不同。有 3 天回门的,也有 4 天甚至 6 天或 9 天回门的。3 天回的如旌德,新婚夫妇同至女家,称"三朝回堂",岳父家设宴招待,新女婿为"娇客",坐首席,父亲亲自给女婿斟酒。不待夕阳下,新婚夫妇必须告辞回家,谓之"两头红"。4 天回的如屯溪,对于男家来说,又叫"接回门"。这天,对新姑爷要远接远送,路逢拐弯处,新姑爷都得向来者作揖,其用意一是出于礼貌,二是向来者探路。回门以后,女的在蜜月期间,不再出门,至满月才回到娘家。6 天回门的如濉溪,婚后第 6 天,新郎、新娘同往女家拜见岳父母和女方亲友,女家盛宴招待"贵客",午后则回,不在娘家过夜。9 天回的有金寨,婚后第 9 天(今多改为 3 天),新郎新娘携带礼物同去女方家,女方父母及受礼户——设宴招待女婿。此外,还有满月才回门的,如和县,新郎新娘一般带着糖、点心赠送父辈,包子、饼子分散亲邻,受礼之家以鸡回赠,一般午后返家(现多改为 3 天)。怀远的回门比较复杂,新娘自己单独回娘家称"回门",与新郎同往的,称"双回门"。除 3 天回门外,6 天娘家还要来接一次,但必须当日返回,不许过夜。18 天后,娘家再次来人接新娘回门,称为"过对月",此时新娘不必当日返回,可在娘家住上一段时间,俗语说:"三天回门六天接,十八天过对月"。

三、丧葬习俗

丧葬古称凶礼,是人生礼仪中的最后一件大事。长期以来,人们笃信灵魂观念的存在,故一般家庭都特别重视为死者治丧、送葬,希望借此告慰亡灵。

（一）制寿衣

安徽各地寿衣都沿用明代服装形式,由于明朝皇帝出自安徽,民间有"死不降清"之说。六安的寿衣,不论男女,一律为圆领大袖的明代服式,并规定"五领三腰",即上衣 5 件、下衣 3 件。上衣全订布带,下衣不用裤袋,死人穿着时,仅于腰间系 1 束白线,按死者岁数一岁一根。老帽以布采叠而成,女帽类似风帽式样。怀宁、宿松还有"七领五腰"之制,且不用棉絮(谓死者穿絮,后代喘气不顺),都为单衣或夹衣,夹衣两层,全用黑色粗布缝制而成。寿鞋一般都是软底布鞋,意为鬼魂赶路轻便。怀宁的寿鞋鞋底中心,各贴有一朵红纸剪成的莲花,意为脚踏莲花去西天拜佛。寿鞋都由女儿或孙女在特定时候制作。

（二）设灵

设灵,即设置灵堂、孝堂,为放置灵柩殡葬冥物,以待吊者之所。灵堂的原始意义为灵魂暂留之处。安徽淮河以南地区除非正常死亡者外,一般都设置灵堂,淮北地区则多设置灵棚(即在屋旁搭一棚)。

灵堂的设置一般是在入殓之后。其实安徽多数地方早在死者咽气之后,设灵即已开始,如铜陵,老人咽气后,家人在遗体旁点一盏菜油灯,称"照老灯";点一支香,并盛满一碗半熟的饭,称"倒头饭";饭上插一双筷子,竖放一只鸡蛋,称"倒头蛋"。入殓后,灵堂正式设置,如休宁,灵前围白布孝,上正中悬挂死者遗像,下设供桌,放供品、香烛、祭器,两壁挂挽幛、挽联,其下放花圈等;宿松,入殓之后,棺柩停放于祖堂东侧,棺前设供桌,摆一碗半生不熟的米饭,上插3炷香,另有一只煺尽鸡毛的公鸡,一碗茶水及长明灯。供桌与棺柩之间悬有红色布幔,布幔正中,再悬一黑色横批,书"驾鹤西去"或"音容宛在"等字样。灵堂两边墙壁上贴自上而下的挽联(根据孝子的身份撰写,字数一般在十几个至几十不等),大门上贴用白纸写的对联。

(三)报丧

报丧指孝子或丧家的委托他人到亲朋好友家去通报消息。如老年女性死亡,涡阳孝子必须光着脚去娘舅家报丧。固镇的孝子则手拿哀柳棍到舅姑等亲戚家磕头报丧。更多的是委托人报丧,如休宁,报丧人持一把伞进门,将伞尖朝下竖置大门里侧,亲友一见便知。黟县最有特色,报丧者先将顶带的一把伞挂在堂前左边的椅背上,然后坐在对面座上,口报:您家×××,多谢了,这时主人要摆出"锡格",泡上两杯茶,左边一碗敬献死者,右边一碗给报丧人喝,另打3个鸡蛋款待,待报丧人离去,主人才哭着前往哀悼。

(四)入殓

安徽各地的入殓仪式同中有异。徽州歙县、休宁等地,死者入殓时,由治丧的专业人员(俗称"白八")先将死者移至堂前或房内,给死者全身裹上丝绵,外用白头绳捆扎,俗称"扎尸",然后才能穿寿衣。寿衣要先由儿孙穿套一下,再给死者穿上。死者口含一枚金钱(首饰店定制)或铜钱,谓"口含钱";头戴道士巾式的帽子,上钉有玉石;左手握金,右手握银,鞋尖钉有珍珠。这些都寓意为愿死者来生金口玉言,手掌财富,前途光明。棺内先铺入石灰包,按一岁一包包就,上铺垫褥,以三角形石灰包坐枕,身盖被子。死者入棺后,即开面(将脸部丝绵剪开)揩面,揩面之水需买,即丢一文钱于河中或井中,再汲水。然后子孙按亲疏长幼,披麻戴孝依次跪在棺前奠酒行礼,与死者擦洗全身,再给死者穿衣。棺内以陈石灰垫底,死者入棺后上盖锦被。

沿江宿松等地,入殓时棺内底层先垫上石灰,死者头垫枕囊,口含茶米,脸盖面纱,脚垫灰包,手握陪葬器皿,后再以青布盖全身。青阳入殓时先用石灰包垫底,尸体两旁也以石灰包塞紧(石灰包也按死者年龄计数,一岁包一个包),上盖女儿送的"千金被"。进棺材前孝子要穿亡人老衣,叫"焐衣"。"开脸"时,女儿要付"开脸包"钱,孝子亲属轮番敬酒,礼毕封棺,棺下放一盏菜油灯,摆一双鞋,意为照亡人上路。望江入殓时,孝子要先把死者外衣按在身上,到有水塘的地方烧香礼拜,给死者穿上后用被单将尸体沉入棺中,仰面平放,四周委以石灰包,再用两端系有铜钱的长线自棺头正中至棺脚正中吊线,中线正对死者鼻梁,谓之"分经"。然后盖上"盖面巾",举行"开棺祭",祭毕盖棺。棺材放在堂屋正中,下垫方桌或板凳或砖块,称为"吊高"。

皖东各地入殓仪式也各有特色,如天长入殓时有"插钉礼",孝子叩请死者至亲敲"主钉",名为"祭钉"。封棺后,用油泥做字,以孝子口气写明死者名讳和职衔,谓之"题壶"。棺柩停放中堂,并请阴阳先生画符和写"七单子",以便祭奠。若死者年满60岁,"七单子"正贴,否则斜贴。来安入殓时,死者的亲属均应到场,在尸体的头、脚部放置土包或石灰包(亦按年龄计包数)、身体两侧放死者生前的喜爱之物。盖棺时,孝子要在棺材底下躺一下,说为"垫棺材底"。

(五)吊丧

吊丧,即上门沉痛哀悼死者,并向家属表示亲切慰问。亲友来吊丧,淮北各地都由孝子下跪迎接。但有些地方如濉溪若吊丧者为女眷,则由死者儿媳或女儿到孝堂下跪相迎,孝子则跪在灵柩一侧,恭候吊者。待吊者焚纸、燃放鞭炮、跪拜亡灵时,孝子才由面对棺柩转向吊丧者3拜(不论关系亲疏),称为回拜。在太湖,死者若是女性,娘家亲属来吊丧要敲锣打鼓,孝子要出门跪接,称"接娘家人"。

吊丧时,吊丧客往往要送奠礼,奠礼视情况而异,宿县为锡箔、幛子、挽联、供菜等;涡阳为纸箔,交情深厚的为送鸡1只、肉3.3斤等。肥东则根据礼品的情况,将吊丧分为清吊和荤吊两种:清吊限于一般亲友,只送纸锞、挽联等薄礼,丧家献上孝白,不做任何招待;荤吊即送上猪头三牲等礼物,吊毕即入席吃漂肉汤(不放盐),饭后自动退出,不接不送。

(六)出殡

首先要选定出殡日。宿松人请阴阳先生根据亡人及丧家人的生辰八字进行推算,以不相犯的日子为宜。淮北各地在第3天出殡无所顾忌,3天之后要请阴阳先生择日。其次是要请舆家(俗称风水先生)察看坟地,坟地一般选择背风朝阳、无蚁穴、无潮湿的地方。宿松人察看坟地一般是孝子陪同风水先生同行,死者若是女性,娘家的舅舅也要一起同行,可以多处相地,但忌讳在风水先生用罗

安徽文化
概要

ANHUI WENHUA GAIYAO

214

盘勘定方位并已下桩拉线后再另换地点,说那样是"抢坟地",家中会再有人要死亡。坟地确定后,宿松还有一种通知出殡路线的习俗,即出殡的头天下午,孝子扛着"挖锄"走向坟地,孝子所走过的路就是第 2 天出殡要走的路线。街坊邻居、平时关系要好的人知道灵柩要从自己门口经过,便准备香纸,待第 2 天灵柩经过家门时,祭奠亡灵。

出殡时,有的地方要钉封棺材。来安的封棺钉主钉由族长和死者的长辈钉,其他钉子由抬棺人钉,棺头一颗钉上系一根红布条,以图吉利,"磕钉"之后,丧家要给磕钉者孝布、红布、糕点等"磕钉礼",子孙此时则要围着棺材逆转 3 圈和顺转 3 圈,每圈都得下跪一次。

出殡前,有的地方还要举行殡祭,即诵读祭文、赞颂死者的生前业绩,如石台、祁门、休宁。出殡的礼仪比较繁复。屯溪出丧的仪仗有:高灯(糊有蓝字堂名的纸灯笼)、鼓手、炮手、纸扎的开路神等(官宦人家有街牌、旗帜,应排列在前),之后是对对小幡、铭旌、纸扎的金童玉女以及和尚吹打队伍,接着是提炉、挽联、挽幛和抬着的"香亭"等。灵柩前有手持哭棒的孝子、打着"引路灯"的孝孙领棺,棺后又有道士相随敲打。送葬队伍中,除孝子、孝孙应送灵柩到坟地外,一般只送到村外为止。巢湖民间不举行祭礼仪式,只用山人送煞,山人先生在棺前念念有词,然后拿起菜刀宰杀一只公鸡,用染血的菜刀将事先摆在棺材盖上的饭碗砸烂,名叫"破煞"。之后,发棺人便鸣放鞭炮,亲属号啕痛哭,抬棺人一声吆喝,抬棺上肩,向坟地进发。若途中需要休息,只能用撑杆撑住龙杠(抬棺材的粗木杆称龙杠),棺柩不落地。

出殡途中,有些地方旧时还有死者生前好友,在路口设置祭坛、供品行路祭礼的习俗。

(七)下葬

下葬前,先要打坑,即挖墓穴。铜陵人是将棺柩抬到墓地后,先由死者的长子用锄头挖土 3 下,意为开山破土,随后,由抬棺人再挖。有的人家还要杀一只公鸡,先用鸡血祭墓地一周后,再开山破土。

落棺掩土,各地做法不一。休宁,灵柩到达墓地后,坑内再烧一些豆萁麻秸,并要留有火种。之后将棺柩入坑内,并且摆正棺木,杀一只雄鸡,将鸡血淋在棺盖上,这时家属与送葬客再次焚香跪拜;孝男孝女列跪墓坑前,各自举起衣服的下襟,盛接风水先生扬撒的"分金米",风水先生一边撒"分金米",一边唱吉利语。随后,填石块、泥土成坟,孝子脱去孝服,以烧墓坑所留的火种点燃红烛灯笼,放鞭炮后回家。进入家门时,再次燃放鞭炮,将灯笼放在堂上,以示死者入土为安,俗称"回火"。怀宁则筑土成坟后,风水先生呼道:"左青龙,右白虎,龙吟虎啸,前朱雀,后玄武,龙凤偕舞。进宝山,衔旁山,山山相对,甘露水,壬癸水,水水来朝。我今撒上珍珠土,叮咛嘱咐龙神:一应人财两旺,二应富贵双全,三应田园广进,四应骡马成行,五应男婚女配,六应八宝资庄,七应八应,代代儿孙做公卿,九应十应,代代儿孙入朝廷。孝子拜一拜,步步上金阶。龙听地师语,神听地师言,今日安葬后,荣华富贵万万年。"风水先生呼一句,旁边的人便敲一声锣,撒一把米,和叫一声"好",俗称"叫好"。

（八）做七

安徽各地都有做七的习俗。一般都是从死亡之日算起,逢七祭奠,但青阳旧时,一般要请占卜的星相家,按照书命推算亡人的失魂天数,再确定"七七"及回煞的日期;界首则提前一天做七,民间有"不烧顶七纸"的说法。

"做七",每一个"七"都有不同的活动内容。

"头七"即人死后的第一个 7 日。这天,丧家设灵座,供牌位,举行隆重仪式,受唁开吊,亲朋好友除送挽联、挽幛及花圈、钱币外,都要到灵前上香叩拜亡灵,劝慰丧家节哀顺变。同时还请道士诵经、拜忏、烧香焚纸,并有招魂及摆设灵前纸扎等活动。"二七"即人死后的第 14 日。祭祀活动一般从简。这天,家人备酒席,供羹饭祭奠,请道士诵经等。"三七"亦称散七,即人死后的第 21 日。这天夜里,孝子手擎香火,到三岔路口呼喊亡人姓名或称谓,或上坟焚香接亡灵回家,家中设奠。有的还请道士念经拜忏,举行解结仪式,亲友要备牲到丧家祭奠。"四七"即人死后的第 28 日,祭祀一般从简。这天,家人备酒馔、供羹饭、烧纸进行祭奠。有的地方是外甥或侄辈为死者诵经拜忏。"五七"即人死后的第35 日。这天,丧家要举行祭奠,焚纸烧包,请僧人、道士诵经拜忏,亲友均来吊唁,俗传此夜死者的亡灵回家"省亲"。有的丧家在灵堂的天井中设有桌椅,饰以人形,穿上死者生前穿过的衣服,并在墙边靠一梯子,俗信死者魂灵可以凭着梯子还乡。"六七"即人死后第 42 天,祭祀一般从简。这天,家人备酒馔、供羹饭、焚纸祭奠。来安此日要为亡人供猪头、公鸡、鲤鱼三牲。"七七"亦称满七、断七,即人死后的第 49 日。这天,丧家要举行隆重的祭奠仪式,亲朋好友都要来焚烧纸钱,也有的到坟前拜祭。祭毕,孝子要烧掉孝鞋、孝杖等物,并撤掉灵堂(淮北的灵棚也在出殡日拆掉),和县有把灵前纸扎祭品送到坟地去烧,出嫁的女儿送"七饭"的习俗。"七饭"为做成动物状的 10 大碗荤菜(不烧熟),菜上插有纸花,先做为祭品,后为"散七"宴席之菜。

第四节　游艺、生产和商贸等民俗

一、游艺民俗：舞龙与舞狮子

民间游艺包括各种民间体育竞技民俗、民间娱乐、艺术民俗等。这里主要介绍一下安徽在节日里流行的舞龙与舞狮子。

舞龙是中国相当普遍的民间文化艺术活动。皖西南的宿松，玩龙从年初二开始，在去外村表演前，要先在本村表演一番。出村表演之前，一般白天要下帖，若对方收下了贴，则表示欢迎，若不收贴，则表示拒绝。龙灯的队伍黄昏出发，到了收贴的村庄，首先要确定"参神"路线，即龙到各家各户去参拜，参拜时得按顺序逐门逐户前往，有"宁漏一村，不漏一户"之说，另外，要依地势由低到高前进。龙灯来到门口时，家主先要燃放爆竹，然后关上大门。这时玩龙唱彩人便在门外唱"开门彩"，"开门彩"比较简单，一般多为 5 句，意在祈求开门，如"口含龙珠笑金榜，姑娘开门进皇宫"，屋主人听到唱彩后，便放炮开门，迎龙入堂。龙珠来到堂屋后，唱彩人要根据主人家的不同情况，唱出不同的词句。若是新婚之家，唱彩人唱早生贵子时，玩灯人便给主人家送来一个鸡蛋，意为"送子"。唱完彩，龙灯就按从左向右转的方向出门。龙灯出门时，主人家再次鞭炮，并将准备好的粑、饼、香烟等赏给一个扛着"猫灯"的人，若是给主人家送了鸡蛋，主人要加倍赏赐，若是玩草龙，主人还要添香。至此，参神仪式便告结束。待一家一户参神结束后，龙灯便来到村中一空旷地上舞龙。舞龙时，人们多用点燃的爆竹往龙身、龙嘴里扔，舞龙者为躲爆竹，就碎步起跑，奋力舞龙，此时，龙身上下翻腾，煞是好看，特别是到了爆竹连天，火花四迸时，舞龙便进入了高潮。

舞狮子与舞龙一样，也是我国一项传统的民间体育活动，但喻义略有不同。舞龙在古代有祈雨之意，舞狮子则为了驱邪消灾。后来的舞龙舞狮子都演变为人们在吉庆之日的娱乐游艺活动。

中国的舞狮大体有北方狮舞与南方狮舞两种表演风格，安徽的青狮属于北方狮舞。

皖南泾县的舞狮很有特色。《泾县东乡佞神记》记载："斩木块为狮首，缀以黄布为身，二人顶而舞之，佐以红海公、白海公、判官、娘娘诸神，悉以人戴面具为之。红海公、白海公系舞狮子者，一红面，一白面，均满身红衣，作种种不伦不类之怪戏，以引观者之发笑，娘娘白衣亦红衣，骑狮子身上而舞。判官黑面绿袍，执笔木立不动，设有病者，必迎狮子至病人室中，周视一巡，以被除不祥。初生小儿，将其含至狮子口中，谓容易长大云云。其期自元旦日始，到三月初三日止，各村轮次而舞，或全堂，或半堂，皆有定例。迎狮子神者，必斋戒茹素，格诚格敬，无敢稍息。舞狮子之人，率本地祠丁，平日被役于人，独此日俨然尊大，一若渠（他）即狮神也。"皖西南的宿松，每于初二晚开始舞狮，舞狮前得下帖和到各家的参拜仪式，一如玩龙。狮子到家门口，主人要以爆竹相迎，随后狮子便进入堂屋，走向祖宗牌位，参拜祖神，其后，主人要送些礼物以示答谢。在参神时，主人家的妇女有时要用洗衣棒轻轻敲敲狮子屁股，据说这样猪可以长肥。参神后，便在村中一空旷场地上舞狮，动作有翻滚、舔毛、滚球、上楼台等。舞毕，扮狮人最忌在村内脱狮衣，必须到村外方可脱掉狮衣，俗称"领（褪）狮子皮"，否则，说是全村会招来灾害。长丰县狮子舞为大狮一对，每狮颈系铜铃，舞时铃声不绝，有的还带小狮一对，引舞者，手持响叉，腰系彩带，领狮表演，技巧高者表演"狮子滚绣球"和"登高坡阵"，尤为热闹。

二、生产民俗

安徽是农业大省，生产民俗甚多，简述如下。

淮北、皖西南均有定正月初一至初十为人畜谷物生日的习俗，也叫"值星日"，其次序为一鸡、二犬、三猪、四羊、五牛、六马、七人、八谷、九果、十菜（皖西南为九油、十麦）；如果此10天皆晴，则认为是"十个太阳下山"，定将有十成的年景，百年难遇。江淮大地，又十分看重清明节的阴晴。两淮一带的农谚称"清明柳叶焦，二麦吃力挑"，"清明晒死柳，麦子胀破肚"；沿江地区也认为"清明要明，谷雨要雨，立夏要下，小满要满"等。

上述凭特定的节日气象而预测年成的丰歉好坏，或为长期的经验积累，或为偶然的物象对应，缺少科学依据。20世纪80年代后，提倡科学种田，城乡民众已习惯于收听、收看广播、电视的天气预报，多数年轻人不再关注老一套的预测方式了。

徽州旧时各生产行业，如做农、从艺、经商等都有各自的行规习俗。农村要祭"五谷神"，祈求庄稼兴旺。天旱常兴"求雨"，素食斋戒，做道场祭拜龙女菩萨。耕牛转让时，买主要带牛绳将旧牛绳换下，叫做"断索"，表示买卖双方均不得反悔。砖工建房上门枋时，要宰杀公鸡，将鸡血淋门口，叫做"祭门神"，并口念祭词"鸡血淋到东，恭贺东家添儿孙；鸡血淋到西，恭贺东家多添丁"，众人互相呼应,以求吉利。木工供奉"鲁班师傅",最忌讳清晨有人坐其工具凳,意为坐冷板凳,即无生意可做。商店家设"财神座",常年供奉"大元帅",以求生意兴隆、赚钱发财等。

农村每年早稻的第一次插秧称为"开秧门"。歙县这一天要设宴请"田公、田母",朝拜时,先插三根香于田埂,还要虔诚跪拜。休宁、屯溪这一带,当家人去秧田选定"门向",然后带泥拔出一块秧苗,置于茶盘,捧送回家放在贡桌上,祭拜天地后,将带泥秧苗倒甩上阁板,以全部粘上为无灾无害生长良好的好兆头。

山区为保护森林形成许多条规习俗,打锣封山就是较为流行的一种。每年冬季,村或乡定人鸣锣,口中呼唤所封山场的地名,串村走户,昭示禁戒规约。此后,家家户户,互相告诫,不得犯戒。鸣锣同时,在各要道路口和山界立木牌、石牌,以标明禁山范围。

新店开张这天,要在店门口披红结彩,挂金字招牌,燃放爆竹,有的还奏乐,以示庆祝。对开张这一天上门的顾客,象征性地收下红纸包(货币退还),同时赠送一定的货物,如布店赠3尺红布,百货店赠送一件日用品等。

民国时期,学艺拜师必须经过中荐人出面,为师徒双方商议协约。洽妥后,徒弟要办拜师酒,向师傅行大礼。砖工学艺,一般一年出师;木工学艺,则为三年,均无工资,师傅只供给伙食。三年升为伙计,师傅给一定的生活费,艺成后才离师营生。

三、商贸民俗:庙会

庙会,旧时是指在寺庙内或寺庙附近定期举行的集市。最初的庙会是祭神、游乐、贸易三位一体的复合型民俗形式,所以庙会期间常有抱婴还愿、问医求药、求雨祈福、驱魔修德等活动内容。后来逐渐发展为贸易民俗,主要进行物资交流,有些地方伴有民间文艺活动。

安徽大部分地区都有庙会活动,影响最大的庙会主要有青阳九华山庙会和芜湖广济寺庙会。

(一)九华山庙会

九华山庙会指九华山每年或每隔几年在佛诞节、自恣日(农历七月十五日)、地藏吉诞日(夏历七月三十日)所举行的"浴佛法会""盂兰盆会""大愿法会"及民间与寺院共同举办的"阴骘大会"(夏历十月十五日)期间的朝圣和集市贸易活动。每适庙会日,各地善男信女要组织各种会、团朝山进香、拜塔、守塔、朝拜天台。若是丛林寺院传戒(传戒是指寺院里召集初出家的人受戒),四众弟子可参与求戒并领取戒牒(戒牒是指发给和尚、尼姑的证明身份的文件)。朝山信徒中历来以两广、山东、河南、江苏、浙江居多,也有日本、东南亚各地和港澳地区的佛教界人士。1983年夏历七月三十,九华山恢复了庙会制度,大型的佛事活动和大规模的集市贸易融于一体,朝山拜佛的信徒和游客达2万多人。1985年,地藏菩萨诞日举行"南无地藏王菩萨大愿法会"等4项活动。1986年,祗园寺仁德方丈升座,寺内佛像开光,1000多僧尼和居士求戒,数千名信徒坐守地藏塔。为期35天的庙会,朝山献香的香客达5万余人,加上观光、游览、经商者共15万多人次,其中十月九日这一天,上山参加庙会的就超过了万人。1989年的庙会更是盛况空前,会期一个月,举行各种活动12项,重要的佛事活动有百岁宫金堂佛像和无暇真身开光仪式,纪念地藏菩萨金乔觉诞辰1294周年法会,祗园寺传授三坛大戒和佛教禅宗二祖慧可法师道场地址论证会,以及水陆法会等,同时还举行了中国四大佛教名山首届联谊会。庙会期间,芜湖、南京等地约130个工商业单位举办了商品展销会,上山进香礼佛、观光旅游者达16万人次。

阴骘大会亦称大骘法会,是超度亡灵、祈求众生安乐的大型群众性活动,在祗园寺和化成寺举行。届时,用红绿绸缎扎焦面菩萨和三十六鬼王,悬挂幡旗、陈设阴骘文和水陆画像,唱"目连救母""九更天"等戏文,连日连夜,热闹异常。丛林寺庙配合开展各种活动,有引庙、拜忏、放生、做水陆道场、放焰口等项目。据传,金乔觉航海来华,到达江南,最先来到九华山下的老田吴村,然后才住锡东崖,其诗中的"慕道相逢吴用之"即言此事。当地吴姓人因此造"九华行祠"以垂地藏圣迹,并以九华山主自居,后来逐渐扩大到柯、吴、刘、罗、姜、钱大姓,共同组成"九华山阴骘会",创建阴骘堂。6大姓派员管理阴骘会的山林、田产,轮流任香首、副香首,每届10年举办一次"阴骘大会"。

首届阴骘大会于1927年举行,随后的1937年、1947年的夏历十月十五日都定期举行。1987年夏历十月十五至十六日,九华山群众和僧尼集资8千余元,在化成寺广场举行了中断几十年的"大愿法会",会期邀请了贵池县刘街乡殷陈姚傩剧组演出了传统戏《范喜良》《刘文龙》,青阳县杜村乡长垅村老艺人演出了《目连折子》戏。戏台匾额为"风月犹存",戏联"度四十年月明花阴而今风调雨顺人喜神欢忆旧例,看八万里星移斗转至此国富民强山歌水曲庆良辰。"

(二)广济寺庙会

坐落在芜湖赭山南麓的广济寺,历史悠久,因寺内有仿照九华山肉身宝殿而建造的地藏殿(又称九华行宫),素有"小九华"之盛名。据史书记载,每年夏历七月地藏菩萨圣诞日,这里要举行隆重的祭祀活动,前来敬香的人百十为群,至夜晚,善男信女手持一灯,鱼贯而上,景象十分可观,由此形成了由来已久的广济寺庙会,又因该寺藏有唐至德二年(公元757年)为纪念地藏而用砂金铸就的"地藏利成金印",故旧时由东路赴九华朝山的香客必先来广济寺顶礼膜拜,并为香袋加盖金印,这就更为庙会增添了热烈气氛。一年一度的庙会活动,远近前来朝拜的香客及中外旅游观光者成群结队,络绎不绝,盛况空前。

思考与练习:

1. 安徽民俗文化有几大区域,各自特征是什么?

2. 简述安徽民俗文化的基本特征。

3. 简述安徽沿江地区元宵节灯会的内容。

4. 在安徽不少地区,小孩子佩戴"端午锦",有什么文化寓意?

5. 订婚(俗称"下定")在安徽各地有哪些民俗活动?

6. 分析安徽有些地方女儿出嫁时"嫁妆"的文化内涵。

7. 对自己所在地区的某一习俗做一调查,并作一简要介绍。

第九章　安徽的山水旅游文化

学习目的：

通过本章的学习，使学生对安徽山水旅游文化有个基本的认知，对安徽的名山大川、名胜古迹以及历史文化名城有一定的了解，从而增进学生对安徽自然风光与悠久历史文化的热爱，增强文化自信，助力现代化美好安徽建设。

学习要求：

1.了解安徽各旅游胜地自然风光与人文景观的概貌。

2.了解安徽著名山水、古迹、历史名城中蕴藏的丰富文化内涵。

3.掌握安徽山水旅游文化中的常识性知识。

学习建议：

1.通读本章教材内容。

2.注意对安徽代表性名胜古迹的深入学习与了解，完成课后思考与练习。

3.可以结合实地游览，进一步增加认识。

第一节 安徽的名山

一、黄山与九华山

(一)"天下第一山"——黄山

黄山位于安徽省南部的黄山市,古称黟山,传说轩辕黄帝曾在此修炼升仙,因此唐明皇敕改黟山为黄山。黄山群峰竞秀,以天都峰、莲花峰、光明顶三大主峰为中心向四周铺展,面积约 1078 平方公里,景色奇美,有如人间仙境,自古就有"五岳归来不看山,黄山归来不看岳"之说。目前,黄山已列入世界自然和文化的双重遗产,不仅是安徽省的"名片",也是享誉世界的中国"名片"。

1. 黄山风光

黄山自然景色秀丽绝伦,以奇松、怪石、云海、温泉四绝著称于世,后又加上冬雪并称五绝,令海内外游人叹为观止,有"天下第一奇山"之称。其中,黄山松苍翠虬枝,千姿百态,有名松十种,以玉女峰下的迎客松最为著名;黄山怪石以奇取胜,以多著称,著名的有松鼠跳天都、猴子观海、喜鹊登梅、仙人晒靴、金鸡叫天门、苏武牧羊等;瑰丽壮观的黄山云海以美、胜、奇、幻享誉古今,分为东海、南海、西海、北海和天海;黄山温泉含有多种微量元素,可饮可浴,还有治病的功效。黄山一年四季皆可观,冬季雪景亦佳。严冬的黄山银装素裹,雾淞冰挂,宛如珊瑚水晶的神奇世界。

黄山主要有玉屏楼、北海、云谷寺、松谷庵、钓桥庵与温泉六个风景区。有奇峰 72 座,除三大主峰外,著名的还有玉屏峰、始信峰、狮子峰、笔架峰、十八罗汉朝南海等,又有百步云梯、一线天、梦笔生花等奇妙景观。此外,黄山的飞瀑,悬垂如练,飞珠溅玉,构成黄山最有生命力的景观,著名的有人字瀑、百丈泉和九龙瀑,并称黄山三大名瀑,更有泉、溪、池、潭为黄山增添灵秀。

黄山属于独特的花岗岩峰林结构,前山岩石多球状风化,山体浑厚壮观;后山岩体多是垂直状风化,山体峻峭,形成了"前山雄伟,后山秀丽"的地貌特征。

黄山还有第四纪冰川遗迹与丰富的动植物资源,其中有不少是国家珍稀物种。在物产上以"黄山毛峰"与"黄山灵芝"驰名中外。

2. 宗教文化

黄山与道教和佛教均有密切关系。道教中有关轩辕黄帝和容成子、浮丘公来黄山炼丹、得道升天的故事,流传千年。黄山之名及众多峰名也与道教有关,如轩辕、浮丘、炼丹、仙人、望仙诸峰。道教在黄山建立较早的道观有浮丘观、九龙观等。宋末道士张尹甫在黄山修炼,创建松谷道场。

佛教早在南朝刘宋间就传入黄山,历代先后修建寺庙近百座。其中祥符寺、慈光寺、翠微寺和掷钵禅院,号称黄山"四大丛林"。黄山历代释徒中有很多能诗善画的名僧,如:唐代岛云,明代海能、弘智,清代大均、大涵、檗庵、雪庄等。

3. 人文艺术

黄山伟大的自然美,使无数文学家和艺术家为之陶醉,留下了千万的艺术作品。就赞美黄山的古典诗词来说,现在可以查到的就有两万多首。像李白、徐霞客、贾岛、石涛、龚自珍、董必武、郭沫若、老舍等都有描写黄山的诗篇。散文中,徐霞客的《游黄山日记》、袁牧的《游黄山记》、叶圣陶的《黄山三天》、丰子恺的《上天都》等均是体现黄山绝美风姿的佳作。此外,黄山的神话传说也很多,如"黄帝炼丹"、"仙人指路"等。在绘画方面有专门描绘黄山奇美的黄山画派,更是黄山文化的一颗璀璨明珠。相应的还有摄影艺术,艺术家用美轮美奂的摄影作品,向世界介绍黄山。另外,寺庙亭台这些建筑艺术也为黄山增色,如慈光阁、玉屏楼、排云亭、云谷寺、松谷庵、翠微寺等。在黄山景区,寺院亭阁、碑碣石刻就有200多处,是黄山宝贵的历史文化遗产。

安徽的黄山集名山之大成,兼"泰山之雄伟、华山之峻峭、峨眉之清凉、匡庐之飞瀑、雁荡之巧石、衡山之烟云……"大自然赋予了黄山永恒的魅力与神奇的风采。明代徐霞客曾赞叹道"登黄山天下无山,观止矣!"

(二)"地藏菩萨道场"——九华山

安徽的九华山,是中国四大佛教名山之一,地藏菩萨道场,有"东南第一山"之誉。它是首批国家重点风景名胜区,位于池州市东南,西北隔长江与天柱山相望,东南越太平湖与黄山竞辉,总面积约120平方公里,群峰争秀,风景优美。

1. 九华山风光

九华山主体由花岗岩构成,以峰为主,有名峰70余座。唐代诗人刘禹锡赞叹道:"奇峰一见惊魂魄"。山间遍布峡谷深涧,飞瀑流泉,气象万千。可谓"江边一幅王维画,石上千年李白诗"(刘禹锡)。九华山这幅山水画卷,处处有景。清代概括有"九华十景",分别是:天台晓日、化城晚钟、东崖晏坐、天柱仙踪、桃岩瀑布、莲峰云海、平岗积雪、舒潭印月、九子泉声、五溪山色。此外,还有龙池飞瀑、闵园竹海、甘露灵秀、摩空梵宫、鱼龙洞府、凤凰古松等名胜。近年又新辟百余处新景点。新老景点交相辉映,自然与人文景观相互融合,加之四季分明的时景和日出、晚霞、云海、雾、雪霰、佛光等天象奇观,令人流连忘返。

2. 九华山文化

九华山原名九子山。唐代大诗人李白游山时,远望九峰如天赐九朵莲花,便咏出《遥望九华峰》一诗,赞叹道:"妙有分二气,灵山开九华"。从此"九华名遂闻于天下"。李白后来还写了首诗:"昔在长江上,遥望九华峰,天河挂绿水,秀出九芙蓉。我欲一挥手,谁人可相从?君为东道主,于此卧云松。"更加打开了九华山的知名度。

朝鲜高僧金乔觉是继李白之后在九华山文化史上最有影响的人物。他的到来为九华山佛教史翻开了最重要的一页。唐开元末,金乔觉渡海来九华修行。传说他是地藏菩萨的化身,普度众生,功德无量,从此"远近焚香者,日以千计"。地藏信仰是九华山成为佛教圣地的文化缘由,也推动着九华山佛教向巅峰攀登。经过 1600 多年发展,九华山现在已享誉海内外,成为国际性佛教道场和世界佛教文化交流的中心之一。

九华山佛教文化的载体数量大、精品多。所谓"九华一千寺,撒在云雾中",虽是一种文学的夸张,却也反映出这里寺庙僧侣的众多。九华山现有寺院近百座,其中不少为国家级、省级重点寺院。寺院建筑风格有宫殿式、民居式和两者综合式三种。每座寺院都是一座艺术宫殿,有很强的观赏价值。寺院内还有很多集雕塑、绘画等造型艺术于一体的佛像及其他佛教文化载体,每一件都是珍贵的历史文物和精美的艺术珍品。九华山真身菩萨是这里独具特色的文化现象。此外,九华山庙会集宗教、民俗和旅游文化为一体,也是九华山旅游的一大亮点。

风景优美,群峰掩映的九华山融秀丽的风光和丰厚的文化于一体,屹立在安徽,闻名于世界。

二、齐云山、天柱山与琅琊山

(一)"江南小武当"——齐云山

齐云山位于安徽休宁县城以西,古称白岳,与黄山南北相望,风景绮丽,素有"黄山白岳甲江南"之誉,因最高峰廊崖"一石插天,与云并齐"而得名,乾隆帝称之为"天下无双胜景,江南第一名山"。齐云山风景区由齐云、白岳、岐山、万寿等 9 座山峰组成,面积约 110 平方公里,是我国四大道教名山之一,又是一处以道教文化和丹霞地貌为特色的国家级重点风景名胜区,与黄山、九华山并称为中国皖南三大名山。

1. 生态地理文化

齐云山丹霞地貌属峰丛式丹霞地貌,集奇、险、秀、美于一身。主要地质构造是距今约6500万年前形成的紫红色砾岩、砂岩及玄武岩。山中至今还分布有中生代白垩纪齐云山组地层剖面遗迹、诸多恐龙化石、喜马拉雅造山运动遗迹以及多种珍稀动植物等。

2. 自然风光与道教人文景观

齐云山奇峰峥嵘,怪石嶙峋,丹崖危立,千姿百态,以山奇、水秀、石怪、洞幽著称。自然风光又与人文景观有机结合,各种祠观禅房、碑铭石刻遍布山间,主要由月华街、云岩湖、楼上楼三大景区构成。

月华街景区,是山中道教最集中的地方。首推是太素宫,原名佑圣真武祠,是齐云山的主道观,始建于南宋。月华街是太素宫周围的街道,现有不少古道房及徽派民居。景区内以天宫府最抢眼,山中道场多在此举行,届时香客云集,钟鼓齐鸣,热闹非凡。再就是真仙洞府,有罗汉洞、老君洞等。洞凿于悬崖底部,崖顶总有泉珠散落,人称"珍珠帘"。洞府内均供奉神像,洞旁古代碑碣、石刻依次排列,形成碑道长廊。洞前为碧莲池,隔池可见对面香炉峰。每当云雾缥缈之时,香炉峰或隐或现,真是:"山作香炉云作烟,嵯峨玉观隐千年。"月华街长生楼下,有"小壶天"石窟,相传是道士飞升成仙之地。长生楼西的玉虚宫,宫内供奉的每尊神像都有道教的神仙传说。

楼上楼景区,楼上楼为当年道士避世修炼的上下两个石洞。景区内有观音崖、飞天蜈蚣、万寿山、石佛塔、白云崖等景观。尤其是"仙人挂画",一块崖壁形成的巨幅天然石画,让人叹为观止。

云崖湖景区,在齐云山东侧,湖体狭长,水光潋滟。湖中可观奇特的灯笼峰,湖边唐宋摩崖碑刻林立,丈书"亘古奇观"堪称齐云一绝。

此外,"洞天福地"也十分著名,内有齐云山最早道士栖霞真人修行的栖真岩,还有慈禧太后手书的巨大"寿"字,以及大量石刻和碑铭,称为"白岳碑林"。

3. 历史文化

唐乾元年间道士龚栖霞即栖霞真人云游至此,隐居山中。这是齐云山道教文化的开端。南宋宝庆年间,道士余道元入山修炼,于齐云岩创建佑圣真武祠,此后云游道士纷纷而来,道教规模日显,至明代达到鼎盛。当时山中有大小道教建筑百余处,均仿武当山建制,规模宏大,气势磅礴。现存宫观殿宇及亭台楼阁为近年重修,是安徽道教主要活动场所。

宋徽宗年间,方腊起义军曾在齐云山上屯兵,抗击官兵的围剿。

文学方面,李白、朱熹、唐伯虎、徐霞客、郁达夫等文人墨客都曾登临此山,留下了大量的文学作品。

(二)"中天一柱"——天柱山

天柱山位于安庆潜山县境内,其主峰海拔1488米,高耸挺立,如巨柱擎天,称为天柱峰,山也就此得名。天柱山过去还有潜山、皖山、万岁山之称。公元前106年,汉武帝刘彻登临封天柱山为"南岳"。因为皇帝祭岳,故又称为万岁山。隋唐以后,南岳才是衡山。天柱山还被列为国内五大镇山之"中镇",有着"江淮第一山"之称,是国家首批重点风景名胜区。

1. 天柱山风光

天柱山属花岗岩峰丛地貌,地质遗迹丰富,是全球瞩目的大别山超高压变质带的重要地段。天柱山有42座山峰,山上遍布苍松、怪石、奇洞、飞瀑、深潭。《天柱山志》称其"峰无不奇,石无不怪,洞无不杳,泉无不吼"。

其中天柱峰如擎天巨柱,雄伟壮丽,气势非凡。在天柱峰前正面崖壁上,"孤立擎霄,中天一柱"八个镌刻大字横书其上,"顶天立地"四个大字直书其下,气魄宏伟,令人惊叹。天柱峰左、右侧有飞来、三台两峰相峙,更显得气势磅礴。

天柱山飞来峰下的神秘谷谷底由众多形态各异的洞穴组成,被称为"天柱一绝"。

三祖寺也是天柱山著名的景点。三祖寺西,有大石累累的山谷,谷前碧波荡漾,谷中流水潺潺,林木葱茏,称之为"山谷流泉"。山谷有一石洞,石洞前有一巨石状如卧牛,称"石牛古洞"。相传北宋诗人黄庭坚曾坐此石上读书,他号"山谷道人"便由此而来。谷中的一块巨石上就刻有安徽北宋大画家李公麟所绘的黄庭坚坐于石牛上的画像及黄庭坚诗。"山谷流泉"内还有近400方摩崖石刻,称为"诗崖"胜迹,以其数量之多、品位之高、年代之久而位中国石刻文化前列。

2. 天柱山文化

天柱山风景奇秀,历史上李白、苏东坡、王安石等多位文化名人都曾登临此山,留下了不朽的诗句。唐代大诗人李白在《江上望皖公山》诗中云:"奇峰出奇云,秀木含秀气。"白居易也写道:"天柱一峰擎日月,洞门千仞锁云雷。"

天柱山的宗教文化与佛教、道教都有关联。如道家把全中国的奇山归纳为36洞天、72福地。天柱山就是第14洞天、57福地。东汉方士左慈就曾在此传教。佛教禅宗也与天柱山颇有渊源。三祖寺是佛教禅宗的发祥地之一,属禅宗五大祖庭之一,又名乾元禅寺、山谷寺。相传禅宗三祖僧璨禅师得二祖慧可传法后,承达摩衣钵云游至此,隐居十五年,扩建寺院,讲经传法,名扬长江两岸。寺区内有三高亭、立化塔、觉寂塔、卓锡泉等。其中觉寂塔始建于唐代,高达十丈,造型宏伟。佛道鼎盛的唐宋时期,山中寺观不下百座,曾有"三千道士八百僧"之说。

（三）"六名胜地"——琅琊山

琅琊山是皖东第一名胜,位于安徽滁州,古称摩陀岭,后因东晋开国皇帝琅琊王司马睿避难于此,因此就改名为"琅琊山"。琅琊山风景区面积约115平方公里,山峰众多,层峦叠嶂,蔚然深秀,因欧阳修《醉翁亭记》而名扬天下,为国家重点风景名胜区、国家重点文物保护单位。

1. 琅琊山风光

琅琊山风景区包括琅琊山、城西湖、姑山湖等主景区。主要山峰有琅琊山、摩陀岭等。以茂林、幽洞、碧湖、流泉、名亭、古寺为主要景观。风景区内树木茂盛,丘壑谷深,溪流潺潺,像琅琊溪、玻璃沼、曲水流觞,淙淙流淌;让泉、濯缨泉、紫薇泉等山泉散布山间;还有归云洞、雪鸿洞、重熙洞、桃源等充满神奇。自然景观清幽淡雅,动植物资源也很丰富,像特有的琅琊榆、醉翁榆为国内珍稀树种。这里还分布着我国石灰岩地区保存最完整的天然次生林,享有"蓬莱之后无别山"的美誉。

琅琊山的人文景观非常丰富:有卜家墩古遗址留下的大量古迹和文物,有"三古"（古驿道、古关隘、古战场）景观,有近百处碑刻与摩崖石刻,有著名的琅琊寺,还有为纪念欧阳修和王禹偁而建的二贤堂以及宝宋斋、欧公祠与冯公祠等。

2. 琅琊山文化

琅琊山景色淡雅俊秀,文化久远。唐宋以来像韦应物、欧阳修、王禹偁、王安石、梅尧臣、文徵明、曾巩等众多文豪达官来此开发山川、赋诗题咏,留下卓越的文化遗产,有"名山、名寺、名亭、名泉、名文、名士"六名胜地之称。

其中名山就是此山。名寺为琅琊寺,始建于唐代,是著名的佛教圣地。寺内有唐代以来石刻117方。其中画圣吴道子的观音石刻像和《金刚经》碑为稀世至宝,还有缅甸捐赠千尊玉佛为全国之最。寺庙终年香火缭绕,是全国重点文物保护单位。

除了佛教文化外,琅琊山南天门上为纪念碧霞元君修建的古碧霞宫是著名的道教场所。这里的"琅琊山初九庙会"已经流传了千百年,反映出琅琊悠久的宗教文化。

名泉就是《醉翁亭记》中所说的让泉:"山行六七里,渐闻水声潺潺,而泻出于两峰之间者,让泉也"。让泉位于琅琊山中醉翁亭近旁,从不干涸,"甘如醍醐,莹如玻璃",又被称为"玻璃泉"。

名亭便是醉翁亭。它因欧阳修的《醉翁亭记》而闻名遐迩,被誉为"天下第一亭"。山中的古亭也非常多,如影香亭、意在亭、古梅亭、丰乐亭等。

名文是指享誉天下的《醉翁亭记》。名士即是像欧阳修这样的文化名人。他们为琅琊山写的文章、书法,是琅琊文化的一大特色。除了山间的碑刻石刻外,琅琊墨苑可是品读文章、欣赏书法的绝佳去处。该景点为苏州园林式建筑,里面收集了与琅琊山、醉翁亭有关的珍贵诗文、名人墨宝两百多篇。另外,欧阳修纪念馆中镶刻的苏轼、苏唐卿、祝枝山、赵孟頫、文徵明、董其昌等书法名家书写的《醉翁亭记》,也十分珍贵。

三、天堂寨与牯牛降

（一）"人间仙境"——天堂寨

天堂寨位于安徽省金寨县境内,接连湖北省,总面积 120 平方公里。主峰天堂顶海拔 1729 米,是大别山的第二大主峰,有"吴楚东南第一关"之称。天堂寨古名"衡山""多云山""天塘山",元后改称"天堂寨"。因其山水云松巧夺天工,四季景象变幻无穷,宛若"天堂",故而得名,现为国家级森林公园与旅游风景区。

1. 天堂寨的生态价值

天堂寨属北亚热带温暖湿润季风气候,雨量充沛,气候宜人,有 95% 的森林覆盖率和丰富的水源,空气清新,是天然氧吧。又为华东、华中、华北三大植物区系的交汇点,也是华东地区最后一片原始森林,有大量的珍稀动植物,是中国七大基因库之一,又是由花岗石及花岗片麻岩,风化成群山环抱、山峰林立的地貌特征。

2. 自然风光

飞瀑龙潭是天堂寨的主景观。"踏遍黄峨岱与庐,唯有天堂水最佳"。天堂寨共有大小瀑布百余条,形成独特壮观的瀑布群。水帘飞流直下,溅玉飞珠,以九影瀑、泻玉瀑、四迭瀑、水晶瀑较为著名。山中溪水潺潺,最美的是龙井河溪,溪水两岸峰峦起伏,山花遍布,景色迷人。鲵鱼潭也吸引着众多游人。在最高峰天堂顶上还有一方天塘,被称作"瑶池"。天堂寨水质清纯甘甜,为地表一级饮用水。天堂寨也被称作圣水的世界。

奇松怪石与山峰更是各具形态,有硕大的松球、珍贵的金钱松,还有蓬莱方舟、龙剑峰、雷劈石、龟松同寿等景观均生动传神,令人目不暇接。

3. 历史文化

天堂寨地势险要,横亘皖鄂,历来为兵家必争之地。公元前 570 年,楚子重伐吴,曾来到这里。南宋末,文天祥和程伦为抗元初建天堂寨。元末湖北徐寿辉等在此组织"红巾军"反元,重建天堂寨。山上留下了多处当年屯兵的遗址。至于明清两代,天堂寨更是农民军与官兵的战略要地。民主革命与解放战争时期,中国共产党领导的军队也多次在天堂寨作战。

在文学方面,赞颂天堂寨的文赋诗词,可以车载斗量。像屈原、王维、杜牧、王安石、张耒等名人都曾到此游览,留下了优秀的诗文。

今天,天堂寨已成为融山水风光、历史人文、古寨风情为一体的旅游胜地,被称作"安徽省五个最美的地方"之一。

(二)"绿色的自然博物院"——牯牛降

牯牛降坐落在安徽石台、祁门两县交界处,古称"西黄山",风光秀美,景色绮丽,是黄山山脉向西延伸的主体,境内有大小山峰近百座,因最高峰"牯牛大岗",酷似一头牯牛而得名,是国家级风景区和自然保护区。

1. 牯牛降的生态价值

牯牛降保存有大面积的原始森林和珍稀动植物资源。森林覆盖率达到了97%以上,被誉为"绿色的自然博物院"、"华东物种基因库"等。特产为祁门红茶、黄山毛峰等。

2. 自然风光与人文景观

牯牛降自然景观最大的特点是其原始古朴。那大片的原始森林,山间的嶙峋怪石、遮天古树、云海松涛、瀑布飞泉,构成了令人神往的世外桃源。尤为神奇的是秋高气爽之时,峰顶常有巨大的圆弧状七色光环浮现,人称"佛光",堪称牯牛降一绝。

著名的景点有仙女潭、黄龙潭、牯牛湖、潜龙谷、仙人聚会等数十处,还有丰富的人文景观,如善庆禅院遗址、法云大禅师墓、新四军遗址等。

3. 牯牛降文化

围绕牯牛降的神话传说很多,其中"青牛踏鸟"的传说流传较广。相传古代这里生活着一只凶残的怪鸟。有一天,老子骑着青牛到此,怪鸟从空中向他们扑来,青牛舍身护主,腾空而起,将怪鸟顶翻在地,踏在蹄下,后来青牛化作了巨石,永远镇守在这里。于是人们便把这座山起名叫做"牯牛降"。

牯牛降山脚下的历溪古村是目连戏的主要发源地。目连戏至今已有400多年的历史,堪称我国戏曲史上的活化石。

四、采石矶、敬亭山、小孤山、浮山及其他名山

(一)"千古一秀"——采石矶

采石矶位于马鞍山市西南的翠螺山麓,古称牛渚矶。它和岳阳城陵矶、南京

燕子矶,合称"长江三矶",又以山势险峻、风光绮丽、古迹众多而列三矶之首,素有"千古一秀"之誉,是国家级重点风景名胜区。

1. 采石矶风光

风景秀丽的翠螺山,西北临江,三面为牛渚河环抱,犹如一只硕大的碧螺浮在水面。山间林木葱绿,南麓亭阁隐隐,太白楼等文物古迹均分布在这一带;西麓突兀江中,绝壁临空的悬崖就是著名的采石矶。

2. 历史文化与人文景观

采石矶扼守长江天险,地势险要,自古为兵家必争之地。历代发生在这里的著名战争二十余次。采石矶又为江南名胜,吸引着众多文人雅士,像白居易、王安石、苏东坡、陆游、文天祥等都曾来此题诗咏唱,特别是唐代大诗人李白,多次来这里游览,留下了许多著名的诗篇。太白楼就是为纪念他而建造,原名谪仙楼,初建于唐元和年间,距今已有千余年历史。

太白楼西侧是广济寺。广济寺始建于东汉,历史久远,为江南名刹。绿树掩映之中的"观音阁"是广济寺现存的建筑,内供观音菩萨像。阁前左侧有一口"赤乌井",是采石矶最古老的历史文物。

广济寺西首有蛾眉亭,亭建于北宋,已有千年的历史。亭内有数方珍贵的古碑。亭左前方有一块平坦巨石称为联璧台,嵌在绝壁之上,伸向江中,险峻异常。相传诗人李白是在这里跳江捉月,骑鲸上天的,故又称捉月台。

联璧台下又有燃犀亭,四方小亭简朴典雅。传说东晋将领温峤在此燃犀角照金牛水怪。亭下滔滔江水一泻而下,浪击峭壁,气势壮观。亭西石阶下有块悬空横出的巨石,上有一只约50厘米长的大脚印,传说是明将常遇春三打采石矶时留下的。

翠螺山半山腰还有李白衣冠冢,墓用青石垒砌。四周松柏簇拥,环境幽静。

此外,采石景区还有驰誉江南的三元洞、三台阁、当代草圣林散之艺术馆、徽派建筑圆梦园、沿江古栈道等众多景点。

(二)"江南诗山"——敬亭山

敬亭山位于安徽宣城市北郊的水阳江畔,原名昭亭山,晋初为避晋文帝司马昭讳,而改称敬亭山,属黄山支脉。东西绵亘百余里,大小山峰几十座,为国家森林公园、省级风景名胜区,有"江南诗山"之誉。

1. 诗歌文化

敬亭山的诗歌文化源于南齐诗人谢朓,他在宣州做官时写了不少有关敬亭山的诗歌。到了唐代,大诗人李白慕名而来,先后七次登临,留下"相看两不厌,唯有敬亭山"的盛赞,于是敬亭山声名鹊起,直追五岳。像白居易、王维、孟浩然、苏东坡、欧阳修、汤显祖、文徵明、姚鼐等众多诗人名家,都相继到此,以生花之笔,为敬亭山吟诗作赋,绘画山景。至今约有三百多位诗人到此,留下的诗词文章数以千计,敬亭山也被称为"江南诗山",饮誉海内外。

2. 自然风光与人文景观

敬亭山主要由双塔、独坐楼、一峰、宛陵湖和白马湖五大景区构成。山间云雾缭绕、绿树如茵、溪水潺潺、景色秀丽。更有众多亭台楼阁相映生辉,如一峰庵、拥翠亭、昭亭、太白独坐楼、梦珠泉、穿云亭、裴公井等。

敬亭山南麓的弘愿寺,前身为广教寺,由唐代高僧黄檗禅师创建,历代高僧辈出,现唯存宋代"双塔",为国家级文物保护单位。

(三)"长江绝岛"——小孤山

小孤山又名小姑山,位于安庆宿松县东南的长江之中,与彭泽、庐山隔江相望,险峻非常,被誉为"长江绝岛"、"海门天柱"与"江上第一奇景"等,是省级风景名胜区。小孤山之名区别于鄱阳湖中的大孤山,因小姑的传说及其孤立江中而得名。山形似古代妇女的发髻,旧也称髻山。

1. 自然风光与人文景观

小孤山秀峰独立江中,高达百余米。山体秀美奇特,山上树木郁郁葱葱,山下江水滔滔滚滚。有诗曰:东看一支笔,西望太师椅,南观如撞钟,北观啸天龙。整个山形如髻似笔。舟行江中时,随船身移动,可感山貌渐变。

上得山后,山中石阶迂回曲折,拾阶而上,沿途可观赏到一天门、弥陀阁、先月楼、圣母殿、半边塔、梳妆亭诸景。山上还有一滴泉、海眼、拦江石、龙角石、古生物化石等景观。历代帝王将相、文人墨客登山的诗词楹联数百篇均刻于山中。小孤山石刻被定为省级重点文物保护单位。山上启秀寺,是佛教名山之一,为唐高僧马道一创立。北宋改名惠济庙,祀海神妈祖,民称"小姑庙"。

2. 民间传说与历史文化

小孤山原是长江中一座石屿,形成于第四纪冰川时期。相传大禹治水,至此刻石记功,秦始皇东巡,亦勒中流砥柱于石上。

传说中最著名的还是关于小姑的传说。小姑是一位纯情美丽的少女,她与彭郎相爱,但却难成眷属,于是投江殉情,死后化作了此山。彭郎也化作"彭浪(郎)矶",守候在她身边。

小孤山南岸与彭浪矶相对峙,海潮至此而不得上,因此有"海门第一关"之称。战略位置十分重要,为"安庆门户"。南宋后在此设过烽火台和炮台,元代红巾军与余阙、明代朱元璋与陈友谅、清代彭玉麟与太平军等,均在此地有过交锋。

小孤山以其秀美神奇立于安徽群山之中。宋代大诗人陆游赞曰:"姿态万变,信造化之尤物也。"

（四）"海上蓬莱"——浮山

浮山位于安庆枞阳县与巢湖庐江县的交界处,南望九华,北靠长江,山水浑然一体,"山浮水面水浮山",犹如一叶轻舟漂于水面,有"海上蓬莱"的美誉。古名浮渡山,主要景区76平方公里,为安徽历史名山,省级风景名胜区,国家森林、地质公园,以独特的火山地质地貌、摩崖石刻、河湖风光和宗教文化而著称于世。

1. 生态文化

浮山是一座沉睡上亿年的古火山。曾经的火山喷发,构成现在浮山的独特地形。其地质构造全国罕见,堪称一座"天然火山地质公园",中国地质学中的"浮山旋回"就是以它来命名的。

2. 自然风光与人文景观

奇峰、怪石、巉岩、幽洞是浮山四大奇观。景区内峭壁叠嶂、怪石嶙峋,石洞幽谷、洞流湖荡遍布,显示出大自然的鬼斧神工。张公岩天池、会圣仙桥等景观更是让人赞叹,被称作中国的"维苏威"。

浮山还拥有丰富的人文景观。历代名家如范仲淹、王安石、欧阳修、苏轼、方苞、刘大櫆、姚鼐等,来此吟诗唱游,留下了大量的文学作品,现存483块石刻。这里还有江南最大的岩洞摩崖石刻长廊和宋代莲花座及石雕佛像群。

3. 宗教文化

浮山在晋代就建有寺庙,名为"浮山寺"。宋天禧年间,名僧远禄来此住持,宋仁宗赐号"园鉴大师",又赐寺名"大华严寺",浮山于是进入佛教鼎盛时期。之后,浮山佛教香火一直绵延不断,高僧辈出,成为驰名中外的佛教名山。同时,浮山还是我国道教三十六洞天之一,在此修道之人,有左慈、张同之、雷鲤等。

此外安徽的名山还有李白诗"天门中断楚江开"中的皖江天门山,有"风声鹤唳,草木皆兵"典故出处的淮南八公山,有被称为"江北小九华"的庐江冶父山,巢湖文化名山褒禅山、银屏山,还有被誉为"云中美人雾里山"的泾县云岭,以及霍山小南岳、安庆白崖寨以及合肥的浮槎山、紫蓬山、大蜀山等。

第二节　安徽的秀水与奇洞

一、巢湖与太平湖

(一)"安徽的翡翠"——巢湖

巢湖是中国五大淡水湖之一,位于安徽省合肥市,是安徽境内最大的湖泊。面积约 820 平方公里,号称八百里巢湖,宛如"一面宝镜"镶嵌在江淮大地。湖水经裕溪河入长江,有蓄水、灌溉之利,也是国家级重点风景名胜区。巢湖物产资源丰富,巢湖银鱼享有盛名。

1. 巢湖风光

千里江淮,巢湖最美。巢湖之美,在于她的湖光山色,在于她深厚的文化以及众多的风景名胜。湖中有姑山、姥山两大岛屿,被誉为"两颗宝石";中庙傍湖凌空而建,号称"湖天第一胜景";湖四周有半汤、香泉、汤池三大温泉;有太湖山、鸡笼山、冶父山、天井山四个国家森林公园;还有仙人、紫薇、王乔、华阳、伯山五大溶洞,各具特色;更有"天下第一奇花"银屏牡丹。天然组合的美景,点缀着巢湖沿岸,共同组成了一幅绝妙的立体山水画。难怪清人孙芝芳赞叹:"登高四望皆奇绝,天与人间作画图"。

湖边名胜中庙是三国时东吴所建,楼台巍峨,颇有气势。庙内供奉的是碧霞元君。现存殿阁为晚清建筑,有七十余间,纯木质结构,精巧别致,是中国临水建筑中的杰作。

与中庙遥遥相望的是茫茫湖面上的一座岛屿,远望如一只巨大的海龟,近观好似一位老妇人在托腮凝望,这就是充满神话色彩的姥山。姥山是巢湖中最大最美的湖心岛。岛上有一塔、三亭、六山、九峰,景色优美,四季宜人。这一塔就是安徽著名的明清古塔文峰塔,塔上有李鸿章题"文光射斗"四个大字。

八百里巢湖,烟波浩渺、水天相连、渔帆点点、白鹭长飞,湖光山色美不胜收。巢湖晨美,月夜更加迷人。若逢清秋三五之夜,一轮明月倒映在微微波漪的湖中,犹如一块白玉浸在水中。月光、灯光、湖光交相辉映,月影、塔影、山影融成一片。

2. 民间传说与文学艺术

关于巢湖有一个美丽动人的传说。相传很久以前,巢湖还是块陆地,叫做巢州城。一天夜里,城里一个常做善事的老妇焦姥梦见龙王对她说:"如果哪天城东的石鱼目赤,城将陷为大湖。"果然不久的一天,焦姥见东门石鱼目赤,于是她和她的女儿玉姑急忙奔走呼号,让百姓避难。忽然一声巨响,大雨如注,洪水横流,巢州下陷为湖。焦姥母女来不及躲避,被湖水淹没。后来母女二人化作了湖中的两座山。后人为纪念她们,就将这两座山取名为姥山和姑山,还有一座小岛,人们认为是焦姥的鞋子所化,就名之为鞋山。

除了神话传说外,古往今来,描写巢湖的文学作品也非常多,著名的有唐代诗人罗隐、宋代文学家司马光、清代名臣李鸿章及近代文学大师郭沫若的诗歌。还有些散文也很出色,如清康熙年间,庐州府学正朱弦的《巢湖夜月》等。

(二)"黄山情侣"——太平湖

太平湖是安徽最大的人工湖,位于黄山北麓、九华山东南,恰似一颗晶莹璀璨的绿宝石,镶嵌在青山翠林间,有"黄山情侣"的美誉,还被称作是"地球上最纯净的绿色家园",为国家级著名风景区。它原名陈村水库,修建于 20 世纪 50 年代,总面积约 88 平方公里,后因此地原名太平县,故而更名。这里物产富饶,尤以太平猴魁享誉天下。

1. 太平湖风光

太平湖上游与下游曲折,中游开阔,湖水澄碧幽深,清澈如镜,又像一块未经雕琢的绿色翡翠。湖中分布着众多大小不一的岛屿。它们错落有致,似断似连地飘浮在万顷波澜间,仿佛是一座座海上仙山,又犹如繁星点缀,令人遐想联翩。湖的四周青山环抱,岸上树木繁茂、郁郁葱葱、鸟语花香,间有炊烟袅袅,整个景区水天相接,翠绿掩映,兼有西湖的妩媚、太湖的坦荡、漓江的秀丽、三峡的神奇。难怪曾有人盛赞:"天池无此亲切,太湖无此幽深,三峡无此青翠,漓江无此烟云,富春无此高寒,西子无此胸襟,乾隆无此眼福,江南无此水程。"可以说太平湖将湖光山色之美演绎到了极致。这也使得它与黄山、九华山、天柱山、天堂寨并称为"安徽省五个最美的地方"。

湖中岛屿众多,比较著名的有黄金岛、八卦岛、龙窑寨、太平湾、猴鹿岛等。其中黄金岛景色别致独特,岛中有湖,湖中有岛,有"瀛洲仙境"之称。

龙窑寨地处太平湖中心湖区,是一个融陶瓷文化、原始风貌和自然景观于一体的景点。寨中三面环水,山青林幽,龙窑卧坡,陶具古香。

太平湾位于湖中部弯曲处,也是太平湖上唯一一处具有喀斯特地貌的景区,有燕崖石林、瑶珑洞、月涯湾等景点,具有"湾内有岛,岛中有洞,洞中有河"的奇观。

2. 太平县传说

民间相传,历史上的太平县其实并不太平,全因两个狮头龙身的怪物在此作怪,俗称阴阳二煞。它们为争抢一颗龙珠而日夜争战,谁抢到谁就能化成真龙,因此双方都不肯善罢甘休。后来唐玄宗李隆基听说这件事后,就御笔写下"天下太平"四个大字,制成匾后令一位新科状元带到此地,竖立在双怪经常出没的地方,从此再也不见二怪兴风作浪。当地的老百姓也就过上了太平的生活。后人理解:太为至高至极,平为宁静致远,一阴一阳,正好制服二煞。唐天宝十一年(752)正式设立太平县,直到1983年才改为县级的黄山市。

二、秋浦河与青弋江

（一）"诗歌之河"——秋浦河

秋浦河亦名云溪河,发源于李吴山(今归安徽省石台县珂田乡),至贵池杏花村入长江,全长约180公里,从南向北跨祁门、石台、贵池三县,是安徽境内一条著名的河流。

1. 秋浦河风光

秋浦河沿岸风光旖旎,景色迷人,河水清澈,碧绿见底,河道曲折回环,滩险水急。鱼儿畅游其间,水鸟成群结队在水面嬉戏。乘竹筏漂流,沿途可观赏灯盏渡、板桥分月、元宝山、燕子洞、虎头庙、河马观鱼、狮子潭、李白钓台等多处景点,更有新石器文化遗址、古石城遗址、昭明钓台、仰天堂等名胜古迹,为省级风景名胜区"秋浦仙境"的主要组成部分。

2. 秋浦河传说

秋浦河中有一处河段,转了一个两千米长的龙形大湾,人称"大龙湾"。一年四季,这里的河水深不见底,百字崖静静地矗立在河边,向人们诉说着藏宝的故事,给秋浦河增添了一分神奇。

民间传说大龙湾藏着一笔巨额宝藏,要想得到此宝,唯一方法是一口气读完百字崖上刻的那100个字,这样河水马上就会干涸,露出金钥匙,拿着金钥匙就可以打开仙石岩的石门,获得宝藏。很多人都去尝试,但没有一个人能成功。一天,山下来了一位高僧,架着梯子爬上仙石岩,深吸一口气念了99个字,河水顿时干了一半,露出一只巨大的乌龟来。他歇了一口气没念完最后一个字,结果河水又涨回到原样,失去了得宝的良机。

百字崖石刻表面如今已被苔藓沾满。以前人们还能依稀看到百字崖仙石岩上刻有这样的字:……大龙湾,小龙湾,金钮处在正中间……何人得此宝,十万零八千……其余内容再也无法弄清，成了千古之谜。

3. 李白与秋浦河

唐代大诗人李白对秋浦文化做出了卓越的贡献。他曾"五到秋浦"，留下了数十首瑰丽的诗篇和许多动人的传说。其中十七首《秋浦歌》已成为秋浦仙境之魂。此后名人诗客纷纷踏踪而来，留下了不计其数的诗文佳作，因而美丽神奇的秋浦河又被誉为"流淌着诗的河"。

4. 昭明太子与秋浦河

昭明太子萧统是梁武帝萧衍的长子，也是南朝梁时著名的文学家。昭明钓台在今殷汇镇杨桥村郎山崖下，秋浦河与大王河交汇处的秋浦玉镜潭边。据说昭明太子在池州期间，常去秋浦玉镜潭旁的牯牛石上垂钓，后人就称这块奇异的牯牛石为"昭明钓台"。

由于昭明太子喜爱秋浦风光，爱吃秋浦鳜鱼，称赞"水好鱼美"，封誉"贵池"。后人于是改"秋浦县"为"贵池县"，沿用至 1988 年。

昭明太子勤政爱民，深受百姓爱戴。人们就在昭明生活过的贵池秀山建造了昭明太子的衣冠冢、太子庙，世世代代都供奉着昭明的牌位（称作"案菩萨"）。直至今天，当地老百姓仍然自发地为纪念昭明太子而进行"游案"的祭祀活动。活动演出的是誉为"中国戏剧活化石"的傩戏。

(二)"棹歌泾溪"——青弋江

青弋江，古称泾溪、泾水，又名清水，唐代始称青弋江。它的上游舒溪源自黟县，东北流到泾县，汇徽水后称青弋江，在芜湖市入长江，全长 275 公里。

1. 青弋江风光

碧水荡漾的青弋江，沿岸风光如画。上游江水蜿蜒曲折地奔流在崇山峻岭之中，两岸千嶂壁立，翠岫凌空，奇秀多姿；下游自泾县至芜湖，水流平缓，清澈如镜，两岸良田千里，阡陌如绣，景色迷人。

青弋江自古以来就是"舟楫世界"，是皖南人往返南京、芜湖等地的交通要道。李白曾精彩地写道："渔子与舟人，撑折万张篙。"在江中还可观赏到被誉为"活化石"的珍贵动物扬子鳄。

2. 李白与青弋江

青弋江秀丽的风光，曾倾倒过无数诗人，其中最著名的还是李白。李白曾数次游览青弋江，留下了 20 多首动人诗篇。李白认为它比浙江著名的风景胜地若耶溪还要美。他在《泾川送族弟錞》一诗中说："泾川三百里，若耶羞见之"。

青弋江上游有一处著名的景点——桃花潭，又名玉镜潭。水深数丈，清澈见底。潭西石壁嶙峋，四周古木苍翠，东岸白沙堆积，芦苇如帐，雀鸟喧鸣，环境十分幽美。相传,唐天宝年间,泾县名士汪伦听说李白来皖,于是写信相邀。信中说:"先生好游乎? 此地有十里桃花;先生好饮乎? 此地有万家酒店。"李白一看,欣然前往。汪伦热情款待后,告诉李白:"这'十里桃花',是指此地十里外有桃花潭;'万家酒店'指潭西酒店的店主姓万。"李白闻言大笑,两人后来结为知己好友。在汪伦的陪伴下,诗人泛舟潭上,赏景观鱼,诗兴勃发,留下"观鱼碧潭上,木落潭水清"的名句。离别时,汪伦与村民一起踏歌将李白送至渡口,李白吟出了脍炙人口的《赠汪伦》一诗:李白乘舟将欲行,忽闻岸上踏歌声。桃花潭水深千尺,不及汪伦送我情。

从此,桃花潭驰名于世。后人在潭边建桃花潭阁与踏歌台,古朴端庄,至今犹存。

三、花亭湖、万佛湖与其他皖中秀水

(一)"太湖秀水"——花亭湖

花亭湖位于安徽省太湖县境内,地处大别山南麓、长江北岸。花亭湖又名花凉亭水库,是安徽省第二大水库,始建于 1958 年,面积 62 平方公里。自然景观和人文景观相得益彰,是国家级重点风景名胜区。

1. 花亭湖风光

花亭湖水阔湖清。水库大坝高 100 米,顶长 500 米,是中国最大的土石结构的水库大坝。水质清纯优良,达到国家二级饮用水的标准。湖区岛屿星罗棋布,港汊纵横幽深,湖面碧波荡漾,处处皆景。琥珀岛、月亮湾、橘子洲、桃花岛、九龙涧、西天湾、天柱塔等景观宛如一颗颗明珠洒落在青山绿水之间,让人流连忘返。

这里山清水秀、四季怡人。湖的四周层峦叠翠,佛图山、龙山、凤凰山、香茗山、天云山等山峰挺拔俊俏,风光迤逦。其中佛教圣地狮子山巍峨起伏,既有"狮子山"之名,又有"卧佛山"之誉。赵朴初先生曾挥笔写下"千重山色,万顷波光"的赞美诗句。

2. 花亭湖景区宗教文化

花亭湖与佛教极有渊源。东晋时,天竺高僧佛图澄不远万里来到这里的佛图山首建佛图寺,山也由此得名。南北朝时,禅宗二祖慧可大师在嵩山少林寺继承达摩衣钵后,因周武帝宇文邕灭佛事件,于公元 561 年避难来到狮子山,建二祖道场,弘扬佛法。由此逐渐演绎出中国的禅宗和禅宗文化,所以安徽的太湖县也被认为是中国禅宗的发祥地。

(二)"安徽的北戴河"——万佛湖

万佛湖位于安徽省舒城县境内,原名龙河口水库,建于 20 世纪 60 年代,面

积 50 平方公里,是皖西五大水库之一。因其源头来自风景秀丽的万佛山,故命名为万佛湖。万佛湖风景区是国家级旅游风景区、国家地质公园,被誉为"安徽的北戴河,合肥的后花园"。

1. 万佛湖风光

万佛湖风光旖旎,景色迷人,水面开阔,一碧万顷。湖中有 60 多个岛屿。当地人认为湖畔石壁之上有一奇石神似观音,湖中的众多小岛如佛子,宛若"诸佛拜观音"。这些岛屿各显姿态,有的如绿龟浮背,有的如鳌鱼出头,有的似紫燕剪水,有的似牛卧浅滩。已命名的有燕子岛、桃花岛、芙蓉岛、情人岛和徽萃山林等多处。

万佛湖生态环境良好,湖水清澈如镜,水质达到国家二级饮用水标准。湖汊港湾纵横曲折,林木水草茂盛丰盈,是各种禽鸟栖息之地,有野鸭渚、雉鸡坞、白鹭洲等自然景观,可谓"微波淡淡起,白鸟悠悠下",意境如诗如画。

2. 沿湖自然与人文景观

万佛湖环湖皆山,群峰耸立,绵延百里。沿湖有几十处自然景观和人文景观,如万佛石林、摩崖石刻、幽谷新月、龙柏山道、左慈钓台和观音洞等交相辉映。湖北岸的大梅山,相传汉代南昌尉梅福辞官后,隐居此处,于山间石洞修成正果,得道成仙。离湖不远还有文家墩和龙王树等新石器遗址,这是安徽早期文化遗产,具有珍贵的历史价值。

此外,淮河及安徽境内长江、新安江两岸的风光也十分迷人,还有寿县的安丰塘、颍州新建西湖、皖南的水阳江、清溪河、舒溪河及安庆的白荡湖、合肥的天鹅湖、董铺水库、潜山的梅山水库等多处秀丽的水域。

四、太极洞、龙泉洞、茅仙洞与花山谜窟

(一)"广德埋藏"——太极洞

太极洞位于安徽省广德县石龙山中,古名长乐洞,也称广德埋藏、太极真境。远在两汉时就颇有名气。明代文学家冯梦龙将广德埋藏与雷州换鼓、登州海市、钱塘江潮并称为"天下四绝"。太极洞景色神奇瑰丽,集全国溶洞之精华,是国家级风景名胜区。民间有"黄山归来不看山,太极游完不看洞"之说。

1. 太极洞内景观

太极洞是一座庞大的地下石灰岩溶洞群,是由地壳变化和地下水侵蚀而成,长 5 公里多,由上洞、下洞、水洞、天洞组成,而且洞中有洞,洞洞相通。洞内景观瑰丽险峻,壮观神奇。钟乳奇石,千姿百态:如莲、如笋、如柱、如花、如幔、如钟、如鼓、如人、如兽,令人叹为观止。现已开放 19 个大厅,500 多个景点,其中最著

名的"十大景观"是：太上老君、滴水穿石、槐荫古树、仙舟覆挂、双塔凌霄、金龙盘柱、洞中黄山、万象览胜、太极壁画、壶天极目。其中"双塔凌霄"似上下倒置、基座入云的古塔；"金龙盘柱"似祥云缭绕、长龙缠裹的玉柱；"洞中黄山"似雄伟峻峭、秀丽奇幻的黄山；"万象览胜"为太极洞最大厅"万象宫"的奇景，景物荟萃，气象万千；"太极壁画"为太极洞回廊两侧石壁上的奇景，让人惊叹大自然的鬼斧神工。

太极洞水洞也是一奇。其中高峰出谷，瀑布流泉，有如瑶池仙境。水面开阔长达 2 公里多，可容小舟徜徉其间。洞壁上的奇石，在五色灯光的照耀下，灿若群星，使人有置身银河之感。

2. 太极洞外风光

太极洞外景物优美，古迹众多。有绵延起伏的山峦，野趣横生的竹海，东汉刘秀避难的"卧龙桥"，三国吕蒙发令的"将军台"，北宋范仲淹洗砚的"砚池湖"，南宋岳飞明志的"剑峡石"等。洞口附近还有"实相院""洞宾楼""天游亭""范石亭"等古建筑散落在翠竹碧水之间，与洞内景观交相呼应，让人流连忘返。

(二)"地下龙宫"——龙泉洞

龙泉洞位于宣城东南水东镇的碧山脚下，又称窑头洞，为石灰岩溶洞。它历史悠久，在安徽自然溶洞的名气上仅次于广德的太极洞，是国家级重点旅游景点。

1. 龙泉洞中景观

龙泉洞这座地下宫殿，有上下七层，大厅 20 个，100 个洞穴，天然景观 200 多处。洞内盘旋曲折，壮丽非凡。石钟乳、石笋、石柱、石帽、石瀑遍布，晶莹瑰丽，神采多姿。怪石高台，形象多变，栩栩如生。洞内修建有台阶、云梯和彩色灯光，七彩绚烂，宛若龙宫。洞外山峦起伏，林木苍翠，房廊蜿蜒，楼阁参差，掩映于茂林修竹之中。

2. 历史人文古迹

龙泉洞历史上即为旅游胜地，早在 700 年前的南宋就有览胜者来到这里。至今洞壁存有历代游人题词 28 处，由于年长日久，多数已辨认不清。其中南宋开庆元年徐士鸿的题诗较为有名："层层怪石几千年，曲折幽通趣自然。应有神龙腾云变，一逢春到满人间"。

(三)"皖北第一人文洞府"——茅仙洞

凤台茅仙洞是著名的道教景观，在安徽省凤台县双峰山南麓。传说西汉时茅盈、茅固、茅衷兄弟三人曾于此幽居修道，故而得名。茅仙洞由茅仙古洞及洞门口的清天观两部分构成,被誉为"皖北第一人文洞府",属国家级旅游风景区,省级重点文物保护单位。

1. 茅仙洞中景观

茅仙洞的最大特点就是极深,越往深处越小,到不可行处仍深邃不能见底,堪称自然奇观。洞内有 36 洞天,古朴神奇的雕塑、碑刻、壁画、题额随处可见,再配上声、光、电等高科技动景,人游其中,仿佛走进道教文化与淮河文化的时光隧道,令人惊叹不已。

2. 茅仙洞外风光

清天观就在茅仙洞口建造,始名元同庵,也叫三仙楼,供奉三茅真君。寿县人汪以道书"清天观"三个大字,嵌在山门上方,后数易其名,直到清朝末年才定名为清天观。此道观面水倚山,飞檐翘角,环境清幽,历史悠久。有八卦洪钟一口,重达千斤。在灵雨空山闻得一声钟鸣,更衬托出道观之幽。殿旁建有六角凉亭,洞附近有大禹治水处、寿塘关等名胜古迹。

(四)"世界第九大奇观"——花山谜窟

在黄山市新安江屯溪段下游南岸的花山中,有着规模宏大、来历不明、空间奇特、结构怪异的古代石窟群,这就是被称作千古奇观的花山石窟,也叫花山谜窟,是国家级重点风景名胜区。之所以称"谜窟",是因为它留给人们的谜团,至今还无法解开。

1. 花山谜窟之景

目前,整个花山已探明的大小石窟共 36 处,分布线总长约 5 公里。各石窟相互连通,颇像地下迷宫。这些石窟面积较大,但均不是天然溶洞,而是古人人力开凿的怪异洞窟。石窟岩壁上至今还留有当初的凿痕。石窟群洞内空间开阔,结构怪异:有的起伏跌宕,洞中套洞;有的石柱"顶天立地",神秘莫测;有的潭水荡漾,凉爽清幽。

花山石窟的整体布局和细部加工,都显出规划、施工者异常高超的设计能力和精巧的工艺水平,如观察哨的窥孔,类似储粮储水的仓库,各种路标的设置,洞体的整体支撑等。

目前,石窟群中的 2 号窟和 35 号窟常年向游人开放,其他各窟还在不断地开发过程中。2 号窟因为狭长而被称做地下长廊,其中最大的看点就是石壁上天然形成的秋色图。秋色图中有秋叶、山林及黑色民居等。民居看起来明显带有徽派建筑的风格,还有一条白色的河流穿过,酷似山脚下的新安江。

35 号窟是中国现存最大的古代人工石窟,因洞中四季凉爽而有清凉宫之称。石窟深约 170 米,面积约 1.2 万平方米,内有 26 根石柱呈品字形排列,起支撑作用。窟内有许多石房、石床、石桥、石楼、石塘等点缀其间。洞口有处通海桥,桥下是一潭清澈见底的泉水。顺流而下,就到了洞内最低的地方,其顶上的石壁清晰可见精雕细刻的花纹,俨然是一座神秘的地下宫殿。

与诸多著名石窟相比,花山石窟群洞内空间大、结构怪。洞中既没有壁画,也没有佛像和文字。人们搜寻了各类史料,均不见任何记载。

2. 花山谜窟之谜

花山石窟吸引人处正是在一连串的"谜"上:它们是什么人建造的? 如何建的? 用途何在? 挖出的数以百万方的石块又去了何处……专家们为此做出种种推测和分析,但仍未能找到统一的确定答案。唯一可以推断的是,石窟至少有1700 年的历史,其开凿年代应不晚于晋朝。

对花山谜窟的来历和作用可谓众说纷纭。其中有两种说法获得了较大的支持。一是"屯兵说",认为这里曾作屯兵时的驻地和弹药库之用。因为"屯溪"地名的由来就是指屯兵于溪水之上,而且石窟内还遗留有矛、斧这些古代兵器;另一种是"仓储说",认为石窟是徽商为储盐而建的。古代的徽州地理位置封闭,只有新安江是通往外界的捷径,因而在江边建造用于储备物资的仓库也很有可能。

花山谜窟的地理位置也是一个谜:它位于北纬 29 度 39 分至 29 度 47 分之间,而北纬 30 度线又被称作"神秘线"。因为全球许多神秘莫测的奇观,如埃及的金字塔、百慕大三角等正好处于这条神秘线附近。这是巧合还是有意为之?无形中又为花山谜窟的"身世"增添了更多的玄幻色彩。更令人称奇的是,花山东侧歙县烟村也探明有石窟群的存在,数量同样多达 36 个,且大小形态类似于花山石窟群。

毫无疑问,花山谜窟是目前中国发现的规模最大、品位最高、谜团最多的古石窟遗址,被誉为"北纬 30 度神秘线上的世界第九大奇观",引起人们强烈的猎奇心理。自谜窟被发现以来,到此的中外学者、游客一直是络绎不绝。

安徽较有名的岩洞景点还有池州蓬莱仙洞、秋浦胜境大王洞、凤阳韭山洞、巢湖华阳洞、紫薇洞、王乔洞等。

第三节　历史文化名城与名胜

一、国家级历史文化名城

安徽历史悠久,文化精深。截至 2022 年,安徽省共有 7 个国家级历史文化名城,分别是:安庆、寿县、亳州、歙县、绩溪、桐城和黟县。

(一)安庆

安庆市位于安徽省西南部,长江下游北岸,是长江沿岸著名的港口城市。有"万里长江此封喉,吴楚分疆第一州"之美称。总面积约 1.36 万平方公里,辖 3 区 7 县。安徽省名中的"安"便取自安庆。

安庆历史悠久,人文荟萃,是国家历史文化名城。这里有薛家岗和张四墩等新石器时代文化遗址。东周时期安庆是古皖国所在地,安徽省简称"皖"就由此而来。南宋时始名"安庆"含"平安吉庆"之意,别名"宜城"。

从清乾隆到民国年间,安庆一直是安徽省省会和全省政治、经济、文化中心,也是军事重地,太平天国后期安庆保卫战就发生在这里。它也是中国较早接受近代文明的城市之一。1861 年曾国藩创办的安庆内军械所,制造了中国第一台蒸汽机和第一艘机动船。安徽省的第一座发电厂、第一座自来水厂、第一家电报局、第一部电话、第一个飞机场、第一个现代图书馆、第一所大学、第一家报社……都诞生在这里。安庆还是历史上"大乔小乔"、"不越雷池一步"、"六尺巷"等著名故事的发生地,是统治清代文坛近三百年的"桐城派"的故里,是京剧鼻祖程长庚为代表的徽班成长的摇篮,是黄梅戏形成和发展的地方。安庆还诞生了中国新文化运动先驱陈独秀、佛教领袖赵朴初、道教领袖陈撄宁、两弹元勋邓稼先、通俗小说大师张恨水、著名美学家朱光潜、黄梅戏表演艺术家严凤英、清代书法大家邓石如等杰出人物。安庆素有"文化之邦""戏剧之乡""禅宗圣地"的美誉。古皖文化、禅宗文化、戏剧文化和桐城派文化在这里交相辉映,形成了独具特色的地方文化。

安庆山川秀美,物产丰饶,是中国优秀的旅游城市。这里有一柱擎天、雄奇灵秀的天柱山;有佛教圣地司空山;有"海门天柱"小孤山;有"南国小长城"白崖寨;有"海上蓬莱"浮山,还有大龙山、鹞落坪、妙道山、薛家岗、花亭湖等数十处国家级风景名胜区。安庆还是国家园林城市。市区内历史悠久的菱湖公园与近年建设的莲湖公园、市民公园、大湖风景区已连成一片,堪与杭州西湖媲美。安庆江边的迎江寺振风塔,塔影横江。城内的"世太史第""探花第""太平天国英王府"等古建筑,保持了典型的明清建筑风貌;还有黄梅戏艺术中心、邓石如碑馆、黄梅阁、徽派盆景园、黄镇纪念馆等人文建筑,无不体现出安庆的文化气息。

安庆的特产很多,像岳西翠兰、胡玉美蚕豆酱、怀宁贡糕、桐城丰糕、江毛水饺等都在全国享有知名度,还有望江挑花、潜山舒席、宿松蜡染等传统工艺品也令人爱不释手。

（二）寿县

寿县,隶属安徽省淮南市(2015 年前属六安市),位于淮河中游南岸,依八公山,总面积 2986 平方公里,辖 25 个乡镇。古称寿春、寿阳或寿州,是我国历史文化名城。

寿县历史悠久,古属淮夷部落,春秋属楚。战国末期,楚国为避秦国兵锋,曾迁都于此,楚考烈王与春申君黄歇曾以寿县为都城,对上海、苏州等长江三角洲地区进行了最早的开发。寿县也是中国历史上著名的"淝水之战"的古战场,是西汉淮南国的都城所在地。三国时为魏地,已是十余万人的重镇。自晋以后到唐、宋,寿县继续以繁华著称于世。

寿县文化灿烂,是楚文化的故乡,并以楚文化为底蕴形成了自己独特的乡土文化。春秋时楚国修的安丰塘,与都江堰、郑国渠、漳河渠并称我国古代四大水利工程。这里还是中国豆腐的发源地。淮南王刘安编著的鸿篇巨制《淮南子》,集自然科学、哲学、史学、文学于一体,博大精深。源于寿县的成语像"投鞭断流""风声鹤唳""草木皆兵""一人得道、鸡犬升天"等更是不胜枚举……寿县名人除了前面提及的以外,还有宋代政治家吕夷简、吕公著,清朝一代帝师孙家鼐、民国英杰柏文蔚,以及抗日名将方振武等一大批杰出人士。

寿县古迹宏博,以多、古著称。古建筑有始建于唐贞观年间的报恩寺、宋嘉定时期的古城墙、元代的黉学、明代华东最大的清真寺、典雅肃穆的孙公祠等;名人古墓星罗棋布,这是寿县独特的文化景观。主要有蔡侯墓、楚王墓、淮南王墓、廉颇墓、宓子墓等;古遗址有古郢都遗址、安丰城遗址、柏家台遗址、淝水古战场等;还有春申坊、时公祠、楚王斗鸡台、吕蒙正寒窑、陈玉成囚室、状元府、淮王丹井等,举不胜举。目前全县存有古迹 160 多处,有全国重点文物保护单位 6 处,省级文物保护单位 12 处,县博物馆珍藏国家一级文物 160 多件,二、三级文物 2000 多件,真不愧是一座"地下博物馆"。

其中,寿县古城墙为宋代建筑,现存城墙周长 7000 余米,高约 10 米,有 4 座城门及瓮城等建筑,古老而沧桑,保存得较为完好,非常具有历史价值,为国家级文物保护单位。

抬阁与肘阁是寿县最具特色的民间艺术。

中原抬阁是一种古老的民间文艺活动,是由人们抬着一个用竹木或铁质材料扎成的类似"阁"的架子进行表演。阁中有小演员扮演某一人物,在锣鼓声中做一些表情与动作。它集造型、彩扎、杂技、戏剧艺术为一体。肘阁与抬阁比较相似,是由一个人顶着灯具或举着小演员进行表演。在光绪年间,寿县就有了肘阁活动。此外,花鼓灯也是寿县民间歌舞的一种形式。

寿县的特产有:寿州香草、淮王鱼、八公山豆腐等。有一种小点心更是出名,这便是寿县名点"大救驾"。

相传赵匡胤在为后周大将时曾奉命征讨淮南,不想进城后生了病,茶饭不进,十分危急。这时,城里有个巧手厨师为了让他进食,便用面粉、白糖等多种材料精心制作了一种点心。这种点心的外皮有数道花酥层层叠起,金丝条条分明,中间如急流旋涡状,油炸后色泽金黄,香味扑鼻。

赵匡胤咬了一口觉得酥脆甜香,十分好吃,顿时食欲大增,不久就康复了。后来赵匡胤当了北宋开国皇帝后,想起了这道糕点,感慨道:"那次鞍马之劳,战后之疾,多亏这种糕点从中救驾。"于是便将这糕点命名为"大救驾"。

(三) 亳州

亳州市位于安徽省西北部,西北与河南省接壤,南襟江淮,北望黄河,总面积约 8374 平方公里,辖涡阳、蒙城、利辛三县和谯城区,简称亳或谯,是一座具有三千多年历史的文化古城。

亳州是中华民族古老文化的发祥地之一。上古时,亳地属古豫州。公元前十六世纪,商王成汤在此地建立了商朝第一个都城。后来人们将汤的都城称为"亳"。秦时将此地设为谯县,东汉时归为沛国。所以我们看汉代有些名人被注释为沛国谯人,指的就是亳州人。亳州很早就是一个政治、军事重镇。三国时魏文帝将谯封为"陪都",是当时的五都之一。直到北魏,才正式有了亳州之名,后几次更名,或谯郡,或亳州。1986 年建县级亳州市,2000 年设立地级亳州市。

亳州钟灵毓秀,英才辈出。载入中国《历史名人大辞典》的就有近百人。这里诞生了道教鼻祖老子、圣哲庄子、一代枭雄曹操、神医华佗;有在文学上"天资文藻,博闻强识"的魏文帝曹丕、"出口成章、七步成诗"的曹植、唐代悯农诗人李绅以及明代文学家薛蕙与其孙薛凤翔等;有在军事上震古烁今的张良、曹仁、曹洪、夏侯渊、许褚等;还有巾帼英雄花木兰、道教至尊陈抟、画家曹霸等也都是亳州人。

悠久的历史和灿烂的文化,给亳州大地留下众多的古迹和丰富的人文景观。亳州现存国家、省、市级文物保护单位 200 余处。这些古迹处处蕴含着丰厚的文化底蕴。例如:国家级重点文物保护单位——花戏楼,砖木镂雕,巧夺天工;全国道教第一大殿——太清宫,规模宏大,建筑辉煌;被誉为地下长城的曹操运兵道,双道并行,纵横交错,建筑宏伟,堪称古代军事史上的奇迹;还有祭祀华佗的华祖庵、孔子问礼处的道德中宫、曹氏宗族墓群、天静宫、嵇康故居和蒙城尉迟寺遗址;再有汤陵丘埠巍然,白衣律院及清真石寺巍峨幽雅,薛阁塔和万佛塔高耸云端;更有市区内明清风格的 36 条老街、72 条古巷等,名胜遍布,古韵悠然。亳州的历史人文景观,与黄山的自然景观遥相呼应,素有"南黄山,北亳州"之说。

亳州物产富饶,尤其盛产中药材,也是我国历史上的四大药都之首。它的芍药最为著名,被称为"亳芍"。1994 年,亳州建成了全国最大的中药材交易中心。前国家主席江泽民曾为亳州亲笔题词:"华佗故里,药材之乡"。

亳州又素以"酒乡"著称。自春秋起,当地人就用古井甘泉酿酒。后来曹操将家乡酿制的九酿春酒贡奉汉献帝,被列为宫廷用酒,于是名扬天下。这便是今天的古井贡酒。安徽亳州的古井贡酒,以其"色清如水晶,香醇似幽兰"被誉为"酒中牡丹",享誉全球。亳州目前已建有古井酒文化博物馆。

此外,亳州还是全国最大的黄牛产区。其中蒙城被誉为"全国第一养牛大县"。

亳州另一特产涡阳苔干也非常有名。

亳州地处中原,武风昌盛。它是全国有名的"武术之乡",全民性文化活动遍及城镇乡村,剪纸、高跷、腰鼓、舞龙、肘阁、戏曲等极具地方特色。

(四)歙县

歙县位于安徽省东南部,黄山的南麓,总面积 2236 平方公里,下辖 28 个乡镇,古称新安、徽州与歙州。它与四川阆中、云南丽江、山西平遥并称为"保存最为完好的四大古城"。

歙县风光秀丽,江水如境,峰峦似屏,水光潋滟的练江、新安江横贯全境。歙县名称的由来就是取"山水翕聚"之意(《新安志》)。古老的县城,山光水色,楚楚动人。全县的乡村几乎处处都有"小桥流水人家"的韵味。这里有美丽酷似苏杭的檀干园;有与苏州拙政园齐名的鲍家花园;有"全村同在画中居"的唐模村;有世界闻名的棠樾牌坊群;还有白墙青瓦的徽派古民居布局典雅,古亭、古桥、石坊、古塔更是到处可见,犹如一幅清丽旖旎的人文山水画卷,又似一座古典建筑艺术、古代文化的历史博物馆。

歙县历史悠久。这里的文明可以上溯到旧石器时代,秦末置县。唐宋以后,徽商崛起,理学盛行,文风昌盛。古时歙县乡俗"十户之村,不废诵读"。明清时期,有进士623人,状元6人,在全省全国名列前茅。清康熙年间,全县有学社、书院127所。"连科三殿撰,十里四翰林"的佳话至今还是美谈。歙县地灵人杰,人才辈出,是著名文学家汪道昆、经济学家王茂荫、画家渐江和黄宾虹、教育家陶行知的故乡。此外,新安画派、新安医学、皖派汉学、徽派建筑、歙派篆刻、徽派四雕、徽墨、歙砚、徽菜等都闪耀着徽州文化的灿烂光芒,在中华文化中独树一帜。"徽学"已成为与"敦煌学"、"藏学"比肩并立的三大地方学之一。

歙县文物灿烂,古迹众多。遍布全县城乡的古牌坊、古祠堂、古民居号称"古建三绝"。全县共有570处地面文物。其中著名的有蜚声海外的棠樾牌坊群和许国石坊;有新安江上游最古老的拦河坝渔梁坝和渔梁古镇;有太平古桥西侧的太白楼与新安碑园;有始建于隋末的南谯楼,重檐高脊,紫墙青瓦。歙县博物馆便在南谯楼中,里面展有歙县历代文物,包括各朝各代的书画、瓷器、歙砚等。

此外,这里的徽商故里斗山街,是一处集古民居、古街、古雕、古井、古牌坊于一体的文化景点。斗山街有典型的徽州民宅汪氏家宅、杨家大院、古私塾许家厅、世代商家潘家大院、千年"蛤蟆"古井、罕见的木盾牌坊"叶氏贞节坊"等。歙县县城之外还有一个深渡古镇。镇上老街幽深,古巷纵横,自古这里就是徽州商贾出入沪杭的必经之所和泊舟之处。

总之,歙县——古徽州,以其秀美的风光,博大精深的文化,古老而优雅的气质,吸引着中外游客。她会让文化得到熏陶,精神得到陶冶,心灵获得静谧,真是"一生痴绝处,无梦到徽州"。

(五) 绩溪

绩溪县位于安徽省东南部,东与浙江省交界,南与歙县相连,原属徽州地区,现属宣城,总面积1126平方公里,下辖11个乡镇,以山水秀丽和文化深厚著称。

绩溪是一个低山丘陵地区,处黄山支脉和天目山支脉结合部,俗称"宣徽之脊",又为长江水系和钱塘江水系的分水岭,河流交错纵横,县名绩溪也由此而来。"绩",有缉麻线的意思;"溪",为山间流水。县内溪流众多,交错如麻,故而得名。绩溪山多、水多、林多,森林覆盖率达到75.4%。生物资源非常丰富,具有优良的生态环境和迷人的自然风光,是国家级生态示范区。

绩溪在夏商时属古九州中的扬州,古称良安、新安郡等。于唐大历二年(767年)正式建置,隶属歙州,宋代改属徽州,1987年划属宣城地区。

绩溪隶属徽州千年,与徽州文化有着深刻内在的渊源关系。徽文化中充满了"绩溪元素"。徽商文化是徽文化的重要组成,而绩商则是徽商中的一支劲旅。宋代绩商已颇具实力,以经营徽墨、茶叶、菜馆、中药、土杂山货等,足迹遍布大江南北,明清时最是鼎盛。至民国时,全县外出经商之人曾占总人口的30%以上,最终使江南商埠有了"无绩不成街"之说,可见绩溪徽商的影响力。

绩溪民风淳朴,深受理学影响,讲究礼义仁让,尊贤重教,充满了儒礼气息。绩溪古色古香,人文景观异彩纷呈,明清古迹甚多。具有徽派建筑特色的古村落、古民居比比皆是,砖、木、石三雕精妙绝伦。著名的古建筑有龙川胡氏宗祠、胡宗宪府、周家祠堂、桂枝书院等。

这里还是徽墨、徽剧的发源地,有"徽厨之乡""徽墨之乡""蚕桑之乡"之称。绩溪一品锅(胡适一品锅)充分体现徽菜的特色。古往今来,绩溪"邑小士多,代有闻人",涌现了许多名人,如新文化运动先驱胡适、明代名臣胡宗宪、"红顶商人"胡雪岩、徽墨大师胡开文、湖畔诗人汪静之、当代科学家程良骏等,也是前国家主席胡锦涛的故乡。

2021年,国务院批复将安庆桐城与黄山的黟县列为国家历史文化名城。此外,安徽还有八个省级历史文化名城:蒙城、涡阳、和县、贵池、滁州、凤阳、潜山、宣州。

二、名胜古迹

安徽的名胜古迹繁如星辰,不胜枚举。本书前面各章也多有涉及,下面选择几处全国著名及近年较有影响力的名胜加以介绍:

(一)醉翁亭、太白楼与花戏楼

1. "天下第一亭"——醉翁亭

醉翁亭坐落在安徽滁州市西南琅琊山麓,与北京陶然亭、长沙爱晚亭、杭州湖心亭并称"中国四大名亭",是全国重点文物保护单位,安徽省著名古迹,始建于北宋庆历六年(1064),因宋代大文学家欧阳修《醉翁亭记》一文而闻名遐迩。文中脍炙人口的佳句"醉翁之意不在酒,在乎山水之间也"更是家喻户晓。

据说欧阳修初来滁州为官时,认识了琅琊寺住持智仙和尚,并很快结为好友。为了便于欧阳修游玩,智仙在山麓建造了一座小亭,欧阳修亲为命名,并撰文作记,这就是著名的《醉翁亭记》。

醉翁亭依山而建,木质朱漆,飞檐凌空挑出,具有江南亭台精巧的特色,今天看起来依然十分漂亮。与其他亭子不同的是,醉翁亭共有16根柱子。据说是因为欧阳修自号六一居士,倒过来便是一六。亭中对联曰:饮既不多缘何能醉,年犹未迈奚自称翁。联尾正扣"醉翁"二字。亭前有"让泉",泉水甘甜清澈,终年水声潺潺。亭后是秀美蔚然的青山。整个醉翁亭景区内亭、台、轩风格各异,园中有园,景中有景,有"醉翁九景"之说。亭旁欧阳修亲手栽下的梅树,至今仍在,为全国四大梅寿星之一。亭中有苏轼手书的《醉翁亭记》碑刻,称为"欧文苏字",堪称稀世珍宝。诸多文化因素使得醉翁亭被誉为"天下第一亭"。

2. "风月江天贮一楼"——太白楼

为纪念大诗人李白而建造的太白楼在中国一共有三处,分别是马鞍山太白楼,歙县太白楼和济宁太白楼。最有名气的当属马鞍山太白楼。

马鞍山太白楼位于马鞍山市采石矶景区,面临长江,背依翠螺山,是一座雄伟壮观的古建筑,与湖南岳阳楼、湖北黄鹤楼、江西滕王阁并称为"长江三楼一阁""中国四大历史名楼",是全国重点文物保护单位。

这太白楼原名谪仙楼,初建于唐元和年间,距今已有千余年历史,清雍正八年(1730)重建,改名为"太白楼",也称作"唐李公青莲祠"。太白楼为三重飞檐木结构古建筑。高十八米,主楼三层,一层为厅,二层为楼,三层为阁。前后分两院,前为太白楼,后为太白祠。楼上高悬"太白楼"匾额,字体遒劲,为郭沫若手笔。楼顶歇山屋面铺设黄色琉璃瓦,屋檐上雕有鳌鱼走兽,造型古朴典雅,给人肃穆庄重之感。登楼远眺,但见长江如练,白帆点点。

楼中有一块清代重修太白楼碑记和一块记载李白生平的碑文。进入大厅迎面大屏风绘有太白漫游采石图,壁上挂着太白游踪图,楼上立两尊黄杨木的李白雕像,一立一半卧,还陈列有李白手书拓本和各种版本的诗集,以及历代名人的诗篇、楹联、匾额和绘画,人文气息十分浓厚。

传说诗仙李白常在此饮酒赋诗,最终醉酒捞月,乘鲸飞天,化为神仙。千百年来,这里享有"满楼风光满楼诗""风月江天贮一楼"之美誉。

3. "亳州至宝"——花戏楼

位于亳州市内大关帝庙的花戏楼始建于康熙十五年(1676),由当时山西、陕西两地的药材商出资建造,后又几经扩建修缮。该楼是全国重点文物保护单位,也是亳州的"镇城之宝"。

整个建筑为两层飞檐式,融汇了南北建筑的艺术风格,而且至今保存完好,这在皖北大地极为少见。其木雕、砖雕、石雕绝对可与皖南的三雕比肩。仅正门上就密密麻麻镶有44副不同题材的砖雕,最具功力的是那直径只有5毫米的图孔雕花,令人叹为观止。门前那一对道光元年(1821)铸就的铁旗杆上,所雕龙凤形神俱备。一阵风吹过,铃铛声清脆悠扬。花戏楼的彩绘也非常精彩。采用民间"一色三套平涂"的手法绘出,就像是工笔重彩的年画,给人强烈的视觉冲击力。戏台两个场门的额书"想当然"与"莫须有",更是耐人寻味。花戏楼的柱基上还有古意盎然的石雕,精巧雅致。

花戏楼的大殿是亳州博物馆。这里可以见到亳州地区,特别是曹操家族墓里发掘出土的大量文物,有陶、青瓷、象牙尺、墓砖等。其中带字墓砖上的历史文献价值非常高。楼旁的岳王庙精致小巧,殿前也有秦桧夫妇的跪地像,很有些杭州岳王庙的味道。

(二)迎江寺与明教寺

1. "安庆明珠"——迎江寺

全国重点寺院之一的迎江寺位于安庆市,占地3万多平方米,建在长江岸边的高地上,殿堂巍峨,从十里外就能见其雄姿。寺门两边各置铁锚一个,重约3吨。据民间传说,安庆地形如船,若不以锚镇固,安庆城将随江东去,因而就将这铁锚设在了这里,足见迎江寺在安庆的地位。

迎江寺创建于宋代,由僧人涵万募化而建,曾名"古万佛寺",距今已有千余年的历史。清同治元年重建,命名"迎江寺",成为长江一带的名刹。乾隆皇帝与慈禧太后都曾为该寺题过匾额。清末之时,近代名僧月霞在此担任方丈,留下了著名的反对袁世凯称帝的"月霞方丈公案"。

寺内建筑,以四进殿堂及一塔为主体。

一进天王殿,正中坐一尊笑容可掬的弥勒佛像,背后站韦驮像,面对释迦牟尼佛。殿两侧分列"四大天王",各高3米余,气势威严。

二进大雄宝殿,殿内三尊大佛,居中是释迦牟尼佛,东西两侧为消灾延寿药师佛和阿弥陀佛。殿后骑狮的为文殊菩萨,骑象的为普贤菩萨。两厢佛台上供降龙、伏虎等十八罗汉塑像,姿态各异,造型生动。

三进毗卢殿,中间供奉的是毗卢佛,左边是大梵天王,右边是帝释天神。后面塑的是高达10多米的海岛。岛上有《华严经》中善财童子、五十三参等一百多个人物塑像,海岛下塑有"四海龙王朝观音",整体造型精美逼真。

四进藏经楼,楼分上、中、下三层,藏有佛经万余卷,有非常多珍贵的文物,像明朝金粉写经《妙法莲华经·观世音普门品》是国宝,还有翁同龢、曾国藩、张大千、齐白石等名家的艺术作品及明清两代的各类碑记等。

振风塔是迎江寺里最具特色的建筑,又名"万佛塔",始建于明。现存的振风塔共七层,高60米。塔身平面形状为正八边形。塔内空心,有石级直通塔顶。各层都有对称设计的小壁龛,内供六百多座砖雕佛像,还有众多壁佛,佛灯常明。各层檐角系有铜铃,梵声常鸣。塔顶是八方体须弥勒座,有八根铁索相连,形如伞状。

振风塔是安庆市建筑中的骄傲,"塔影横江"为安庆八景之一,有"过了安庆不说塔"之语。目前修葺一新的迎江寺就是安庆市的一颗明珠,镶嵌在长江之滨。

2. "教弩梵钟"——明教寺

明教寺位于合肥市淮河路东段,寺庙耸立在高高的台基上。台基陡峭,边缘为砖石砌成,气势巍峨。寺院始建于公元 6 世纪初,是合肥最大、最古老的佛教寺院,也是全国重点寺院。

明教寺的台基就是三国时期曹操所筑的教弩台,俗称"曹操点将台"。当时魏与吴为争夺合肥激战十余次,这里是古淝河和逍遥河交汇处,是两军对峙的前沿。魏将张辽于教弩台上,教强弩手 500 人以阻击吴军。此台现高约 5 米,面积近 4000 平方米,呈正方形。台上有屋上井、听松阁两处原始古迹。屋上井是当时曹军饮水的水源,井壁上至今还有当时留下的文字。听松阁是曹操观察敌情与休息之所。"教弩松荫"也是古庐州的八景之一。

南北朝梁武帝时曾在教弩台上兴建铁佛寺。唐大历年间又重修扩建,定名明教院,至明代改为明教寺,后毁于战火。清光绪十一年(1886)通元上人云游募化,按原样重建了明教寺。

现明教寺由佛殿、藏经阁、西厢园三部分组成,有佛像三十多尊。大雄宝殿飞檐翘角,风铃叮当。殿脊高耸一个巨大锡葫芦,银光闪耀,直刺云天,显示了我国佛教寺宇威严庄重的建筑特色。

(三)包公祠与龙川胡氏宗祠

1. "庐州古名片"——包公祠

合肥的包公祠全名"包孝肃公祠",位于合肥城南的包河畔,是包河公园的主体古建筑群。四周绿树成荫,花木繁茂。合肥是历史上著名清官、北宋龙图阁直学士、开封府尹包拯的故乡。家乡人民为了纪念他很早就建了包公祠。河南也建有包公祠,但不如包公故里的闻名。现在的合肥包公祠是清代名臣李鸿章捐资重修的。

包公祠为白墙青瓦构筑的封闭式三合院。主建筑是包公堂,端坐包拯的高大塑像,白面、长髯、儒雅、端庄,跟影视剧作品中出现的黑面、额悬弯月的形象可不一样。塑像上方有"色正芒寒"四个大字,气势极壮。堂中一侧是三口铜铡:龙头铡、虎头铡、狗头铡,寒气逼人,象征百姓心中的正义之剑。堂中壁嵌黑石包公刻像,威严不阿,表现了包拯的凛然正气。堂西面配以曲榭长廊,陈列包氏支谱、遗物、包公家训和包公墨迹,以及相关的史册资料。东面有一个六角廉泉亭,内有古井,井水号"廉泉"。相传贪官喝不得此水,一旦喝了便会头痛不止。廉泉亭顶端雕有浮龙,晴天白日,龙影映入井底,随着井水晃动,如龙飞舞,俗称

"龙井"。祠的西南有一亭,叫流芳亭。史书载包公幼年曾在此读书、玩耍。包公祠内还有一蜡像馆,内有三组关于包公的蜡像故事,如"铡美案"等,人物造型逼真传神,栩栩如生。

包公祠四周环绕的河流就是包河,据说河中的藕断无丝,因为包公"铁面无私"。包河南畔有包公墓。整个墓园庄重肃穆。包公曾言:"后世子孙仕宦有犯赃者,不得放归本家,死不得葬大茔中。不从吾志,非吾子孙也。"这一精神很值得后世景仰。祠旁还有浮庄、清风阁等景点,古色古香,风景怡人。

2. "徽派木雕艺术宝库"——龙川胡氏宗祠

龙川胡氏宗祠位于宣城市绩溪县龙川村,始建于明嘉靖年间,清光绪四年(1898)重修,总占地面积1271平方米。祠内装饰精美,尤以保存完好的各类木雕为最,有"徽派木雕艺术宝库"之称。

祠坐北朝南,共有三进。一进是座22米宽的高大门楼,门楼前后各有六根石柱、五根月梁和四根方梁,布局匀称。方梁梁面雕刻着精致图案,中间前一根为"九狮滚球遍地锦",后一根是"九龙戏珠满天星"。两旁木梁雕刻均为戏文人物。门楼后面为天井,过天井是二进,为祠堂正厅。正厅每根屋梁上雕有彩云、龙、凤、狮、虎等图案,连挂灯用的梁钩上都衬以刻有螭龙、孔雀、水仙花、万年青等动植物的钩托。正厅两侧各有高达丈余的落地窗门,每扇窗上截是镂空花格,下截是平板花雕。后进是寝室,寝室窗门雕刻的全是花瓶,采用浮雕和浅刻技法,立体感非常强。如此高超的木雕工艺真让人惊叹,1988年就被列为国家重点文物保护单位。

胡氏宗祠不远处还有胡宗宪尚书府,同样堪称徽派建筑中的典范。它占地约五千平方,建筑精巧、布局独特、设计巧妙,以"门阙多、马头墙多、古巷多"而著称于世,曾被赞为"徽州第一家"。胡宗宪家历史上以"七世同堂"传为佳话,虽人口众多,分而居之,但分居不分家,故此居又有"二十四个门阙"之称。尚书府今还有从善堂、徽州官厅、文昌阁、蒙童馆、土地庙、余庆堂医馆、小姐楼、逍遥斋及后花园中的徽戏园、寒香园、惜月亭、佛园、梅林亭等建筑,尤以井中套井、圆中见方、常年不涸的胡氏家井使游人倍感新奇。

(四)西递与宏村

1999年,安徽省黟县的西递、宏村两处古民居被列入世界文化遗产,这是国际上第一次把民居列入世界遗产名录。西递和宏村是安徽南部民居中最具有代表性的两座古村落,它们以世外桃源般的田园风光、保存完好的村落形态、工艺精湛的徽派民居和深厚丰富的历史文化内涵而闻名中外。

1. "桃花源里人家"——西递

西递位于黟县东南,始建于北宋年间,距今已有近千年的历史,为胡姓人家聚居之地。整个村落呈船形,四周群山环抱,两条清溪穿村而过。村中街巷沿溪而设,均用青石铺地。整个村落空间自然和谐,动静相宜,错落有致,素有"桃花源里人家"之称。古建筑多为木结构,砖墙维护,建筑色调朴素淡雅,现存明、清古民居 124 幢,祠堂 3 幢,包括凌云阁、刺史牌楼、瑞玉庭、大夫第、敬爱堂、履福堂、青云轩等。

村头的三间青石牌坊建于明万历六年,峥嵘巍峨,结构精巧,是胡氏家族显赫的象征;村中有座康熙年间建造的"履福堂",陈设典雅,充满书香气息,厅堂题为"书诗经世文章,孝悌传家根本"、"读书好营商好效好便好,创业难守成难知难不难"的对联,显示出"儒商"本色;村中另一古宅为"大夫第",建于清康熙三十年,为临街亭阁式建筑。门额下有"作退一步想"的题字,耐人寻味。

西递村中各家各户的宅院也非常雅致,门罩、天井、花园、漏窗、房梁、屏风、家具,都在无声地展示着古徽州砖、木、石雕精湛技艺。像石雕的奇花异卉、飞禽走兽,砖雕的楼台亭阁、人物戏文,还有精美的木雕花纹,绚丽的彩绘、壁画,充分体现了中国古代艺术之精华。其"布局之工,结构之巧,装饰之美,营造之精,文化内涵之深",为国内古民居建筑群所罕见,是中国徽派建筑艺术的典型代表。

2. "中国画里的乡村"——宏村

宏村位于黟县县城东北 10 公里处,始建于南宋绍熙年间,为汪姓人家聚居地,至今已有 800 余年历史。它背倚黄山余脉,地势较高,经常云蒸霞蔚,就如一幅泼墨写意的山水长卷,被誉为"中国画里的乡村"。

宏村的古建筑与西递一样,都是徽派民居的代表,粉墙黛瓦,分列规整。全村现保存完好的明清古民居有 140 余幢。承志堂是其中最宏大、最精美的代表,被誉为"民间故宫",真称得上是一所徽派木雕工艺陈列馆。各种木雕层次丰富,精雕细刻,经过百余年时光的消磨,至今仍富丽堂皇,可谓皖南古民居之最。南湖书院的亭台楼阁与湖光山色交相辉映,还有敬修堂、东贤堂、三立堂、叙仁堂,或气度恢宏,或朴实端庄,再加上优美的自然风光,真是步步入景,处处皆画。

宏村是一座"牛形村"。整个村庄从高处看,宛若一头斜卧山前溪边的青牛。村中半月形的池塘好似"牛胃",一条 400 余米长的溪水盘绕在"牛腹"内,好比"牛肠"。村西溪水上架起四座木桥,作为"牛脚"。这种别出心裁的村落水系设计,不仅为村民用水提供了方便,而且调节了气温和环境,堪称"建筑史上一大奇观"。

西递、宏村依山傍水,风光清雅纯美。村落选址、布局和建筑形态,都以周易风水理论为指导,体现了天人合一的中国传统哲学思想和对大自然的向往与尊重。其古民居群是徽派建筑的典型代表,也反映了悠久历史所留下的广博深邃的文化底蕴。多部著名影视剧作品如《卧虎藏龙》等都在此选景拍摄。

（五）屯溪老街与三河古镇

1. "活动着的清明上河图"——屯溪老街

屯溪老街坐落在黄山市的中心地段,距今已有数百年历史。它是目前中国保存最完整的具有宋、明、清三代徽派建筑风格的步行商业街。整个老街古色古香,被誉为"活动着的清明上河图",为全国重点文物保护单位。

屯溪老街历史悠久:屯溪原是一个水埠码头。码头上有条曲尺状的街道,原名八家栈,这是老街的前身。南宋时外出的徽商模仿都城临安的建筑风格在家乡大兴土木,这里当时又称为"宋城"。元末明初,一位名叫程雄宗的徽商在此兴造了47所店铺。清朝初期,老街发展到"镇长四里"。清末,屯溪茶商崛起,茶号林立,各类商号也相继开放,街道不断延伸,形成老街的规模,并逐步发展成为徽州物资集散中心。等到了民国初年,黄山屯溪老街已有"沪杭大商埠会"之称。

如今步入老街,宛如到了古代。街道狭窄幽深,街上的路面是清一色的褐红色麻石板。街道两旁的店铺鳞次栉比,错落有序,全为砖木结构,粉墙黛瓦。徽派木雕、金字招牌、朱阁重檐,古朴典雅,技艺精湛。屋与屋之间是高高的马头墙,构成了徽派建筑的群体美。整条街道,蜿蜒伸展,首尾不能相望,是我国古代街衢的典型走向。

老街上有许多老字号店铺,如"同德仁",是清同治二年开设的药店。现在开辟了古董一条街、文房四宝一条街等。"徽州四雕"产品及徽派国画、版画、碑帖、金石、盆景等随处可见。古老的徽州文化在老街闪现着耀眼的光彩。老街的魅力也倾倒了大批的中外游人。

2. "八古景观"——三河古镇

具有2500多年历史的合肥古镇三河,因丰乐河、杭埠河、小南河三条河流贯其间而得名。三河镇以水乡古镇为特色,荟萃了丰富的人文景观,形成了江淮地区独有的"八古景观",即古河、古桥、古圩、古街、古居、古城墙、古茶楼和古战场,为国家级旅游景区。

三河镇具有典型的"小桥、流水、人家"的江南水乡风光。碧水如带,萦绕全镇。岸边垂柳,水地云头,真是赏心悦目。三河镇的古街也十分有特色。古街从古码头起,沿小南河向南绵亘约3公里。路面全是青石板铺成,古朴雅致,经历千百年风吹雨打,石面光滑润泽。

老街两旁连片的古民居飞檐翘角,雕梁画栋,是皖中少见的明清建筑群。白色的马头墙,小青瓦敷盖的双坡屋顶。梁柱上的雕花彩绘,再加黑漆鎏金的店招匾额,悬挂于门楣上的八角玲珑的挂灯,门前石磴旁的青苔,无不透溢着浓郁的古风神韵。

三河镇原是巢湖中的高地,古名鹊渚、鹊尾(渚)、鹊岸等。唐宋以后,这里成为鱼米之乡。三河镇于是就形成一个以米市为主的繁华商埠。明清时三河成为巢湖西岸一个重要的商品集散中心,有"买不尽的三河"之说。抗战期间这里还号称"小南京",足见此地的繁华。

历史上三河古镇不光是商家云集之地,还是著名的古战场。春秋时期即为吴、楚两国交争之地。《左传》中"鹊岸之战"就发生在这里。清末太平军将领陈玉成、李秀成曾在此聚歼湘军6000余人,史称"三河大捷"。

镇上现存的文物古迹除古街外,还有太平军城墙遗址、城隍庙、古碑、三县桥等。此外,这里还有著名美籍华人杨振宁博士的故居。

三河美食也十分出名,属徽派菜系,像三河米饺、三河茶干、三河米酒等无不显示出水乡特有的风味。工艺品三河羽毛扇也是远近皆知。

除了上述外,安徽的名胜古迹还有涂山禹王庙,潜山乾元禅寺,芜湖广济寺,凤阳明都城和皇陵遗址,含山的昭关,和县乌江亭、虞姬墓,孔雀东南飞故事发生地庐江汤池,合肥古逍遥津、李鸿章故居,寿县的古城墙,徽州明代古村落呈坎,有民宅建筑博物馆之称的潜口民宅等。

思考与练习:

1. 黄山为何会被列入世界自然与文化双重遗产?

2. 简述九华山、齐云山的宗教文化。

3. 你认为安徽最有魅力的河流或湖泊是哪一个,为什么?

4. 你是怎样理解花山谜窟之"谜"的?

5. 在安徽著名的古建筑中你印象最深的是哪一个,它有什么独特之处?

6. 世界文化遗产——西递、宏村各有怎样的人文特色?

7. 屯溪老街和三河老街相比有什么同与异?

8. 我省国家级和省级历史文化名城各有哪些?请选择其一进行详细介绍。

第十章 安徽的红色文化

安徽文化

概要

ANHUI WENHUA GAIYAO

256

学习目的：

安徽是一片有着光荣革命历史的红色热土，是一方敢为人先的创新之地。通过本章节内容的学习，了解红色文化的起源与构成，掌握红色文化的基本内涵。回顾安徽革命文化历史，了解安徽主要革命文化事件和杰出人物，感受革命先辈的榜样力量，进一步筑牢安徽红色文化记忆，让红色文化基因代代相传。

学习要求：

1.了解红色文化的基本内涵和内容构成。

2.了解安徽革命文化事件和杰出人物。

3.了解安徽红色文化精神的内涵与特点。

学习建议：

1.结合安徽革命文化历史深入学习和了解，完成课后思考题。

2.前往相关遗迹遗址进行参观学习，感受安徽红色文化的丰富内涵。

3.积极组织和参加各类红色文化宣讲、诵读等活动。

第一节　红色文化的内涵与构成

　　文化兴则国运兴，文化强则民族强。文化是一个国家、一个民族的灵魂，是民族生存和发展的重要力量。在五千多年文明发展中孕育的中华优秀传统文化，在党和人民伟大斗争中孕育的革命文化和社会主义先进文化，积淀着中华民族最深层的精神追求，代表着中华民族独特的精神标识。红色文化是中国共产党在领导中国革命的伟大斗争中凝聚而成的，是在社会主义建设和改革开放新时期得到继承和发展的中国化马克思主义先进文化，是不怕流血、勇于牺牲、甘于奉献的集体主义文化，是为中国人民谋幸福、为中华民族谋复兴的爱国主义文化，是为人类求解放和自由的共产主义文化。

　　在中国传统文化中，"红色"被赋予了吉祥、奔放、积极、乐观的文化意义。虽然这只是一种颜色，却慢慢被引申为一种更为深刻的具有鲜明意蕴的色彩，象征着革命。中国共产党也应用"红色"来表达政党身份和性质，无论是举起的旗帜、创办的期刊，都以红色为主基调，红色已经融入每一个中国共产党人的血液与基因中。从根源上看，红色文化是中华文化的核心元素。红色文化的理论来源为"马列主义"，实践来源则为中国革命。红色文化中的红色精神，从最早的红船精神，到井冈山精神、古田会议精神、苏区精神、长征精神、遵义会议精神、延安精神、抗战精神、太行精神、沂蒙精神、西柏坡精神，再到新中国成立以后的抗美援朝精神、"两路"精神、大庆精神、红旗渠精神、"两弹一星"精神、雷锋精神、焦裕禄精神、九八抗洪精神、抗击"非典"精神、载人航天精神、抗震救灾精神等，共同构成我们党在前进道路上战胜各种困难和风险、不断夺取新胜利的强大精神力量和宝贵精神财富。雷锋、王进喜、焦裕禄、孔繁森、谷文昌、杨善洲、廖俊波、王继才等一大批共产党人，继承和发扬红色传统、红色精神，胸怀理想，坚定信念，心系人民，艰苦奋斗，在人民群众心中树起了一座座不朽丰碑，充分展现了社会主义先进文化以人民为中心的鲜红底色。

　　总体来说，红色文化是对中国共产党成立以来在中国共产党领导下形成的中国革命文化和社会主义先进文化的高度概括和形象化表达。它体现在理想信仰、价值追求、精神风貌等层面,融注于物质遗存、机制行为和文化艺术形态当中。从内容构成上来看,红色文化首先是革命的文化,它是中国共产党在领导中国革命的伟大斗争中凝聚而成的。新中国成立以后,中国共产党领导全国人民继承和弘扬革命文化,在社会主义建设和改革开放新时期,形成了充满活力、与时俱进的社会主义先进文化,红色文化的内涵得到了丰富和发展。革命文化和社会主义先进文化,是红色文化的两大组成部分,是当代中国文化的价值核心和精神主体。同时,红色文化作为一种重要资源,包括物质和非物质文化两个方面。其中,物质资源表现为遗物、遗址等革命历史遗存与纪念场所;非物质资源表现为包括伟大建党精神、井冈山精神、长征精神、延安精神等红色革命精神。

　　"红色文化"的内容可以概括为革命年代中的"人、物、事、魂"。其中的"人"是在革命时期对革命有着一定影响的革命志士和为革命事业而牺牲的革命烈士;"物"是革命志士或烈士所用之物,也包括他们生活或战斗过的革命旧址和遗址;"事"是有着重大影响的革命活动或历史事件;"魂"则体现为革命精神即红色精神。红色文化最根本的特征是"红色",它具有革命性和先进性相统一、科学性与实践性相统一、本土化与创新性相统一以及兼收并蓄和与时俱进相统一等特征。目前,学界大多认为可以从物质和精神两个层面来对红色文化资源进行划分。物质层面主要是指革命时期的遗址遗迹,以及后人为纪念先辈兴建的博物馆、纪念馆、展览馆、烈士公墓等;精神层面则是指中国共产党领导革命和建设过程中所形成的伟大精神。

第二节　安徽主要红色革命事件

　　安徽是一片有着光荣革命历史的红色热土,是一方敢为人先的创新之地。中国共产党领导安徽人民进行革命、建设和改革发展的辉煌历史,是安徽不断发展进步的动力源泉,是安徽人民共有的精神家园。进入新时代,开启新征程,内涵丰富、底蕴深厚的安徽红色文化将迸发出历久弥新的旺盛活力。大别山精神、铁军精神、淮海决战精神、渡江精神、王家坝精神等是中国共产党人精神谱系的重要组成部分,具有深远的时代价值,是值得我们永远传承的红色基因。这里节选部分发生在安徽的红色革命事件略加介绍。

一、安徽早期党组织的建立

1921 年 7 月,中国共产党第一次全国代表大会召开,宣告了中国共产党的成立,这是近代中国革命史上开天辟地的伟大事件,从此,中国革命有了以马克思列宁主义为行动指南的统一的无产阶级政党。在党的领导下,中共安庆支部、中共小甸集特支等早期安徽党组织如雨后春笋,纷纷建立起来,安徽革命翻开了崭新的篇章。

中共安庆支部的建立 中国共产党成立后,党的领导人陈独秀非常关心安徽的建党工作。1923 年春,陈独秀派安徽籍中共党员柯庆施从上海到安庆,着手建党工作。柯庆施首先恢复了安庆青年团组织,并从中发展了部分党员。12 月,柯庆施在安庆北门外万安局一号濮家老屋召开会议,正式成立中共安庆支部。

中共安庆支部是安徽大地上成立的第一个城市党支部。安庆支部在斗争中发展壮大,成长为中共安庆特别支部。1926 年 5 月,在中共安庆特支的基础上成立中共安徽地方执行委员会(即中共安庆地委),李竹声、郭士杰先后任书记。中共安徽地方执行委员会直属中共中央领导,下辖省立一师、省立一中等 5 个支部。

中共小甸集特支的建立 五四运动后,安徽许多优秀青年走出皖境,到上海等先进地区求学,接受新思想的洗礼。其中,从寿县就走出了薛卓汉、曹蕴真、胡允恭、徐梦周等热血青年。1922 年,曹蕴真在上海加入中国共产党。之后,曹蕴真回家乡开展革命活动,从事建党工作。他首先以在外地入团的青年学生为骨干,成立了中国共产主义青年团小甸集特别支部。1923 年寒假,曹蕴真和从上海回乡的薛卓汉发展了小甸集小学校长曹练白及方运炽、陈允常等入党。随着党员人数的增加,根据中央指示,曹蕴真等人成立了中共小甸集特别支部,曹蕴真任书记、徐梦周任宣传委员、鲁平阶任组织委员,隶属中共中央领导。

中共小甸集特支是安徽成立的最早的农村党支部。特支成立后,由于薛卓汉、徐梦周等部分党员先后返校学习,不久就停止了工作,但在安徽大地上播下了燎原的火种。

中共芜湖特支的建立 芜湖是安徽重要的港口城市,交通发达,进步思想在这里得到广泛传播。1924 年 4 月 5 日,芜湖已拥有中国共产主义青年团员 46 人。5 月 24 日,青年团芜湖地方执行委员会成立。同年秋,曹国芸、张秋人到芜湖指导团的工作,从团员中发展了部分党员。1925 年,高语罕也来到芜湖发展党员。根据中共中央和团中央关于超龄团员转为中共党员的决定,一部分团员成为中共党员。随着党员人数的增加,中共芜湖特支于 1926 年 4 月成立。特支主要负责人为周范文、王培吾,直属中共中央领导。不久,周范文、王培吾离开芜湖,俞昌准接任特支书记,禹子鬯、杨士斌、佘文烈、朱麻为委员。到 1926 年秋,芜湖特支已下辖 3 个党小组,共有党员 27 人。

除以上几个比较早、比较大的党组织之外,安徽各地也先后成立了党的组织并开展革命活动。1924 年,旌德青年梅大栋在江西安源加入中国共产党,1925 年,在旌德梅村建立中共旌德三都补习学校支部。1925 年,朱务平、徐风笑等人在濉溪临涣镇建立中共临涣支部,1926 年迁到宿县县城,成立中共宿县地方执行委员会,朱务平任书记。1925 年,王绍虞从上海回到家乡六安,在六安西门街成立中共六安特别支部,并任书记。1925 年,在上海求学的中共党员周传业、周传鼎回乡,同已在阜阳从事革命活动的中共党员张子珍等成立中共阜阳小组,1926 年成立中共阜阳支部。1925 年,王子玉等在外地求学的青年学生回乡组建中共泗县小组,1926 年冬,成立中共泗县支部,王子玉任书记。1926 年,在蚌埠铁路工会成立中共蚌埠特别支部,隶属中共南京地委领导,这是安徽建立的第一个工人支部。此外,南陵、滁县、桐城、郎溪、霍邱、涡阳等县也在 1926 年开始了建党活动,成立了独立的支部或小组。

二、皖南事变

全民族抗战期间,安徽是新四军主要集结地,军部所在地,东进抗日的出发地和皖南事变等重大事件发生地。

抗日战争爆发后,国民党政府和蒋介石迫于全国人民的压力,不得不联合共产党进行抗日。但蒋介石是假抗日真反共,不断掀起反共高潮。中国共产党对形势的发展以及影响它的各种力量作出冷静分析,提出打退国民党顽固派进攻的正确方针。1940 年 9 月初,中共中央从重庆发来的周恩来、叶剑英的报告中获悉,国民党政府军令部已向顾祝同发出"扫荡"长江南北新四军的命令。9 月 6 日,中共中央军委电示叶挺、项英、刘少奇准备自卫行动,并嘱皖南尤须防备。对于国民党顽固派发动新的反共高潮,中共中央坚持"表面和缓,实际抵抗,有软有硬,针锋相对"的方针。具体做法是:要求江北部队暂时免调,对皖南方面决定让步,答应北移。中共中央这一决策是在不损害人民根本利益的原则下对国民党的让步,有利于争取中间势力、孤立顽固势力,也有利于加强皖东、巩固苏北的抗日阵地。

1941 年 1 月 4 日,奉命北移的新四军军部及其所属皖南部队 9000 余人,从泾县云岭驻地出发，准备绕道渡江北上。6 日，在途经泾县茂林地区时，突然遭到国民党军队 7 个师 8 万余人的包围袭击。新四军部队英勇奋战 7 个昼夜，然因寡不敌众，弹尽粮绝，除 2000 余人突出重围外，一部分被打散、大部分壮烈牺牲和被俘。军长叶挺在同国民党谈判时被扣押。政治部主任袁国平身负重伤，为了不连累部队突围，自杀身亡，履行了他"100 颗子弹 99 颗射向敌人，最后一颗留给自己，决不当俘虏"的誓言。副军长项英、副参谋长周子昆在突围后被叛徒杀害。1 月 17 日，蒋介石反诬新四军为"叛变"，宣布取消新四军番号，声称将把叶挺交付"军法审判"。这就是震惊中外的"皖南事变"，这一事变是国民党顽固派发动的第二次反共高潮的最高峰。

"皖南事变"发生后，中共中央同国民党顽固派进行了针锋相对的斗争。1 月 20 日，毛泽东以中共中央军委发言人名义发表讲话，揭露国民党当局的反共阴谋，抗议其武装袭击新四军的罪行，要求国民党当局以大局为重，取消 1 月 17 日的反动命令，惩办祸首，释放叶挺，废止国民党一党专政，实行民主政治。华北、华中各抗日根据地也纷纷集会，愤怒声讨国民党顽固派的罪恶行径。八路军、新四军做好了随时反击国民党顽固派武装进攻的准备。

中共中央高瞻远瞩、总揽全局，提出在政治上取攻势、在军事上取守势，坚决击退国民党顽固派第二次反共高潮的正确方针。1 月 17 日，周恩来为"皖南事变"向国民党谈判代表张冲提出质疑和抗议，并打电话怒斥何应钦："你们的行为，使亲者痛、仇者快，你们做了日寇想做而做不到的事。"周恩来还在《新华日报》上发表"为江南死国难者志哀！"，用"千古奇冤，江南一叶；同室操戈，相煎何急?!"的题词愤怒谴责国民党反动派。周恩来还领导南方局通过召开座谈会、个别谈话、散发传单等方式，向各界人士公布"皖南事变"的真相，揭露国民党顽固派的反共面目。

迫于政治上的空前压力，国民党当局不得不收敛其反共活动。1941 年 3 月 6 日，蒋介石在第二届参政会上表示"以后再亦无剿共的军事"。3 月 14 日，蒋介石约请周恩来面谈，答应提前解决国共间的若干问题。至此，国民党的第二次反共高潮被打退。中国共产党在这场斗争中的坚定立场和维护抗战大局的态度，赢得了多方面的同情和支持，扩大了党在群众中的影响，提高了党在全国的政治地位。

三、淮海战役在安徽

1948 年 11 月 6 日至 1949 年 1 月 10 日，中国人民解放军华东、中原两大野战军和地方部队共约 60 万人，在以徐州为中心，东起海州西至商丘，北起临城

（今薛城），南达淮河，总面积达 8 万平方公里的广大地区发起了伟大的淮海战役。淮海战役历时 66 天，歼灭国民党军队 55.5 万人。这是人民解放战争战略决战中历时最长、规模最大、歼敌数量最多的一次战役。这次战役的胜利，不但使长江以北局势大定而且加速了解放全中国的进程。

安徽是淮海战役总指挥部所在地。1948 年 11 月 16 日，中共中央决定由刘伯承、陈毅、邓小平、粟裕、谭震林等 5 人组成淮海战役总前委，刘伯承、陈毅、邓小平为常委，临机处置一切。邓小平为总前委书记。总前委的成立，使淮海战役有了一个坚强的领导核心，为夺取战役的胜利提供了组织保证。总前委成立后，中原野战军指挥部驻地濉溪县临涣镇文昌宫同时成为总前委机关驻地。11 月 23 日，为了便于指挥围歼国民党黄维兵团的作战，总前委移驻临涣以东 7.5 公里的小李家村，后移驻河南商丘张蔡园，在安徽境内共驻扎 45 天。

12 月 2 日，为了便于指挥追击逃敌，华东野战军指挥部从宿县时村以西大张家进至淮北市濉溪县草庙（时称草庙圩子、草庙孜等）。16 日，为了方便指挥全歼国民党杜聿明集团，华东野战军指挥部从淮北相城的孟圩子移至萧县蔡洼村，直至淮海战役结束。

安徽是淮海战役的主战场之一。淮海战役分为 3 个阶段。从 11 月 6 日至 22 日为战役的第一阶段。华东野战军以 7 个纵队在苏北新安镇及其两侧地区分割包围国民党黄百韬兵团。经过 12 天激烈战斗，将其全部歼灭，黄百韬自杀身亡。

从 11 月 23 日至 12 月 15 日为战役第二阶段。中原野战军全部及华东野战军一部，将从河南赶来增援的黄维兵团包围在宿县西南的双堆集地区。黄维见解围无望，企图集中力量向东南方向突围。关键时刻，第一一〇师师长、中共秘密党员廖运周率部起义，打乱了黄维兵团突围计划。廖运周系安徽凤台县人，大革命时期加入中国共产党，后受党组织派遣打入国民党军队做地下工作。当廖运周得知黄维兵团要突围后，及时派人把突围计划送出，向刘伯承、邓小平请示并获得同意，准备趁黄维兵团 27 日上午突围时第一一〇师举行战场起义。11 月 26 日晚，双堆集战场南线总指挥、中原野战军第六纵队司令员王近山接见了第一一〇师派来联系的同志，并根据刘、邓首长的指示，具体安排了起义部队的行军路线。27 日 6 时许，第一一〇师在解放军向导的带领下，开出双堆集附近的周庄、赵庄，全部通过解放军阵地。第一一〇师起义，给黄维精心策划的突围行动以沉重打击。

经过连续多日的激烈战斗，国民党军被压缩在东西不到 1.5 公里的狭小区域。12 月 14 日夜，人民解放军发起最后一次总攻。淮海战役第二阶段共歼灭国民党军 20 余万人,解放了徐州,并将杜聿明集团围困在陈官庄地区,为夺取淮海战役的最后胜利创造了极为有利的条件。

从 12 月 15 日到 1949 年 1 月 10 日,为战役的第三阶段。蒋介石看到由徐州、蚌埠南北对进的国民党军在解放军顽强阻击下无法打通徐蚌线,11 月 28 日,决定放弃徐州,由杜聿明率邱清泉、李弥、孙元良 3 个兵团南下,先解黄维兵团之围,然后一同南撤。11 月 30 日,杜聿明集团放弃徐州,经安徽萧县,向河南永城方向撤逃。华东野战军各部立即分路急追,最终将杜聿明所部 3 个兵团合围在永城东北的陈官庄,和萧县青龙集、李石林地区南北 5 公里、东西 10 公里的狭长区域内。

1949 年初,当平津前线的人民解放军完成对国民党傅作义部的分割包围后,华东野战军于 1 月 6 日发动对杜聿明部的总攻。经过 4 天战斗,到 10 日全歼邱清泉、李弥的两个兵团 10 个军,杜聿明在萧县境内被俘,邱清泉被击毙,仅李弥等少数人潜逃。至此,淮海战役以彻底、干净地消灭敌人,全部获胜而结束。

在淮海战役中,地处主战场的豫皖苏三、六分区和江淮二、三分区人民群众全力以赴,投入支前工作。据统计,共出动民工 160 万人次、担架 12.5 万副,支援牲口 36 万头、粮食 2.1 亿斤、柴草 5.3 亿斤、大小车辆 13.47 万辆,为取得战役的胜利做出了重要贡献。

淮海战役是中国人民解放战争进入战略决战阶段的一次关键性战役。由于中共中央、中央军委和毛泽东的英明决策,以邓小平为书记的淮海战役总前委统一筹划、卓越指挥,广大人民群众全力支援,60 万人民解放军和地方武装经过 66 天的浴血奋战,打败了国民党 80 万正规军,歼敌 55.5 万人。安徽是淮海战役的主战场,也是淮海战役总前委所在地,是淮海决战精神的主要孕育地。淮海决战精神内涵丰富,主要包括以下内容:团结协作,勇挑重担、攻坚克难,决战决胜、实事求是,主动作为、勇往直前,不怕牺牲、军民同心、众志成城。

四、渡江战役在安徽

淮海战役之后,全国解放战争形势发生了根本变化,中国人民解放军在军事上已占压倒性优势。国民党蒋介石集团为了凭借长江天险构筑"江南新防线",实现其划江而治的梦想,一面玩弄"和平谈判"阴谋,一面加紧部署其长江防线,将 75 个师约 70 万兵力部署于长江以南江西湖口至上海之间的 800 公里地段上,其中以南京至上海为重点区段,配置了江防舰队、第二舰队及 300 余架飞机协同防务。

针对国民党的反革命两手,中共中央一面同意与对方进行和平谈判,一面积极做好渡江作战的准备。根据中共中央、中央军委的部署,中国人民解放军第二、第三野战军和第四野战军一部及地方武装共 100 万人,集结于长江北岸西至湖口,东至江阴,长约 500 公里的战线上,准备实施渡江作战。

安徽是渡江战役的指挥中心。1949 年 2 月 11 日,根据中央军委指示,由刘伯承、邓小平、陈毅、粟裕、谭震林组成、邓小平任书记的淮海战役总前委转为渡江战役总前委,照旧行使领导军事及作战的职权。3 月 22 日,渡江战役总前委从河南商丘移驻蚌埠郊区燕山乡孙家圩子(时属凤阳县徐桥乡)。为了便于指挥整个渡江作战,4 月初,总前委又从孙家圩子移驻肥东县瑶岗村。

安徽是渡江战役的重要决策地。早在 1948 年 12 月 17 日,淮海战役总前委在萧县蔡洼村召开第一次全体会议,讨论的主题不是淮海战役问题,而是战役结束后的部队整编和渡江战役计划,详细讨论了部队渡江时间、部署、开进、出动、指挥机关驻地、粮食弹药供应等问题,第一次全面正式进行渡江作战的谋划工作。为了确保渡江战役顺利推进,渡江战役总前委在进驻安徽期间,经过多次酝酿和讨论,由邓小平执笔形成了《京沪杭战役实施纲要》。纲要明确:安徽境内安庆到无为一线为中线大军实施作战地段,安庆以西怀宁、望江、宿松一线为西线大军实施作战地段之一。同时,预定战役分为渡江展开,割裂包围敌人,前出浙赣路、分别歼灭包围之敌等 3 个作战阶段。

安徽是渡江战役的重要备战基地和出发地。从 1949 年 2 月起,人民解放军中线渡江兵团全部和西线渡江兵团大部进至安徽沿江一线,紧张地投入战前各方面的动员和准备工作。为适应渡江作战,各部队在总结淮海战役经验的基础上,依托内河、湖泊,开展游泳、划船、水上射击、救护,协同打军舰、登陆突破、步炮协同等战术、技术的训练。在安徽地方党政支前机构和人民群众的大力协助下,至 4 月初,渡江各部队已征集到上万条木帆船,加上部队自制的运送大炮、车辆的竹筏、木排,基本上解决了渡江作战第一梯队的乘载问题。除部队自己训练的几万名水手外,又从地方动员了近万名船工,加入战斗序列。

此外,为了准确掌握沿江敌情、水情和地形,驻扎安徽的我中线大军从第二十七军中选调 300 余人,组成先遣渡江大队提前偷渡潜入江南。他们与江南地下党组织和游击队取得联系,实施战前侦察,搜集敌人江防情报送到江北,并协助进行策应主力渡江的准备工作。

4 月 20 日,南京国民党政府拒绝在和平协议上签字,和谈宣告破裂,用战斗方式渡江已成定局。21 日,毛泽东主席和朱德总司令发布《向全国进军的命令》,人民解放军各渡江集团,在总前委的统一指挥下,按照原定部署,以排山倒海之势向南岸发起强大攻击,渡江战役正式打响。

早在 20 日晚上 8 时,中线大军首先行动。第九兵团第二十五、第二十七军和第七兵团第二十四、第二十一军组成第一梯队,从无为至枞阳段起渡。第二十七军第七十九师第二三五团一营三连五班所乘木帆船,首先在芜湖夏家湖附近登上南岸,成为百万雄师中的"渡江第一船"。滔滔江水之中,数千只战船,冒着猛烈炮火,迅速突破安庆至芜湖一线。一夜之间,渡过了 3 个军 10 个师的兵力,占领铜陵、繁昌、南陵、芜湖等地,并迅速突入敌纵深 50 公里,歼灭敌第八十八军大部及第二十军一部,将敌江防拦腰斩断。

在中线大军突破国民党芜湖至铜陵段江防后,敌长江防线被撕裂,汤恩伯急忙于 21 日赶赴芜湖部署堵击。但就在当天晚上,东西两线大军同时向长江南岸之敌发起声势更大的突击,使敌军千里江防全线崩溃。21 日晚 7 时,东线大军第十兵团第二十九、第二十八、第二十三军在张黄港至七圩港一线强渡长江,用 1 个小时时间登上长江对岸。渡过长江的各路解放军继续向南进击,23 日占领南京,将八一军旗插上国民党"总统府"顶层,宣告了南京国民党政府的灭亡。

人民解放军全线突击成功后,国民党军仓皇撤退,形成向南总溃逃之势。芜湖以西之敌逃向浙赣线,被解放军二野部队歼灭大部。芜湖、南京、镇江之敌 8 个军沿宁杭公路及芜湖至吴兴公路向杭州逃窜,被解放军三野渡江主力合围于广德以北山区,经过 3 天激战,敌人被全部歼灭。5 月 3 日,解放军第七兵团一部占领杭州。5 月 27 日,上海解放。至此,整个渡江战役胜利结束。

渡江战役是解放战争期间人民解放军继淮海战略决战后,对国民党军进行战略追击的第一个战役,也是人民解放战争史上的进攻战役。安徽在渡江战役中占有重要的地位:第一,安徽是渡江战役的主战场,人民解放军横渡的千里江面,皖江就占了八百余里;第二,安徽是渡江战役的指挥中心所在地,渡江战役总前委就是在肥东瑶岗村指挥整个战役的;第三,安徽人民为战役的胜利做出了重大贡献。渡江精神主要体现为:军民团结、一往无前、坚定信念、革命到底、勇于担当,无私无畏。

安徽无为人马毛姐,是渡江船工中年龄最小的一位。生在长江边、日看大江去的马毛姐,与生俱来有着渔家人的胆识、拼劲和韧劲,当年她"横下心,撑篙跳上了船",坚决主动参加渡江突击队,哪怕鲜血直流也咬牙坚持,不畏枪林弹雨 6 次横渡长江,为渡江大军顺利靠岸立了头功。渡江战役胜利后,马毛姐被授予"一等渡江功臣""支前模范"称号。2021 年 6 月 29 日,中共中央授予马毛姐"七一勋章"。

第三节 安徽红色文化中的杰出人物

在中国共产党的领导下,在革命战争年代和社会主义建设时期,江淮大地上涌现出许多载入史册的杰出人物,他们是安徽人民心中不灭的红色火焰,也是激励后人不断奋勇前进的红色动力。由于篇幅有限,在此只对几位杰出人物作简要介绍。

一、中国共产党早期领导人陈延年、陈乔年

陈延年(1898—1927),安徽怀宁人,陈独秀长子。1919 年底赴法国勤工俭学,与赵世炎、周恩来一起创建旅欧共产主义者组织——中国少年共产党,任宣传部长。1922 年加入中国共产党。1923 年 3 月,转赴苏联莫斯科东方大学学习,任中共旅莫支部干事。1924 年 10 月回国后,以团中央特派员身份来到广州。1925 年 1 月,中共广东区委在执委会内设立由陈延年、周恩来、彭湃等人组成的主席团,陈延年任书记。

当时,广东是国民革命的中心和根据地,广东区委的决策和工作,影响全国大局。陈延年主持广东区委工作期间,注重加强党的组织建设,健全领导机构,大力发展党员,通过开办学习班、训练班、党校等,推进党员教育和训练工作。至 1927 年 3 月,中共广东区委拥有党员 9000 多名,占当时全国党员总数的五分之一。陈延年被誉为具有特殊组织才能的"两广王"。

陈延年非常重视建立和掌握革命武装。他协助周恩来选派一批党团员进入黄埔军校学习,建立了以徐成章为队长的铁甲车队。以铁甲车队为基础,组建了以叶挺为团长的独立团,该团日后成为北伐先遣队。同时,抽调具备军事知识的干部加强农民自卫军,把广州工团军改编为工人自卫队,建立省港罢工工人纠察队。1925 年 6 月,陈延年和邓中夏、苏兆征等人一起领导了震惊中外的省港大罢工。省港大罢工共坚持了 16 个月,直到 1926 年 10 月结束。

陈延年不讲究吃穿,生活比一般群众还要清苦。他经常到穷苦劳动者家中探访,曾代替年老病弱的车夫出车,赚回的钱全部交给车夫,工友们亲切地称他为"老陈"。陈延年给自己定了个"六不原则",即不闲游、不看戏、不照相、不下馆子、不讲衣着、不作私交。除此之外,人们还给他总结了几个"不":不脱离工

农群众,不滥交高朋名人,不铺张浪费,不大饮大食,革命不成功不谈恋爱。同志们说他是一位革命的"苦行僧"。

1927年4月,陈延年前往上海,先后担任中共江浙区委书记、江苏省委书记。5月,在中共五大上当选为中央委员、政治局候补委员。同年6月26日被捕,7月4日深夜被国民党反动派秘密杀害。2009年被评为100位为新中国成立作出突出贡献的英雄模范之一。

陈乔年(1902—1928),安徽怀宁人,陈独秀次子。1919年底赴法勤工俭学,1922年加入旅欧中国少年共产党,同年转为中国共产党党员。1923年9月转赴莫斯科东方大学学习。1925年回国后,任中共北京地委组织部部长兼北方区委组织部部长。

陈乔年在中共北方区委工作期间,和担任宣传部部长的赵世炎,成为区委书记李大钊的得力助手。陈乔年主持创建秘密印刷厂,翻印党的政治宣传品;协助李大钊开办党校,培训基层领导干部;参与领导和发动多次声势浩大的群众运动。特别是在党的组织建设中,他精心设计了各式统计表格、制定各项组织工作制度,发挥了重要作用,其宝贵经验曾由中共中央转发,在全国推广。

1926年3月,日本因军舰侵入天津大沽口被武力逐出,便纠集英、美、法等7国公使向中国政府提出"抗议",并发出最后通牒。此举激起中国民众极大愤慨。3月18日上午,陈乔年等中共北方区委成员发动数千人在天安门广场举行"反对八国通牒国民大会",会后组织2000多人到段祺瑞执政府门前请愿。军警对请愿民众开枪,酿成"三一八"惨案。惨案发生时,陈乔年在队伍前面指挥,被军警刺中胸部,鲜血染红衣襟。他忍痛指挥群众撤退,一直坚持到最后。

1927年5月,陈乔年当选为中共第五届中央委员,任中共中央组织部副部长、中共湖北省委书记。六七月间,中共江苏省委书记陈延年、代理省委书记赵世炎等先后被捕牺牲。兄长和战友的遇难给他带来巨大悲痛。年底,陈乔年调往上海担任中共江苏省委组织部部长。他化悲痛为力量,积极协助时任中共江苏省委书记的王若飞开展工作。他们不断变换斗争方式,巧妙和敌人周旋,秘密深入工厂、农村、机关和学校,联络同志,使上海和江苏地区的革命力量很快得以恢复和发展。

1928年2月,陈乔年在上海被捕入狱。在狱中,他面对严刑拷打宁死不屈,还常常鼓励狱中同志保持革命气节。即使面对死亡,陈乔年仍乐观地说:"让子孙后代享受前人披荆斩棘的幸福吧!"同年6月6日,陈乔年在上海龙华枫林桥畔就义,年仅26岁。

在安徽省合肥市肥西县,一条以革命先烈陈延年、陈乔年命名的红色道路延乔路,引起了广大网友的关注与热议。而延乔路旁正是集贤路,陈独秀则葬在安徽省安庆市集贤关。延乔路与集贤路虽未能汇合,却都通往了繁华大道。如今,延乔路的路牌边常常有人驻足,烈士事迹板被鲜花簇拥,还有很多人留下字条、卡片表达他们的敬仰之情。为了增强红色文化氛围,传承红色血脉,肥西县也对延乔路及周边进行提升改造,以延乔路为中轴线,串联两侧区域,整体建设红色文化街区,为广大市民提供缅怀先烈的理想环境,打造全国一流的红色文化地标。

二、中国革命文学的先驱者蒋光慈

蒋光慈(1901—1931),安徽金寨人。1917年进入芜湖省立第五中学学习,积极参加进步学生运动,曾担任芜湖学生联合会副会长。1920年到上海,进入中共上海发起组创办的"外国语学社"学习俄语。1921年初夏,经上海共产主义小组派遣和刘少奇、任弼时、萧劲光、韦素园等到苏联莫斯科东方大学学习。1922年由社会主义青年团团员转为中共党员。

在苏联留学期间,蒋光慈结识了瞿秋白,两人朝夕相处。由于在政治见解上有很多共同点,又都酷爱文学,二人成了亲密朋友。1924年7月,蒋光慈回国,经瞿秋白介绍,在上海大学社会学系任教。其间,蒋光慈发表《无产阶级革命与文学》《现在中国的文学界》等一系列文章,旗帜鲜明地提出了建设无产阶级革命文学的主张,初步阐明了革命文学的性质、特点和作用等。蒋光慈还与沈泽民等组织春雷文学社,并在上海《民国日报》副刊《觉悟》上开办《文学专号》,坚持革命文学的创作活动。

1925年1月,蒋光慈的第一部诗集《新梦》由上海书店出版,收录他在莫斯科创作及翻译的42首诗。诗歌以火一样的热情,歌颂十月革命胜利和伟大的革命导师列宁,表达了热爱社会主义、追求革命理想的情怀,呼唤祖国工农大众沿着俄国人的道路起来斗争。《新梦》出版之际,正值党领导的工农运动在全国迅猛发展之际,所以作品反映的时代精神、传播的革命思想,产生了强烈的社会共鸣。钱杏邨评价这部诗集是"中国的最先的一部革命的诗集""简直可以说是中国革命文学的开山祖"。

1926年1月,蒋光慈第一部自传体中篇小说《少年漂泊者》由上海亚东图书馆出版,在读者中引起很大反响,极大地影响了当时进步青年的政治取向。陶铸、胡耀邦、习仲勋等同志生前在回忆录中都曾写道,他们就是怀揣着《少年漂泊者》投身革命的,书中主人公的命运和不屈的奋斗精神给予他们极大的震撼、鼓舞、坚定了他们的革命意志。小说出版后,7年中重版15次。

1927 年 1 月，蒋光慈出版诗集《哀中国》、短篇小说集《鸭绿江上》，都是由瞿秋白校阅修改的。4 月，发表反映上海工人武装起义的中篇报告文学《短裤党》，为中国无产阶级革命文学的最初成果之一。此后的两三年里，他带病完成长篇小说《咆哮了的土地》，反映 1927 年大革命前后农村尖锐的阶级斗争，是作者最成熟的一部作品。

1928 年，蒋光慈与孟超、钱杏邨等人成立革命文学团体太阳社。太阳社的成员全部是共产党员，蒋光慈任党小组长。主编《太阳月刊》，在创刊号上发表《现代中国文学与社会生活》《关于革命文学》等重要文章，大力倡导无产阶级革命文学。

1929 年 12 月，蒋光慈与鲁迅、柔石、夏衍、洪灵菲等 12 人组成中国左翼作家联盟筹备小组，太阳社自动解散，该社成员全部加人"左联"。次年 3 月 2 日，"左联"成立大会在上海召开，蒋光慈当选为候补常委，负责主编机关刊物《拓荒者》月刊。

1931 年 8 月，蒋光慈因病逝世。他作为中国无产阶级革命文学的拓荒者和奠基人，与鲁迅、郭沫若、茅盾等作家一起永载革命文学史册。

三、中共秘密战线的杰出领导人李克农

李克农(1899 —1962)，安徽巢湖人，幼年生活在芜湖。1926 年加入中国共产党。1927 年蒋介石发动"四一二"反革命政变后，李克农受到国民党芜湖市公安局通缉，被迫逃离芜湖，经南京秘密潜入上海。1929 年秋，李克农在先期打入国民党中央组织部调查科(CC 特务组织)的中共秘密党员钱壮飞的安排下，被国民党情报机构上海无线电管理局录用，并被提升为电务股长。不久，李克农的好友胡底也成功打入敌人内部，被派往天津工作。他们三人组成中共特别小组，李克农任组长，中央特科委派情报科长陈赓与李克农单线联系。李克农、钱壮飞、胡底被誉为中共隐蔽战线的"龙潭三杰"。

1931 年 4 月的一天，钱壮飞从破译的电报中得知，时任中共中央政治局候补委员、中央特科主要负责人顾顺章在武汉被捕叛变，即将被押解至南京。钱壮飞连夜派人赶往上海，将情报转交给李克农。李克农迅速找到陈赓和周恩来，在周恩来的亲自指挥下，李克农等人在短短几个小时内，将党中央在上海的所有重要机关全部安全转移。当大批国民党军警在顾顺章的带领下赶到时，早已人去楼空。

李克农身份暴露，撤离上海，赶往江西中央苏区，担任政治保卫工作。1934 年 10 月参加红一方面军长征，任中央纵队驻地卫戍司令。

1935 年 12 月,李克农被任命为中共中央联络局局长,协助周恩来开展对国民党东北军的统战工作。李克农重点做了被俘的东北军第六一九团团长、曾任东北军统帅张学良卫队营长的高福源的工作,使他转变了思想。李克农由高福源引路,前往洛川与张学良举行秘密会谈,双方初步达成了"停止内战,一致抗日"的口头协议。随后,李克农陪同周恩来赶到肤施(延安),与张学良作进一步会谈。时隔 8 个月,"西安事变"爆发。应张学良、杨虎城邀请,周恩来亲赴西安调解,李克农作为中共代表团秘书长陪同前往,对促进"西安事变"和平解决及第二次国共合作的实现发挥了积极作用。

抗日战争时期,李克农先是在国统区担任八路军办事处主任,后转回延安八路军总部,先后担任中共中央社会部副部长、部长,中共中央情报部副部长、部长等职。在这期间,李克农领导开展了卓有成效的情报工作,对抗日战争的顺利推进起了重要作用。

解放战争时期,李克农领导的情报工作得到很大发展。我情报人员深入国民党高层指挥机关,及时准确地提供战略性和动向性的军政情报,为党中央和毛泽东研究战局、制定决策提供了重要依据。毛泽东评价这个时期"我们的情报是最成功的"。

新中国成立后,李克农曾任外交部副部长、中央军委总情报部部长、中国人民解放军副总参谋长、中共中央调查部部长。曾幕后指挥朝鲜停战谈判取得成功,被称为"板门店的隐形巨人"。1955 年,李克农被授予上将军衔,是唯一没有带兵在公开战场上厮杀而在中共秘密战线上做出特殊贡献的解放军高级将领,被毛泽东称为"共产党的大特务"。

第四节　安徽红色文化的当代传承与发扬

红色文化作为中国共产党在革命、建设、改革不同历史时期形成的文化瑰宝,是基于特定历史发展与中国人民内心需要建立起来的。它记录着中国人民艰苦卓绝的奋斗岁月,体现着中国共产党人顽强不屈的意志品质,蕴含着与社会主义核心价值体系高度一致的价值共识、核心要素和精神内涵,具有鲜明的思想引领性、强大的精神感染性和强烈的情感认同性,是新时代弘扬伟大建党精神,推进社会主义核心价值观宣传,深化爱国主义、集体主义、社会主义教育,赓续中国共产党人精神谱系的宝贵财富。

作为红色资源大省,据 2011 年革命遗址普查资料,安徽省共有红色遗址遗迹 3318 处,其中被列入国家级文物保护单位的有 43 家,被评为国家级爱国主义教育基地的有 13 家,被纳入全国红色旅游经典景区名录的有 31 处。这些遗址遗迹是安徽红色文化的重要组成部分,也为我们开展革命传统教育提供了优越的条件。下面对部分遗迹遗址作一简要介绍。

一、渡江战役纪念馆

渡江战役纪念馆由中共中央办公厅、国务院办公厅批准建设,是国内规模最大、收藏史料最全的纪念渡江战役辉煌历史的专题场馆。纪念馆位于安徽省合肥市云谷路 299 号,占地面积 22 万平方米,面向 800 平方公里的浩瀚巢湖,2012 年 11 月 28 日正式对外开放。

走近渡江战役纪念馆区,由南向北依次为胜利塔、胜利广场、总前委群雕和纪念馆主馆、解放广场。胜利塔高 99 米,九九八十一,代表着"八一"军队的胜利,塔体从空中俯瞰呈五角星状。渡江战役总前委群雕用全铜铸造,由东向西分别为谭震林、陈毅、刘伯承、邓小平和粟裕五位总前委成员,展现了五位领导人在合肥瑶岗运筹帷幄、决胜千里,指挥百万雄师横渡长江天堑的雄才大略与宏伟气度。

渡江战役纪念馆主馆体现的是水与战舰的主题。巨大的馆身犹如两艘雄伟战舰并排行驶在浩瀚的水面,直指南方的长江。馆身与地面成 49°角向上扬起,象征着 1949 年渡江战役的胜利。纪念馆建筑面积 16550 平方米,展陈面积 7000 平方米,基本陈列《百万雄师过大江》全景式描绘了广大军民奋勇渡江的壮阔场景,再现了壮烈的战争史诗,讴歌了人民战争的伟大胜利。纪念馆收藏各类革命文物 2000 余件,展出 956 件,其中一级文物 11 件(套)、二级文物 38 件(套)。

2020 年 8 月 19 日下午,习近平总书记参观渡江战役纪念馆,重温革命历史、缅怀革命先烈,强调指出"淮海战役的胜利是靠老百姓用小车推出来的,渡江战役的胜利是靠老百姓用小船划出来的。任何时候我们都要不忘初心、牢记使命,都不能忘了人民这个根,永远做忠诚的人民服务员"。

渡江战役纪念馆开馆以来,不断深入发掘渡江战役历史和红色文物资源,讲好革命故事,赓续红色血脉,传承红色基因。

二、金寨革命旧址群

(一)大别山精神

大别山区历史悠久,钟灵毓秀,英才辈出。安徽所属的六安、安庆地区,是大别山区的重要组成部分,在新民主主义革命时期一直是中国共产党在安徽活动的最重要区域。安徽光荣的革命传统,形成了丰富而独特的安徽红色文化,为大别山精神的形成提供了土壤和丰富的养分。安徽是大别山精神的主要发源地之一。大别山精神内涵丰富,基本可以概括为:坚守信念、对党忠诚,胸怀全局、甘于奉献,军民同心、团结奋斗,不畏艰苦、勇当前锋。

金寨县位于大别山腹地,被誉为"红军的故乡、将军的摇篮"。土地革命战争时期,金寨县是鄂豫皖革命根据地的中心区域;抗日战争初期,这里是安徽乃至大别山区抗日救亡运动的中心;解放战争时期,这里是中原突围和刘邓大军挺进大别山的重要战场。金寨县革命遗址遗迹众多,红色文化资源丰富,其中以红军时期的遗址遗迹最为著名。金寨建有革命博物馆,系统介绍金寨厚重的革命历史。

(二)立夏节起义旧址

位于金寨县南溪镇丁家埠小街大王庙。1929 年 5 月 2 日,中共商城临时县委和中共商(城)罗(田)麻(城)特别区委决定发动武装起义。6 日(立夏节),打入地方反动民团当教练的共产党员周维炯利用驻大王庙民团过节的机会,在大王庙以摆宴的方式灌醉了团总和团丁,逮捕了反动民团头目,打响了立夏节起义第一枪。当晚,金寨县的南溪、吴家店、白沙河、斑竹园、文昌宫、汤家汇、李家集、西河等地农民同时举行武装暴动,均取得胜利。

立夏节起义旧址现存青砖小瓦正殿 3 间,面积 95 平方米;前平房 7 间,面积 160 平方米,辟有立夏节起义丁家埠旧址陈列室,展出革命文物 60 余件。开国元帅徐向前题词:"立夏节起义的烈士们永垂不朽。"该旧址为安徽省省级文物保护单位、安徽省爱国主义教育示范基地。

(三)中国工农红军第三十二师成立旧址

位于金寨县斑竹园街道朱氏祠。1929 年 5 月 9 日,立夏节起义各路队伍会师斑竹园,在朱氏祠门口召开庆祝大会,宣布成立中国工农红军第十一军第三十二师,师长为周维炯,党代表为徐其虚。师部下辖第九十七、第九十八团和一个特务营。这是鄂豫皖根据地第二支工农武装。1930 年 5 月,红三十二师与红三十一师、红三十三师合并后,组成红一军。

朱氏祠现存房屋 9 间,前殿 3 间辟为"斑竹园革命斗争史陈列馆",陈列革命文物 24 件,其中有国家一级文物"红军公田"碑 1 座以及红三十二师师长周维炯、党代表徐其虚等 160 余位革命烈士的肖像、事迹、遗物等。祠堂大门两侧镌刻着金寨县党组织创始人詹谷堂烈士的遗作:"斑竹满园,制来数杆长枪维持共产;红花遍地,训练三军大队保障民权。"朱氏祠为全国重点文物保护单位。

(四)刘邓大军前方指挥所旧址

位于金寨县沙河乡楼房村下楼房。1947 年 12 月上旬,为了适应战略转移的需要,刘邓大军在大别山区的指挥部分成前后两个指挥所,司令员刘伯承、副政治委员张际春率后方指挥所转移到淮西地区,指挥部队外线牵制敌人;政治委员邓小平、副司令员李先念和参谋长李达率前方指挥所留在大别山区,在金寨县沙河乡楼房村下楼房湾成立了前方指挥所,指挥部队在内线坚持大别山区的斗争,直到 1948 年 2 月撤出大别山。

原旧址有房屋近 70 间,因年久失修,现存 34 间。2008 年重建。

三、定远藕塘烈士陵园

陵园位于定远县城东南 30 公里处的藕塘镇塔山村。1939 年秋,新四军第四支队第八团抵达定远县藕塘镇,开辟了以藕塘为中心的皖东津浦路西抗日根据地,藕塘成为根据地的政治、军事、经济、文化中心,时称"小莫斯科"。同年 12 月,刘少奇率中原局机关来到藕塘地区,领导抗日根据地的建设。1940 年 3 月 9 日,华中地区第一个县级民主政权定远县抗日民主政府成立。作为津浦路西抗日根据地中心,藕塘多次受到日伪军进击,根据地军民在党的领导下,坚持抗日,前赴后继,浴血奋战,在周家岗、大桥集、战鸡岗、五尖山等地抗击日伪进攻,进行大小战斗数百次。

为褒扬革命先烈,1942 年 5 月,津浦路西临时参议会第一届第二次会议通过关于建立藕塘抗日烈士陵园的决定,1944 年 9 月 18 日建成。1946 年 5 月,新四军第二师奉命进行战略转移,烈士陵园被国民党军队炸毁。1964 年安徽省政府在藕塘镇南侧原址上重建烈士陵园。陵园内设施主要包括人民英雄纪念碑、烈士墓群、纪念馆、挺进亭、踏血亭、景柱、广场、陵园甬道。近年来,对纪念馆进行了升级改造,全馆分为序厅、曲阳星火厅、抗日烽火厅、津浦路西三年游击战争厅、将星风采厅、思源厅、缅怀厅、战地黄花分外香厅。展示各类珍贵革命历史文物近千件。

四、独秀园

独秀园位于安庆市大观区十里乡林业村叶家冲。陈独秀,1879 年 10 月 9 日生，安徽怀宁人。他是新文化运动旗手、五四运动"总司令"、中国共产党主要创始人和中共一至五届中央领导机构主要负责人，是中国现代史上著名的文化伟人。1942 年 5 月 27 日，陈独秀病逝于四川江津（今属重庆市），葬于江津。1947年 6 月，其三子陈松年遵父遗嘱将棺木迁至安庆北郊，与原配夫人高晓岚合葬，立碑一座。2001 年经保护性维修之后，墓体由墓冢、墓碑、墓台、护栏、墓道构成，占地 1058.85 平方米。2004 年起，安庆市以陈独秀墓为中心，规划建设了独秀园，主要包括陈独秀铜像、"惊雷"浮雕、入口广场汉白玉牌坊、《新青年》雕塑、主墓道、纪念水塘、陈独秀纪念馆等设施。纪念馆于 2009 年 10 月建成开馆，展区面积 640 平方米，以大量图文资料、文物、场景复原和多媒体手段，全面展示陈独秀生平事迹。陈独秀墓为全国重点文物保护单位，安徽省爱国主义教育示范基地。

　　总体来说，安徽红色文化资源中所蕴含的爱国主义教育、革命传统教育、理想信念教育等教育内容是宝贵的思想政治教育资源。2023 年，中共安徽省委宣传部组织开展了一系列红色文化传承活动，依托全省爱国主义教育示范基地、全民国防教育基地、红色经典景区等，打造一批红色研学线路，推出一批富有特色的红色体验活动。号召社会各界通过拍摄、制作视频等形式，寻访红色资源、感受发展成就，厚植家国情怀，凝聚奋进力量。同时，安徽省各类新闻媒体也精心制作各类融媒体作品，大力宣传革命精神，讲好江淮红色故事，讲好安徽奋进故事。

　　在回望和重温安徽红色文化的过程中，我们将更好地了解这片热土上的红色文化。通过进一步深入挖掘安徽红色文化资源，充分发挥安徽红色文化的教育价值，我们方能筑牢安徽红色文化记忆，做好红色文化的当代传承与发扬，让安徽红色文化精神代代相传。

思考与练习：

　　1.红色文化的基本内涵是什么？如何理解红色文化的主要特点？

　　2.红色文化主要是由哪些内容组成的？

　　3.说一说给你印象深刻的安徽革命历史事件以及革命先烈的英雄事迹。

　　4.结合教材内容和个人经历，谈谈你对安徽主要红色文化精神的理解与感悟。

　　5.对自己所在地区的红色文化遗址遗迹做一次调查梳理，并作简要介绍。

　　6.作为新时代的大学生，我们应如何传承和发扬红色文化？

参 考 文 献

一、图书

1.《安徽概况》编写组.安徽概况[M].合肥:安徽科学技术出版社,1984.

2.《安徽文化史》编纂工作委员会,《安徽文化史》编委会. 安徽文化史(上、中、下)[M]. 南京:南京大学出版社,2000.

3. 安徽省地方志编纂委员会.安徽省志·文化艺术志[M]. 北京:方志出版社,1999.

4. 安徽省地方志编纂委员会.安徽省志[M]. 北京:方志出版社,1998.

5. 陈基余等. 安徽大辞典[M].上海:上海辞书出版社,1992.

6. 陈勤建. 中国风俗小词典[M].上海:上海辞书出版社,2008.

7. 陈寿. 三国志·魏书·武帝纪[M]. 北京:中华书局,2005.

8. 陈贤忠,陈艺. 安徽教育史(上、下)[M]. 合肥:安徽教育出版社,2006.

9. 邓志平等. 邓稼先[M]. 贵阳:贵州人民出版社,2004.

10. 范晔. 后汉书·方术列传·华佗传[M]. 北京:中华书局,1965.

11. 冯光廉、刘增人. 中国新文学发展史 [M]. 北京:人民文学出版社,1991.

12. 冯友兰. 中国哲学史新编. 北京:人民出版社,1999.

13. 高寿仙. 徽州文化[M]. 沈阳:辽宁教育出版社,1998,第二版.

14. 何宏玲. 陶行知[M].生活的教育考释. 济南:山东文艺出版社,2006.

15. 弘学. 中国佛教简史[M].成都:巴蜀书社,2008.

16. 胡适. 中国哲学史大纲[M].上海:上海古籍出版社,1999.

17. 季羡林. 佛教十五题[M].北京:中华书局,2007.

18. 康熙. 徽州府志[M].康熙三十八年刊本.

19. 李斗. 扬州画舫录[M].北京:中华书局,1960.

20. 李琳琦. 话说徽商[M].北京:中华工商联合出版社,2006.

21. 李养正. 道教概说[M].北京:中华书局,1989.

22. 梁启超. 李鸿章传[M].西安:陕西师范大学出版社,2009.

23. 林语堂. 老子的智慧[M].西安:陕西师范大学出版社,2006.

24. 刘尚恒. 安徽方志考略[M].吉林省地方志编纂委员会,吉林省图书馆学会,1985.

25. 马步蟾. 道光徽州府志. 南京:江苏古籍出版社,1998.

26. 孟醒仁. 吴敬梓年谱[M].合肥:安徽人民出版社,1981.

27. 穆孝天、李明回. 中国安徽文房四宝[M].合肥:安徽科学技术出版社,1983.

28. 南怀瑾. 庄子諵譁[M].上海:上海人民出版社, 2007.

29. 欧阳发. 安徽民俗[M].兰州:甘肃人民出版社,2004.

39. 钱理群等. 中国现代文学三十年(修订本)[M].北京:北京大学出版社,1999.

31. 清王安定等纂,光绪两淮盐法志,光绪三十一年刊本.

32. 沈德符. 万历野获编[M].北京:中华书局 ,1959.

33. 沈寂. 陈独秀传论[M].合肥:安徽大学出版社,2007.

34. 束景南. 朱子大传[M].福州:福建教育出版社,1992.

35. 孙以楷、陆建华、刘慕方.道家与中国哲学(先秦卷)[M].北京:人民出版社,2004.

36. 孙以楷. 道家文化寻根:安徽两淮道家九子研究[M].合肥:安徽人民出版社,2001.

37. 脱脱. 宋史·包拯传[M].北京:中华书局,1985.

38. 汪道昆. 太函集[M].合肥:黄山书社,2004.

39. 王力等. 中国古代文化史[M].北京:中央广播电视大学出版社,2004,第二版.

40. 王廷元、王世华.徽商[M].合肥:安徽人民出版社,2005.

41. 吴晗.朱元璋传[M].西安:陕西师范大学出版社,2008.

42. 伍启元. 中国新文化运动概观[M].黄山:黄山书社,2008.

43. 谢陛. 万历歙志[M].万历刻本.

44. 谢肇涮. 五杂组[M].上海:中华书局上海编辑所,1959.

45. 许承尧. 歙事闲谭[M].合肥:黄山书社,2001.

46. 许地山. 道教的历史[M].北京:北京工业大学出版社,2007.

47. 姚邦藻. 徽州学概论[M].北京:中国社会科学出版社,2000.

48. 雍际春. 陇右文化概论[M].兰州:甘肃人民出版社,2005.

49. 俞顶贤. 安徽行政区划概述[M].合肥:安徽人民出版社,1983.

50. 詹石窗. 道教文化十五讲[M].北京:北京大学出版社,2004.

51. 张秉伦,吴孝铣,高有德,等. 安徽科学技术史稿[M].合肥:安徽科学技术出版社,1990.

52. 张海鹏、王廷元主编. 徽商研究[M].合肥:安徽人民教育出版社,1995.

53. 张海鹏、王廷元主编. 明清徽商资料选编[M].合肥:黄山书社,1985.

54. 张南. 简明安徽通史[M].合肥:安徽人民出版社,1994.

55. 张廷玉. 明史·本纪第一[M].北京:中华书局,1974.

56. 张廷玉等. 明史［M］. 北京：中华书局,1984.

57. 张伍. 雪泥印痕：我的父亲张恨水［M］. 沈阳：春风文艺出版社,2002.

58.《安徽旅游大辞典》编委会.《安徽旅游大辞典》［M］. 合肥：安徽文艺出版社,2008.

59. 章沧授. 安徽山水旅游文化［M］. 合肥：安徽大学出版社,2006.

60. 赵朴初. 佛教常识问答［M］. 西安：陕西师范大学出版社,2006.

61. 赵山林. 安徽明清曲论［M］. 合肥：黄山书社,1987.

62. 周明之,雷颐. 胡适与中国现代知识分子的选择［M］. 桂林：广西师范大学出版社,2005.

63. 周始. 皖志述略［M］. 安徽省地方志编纂委员会出版,1983.

64. 周晓光. 新安理学-徽州文化全书［M］. 合肥：安徽人民出版社,2005.

65. 朱洪. 陈独秀与胡适［M］. 武汉：湖北人民出版社 2006.

66. 朱万曙,谢欣. 徽商精神［M］. 合肥：合肥工业大学出版社,2005.

67. 朱万曙. 徽州戏曲［M］. 合肥：安徽人民出版社,2005.

68. 中共安徽省委组织部、中共安徽省委党史研究院. 红色安徽［M］. 合肥：安徽人民出版社,2019 年.

69. 张立、金新亮.红色基因传承机制变迁与当代建构［M］. 北京：人民出版社,2020 年.

70. 中共中央党史和文献研究院,中央学习贯彻习近平新时代中国特色社会主义思想主题教育领导小组办公室.《习近平新时代中国特色社会主义思想专题摘编》［M］. 北京：中央文献出版社,党建读物出版社,2023.

71. 习近平.《习近平著作选读》(第一卷)［M］. 北京：人民出版社,2023.

72. 中共安徽省委组织部,中共安徽省委党史研究院. 红色安徽［M］. 合肥：安徽人民出版社,2019.

73. 张立,金新亮.红色基因传承机制变迁与当代建构［M］. 北京：人民出版社,2020.

74. 黎靖德. 朱子语类. 北京：中华书局,1986.

二、期刊

1. 陈立柱,洪永平. 浅谈"淮河文化"概念［J］. 2006 年 4 期,183-188.

2. 方国根、罗本琦. 皖文化刍议［J］. 中华文化论坛,2001 年 1 期,125-130.

3. 公一兵. 江南分省考议［J］. 中国历史地理论丛,2002 年 1 期,75-84.

4. 解光宇. 论徽州文化的儒学特质［J］. 合肥学院学报(社会科学版),2007 年 3 期,38-41.

5. 李宜春、王品慧. 安徽文化特质综论［J］. 合肥工业大学学报(社会科学版),2007 年 5 期,108-113.

6. 刘伯山. 徽州文化的基本概念及历史地位［J］. 安徽大学学报(哲学社会

科学版),2002 年 6 期,28-33.

7. 刘成纪. 关于地域文化研究的三个问题[J]. 华北水利水电学院学报(社科版),2007 年 6 期,44-48.

8. 汪谦干. 皖江文化的内涵及其特点[J]. 安徽史学,2005 年 4 期,87-103.

9. 王荣科. 安徽文化建设的若干思考[J]. 安徽大学学报(哲学社会科学版),1998 年 6 期,104-110.

10. 王社教. 安徽称省时间与建省标志[J]. 中国历史地理论丛,1991 年 1 期,167-177.

11. 王跃飞,韩正安. 安徽省区域文化特征及其对区域经济影响的分析[J]. 安徽科技学院学报,2009 年 3 期,61-64.

12. 朱洪. 皖江文化的特点[J]. 学术界,2008 年 5 期,278-282.

13. 朱万曙. 徽州文化与徽学[J]. 中国发展,2003 年 3 期,55-58.

14. 刘燕. 新时代高校红色文化育人的价值意蕴、现实困境及优化路径[J]. 国家教育行政学院学报,2023 年 2 月.

15. 汤夺先,王雯雯. 红色文化铸牢中华民族共同体意识:内容构成、价值阐释与实践路径[J]. 民族学刊,2023 年 1 月.

16. 史杰. 新时代红色文化的价值实现研究[D]. 山东大学,2022 年 3 月.

17. 庆跃先. 安徽创新型文化强省建设研究[J]. 合肥学院学报,2018 年 4 期,65-71.

18. 刘燕. 新时代高校红色文化育人的价值意蕴、现实困境及优化路径[J]. 国家教育行政学院学报,2023 年第 2 期,89-95.

19. 汤夺先,王雯雯. 红色文化铸牢中华民族共同体意识:内容构成、价值阐释与实践路径[J]. 民族学刊,2023 年第 1 期,23-30.

20. 马梅,李冷月."美好安徽"塑造研究[J]. 新闻世界,2013 年 12 期,125-126.

21. 张丹丹,程霞珍. 关于发展安徽文化产业的几点思考[J]. 理论建设,2011 年第 1 期,12-17.

三、网络

1. 陆勤毅. 从考古发现看安徽文明之光. http://www. ahskj. org. cn/up load docs/1200469264. doc.

2. 渡江战役纪念馆官网,http://www. djzyjng. cn/custom1616190. html.